A COLABORAÇÃO NO DIREITO TRIBUTÁRIO

Por um novo perfil de relação
obrigacional tributária

Conselho Editorial
André Luís Callegari
Carlos Alberto Molinaro
Daniel Francisco Mitidiero
Darci Guimarães Ribeiro
Draiton Gonzaga de Souza
Elaine Harzheim Macedo
Eugênio Facchini Neto
Giovani Agostini Saavedra
Ingo Wolfgang Sarlet
Jose Luis Bolzan de Morais
José Maria Rosa Tesheiner
Leandro Paulsen
Lenio Luiz Streck
Paulo Antônio Caliendo Velloso da Silveira

Dados Internacionais de Catalogação na Publicação (CIP)

P853c   Porto, Éderson Garin.
     A colaboração no direito tributário : por um novo perfil de relação obrigacional tributária / Éderson Garin Porto. – Porto Alegre : Livraria do Advogado Editora, 2016.
     263 p. ; 25 cm.
     Inclui bibliografia.
     ISBN 978-85-69538-30-1

     1. Direito tributário. 2. Contribuição. 3. Direito privado - Relação jurídica obrigacional. I. Título.

CDU 34:336.2
CDD 343.04

Índice para catálogo sistemático:
1. Direito tributário   34:336.2

(Bibliotecária responsável: Sabrina Leal Araujo – CRB 10/1507)

Éderson Garin Porto

A COLABORAÇÃO NO DIREITO TRIBUTÁRIO

Por um novo perfil de relação obrigacional tributária

livraria
DO ADVOGADO
editora

Porto Alegre, 2016

© Éderson Garin Porto, 2016

Capa, projeto gráfico e diagramação
Livraria do Advogado Editora

Revisão
Betina Szabo

Direitos desta edição reservados por
Livraria do Advogado Editora Ltda.
Rua Riachuelo, 1300
90010-273 Porto Alegre RS
Fone: 0800-51-7522
editora@livrariadoadvogado.com.br
www.doadvogado.com.br

Impresso no Brasil / Printed in Brazil

À Ana Beatriz

La Prisonnière

"Le seul véritable voyage, le seul bain de Jouvence, ce ne serait pas d'aller vers de nouveaux paysages, mais d'avoir d'autres yeux, de voir l'univers avec les yeux d'un autre, de cent autres, de voir les cent univers que chacun d'eux voit, que chacun d'eux est".

Marcel Proust

Sumário

Introdução..13
Primeira Parte – A construção das noções de proteção, colaboração e cooperação no
     Direito Tributário..19
Título I – Quebrando o paradigma da relação de sujeição do contribuinte frente ao Estado..19
   Capítulo 1 – Da transição da administração imperial para a noção de administração
       dialógica...19
       1. Breve explicação acerca do modelo de administração pública imperial..................19
       2. A administração cidadã: uma virada para uma administração pública dialógica........26
   Capítulo 2 – Elementos para o novo perfil de relação jurídica de Direito Tributário............32
       1. Relação jurídica de Direito Administrativo..32
       2. Da noção clássica de relação jurídica ao conceito de relação de administração..........36
       3. Relação jurídica de Direito Tributário..42
       4. As noções de fraternidade e solidariedade presentes na Constituição Brasileira........48
       5. Transposição do modelo de relação obrigacional estática para um modelo de
       relação obrigacional dinâmica e total...54
   Capítulo 3 – Sobre os deveres anexos ou funcionais no Direito Tributário......................62
       1. Perspectivas para os deveres anexos ou funcionais....................................62
       2. Perspectiva objetiva dos deveres anexos ou funcionais...............................70
       3. Perspectiva subjetiva dos deveres anexos ou funcionais (quem são os sujeitos?)......72
           3.1. Perspectiva direcional e relacional dos deveres anexos ou funcionais
           (a quem cumpre observar e a quem se destina a proteção?).........................76
           3.2. Incidência dos deveres anexos ou funcionais na relação entre contribuinte
           e responsável..78
           3.3. Alcance dos deveres anexos ou funcionais aos entes de direito público e
           instituições de direito privado incumbidos da tarefa de arrecadar tributos........79
           3.4. Perspectiva de quem irá garantir/assegurar os deveres anexos ou funcionais
           (órgão da administração, poder judiciário e poder legislativo). Da necessária
           autonomia nas relações..81
Título II – Dos fundamentos da colaboração no Direito Tributário..................................84
   Capítulo 1 – Elementos para o reconhecimento dos deveres de proteção, colaboração e
       cooperação no Direito Tributário..84
       1. Da imbricação do princípio republicano e da isonomia tributária para a promoção
       do bem comum..84
       2. O papel do princípio da solidariedade na conformação do dever fundamental de
       pagar tributos...86
       3. Da noção antropocêntrica de Direito Tributário e necessária revisão da noção da
       legalidade tributária...88
       4. Tributação e dignidade da pessoa humana...92
       5. A capacidade contributiva como critério de justiça fiscal...............................96

6. A noção de capacidade colaborativa como critério de medida das obrigações acessórias e dos deveres anexos, cotejando-a com a praticabilidade tributária..........98
7. A noção de cidadania fiscal como fundamento e limite para exigência de deveres anexos ou funcionais do contribuinte...102

Capítulo 2 – Da boa-fé objetiva como fundamento para os deveres de proteção, cooperação e colaboração no Direito Tributário...106
1. Sobre a noção privatista da boa-fé objetiva e sua apropriação pelo Direito Público. .106
2. A apropriação da boa-fé pelo Direito Tributário por meio da moralidade inscrita na Constituição...110
3. Da boa-fé subjetiva no Direito Tributário...115
4. Das funções da boa-fé objetiva..118
    4.1. Função Interpretativa da boa-fé objetiva..119
    4.2. Função integrativa da boa-fé objetiva..121
    4.3. Função de controle da boa-fé objetiva...122
5. Da boa-fé objetiva como criadora de deveres de conduta................................129
    5.1. Boa-fé objetiva como comportamento leal...129
    5.2. Boa-fé objetiva como vedação de comportamentos contraditórios – "venire contra factum proprium, tu quoque, surrectio e supressio"..............130
    5.3. Boa-fé como dever de transparência e informação....................................130
    5.4. Boa-fé como dever de imparcialidade..131
    5.5. Boa-fé como escusa por erro de direito cometido pelo contribuinte.................131
    5.6. Boa-fé a escusar erro de fato cometido pelo contribuinte...........................132
    5.7. Boa-fé como fundamento para os deveres de proteção, cooperação e colaboração..133

Segunda Parte – Do conteúdo e da eficácia dos deveres de colaboração, cooperação e proteção no Direito Tributário..135

Título I – Conteúdo dos deveres de proteção, colaboração e cooperação....................135
Capítulo 1 – Conteúdo dos deveres de colaboração e cooperação..........................135
1. Sobre o dever de colaboração e o seu conteúdo na relação jurídica tributária..........135
2. Da noção de cooperação: sinônimo ou complemento ao dever de colaboração?......142
3. Sobre a colaboração no viés informativo...144
    3.1. Definições e características do dever de informar.......................................149
    3.2. Informação prestada via publicações oficiais...151
    3.3. Campanhas de informação e esclarecimento..154
    3.4. Do processo de consulta formal à informação verbal prestada pelo Fisco: na trilha da Administração Pública Dialógica..157
    3.5. Informações prestadas no âmbito do procedimento administrativo................160
    3.6. Programas institucionais dos órgãos de fiscalização e ações informativas dirigidas..164
    3.7. Sobre as modalidades de lançamento e as informações a serem prestadas........165
        3.7.1. Lançamento por declaração e o lançamento por arbitramento...............165
        3.7.2. Lançamento por homologação ou autolançamento............................167
        3.7.3. Lançamento de ofício..169
4. Sobre a colaboração no viés prestacional ou assistencial.................................171
    4.1. Da colaboração na constituição do crédito tributário: dever de assistência da administração ao sujeito passivo...175
    4.2. Apuração do tributo devido e restituição "ex officio" por parte da administração..179
    4.3. Assistência aos contribuintes e os meios eletrônicos....................................183

4.4. Assistência aos contribuintes no âmbito do procedimento administrativo tributário. A figura do representante dos contribuintes ou "ombudsman"..............185
5. Do dever de colaboração e a eficiência da Administração....................189
    5.1. Do prazo para realização da fiscalização e da razoável duração do processo administrativo........................192
    5.2. Da exigência de notificação ou intimação prévia..........................195
    5.3. Da exigência de decisões claras e fundamentadas........................197
6. Sobre a colaboração no viés participativo..199
Capítulo 2 – Do dever de proteção..201
1. Do conteúdo do dever de proteção e da diligência devida...............201
2. Do dever de proteção por parte do Estado....................................204
3. Do dever de proteção do contribuinte em relação ao Estado............208
4. Do dever de proteção em relação a terceiros.................................210

Título II – Eficácia dos deveres de colaboração, cooperação e proteção..........................214
Capítulo 1 – Função normativa..215
1. As noções de princípios e regras adotadas neste trabalho................215
2. Dos deveres de colaboração, cooperação e proteção extraídos de princípios..........217
    2.1. Função eficacial integrativa...218
    2.2. Função eficacial definitória...218
    2.3. Função eficacial intepretativa..219
3. Dos deveres de colaboração, cooperação e proteção concretizados em regras........220
    2.1. Função eficacial decisória..223
    2.2. Função eficacial definitória...224
    2.3. Função eficacial de trincheira..225
4. Dos deveres de colaboração, cooperação e proteção como direitos subjetivos........225
Capítulo 2 – Força normativa..226
1. Força normativa dos deveres de colaboração, cooperação e proteção....................226
2. Eficácia Multidirecional dos deveres de colaboração, cooperação e proteção..........228
3. Conflitos internos..229
4. Conflitos externos..231
    4.1. Conflito entre o dever de colaboração e direito ao silêncio ("nemo tenetur se detegere")..........232
    4.2. Conflito entre o dever de colaboração e o sigilo fiscal.....................235
    4.3. Conflito entre o dever de proteção e o interesse público nas execuções fiscais...237
    4.4. Conflito entre o dever de colaboração e a responsabilidade funcional do servidor público..........238

Conclusões e teses..241
Bibliografia..253

Introdução

> "Nunca mais acabaria aquela
> maldição de rivalidade?"
>
> *Machado de Assis. Esaú e Jacó*

Dentre as obras clássicas de Machado de Assis, o seu penúltimo romance marca uma nova narrativa, repleta de referências políticas da época. É na obra "Esaú e Jacó" que Machado de Assis conta a história dos irmãos gêmeos Pedro e Paulo que brigavam desde o útero materno e assim se relacionaram durante toda a vida. Ao final do romance, o conselheiro Aires constata que os personagens sempre foram inimigos e que, ao que tudo indica, sempre o serão, afirmando que as razões da briga são desconhecidas: "Esaú e Jacó brigaram no seio materno, isso é verdade. Conhece-se a causa do conflito. Quanto a outros, dado que briguem também, tudo está em saber a causa do conflito, e não a sabendo, porque a Providência a esconde da notícia humana.".[1]

Tal como a relação conflituosa de Esaú e Jacó, o relacionamento entre Fisco e contribuinte sempre foi e talvez sempre será conturbado. Assim como no romance quando Machado de Assis se refere a Pedro e Paulo, a relação entre Estado e cidadão representam "os dois lados da verdade". Os gêmeos crescem numa constante disputa, da mesma forma que Fisco e contribuinte mantem-se continuamente em intenso estado de rivalidade.

A aproximação do relacionamento de Pedro e Paulo na obra machadiana é facilmente identificada por aqueles que labutam diariamente com a matéria tributária e, por dever de ofício, precisam manter diálogo com a Administração Tributária. A animosidade e a tensão no relacionamento entre o servidor público encarregado de atender o cidadão e este em relação ao servidor é visível a qualquer observador. Obviamente que não se pretende afirmar que servidor público e contribuinte travam um duelo físico como faziam os personagens de Machado de Assis, tampouco sugerir descortesia ou falta de civilidade e urbanidade. A utilidade do exemplo é apenas para estremar a atmosfera de tensão e de antagonismo que anima os dois cenários.

É da percepção do cotidiano, da observação do dia a dia que surgiu a fagulha inspiradora deste trabalho. Esta hostilidade velada, este espírito de riva-

---

[1] MACHADO DE ASSIS, Joaqui Maria. *Obra Completa*. Rio de Janeiro: Nova Aguilar, 1994, disponível em: <http://machado.mec.gov.br/images/stories/pdf/romance/marm09.pdf>, acessado em 07 de julho de 2014.

lidade que se observa na relação entre Fisco e Contribuinte são compatíveis com a ordem constitucional vigente? A relação jurídica estabelecida entre Estado e cidadão sob a égide da Constituição de 1988 deveria possuir estas características? Parece óbvio que as questões sugeridas merecem resposta negativa. No estado atual da evolução e maturação da ordem jurídica pátria, não se admite reconhecer – muito menos fomentar – uma relação de rivalidade ou hostilidade entre o Estado e aqueles que o sustentam. No entanto, as experiências empíricas atestam que a relação travada entre Fisco e contribuinte é muitas vezes tensa e hostil.[2]

É com indiscutível perplexidade que se observa que a relação entre Fisco e Contribuinte, tal qual preconizada pela Constituição, possui um perfil, e a relação observada no cotidiano possui outro, absolutamente diverso. Diante desta situação que se ousou criticar o modelo atual e propugnar um novo. Enquanto a Constituição assegura o respeito aos valores do bem-estar, da igualdade, da justiça e prega a harmonia social (preâmbulo da Constituição da República Federativa do Brasil – CRFB), o contato do contribuinte com o Fisco não promove os referidos valores. Na medida em que a Constituição promete valorizar a dignidade da pessoa humana e reconhece que todo o poder emana do povo (artigo 1°, inciso III, e parágrafo único da CRFB), a praxe apresenta realidade distinta. Se a Constituição garante que o Estado irá promover o bem de todos (artigo 3°, inciso IV, da CRFB) e irá franquear acesso a informação (artigo 5°, incisos XIV e XXXIV, da CRFB), garantindo a participação do cidadão na Administração Pública (artigo 37, § 3°, da CRFB) e, no âmbito específico da tributação, tratará de informar o consumidor sobre a incidência dos tributos (artigo 150, § 5°, da CRFB), questiona-se: como se pode verificar tantos contribuintes queixando-se da falta de informação e assistência por parte da Administração Tributária? Estas disparidades entre o texto da Constituição e a realidade inspiraram a investigação empreendida, fomentando a ousadia de propor um novo perfil de relação jurídica para o Direito Tributário.[3] Esse novo perfil precisa romper com o modelo erigido pelo Direito Administrativo de origem francesa e que impregnou a consciência e a prática de muitas instituições pátrias.[4]

---

[2] No intuito de demonstrar a percepção desta realidade, vale citar algumas manifestações colhidas na mídia sobre a impressão do cidadão em relação ao atendimento recebido pela Administração Tributária. O último relatório disponível na internet da Ouvidoria-Geral do Ministério da Fazenda apura um total de 477.238 contatos do cidadão, respondendo as reclamação por 69,9% deste total acumulado de 2002 até 2011. Relatório disponível em <http://portal.ouvidoria.fazenda.gov.br/relatorios/2011/Rel_nov11.pdf/view>, acessado em 23 de setembro de 2014. Na mesma linha, o Blog mantido por Ricardo Setti, na página da Veja na internet, onde se poder extrair o seguinte relato: "As reclamações incluem falta de informações a quem tem algum tipo de processo em andamento na Receita, dificuldade em falar pessoalmente com funcionários, autoritarismo, descaso e demora inexplicável no pagamento ou na devolução de dinheiro nos casos em que o contribuinte tem ganho de causa em recursos administrativos e por aí vai". Disponível em: <http://veja.abril.com.br/blog/ricardo-setti/politica-cia/leitor-reclama-que-receita-confere-tratamento-humilhante-ao-contribuinte-se-voce-tem-reclamacao-semelhante-envie-seu-comentario/>, acessado em 23 de setembro de 2014.

[3] Em excelente coleção de artigos e crônicas, José Souto Maior Borges escreve sobre a "apologia ao erro", instigando o que chama de "audácia intelectual" e criticando a busca pela imunização ao erro, dizendo que "esse processo de imunização contra os riscos do erro atua como antídoto contra a investigação profunda". BORGES, José Souto Maior. *Ciência Feliz*. 2 ed. São Paulo: Max Limonad, 2000, p. 20-1.

[4] Dentre os autores brasileiros que reconhecem na herança francesa a explicação para parcela do anacronismo da Administração Pública brasileira, pode-se citar: BINENBOJM, Gustavo. *Uma Teoria do Direito Admi-*

Como a ordem jurídica inaugurada pela Constituição de 1988 difere em muito dos hábitos hauridos do Direito Administrativo francês, afigura-se indispensável identificar o paradigma a ser superado e qual o modelo ideal que deveria sobrepô-lo. É neste momento que surge a ideia de resgatar as origens dos institutos que inspiraram o Direito Tributário e entender o porquê da apropriação seletiva de certos institutos. Se a doutrina tributarista se abeberou nas fontes do Direito Privado para construir as noções de obrigação tributária, crédito, sujeito ativo (credor), sujeito passivo (devedor), dentre outros, qual seria a explicação para tê-los importado da seara privada de forma parcial? Este trabalho procura resgatar esta apropriação e demonstrar que alguns importantes preceitos da relação jurídica de direito privado deveriam inspirar a relação jurídica de direito público.

Este caminho evidencia que a relação jurídica de Direito Tributário não poderia diferir tanto da relação jurídica de Direito Privado. Embora a aparente rivalidade observada na relação tributária, as relações jurídicas são orientadas para a consecução de um fim, de modo que as partes que as integram devem colaborar para a realização deste fim último. Se no âmbito privado, há muito se sustenta que as partes devem guardar respeito à boa-fé, exigindo-se certo padrão de conduta dos integrantes deste liame jurídico, não se afigura coerente sustentar que a relação de Direito Tributário não deva observar certas pautas de conduta e que as partes não devam prestigiar a boa-fé objetiva. Pois se esta afirmação estiver correta, como se pretende demonstrar no desenvolvimento do trabalho, será fácil perceber que os sujeitos da relação jurídica obrigacional tributária devem observar certos deveres chamados pela doutrina de Direito Privado como "instrumentais, funcionais ou anexos".[5]

Portanto, promovendo-se a atualização da relação jurídica de Direito Tributário para as concepções mais modernas, perceber-se-á que as partes devem buscar a colaboração e a cooperação mútua, já que estão caminhando no mesmo sentido e não em direções opostas. Reside neste ponto a justificativa para erigir os deveres de colaboração, cooperação e proteção como passíveis de apropriação e aplicação pelo Direito Tributário brasileiro na vigência da Constituição de 1988.[6] Estudos apontam que a legislação tributária brasileira

---

nistrativo. Direitos Fundamentais, Democracia e Constitucionalização. 2 ed. Rio de Janeiro: Renovar, 2008, p. 11; MOREIRA NETO, Diogo de Figueiredo. *Mutações do direito administrativo*. 2 ed. Rio de Janeiro: Renovar, 2001, p. 9; BECKER, Alfredo Augusto. *Teoria Geral do Direito Tributário*. 4 ed. São Paulo: Noeses, 2007, p. 204.

[5] Carneira da Frada alerta sobre a divergência na denominação: "A sua designação não é unânime entre os autores contemporâneos. Esser/Schmidt (*Schulrecht* cit., I, 69ss, 90ss) falam de deveres acompanhantes e laterais, enquanto LARENZ, (*Schuldrecht* cit., I, 10) prefere a expressão demais deveres de comportamento, MEDICUS (*Schuldrecht*, cit., I, 2), ao que parece, a de deveres de proteção, e FIKENTSCHER a de deveres de diligência ou de cuidado (*Schuldrecht*, Berlim/New York 1985, 62ss, com a prevenção de que este autor os tende a autonomizar apenas no campo das chamadas relações obrigacionais sem deveres primários de prestação, já que nos outros casos propugna um conceito amplo de prestação que engloba estes deveres)". CARNEIRA DA FRADA, Manuel Antonio de Castro Portugal. *Contrato e deveres de proteção*. Coimbra: Separata do volume XXXVIII do suplemento ao Boletim da Faculdade de Direito da Universidade de Coimbra, 1994, p. 36.

[6] Este é o ponto que, na visão do autor, credencia o trabalho a condição de tese de doutoramento, dada a originalidade. ECCO, Umberto. *Como se faz uma tese*. Trad. Gilson Cesar Cardoso de Souza. 23 ed. São Paulo: Perspectiva, 2010, p. 2.

é uma das mais complexas do mundo, tendo sido apurado que as empresas brasileiras gastam aproximadamente 2.600 horas anuais para atender as obrigações acessórias,[7] enquanto que a média mundial é de 268 horas anuais. Se a relação jurídica é complexa,[8] se as partes devem colaborar e cooperar, como se quer sustentar, não se apresenta correto o posicionamento antagônico entre Fisco e contribuinte.

Logo, o objeto da pesquisa está associado ao exame da relação jurídica obrigacional própria do Direito Tributário brasileiro, comparando-a com a relação jurídica obrigacional do Direito Privado. Não se pode perder de vista o exame do direito comparado, tendo em vista que algumas proposições desta investigação já foram recepcionadas pela ordem jurídica de alguns países. Focando a atenção na relação jurídica obrigacional e nos deveres de colaboração, cooperação e proteção que dela emanam, impõe-se examinar o sentido mínimo destes deveres, como eles operam no caso concreto, quais seus fundamentos e, sobretudo, qual a eficácia por ocasião da sua aplicação. Neste particular, o exame do direito comparado será extremamente útil, na medida em que outros ordenamentos jurídicos reconhecem tais deveres, já legislaram a esse respeito e possuem tradição na valorização da relação jurídica, respeitando-a e propiciando um ambiente de simbiose, diverso do canibalismo muitas vezes apurado na relação entre Fisco e contribuinte no Brasil.[9] A delimitação do tema fica jungida ao exame da existência dos deveres de colaboração, cooperação e proteção no Direito Tributário e defender a sua aplicação como imperativo da incidência do princípio da unidade da Constituição.[10]

Aos efeitos de percorrer o caminho sinalizado e apurar a correspondência das hipóteses levantadas nesta introdução com as estruturas constitucionais do Direito Tributário, será adotado um método analítico-funcional, vocacionado a apresentar o sentido e a função desempenhada pelo instituto objeto da análise.[11] Este método tem a virtude de avaliar o objeto da pesquisa com o mesmo rigorismo científico que os jusprivatistas fizeram há mais de um século.[12] De efeito, o exame da relação jurídica e os seus deveres, no âmbito do direito privado, encontra-se muito mais avançado, podendo-se encontrar diversas

---

[7] Em estudo elaborado pelo Banco Mundial e a sociedade de auditoria "PriceWaterHouseCoopers", chamado: "Paying Taxes 2014", apurou-se que o Brasil possui uma carga tributária de 68,3%, consome 2.600 horas com o atendimento de obrigações acessórias e efetua 9 pagamentos, o que lhe posiciona na vergonhosa 156ª posição do ranking dentre 189 países comparados. Disponível em <http://www.pwc.com/gx/en/paying-taxes/assets/pwc-paying-taxes-2014.pdf>, acessado em 15 de agosto de 2014.
[8] GIANNINI, Achile Donato. *Il rapporto giuridico d'imposta*. Milão: Giuffrè, 1937, passim.
[9] A utilização de figuras da biologia e da ecologia não é sem motivo. No desenvolvimento do trabalho se demonstrará a pertinência da utilização destas expressões, assim como se apresentará o embasamento teórico para tanto.
[10] HESSE, Konrad. *Elementos de Direito Constitucional da República Federal da Alemanha*. Trad. Luis Afonso Heck. Porto Alegre: SaFe, 1998, p. 65.
[11] ÁVILA, Humberto. *Segurança Jurídica. Entre permanência, mudança e realização no Direito Tributário*. 2 ed. São Paulo: Malheiros, 2012, p. 84.
[12] Por todos, vale referir os portugueses que fazem o resgate histórico mencionado: VARELA, João de Matos Antunes. *Das obrigações em geral*. v. I. 10 ed. Coimbra: Almedina, 2000, p. 106. COSTA, Mário Júlio de Almeida. *Direito das obrigações*. 8 ed. Coimbra: Almedina, 2000, p. 84.

pesquisas sobre o tema. No âmbito do Direito Tributário, ao contrário, reina a indiferença sobre esse debate.

A doutrina majoritária de Direito Tributário apresenta, via de regra, a obrigação tributária dividida em principal e acessória, observando o texto do artigo 113 do Código Tributário Nacional. Há quem critique a expressão "obrigação acessória" utilizada pelo legislador pátrio, chegando a sugerir outra nomenclatura.[13] Porém, ninguém se propôs a quebrar esta estrutura ou sugerir um outro modelo a partir da experiência do direito privado. Importante destacar antecipadamente que a pesquisa tem foco dogmático, buscando examinar os institutos de direito tributário e cotejá-los com os antecessores do direito privado, visando uma "melhor instrumentalização das práticas jurídicas".[14]

O enfrentamento do problema apresentado adotará o plano francês de exposição,[15] dividindo a pesquisa em duas partes. A primeira parte do trabalho recebe o título de "A construção das noções de colaboração, cooperação e proteção no Direito Tributário", enquanto a segunda parte, "Dos fundamentos da colaboração, cooperação e proteção no Direito Tributário". A primeira parte, de seu turno, será dividida em dois títulos, sendo idêntica divisão adotada na segunda parte do trabalho.

No Título I, da primeira parte, será abordado o significado dos deveres funcionais ou anexos, de modo que esta construção perpassará a quebra do paradigma legado pelo Direito Administrativo de raiz francesa (capítulo 1), avançará pelo exame da relação jurídica de Direito Tributário (capítulo 2) para concluir com o exame dos chamados deveres funcionais ou anexos. A primeira parte segue no Título II, denominado "Fundamentos dos deveres de colaboração, cooperação e proteção". Este título apresenta os fundamentos jurídicos para a existência dos referidos deveres, contando com dois capítulos. No primeiro capítulo, examina-se o conceito de cidadania fiscal como fundamento para os padrões de comportamento que se busca reconhecer. O segundo capítulo é destinado ao exame da boa-fé objetiva e sua projeção no Direito Tributário.

A segunda parte do trabalho concentra-se no exame do conteúdo dos deveres de colaboração, cooperação e proteção (Título I) e na eficácia destes deveres (Título II). O primeiro título, chamado de "Conteúdo dos deveres de colaboração, cooperação e proteção", demonstra, com base na análise dos casos práticos e apoiado na experiência estrangeira, qual o conteúdo atribuído a cada um destes deveres. No último título do trabalho, a partir do conteúdo dos deveres, busca-se delimitar a eficácia destes deveres com a análise de casos apreciados pela jurisprudência pátria.

---

[13] XAVIER, Alberto. *Conceito e Natureza do acto tributário*. 1972, 83. AMARO, Luciano. *Direito Tributário Brasileiro*. 14 ed. São Paulo: Saraiva, 2008, p. 250.

[14] BITTAR, Eduardo C. B. *Metodologia da pesquisa jurídica. Teoria e prática da monografia para os cursos de Direito*. 11 ed. São Paulo: Saraiva, 2013, p. 236.

[15] MAZEAUD, Denis e MAZEAUD, Henri. *Méthodes générales de travail DEUG droit*. Paris: Montchrestien, 1993.

Este plano proposto tem a pretensão de apresentar, de um lado, o modelo ultrapassado de relação jurídica que atualmente se observa no país e que se pretende superar e, de outro, o perfil de relação jurídica de Direito Tributário que se revela adequada para o ordenamento jurídico brasileiro. Esta é a contribuição que o autor pretende apresentar à comunidade jurídica, na esperança de poder contribuir para a qualificação e aperfeiçoamento das relações jurídicas e, sobretudo, promover o bem de todos que a Constituição Brasileira almeja assegurar.

Primeira Parte

A construção das noções de proteção, colaboração e cooperação no Direito Tributário

Título I – Quebrando o paradigma da relação de sujeição do contribuinte frente ao Estado

A relação que se estabelece entre Fisco e contribuinte apresenta um curioso paradoxo: da leitura da Constituição se observa um modelo de relação, porém na experiência cotidiana, o vínculo observado é outro. Se a Constituição estabelece como valores supremos a igualdade, a fraternidade, a solidariedade e assegura o respeito à dignidade da pessoa humana, como se pode observar um relacionamento de suserania e vassalagem na prática? Pois é justamente este paradoxo que se pretende desvendar com o exame dos modelos de Administração Pública e os seus respectivos paradigmas.

A constatação de que o modelo de Administração Pública vivenciado na prática é incompatível com o modelo de Constituição que possuímos conduzirá para uma ressignificação da relação jurídica de Direito Tributário, propondo-se que sejam observados certos padrões de conduta estabelecidos na Constituição e, por decorrência, determinarão o surgimento de deveres para os sujeitos da relação tributária.

Capítulo 1 – Da transição da administração imperial para a noção de administração dialógica

1. Breve explicação acerca do modelo de administração pública imperial

Há uma história contada há décadas sobre a origem do Direito Administrativo. Reputam, muitos autores, o nascimento desta nova seara da subordinação do Poder estatal à lei, vinculando a atuação do Estado à vontade do povo refletida na atividade parlamentar.[16] As referências bibliográficas não são

---

[16] Gustavo Binenbojm refere que: "Essa noção garantística do direito administrativo, que se teria formado a partir do momento em que poder aceita submeter-se ao direito e, por via reflexa, aos direitos dos cidadãos, alimentou o mito de uma origem milagrosa e a elaboração de categorias jurídicas exorbitantes do direito comum, cuja justificativa teórica seria de melhor atender à consecução do interesse público". BINENBOJM, Gustavo. *Uma Teoria do Direito Administrativo. Direitos Fundamentais, Democracia e Constitucionalização*. 2 ed. Rio de Janeiro: Renovar, 2008, p. 9.

precisas quanto à origem do Direito Administrativo,[17] porém são muitas as referências ao início do século XIX, mais precisamente ao ano de 1800, quando editada a Lei do 28 *pluviose* do ano VIII. Os autores apontam a referida lei como marco de fundação do Direito Administrativo porque pela primeira vez foi conferido à Administração certa organização jurídica, sendo considerada por alguns como a "constituição administrativa da França".[18]

Muito embora este período histórico não tenha conferido o caráter garantístico prometido e propalado,[19] pode-se dizer que as revoluções liberais-burguesas representam um verdadeiro divisor de águas na ciência do Direito e, em especial, para o processo de independência do Direito Administrativo.[20]

Cada movimento revolucionário, ao seu modo, proporcionou uma ruptura com o modelo até então vigente e deixou marcas que são observadas na cultura jurídica hodierna. A revolução inglesa, preocupada em limitar o poder

---

[17] Forsthoff reputa ser o Direito Administrativo uma criação do Estado Moderno, não se podendo falar em Administração no medievo. FORSTHOFF, Ernst. *Tratado de Derecho Administrativo*. Trad. Legaz Lacambra, Garrido Falla, Gomez Ortega y Junge. Madri: Instituto de Estudios Políticos, 1958, p. 36. Maurice Hauriou, de seu turno, diz que as características foram acentuadas pela Revolução de 1789: "Ce nouvel état de choses fut consacré par la Constitution du 22 frimaire an VIII et par la loi d'organization administrative du 28 pluviôse an VIII que l'on a appelée avec raison la Constitution administrative de la France". HARIOU, Maurice. *Précis Elementaire de Droit Administratif*. 4 ed. Paris: Recueil Sirey, 1938, p. 3. MEDAUAR, Odete. *O Direito Administrativo em Evolução*. 2 ed. São Paulo: RT, 2003, p. 13-4. Não se desconsideram os profícuos estudos sobre teorias do Estado e sobretudo a Administração anteriores à referida data. Escreve Hartmut Maurer: "Os pressupostos para um direito administrativo no sentido moderno nasceram somente quando, no decorrer do século 19, se produziu a vinculação à lei da Administração. Motivo para isso foi a divisão de poderes, que requereu regulações de competência, assim como o reconhecimento de direitos fundamentais, que pedia regulações legais para intervenções na liberdade e propriedade do cidadão". MAURER, Hartmut. *Direito Administrativo Geral*. 14 ed. Trad. Luis Afonso Heck. Barueri: Manole, 2006, p. 113-16.

[18] HARIOU, Maurice. *Précis Elementaire de Droit Administratif*. 4 ed. Paris: Recueil Sirey, 1938, p. 3. ZANOBINI, Guido. *Corso di Direitto Amministrativo*. v. I. 8 ed. Milão: Giufrè, 1958, p. 41. MEDAUAR, Odete. *O Direito Administrativo em Evolução*. 2 ed. São Paulo: RT, 2003, p. 14.

[19] A percepção de Gustavo Binenbojm é ainda mais incisiva sobre a verdadeira história do Direito Administrativo: "Tal história seria esclarecedora, e até mesmo louvável, não fosse falsa. Descendo-se da superfície dos exemplos genéricos às profundezas dos detalhes, verifica-se que a história da origem e do desenvolvimento do direito administrativo é bem outra". BINENBOJM, Gustavo. *Uma Teoria do Direito Administrativo. Direitos Fundamentais, Democracia e Constitucionalização*. 2 ed. Rio de Janeiro: Renovar, 2008, p. 11.

[20] Celso Antônio Bandeira de Mello sintoniza o surgimento do Direito Administrativo com o aparecimento do Estado de Direito: "O Direito Administrativo nasce com o Estado de Direito. Nada semelhante àquilo que chamamos de Direito Administrativo existia no período histórico que precede a submissão do Estado à ordem jurídica. Antes disso, nas relações entre o Poder, encarnado na pessoa do soberano, e os membros da sociedade, então súditos – e não cidadãos – vigoravam idéias que bem se sintetizam em certas máximas clássicas, de todos conhecidas, quais as de que *quod principi placuit leges habet vigorem*: o que agrada ao príncipe tem vigor de lei. Ou ainda: 'o próprio da soberania é impor-se a todos sem compensação'; ou mesmo 'o rei não pode errar'". MELLO, Celso Antônio Bandeira de. *Curso de Direito Administrativo*. 19 ed. São Paulo: Malheiros, 2005, p. 38. Sobre o tema "Estado de Direito", consultar: HEUSCHLING, Luc. *État de droit, Rechtsstaat, Rule of Law*. Paris: Dalloz, 2002; CORREIA, José Manuel Sérvulo. *Legalidade e autonomia contratual nos contratos administrativos*. Coimbra: Almedina, 2003, p. 17 e seguintes; NOVAIS, Jorge Reis. *Contributo para uma Teoria do Estado de Direito*. Coimbra: Almedina, 2006. Uma boa síntese da doutrina francesa é obtida em DIFINI, Luiz Felipe Silveira. Princípio do Estado Constitucional Democrático de Direito. in: *Revista da Ajuris* n. 102, p. 161-9. Rogério Gesta Leal propõe interessante passeio pela evolução do Estado organizado e suas limitações jurídicas. LEAL, Rogério Gesta. *Teoria do Estado. Cidadania e poder político na modernidade*. 2 ed. Porto Alegre: Livraria do Advogado, 2001. Em sentido mais restrito, focado no âmbito do Direito Tributário: PORTO, Éderson Garin. *Estado de Direito e Direito Tributário: norma limitadora ao poder de tributar*. Porto Alegre: Livraria do Advogado, 2009.

da monarquia, ocupou-se em conferir importância e afirmação ao parlamento, deixando o legado para o desenvolvimento do Poder Legislativo.[21] A importância do parlamento para o Direito Inglês é tão relevante e presente até os dias de hoje que pode ser notada na formação do governo (indicação do primeiro-ministro), considerada, por alguns, como sinal da preponderância de um poder em detrimento dos demais.[22]

De outra banda, a revolução norte-americana, atenta em equilibrar os poderes,[23] dotou de independência ímpar o Poder Judiciário, tendo sido pioneiro no controle de constitucionalidade e se consolidando como protetor das minorias e defensor da liberdades, direitos e garantias.[24]

Em sentido diverso, a revolução francesa, visando combater as mazelas do absolutismo, preocupou-se em estruturar a Administração, de modo que não estivesse sujeita ao arbítrio como outrora. Ocorre que, paradoxalmente, o movimento revolucionário, ao invés de haurir os princípios de liberdade, igualdade e fraternidade, dotou a Administração de "poder de império", "poder discricionário", executoriedade dos atos da administração, autotutela e alijou o cidadão do processo decisório.[25]

É possível verificar com invulgar clareza as digitais do regime monárquico-absolutista numa série de dogmas e institutos que foram sistematizados pelo Direito Administrativo francês. A lista de exemplos pode começar com a expressão "Estado de Polícia", ou como os franceses referem, *État gendarme*. A expressão bastante difundida queria fazer referência ao modelo de Estado liberal que tinha o escopo de proteger as liberdades individuais, cuidando da ordem pública.[26] Não tardou para que o sentido da expressão adquirisse um

---

[21] Paulo Otero afirma: "Fazendo do monarca e dos tribunais simples órgãos de aplicação da lei, o parlamento britânico consolida-se como instituição política suprema, traduzindo-se a lei na fonte primeira do ordenamento jurídico: o Direito de origem parlamentar deixa de conhecer quaisquer limites e torna-se o fundamento de actuação de todo o poder". OTERO, Paulo. *Legalidade e Administração Pública – o sentido da vinculação administrativa à juridicidade*. Coimbra: Almedina, 2003, p. 46. MOREIRA NETO, Diogo de Figueiredo. *Mutações do direito administrativo*. 2 ed. Rio de Janeiro: Renovar, 2001, p. 8.

[22] "Restabelece-se, por essa via, a unidade do poder político, concentrando politicamente no governo e na sua fiel maioria a função legislativa e, simultaneamente, a função executiva. Compreende-se que se diga, em conseqüência, que no sistema britânico apenas se vislumbra hoje um postulado da teoria da separação dos poderes formulada por Montesquieu: o princípio da independência do poder judicial. Se pretendermos ir até as últimas conclusões, verifica-se que o sistema parlamentar britânico garante ao executivo um controlo da legalidade parlamentar mais eficaz e politicamente mais tranqüilo do que alguma vez a Carta Constitucional francesa de 1814 e a Constituição imperial alemã de 1871 garantiram". OTERO, Paulo. *Legalidade e Administração Pública – o sentido da vinculação administrativa à juridicidade*. Coimbra: Almedina, 2003, p. 104.

[23] Como vertente da teoria de separação dos poderes concebida por Montesquieu, a "Checks and balances doctrine" difundida pelos norte-americanos desenvolveu o sistema de freios e contrapesos que possibilitou o desenvolvimento das relações saudáveis entre os poderes estatais. CORREIA, José Manuel Sérvulo. *Legalidade e autonomia contratual nos contratos administrativos*. Coimbra: Almedina, 2003, p. 27 e 29.

[24] MOREIRA NETO, Diogo de Figueiredo. *Mutações do direito administrativo*. 2 ed. Rio de Janeiro: Renovar, 2001, p. 9.

[25] Idem.

[26] HARIOU, Maurice. *Précis Elementaire de Droit Administratif*. 4 ed. Paris: Recueil Sirey, 1938, p. 6. Odete Medauar debate se o movimento pós revolução significou ruptura ou continuidade, trazendo posições num e noutro sentido. Sobre o termo "Estado Polícia", consultar MEDAUAR, Odete. *O Direito Administrativo em Evolução*. 2 ed. São Paulo: RT, 2003, p. 19.

significado pejorativo, associando-se com a ideia de arbítrio, abuso ou "estado policialesco".[27]

É de um tempo ultrapassado que surge a expressão "dominium eminens" que representava o poder do monarca em dispor das coisas dos súditos. Atrelado a este conceito, havia o "potesta eminens" como direito do monarca sobre pessoas e suas liberdades. Os dois conceitos formavam o chamado "jus eminens" que representava o poder administrativo na sua inteireza.[28] Como incumbia ao príncipe atender aos reclames da coletividade e manter a ordem pública, passou-se a dizer que as ações do monarca visavam ao bem-estar geral ou bem público. Logo, a observação de Adolf Merkel de que o Estado Polícia também era chamado de Estado Benéfico passa a fazer sentido, na medida em que as vontades do príncipe "representavam" a vontade do Estado e estas estavam voltadas a consecução do bem-estar público.[29] Em Otto Mayer é possível perceber a referência: "como não há nada a fazer contra o próprio Estado e como o fisco nada mais pode fazer além de pagar, toda a garantia da liberdade civil no regime de polícia se resume nestas palavras: 'submete-se e apresenta a conta'"[30]. Como crítica ao modelo de legalidade associado com a supremacia do poder real, Paulo Otero adverte para o equívoco de atribuir à legalidade a proteção aos interesses do povo, pois no período conhecido como "Estado Polícia", a lei mais significava a vontade do rei do que a vontade popular.[31]

Neste ponto, impossível deixar de referir um dos maiores dogmas do Direito Administrativo, que é a Supremacia do Interesse Público. Em que pese as pesadas críticas da doutrina,[32] o dogma é respaldado pelo Poder Judiciário

---

[27] Hariou adverte que a doutrina não se referia ao poder de polícia militar, mas a uma polícia civil. HARIOU, Maurice. *Précis Elementaire de Droit Administratif*. 4 ed. Paris: Recueil Sirey, 1938, p. 7.

[28] Havia a necessidade de sobrepor a soberania administrativa à ordem social dos bens, o que se revelou o denominador comum da soberania administrativa do príncipe. Escreve Forsthoff: "El *ius emines* era, en primer termino, un derecho extraordinario, y debia ser ejercitado tan solo alli donde las necesidades del estado impusieran una intervención en los derechos individuales. En el curso del tiempo, empero, estas exigencias retrocedieron más y más a segundo plano, y el *ius eminens* se covirtió sencillamente en derecho del poder estatal". FORSTHOFF, Ernst. *Tratado de Derecho Administrativo*. Trad. Legaz Lacambra, Garrido Falla, Gomez Ortega y Junge. Madri: Instituto de Estudios Políticos, 1958, p. 41. LUHMANN, Niklas. *Legitimação pelo procedimento*. Trad. Maria da Conceição Côrte-Real. Brasília: UNB, 1980, p. 119-20.

[29] MEDAUAR, Odete. *O Direito Administrativo em Evolução*. 2 ed. São Paulo: RT, 2003, p. 20.

[30] MAYER, Otto. *Derecho Administrativo alemán*. T. I. Buenos Aires: Depalma, 1949, p. 48 e ss.

[31] "Neste contexto, porém, a legalidade administrativa, sem embargos de integrar a vontade do parlamento, expressa nas leis que aprova e o rei sanciona, mais não traduz do que o desenvolvimento de um modelo organizativo e funcional gizado pelo monarca e plasmado no texto constitucional: a legalidade administrativa é sempre, em última análise, um produto que tem a sua origem (directa ou indirecta, imediata ou mediata) na vontade do monarca". OTERO, Paulo. *Legalidade e Administração Pública – o sentido da vinculação administrativa à juridicidade*. Coimbra: Almedina, 2003, p. 77. Diogo Moreira Neto parafraseia Von Hippel falando em "perversão do ordenamento jurídico". MOREIRA NETO, Diogo de Figueiredo. Políticas Públicas e Parcerias: Juridicidade, Flexibilidade e Tipicidade na Administração Consensual. In: *Revista de Direito do Estado*, n. 1 (jan./mar. 2006), pp. 106.

[32] ÁVILA, Humberto Bergmann. "Repensando o Princípio da Supremacia do Interesse Público sobre o Particular". In: *O Direito Público em Tempos de Crise*. Estudos em Homenagem a Ruy Ruben Ruschel. Org. Ingo Wolfgang Sarlet. Porto Alegre: Livraria do Advogado, 1999, p. 119; BINENBOJM, Gustavo. Da supremacia do interesse público ao dever de proporcionalidade: um novo paradigma para o direito administrativo.

que, muitas vezes, mal interpreta o sentido de interesse público.³³ O referido princípio tornou-se lugar-comum na prática forense, dispensando qualquer análise mais demorada sobre as circunstâncias específicas do caso particular. O "princípio" é referido por Celso Antônio Bandeira de Mello como "verdadeiro axioma reconhecível no moderno Direito Público"³⁴ e sintetiza a finalidade do "princípio" dizendo que se deve atender os interesses da coletividade com preferência aos particulares. Entende-se que, uma vez reconhecido o interesse público, estar-se-ia promovendo os interesses coletivos e, em última análise, os interesses particulares.³⁵ No entanto, sustentar que independentemente do caso concreto, haveria uma prevalência de um interesse (diga-se de passagem, que ninguém sabe precisar o significado de interesse público) sobre outro, importa em desconsiderar tudo que se evoluiu em termos de cultura jurídica.³⁶ O axioma da "supremacia do interesse público" revela outro ranço do antigo regime que serviu para justificar a preponderância dos interesses do monarca – num primeiro momento – e depois os interesses do Estado, quando ainda não se falava em supremacia da constituição, muito menos em juridicidade.

Talvez o mais eloquente resquício monárquico é o chamado "poder de império"³⁷ atribuído à Administração Pública. Não se trata de mera figura de linguagem utilizar a palavra "império". Em verdade, a defesa e a difusão da ideia de que a Administração goza de uma prerrogativa chamada "poder de império" e que os atos da administração são dotados de imperatividade, afigura-se incompatível com estágio atual do Direito, uma vez que se apoia em con-

---

In: SARMENTO, Daniel (Org.). *Interesses públicos versus interesses privados: desconstruindo o princípio da supremacia do interesse público*. Rio de Janeiro: Lumen Juris, 2005. p. 117-169; OSÓRIO, Fábio Medina. Existe uma supremacia do interesse público sobre o privado no direito administrativo brasileiro? *Revista de Direito Administrativo*, Rio de Janeiro, n. 220, p. 69-107, abr./jun. 2000; SARMENTO, Daniel. Interesses públicos vs. interesses privados na perspectiva da teoria e da filosofia constitucional. In: *Interesses públicos versus interesses privados*: desconstruindo o princípio da supremacia do interesse público. Rio de Janeiro: Lumen Juris, 2005. p. 23-116.

³³ Em decisões recentes, é possível encontrar a invocação ao princípio da supremacia do interesse público: REsp 1305040/RJ, Rel. Ministro HERMAN BENJAMIN, Segunda Turma, julgado em 06/09/2012, DJe 24/09/2012); RMS 27.428/GO, Rel. Ministro JORGE MUSSI, Quinta Turma, julgado em 03/03/2011, DJe 14/03/2011.

³⁴ MELLO, Celso Antônio Bandeira de. *Curso de Direito Administrativo*, 11ª ed., p. 29.

³⁵ MELLO, *op. cit.*, p. 30. Bandeira de Mello ainda refere que há duas subdivisões do princípio estudado: "a) posição privilegiada do órgão encarregado de zelar pelo interesse público e exprimi-lo, nas relações com os particulares; b) posição de supremacia do órgão nas mesmas relações".

³⁶ "Trata-se, em verdade, de dogma até hoje descrito sem qualquer referibilidade à Constituição vigente. A sua qualificação como axioma bem o evidencia. Esse nominado princípio não encontra fundamento de validade na Constituição Brasileira. Disso resulta uma importante consequência, e de grande interesse prático: a aplicação do Direito na área do Direito Administrativo brasileiro não pode ser feita sobre o influxo de um princípio de prevalência (como norma ou como postulado) em favor do interesse público". ÁVILA, Humberto Bergmann. "Repensando o Princípio da Supremacia do Interesse Público sobre o Particular". In: *O Direito Público em Tempos de Crise*. Estudos em Homenagem a Ruy Ruben Ruschel. Org. Ingo Wolfgang Sarlet. Porto Alegre: Livraria do Advogado, 1999, p. 119.

³⁷ Na classificação adotada por Celso Antonio Bandeira de Mello: "ato de império – os que a Administração praticava no gozo de prerrogativas de autoridade. Exemplo: ordem de interdição de um estabelecimento". MELLO, Celso Antônio Bandeira de. *Curso de Direito Administrativo*. 19 ed. São Paulo: Malheiros, 2005, p. 399.

cepções ultrapassadas. Celso Antônio Bandeira de Mello alerta que a definição de ato de império é anacrônica, estando em desuso desde o século passado,[38] mas, ainda hoje, colhe-se na jurisprudência decisões fundadas no conceito ultrapassado de "ato de império".[39]

Neste intento de revisitar os legados franceses, não se poderia deixar de referir o contencioso administrativo laboriosamente construído pelo *Conseil d'État*. Este talvez seja o maior paradoxo do movimento que pregou a separação dos poderes e a submissão do Estado à legalidade, na medida em que são as decisões do *Conseil d'État* e não a legislação francesa que estruturaram o surgimento desta nova seara. Como dito por Paulo Otero, a jurisdição administrativa precedeu o surgimento do próprio Direito Administrativo, chegando a afirmar que "este não teria visto a luz do dia se não fosse o papel do *Conseil d'État*".[40] Extrai-se do estudo de Paulo Otero que o surgimento do Direito Administrativo está alicerçado em duas falsas premissas: a separação de poderes e a visão garantística do Direito Administrativo. Como dito, o mito de que o Poder Executivo estava submetido à vontade popular expressada na lei emanada pelo Poder Legislativo é falacioso porque, em verdade, a providência adotada pelos revolucionários foi no sentido de preservar o Poder Executivo do controle do Poder Judiciário. Portanto, a análise da adequação de seus atos à legislação seria tarefa de um órgão ligado ao próprio executivo – contencioso administrativo do *Conseil d'État*. Este movimento se justifica pela desconfiança que os revolucionários tinham sobre o Poder Judiciário, ainda muito vinculado ao antigo regime.[41] Porém, o movimento de criação do contencioso administrativo tinha como maior objetivo não condicionar a ação da Administração aos ideais derrotistas que poderiam ser invocados e, especialmente, garantir um "alargamento da esfera de liberdade decisória da Administração Pública".[42]

---

[38] MELLO, Celso Antônio Bandeira de. *Curso de Direito Administrativo*. 19 ed. São Paulo: Malheiros, 2005, p. 400.

[39] "(...) Imposta, com força de império, própria dos atos administrativos, a obrigação de regularização edilícia pelo Poder Público Municipal, e aplicada a multa correspondente à sua inobservância, exaurida está a pretensão de determinação estatal para regularizar, não se admitindo, pois, por inutilidade, ilógica no retorno do passo vencido e vedação ao bis in idem, ação de obrigação de fazer correspondente". (TJSP, APL 9084114982009826 SP 9084114-98.2009.8.26.0000, 1ª Câmara de Direito Público, Rel. Des. Vicente de Abreu Amadei, j. 8.11.2011). No julgamento do Recurso Especial, o Superior Tribunal de Justiça relativizou o poder de império, mas ainda assim valeu-se do conceito anacrônico como razão de decidir: "ADMINISTRATIVO. DESAPROPRIAÇÃO. SENTENÇA COM TRÂNSITO EM JULGADO. FASE EXECUTÓRIA. NOVA AVALIAÇÃO. DETERMINAÇÃO DE OFÍCIO. COISA JULGADA. PRINCÍPIOS DA MORALIDADE E DA JUSTA INDENIZAÇÃO. (...) 2. A desapropriação, como ato de intervenção estatal na propriedade privada, é a forma mais drástica de manifestação do poder de império, isto é, da soberania interna do Estado sobre os bens existentes no território nacional, sendo imprescindível a presença da justa indenização como pressuposto de admissibilidade do ato expropriatório. (...)" (REsp 499.217/MA, Rel. Ministro JOSÉ DELGADO, Primeira Turma, julgado em 22/06/2004, DJ 05/08/2004, p. 187)

[40] OTERO, Paulo. *Legalidade e Administração Pública*. Coimbra: Almedina, 2003, p. 275.

[41] LIMA, Raimundo Márcio Ribeiro. *Administração Pública Dialógica*. Curitiba: Juruá, 2013, p. 39.

[42] Na visão do professor da Faculdade de Direito de Lisboa: "há aqui uma perfeita continuidade entre o modelo de controlo administrativo adoptado pela Revolução Francesa e aquele que vigorava no *Ancien Régime*, pois, tal como Tocqueville afirmava, 'nesta matéria apenas encontramos a fórmula; ao Antigo Regime pertence a ideia". OTERO, Paulo. *Legalidade e Administração Pública*. Coimbra: Almedina, 2003, p. 275.

Da mesma forma, não se pode dizer que a criação do contencioso administrativo tinha por propósito tutelar os interesses do cidadão, pois tolher o acesso ao judiciário importou exatamente em restrição à tutela do administrado.[43]

Os exemplos da herança do Direito Administrativo francês são muitos e resultariam em fastidioso rol exemplificativo. No entanto, cumpre referir que atrelado aos conceitos acima enunciados, ainda hoje o Direito Administrativo está alicerçado nas ideias de poder discricionário, insindicabilidade dos atos da Administração pelo Poder Judiciário,[44] executoriedade dos atos administrativos, autotutela da Administração e unilateralismo dos atos da Administração.[45] Estas impressões deixadas pelo legado francês não impregnaram só o Direito Administrativo como também contaminaram o Direito Tributário de forma indelével.[46] Como se pretende demonstrar a seguir, as marcas explicam alguns paradigmas e certos comportamentos anacrônicos por parte do Fisco, assim como são capazes de explicar determinadas condutas inadequadas por parte do contribuinte.

Enfim, este é o quadro panorâmico da Administração fundada nos paradigmas do século XIX e que paulatinamente foi absorvendo as mudanças vivenciadas pela sociedade. Como se buscou demonstrar, este modelo revela-se anacrônico, razão pela qual se reclama uma nova relação entre Estado e cidadão. Esta relação renovada, por óbvio, deve servir de modelo para todos os setores da Administração Pública, especialmente no âmbito das relações obrigacionais tributárias.

---

[43] Para Paulo Otero "o sistema contencioso do administrador-juiz não surge para garantir os particulares contra a administração, antes, tem a sua origem histórica pautada pela preocupação de o poder executivo se subtrair aos tribunais e, neste exacto sentido, diminuir as garantias que os particulares teriam se submetessem o controlo da actividade administrativa a um poder eqüidistante, independente e imparcial – o poder judicial protagonizado pelos tribunais judiciais". OTERO, Paulo. *Legalidade e Administração Pública*. Coimbra: Almedina, 2003, p. 276.

[44] O Superior Tribunal de Justiça, recentemente, valeu-se da insindicabilidade dos atos da Administração como razão de decidir: "DIREITO INTERNACIONAL PÚBLICO. DIREITO COMPARADO. REFÚGIO POR PERSEGUIÇÃO RELIGIOSA. CONFLITO ISRAEL-PALESTINA. CONDIÇÕES. IMIGRAÇÃO DISFARÇADA. CONARE. REQUERIMENTO INDEFERIDO. MÉRITO DO ATO ADMINISTRATIVO. REVISÃO. IMPOSSIBILIDADE. POLÍTICAS PÚBLICAS DE MIGRAÇÃO E RELAÇÕES EXTERIORES. (...) (REsp 1174235/PR, Rel. Ministro HERMAN BENJAMIN, Segunda Turma, julgado em 04/11/2010, DJe 28/02/2012). Imperioso reconhecer que a mesma Corte possui decisões importantes e emblemáticas em sentido oposto: REsp 510.259/SP, Rel. Ministra ELIANA CALMON, Segunda Turma, julgado em 24/08/2005, DJ 19/09/2005, p. 252; MS 15.290/DF, Rel. Min. Castro Meira, Primeira Seção, julgado em 26.10.2011, DJe 14.11.2011; e AgRg no REsp 1280729/RJ, Rel. Ministro HUMBERTO MARTINS, Segunda Turma, julgado em 10/04/2012, DJe 19/04/2012.

[45] MOREIRA NETO, Diogo de Figueiredo. *Mutações do direito administrativo*. 2 ed. Rio de Janeiro: Renovar, 2001, p. 11.

[46] Sobre o tema, o *Conseil des Impôt* francês já havia diagnosticado o forte traço do unilateralismo que presidia a relação tributária revelado em seu relatório sobre a relação entre contribuinte e Administração fiscal: *Les Rélations entre les Contribuables et l`Administration Fiscale. XX e`me*. Rapport au Président de la Republique. Conseil des Impôts, Paris, Journaux Officiels, 2003, p. 9. disponível em: <http://www.ladocumentationfrancaise.fr/var/storage/rapports-publics/024000601/0000.pdf>, acessado em 14 de setembro de 2014.

2. A administração cidadã: uma virada para uma administração pública dialógica

A concepção de Estado Imperial, marcado pela sujeição dos cidadãos às suas decisões, é inegavelmente anacrônica.[47] Começando pela separação de poderes, passando pela noção de Estado de Direito e chegando ao constitucionalismo moderno, pode-se assim resumir as mudanças das estruturas estatais que impuseram uma visão mais arejada da Administração Pública. Parafraseando Canotilho, tornou-se necessário "Democratizar a democracia".

Nessa linha, a noção de Estado de Direito passa a exigir instituições legitimadas democraticamente, reconhecimento de pluralismo político e garantia de direitos políticos, bem como livre manifestação de orientação ideológica.[48] O princípio democrático confere, como destaca Jorge Reis Novais, "uma nova inteligibilidade aos elementos do Estado de Direito e, desde logo, legitima a recomposição verificada na divisão de poderes tradicional".[49] Canotilho sustenta que ainda hoje a definição situa-se como a "justificação positiva da democracia".[50] De efeito, a noção básica e fundamental da expressão "democrático" na Constituição, conduz à imposição de requisitos de legitimidade do poder preenchidos com o consenso social por meio da democracia representativa,

---

[47] COELHO, Sacha Calmon Navarro e DERZI, Misabel Abreu Machado. *A importância da Administração Tributária no Estado Democrática do Direito. Análise da Emenda Constitucional n° 42/03.* Texto disponível em: <http://www.egov.ufsc.br/portal/sites/default/files/anexos/21072-21073-1-PB.pdf>, acessado em 14 de setembro de 2014.

[48] Segundo Konrad Hesse, o conceito de democracia é um dos mais cambiantes: "Quase não há um conceito jurídico-constitucional ao qual são dadas interpretações tão diferentes como àquele da democracia. Embora o princípio democrático determine, em primeiro lugar, a ordem constitucional da Lei Fundamental, existe sobre isto, que é "democracia", uma abundância de concepções diferentes, muitas vezes, opostas". HESSE, Konrad. *Elementos de Direito Constitucional da República Federal da Alemanha.* Trad. Luís Afonso Heck. Porto Alegre: SaFe, 1998, p. 115. Pérez Luño atribui importância capital à soberania popular, identificando grave retrocesso e involução na correta compreensão do termo. Refere que: "Para recuperar el sentido y la funcionalidade de la soberanía popular es preciso conectarla con los princípios inspiradores y el techo emancipatorio del Estado de Derecho de orientación democrática". LUÑO, Antonio E. Pérez. *Derechos Humanos, Estado de Derecho e Constitucion.* 5 ed. Madri: Tecnos, 1995, p. 204. Ao tratar da importância das "massas", Paulo Bonavides sustenta que a democracia e o Estado devem convergir para o bom desenvolvimento das instituições, referindo que "A democracia e o Estado não podem ir, segundo ele, contra as massas, senão com as mesmas. Cabe-lhes educá-las, mediante a politização de seus elementos. Do contrário, seria entregá-las em covarde capitulação, aos piores 'flibusteiros' do totalitarismo". BONAVIDES, Paulo: *Do Estado Liberal ao Estado Social.* Fortaleza: Imprensa Universitária do Ceará, 1958, p. 167-8.

[49] NOVAIS, Jorge Reis. *Contributo para uma Teoria do Estado de Direito.* Coimbra: Almedina, 2006, p. 137. KONRAD HESSE, de seu turno, afirma que "o princípio democrático é o princípio diretivo da ordem do processo político, no qual poder estatal é criado e no qual poder estatal torna-se eficaz. Esse deve, conforme o artigo 20, alínea 2, frase 1, da Lei Fundamental, emanar do povo". HESSE, Konrad. *Elementos de Direito Constitucional da República Federal da Alemanha.* Trad. Luís Afonso Heck. Porto Alegre: SaFe, 1998, p. 118.

[50] CANOTILHO, José Joaquim Gomes. *Direito Constitucional e Teoria da Constituição.* 7 ed. Coimbra: Almedina, 2003, p. 287. Diogo de Figueiredo Moreira Neto aduz que a democracia formal, baseada no critério da maioria dos representantes eleitos pelo povo, "o processo de investidura e o processo decisório são suficientemente legitimatórios, ressalvados os casos extremos, em geral sancionados pela ordem jurídica em *numeros clausus*". MOREIRA NETO, Diogo de Figueiredo. Juridicidade, pluralidade normativa, democracia e controle social. Reflexões sobre alguns rumos do Direito público neste século. In: *Fundamentos do Estado de Direito.* org. Humberto Ávila. São Paulo: Malheiros, 2005, p. 106. LEAL, Rogério Gesta. *Teoria do Estado. Cidadania e poder político na modernidade.* 2 ed. Porto Alegre: Livraria do Advogado, 2001, p. 195.

assim como também por meio da democracia direta, estimulada na Constituição de 1988 (art. 14, I, II e III).[51] Ao comentar e justificar a existência do princípio democrático na ordem jurídica portuguesa, Canotilho prega uma noção de democracia dinâmica que, em termos normativos, em muito se assemelha com o modelo constitucional brasileiro.[52] A democracia dinâmica pregada pelo mestre português aponta para uma interação constante do cidadão com o Estado, franqueando-lhe a participação nas decisões e, sobretudo, criando espaços de diálogo.[53]

Essa visão se justifica a partir da noção antropocentrista do sistema jurídico.[54] Significa que o ser humano deve ser o foco dos ordenamentos, ganhando proteção especial das Constituições por meio do princípio da dignidade da pessoa humana.[55] Em outras palavras, a dignidade do ser humano deve ser perseguida pelo Estado e ser por ele respeitada, na medida em que o homem deve ser concebido como fim em si mesmo e não como meio, valendo-se da máxima kantiana[56]. No que concerne ao objeto desta investigação, a dignidade da pessoa humana impõe ao Estado o respeito ao ser humano enquanto sujeito dotado de razão, determinando que as relações havidas entre Estado e indivíduo sejam inteligíveis e racionalmente justificáveis. Essa justificativa deve guardar pertinência com a ordem jurídica vigente e isto pode ser aferido através da obediência aos direitos e garantias fundamentais, em especial à igualdade (art. 5°, *caput* e inciso I, da CRFB), à legalidade (artigo 5°, II, e art. 37) e ao devido processo legal (art. 5°, LIV, da CRFB). Tendo em vista que a

---

[51] DIFINI, Luiz Felipe Silveira. Princípio do Estado Constitucional democrático de direito. In: *Revista da Ajuris* n. 102, p. 181.

[52] "A democracia é um processo dinâmico inerente a uma sociedade aberta e ativa, oferecendo aos cidadãos a possibilidade de desenvolvimento integral e de liberdade de participação crítica no processo político em condições de igualdade econômica, política e social (cfr. CRP, art. 9°/d). Neste sentido se podem interpretar os preceitos constitucionais que apontam para a transformação da República portuguesa numa sociedade livre, justa e solidária (art. 1°), para a realização da democracia econômica, social e cultural (art. 2°), para a promoção do bem estar e a qualidade de vida do povo e a igualdade real entre os portugueses, bem como para efectivação de direitos econômicos, sociais e culturais mediante a transformação e modernização das estruturas econômicas e sociais (art. 9°/d)". CANOTILHO, José Joaquim Gomes. *Direito Constitucional e Teoria da Constituição*. 7 ed. Coimbra: Almedina, 2003, p. 289.

[53] "A democracia, a seu turno, consiste um projeto moral de autogoverno coletivo, que pressupõe cidadãos que sejam não apenas os destinatários, mas também os autores das normas gerais de conduta e das estruturas jurídico-políticas do Estado. Em um certo sentido, a democracia representa a projeção política da autonomia pública e privada dos cidadãos, alicerçada em um conjunto básico de direitos fundamentais". BINENBOJM, Gustavo. *Uma Teoria do Direito Administrativo. Direitos Fundamentais, Democracia e Constitucionalização*. 2 ed. Rio de Janeiro: Renovar, 2008, p. 50.

[54] HABERMAS, Jürgen. *Um ensaio sobre a Constituição da Europa*. Trad. Marian Toldy e Teresa Toldy. Lisboa: Edições 70, 2012, p. 29.

[55] "A idéia de dignidade da pessoa humana, traduzida no postulado kantiano de que cada homem é um fim em si mesmo, eleva-se à condição de princípio jurídico, origem e fundamento de todos os direitos fundamentais. À centralidade moral da dignidade do homem, no plano dos valores, corresponde a centralidade jurídica dos direitos fundamentais, no plano do sistema normativo". BINENBOJM, Gustavo. *Uma Teoria do Direito Administrativo. Direitos Fundamentais, Democracia e Constitucionalização*. 2 ed. Rio de Janeiro: Renovar, 2008, p. 50.

[56] O Supremo Tribunal Federal assim se manifestou sobre a dignidade da pessoa humana: RE 359.444, Rel. Min. Carlos Velloso, DJ 28/05/04; HC 82.424-QO, Rel. Min. Maurício Corrêa, DJ 19/03/04; HC 76.060, Rel. Min. Sepúlveda Pertence, DJ 15/05/98; HC 71.373, Rel. Min. Marco Aurélio, DJ 22/11/96.

racionalidade que anima a existência humana aspira verdades, exige pautas de como agir, a valorização da dignidade da pessoa humana ruma à obtenção do bem comum. Essas aspirações devem pautar a relação entre o cidadão e a Administração, servindo como linha mestra ou bússola, apontando para a direção do fim último perseguido pelo Estado.[57]

Portanto, a necessidade de pensar na Administração Pública cidadã é decorrência de um movimento muito consistente fundado na ascensão do princípio democrático (artigo 1°, parágrafo único, da CRFB) e, sobretudo, na valorização do ser humano, reconhecida pela Constituição por meio do prestígio à dignidade da pessoa humana (artigo 1°, III, da CRFB). Este influxo de normas constitucionais impõe que o Direito Administrativo esteja alinhado com estas diretrizes, sob pena de ofensa à inteireza da Constituição. Desse modo, o movimento de "democratização do exercício da atividade administrativa" deve proporcionar abertura e fomento à participação do cidadão nos processos decisórios da Administração, não somente na forma plebiscitária, senão em todo o procedimento de formação da vontade administrativa.[58]

Assim, a postura de diálogo da Administração é decorrência do princípio democrático (art. 1°, parágrafo único, da CRFB) em conjunção com a proteção à dignidade da pessoa humana (art. 1°, III, da CRFB). Porém, não é tudo. É chegada a hora, como diz Juarez Freitas, de estruturar o Direito Administrativo no "hábito saudável da racionalidade dialógica e multiforme".[59] Com o emprego do diálogo no âmbito do Direito Administrativo, a atuação da Administração torna-se apta a promover uma adequada leitura do interesse público, já que o espaço dedicado a pluralidade de interesses resta preservado, permitindo que as diferentes matizes sociais se expressem e se estabelece um diálogo racional.[60]

Este anseio é acolhido inicialmente no plano internacional, quando a Comunidade Europeia elaborou a Carta dos Direitos Fundamentais da União Europeia, consagrando direitos fundamentais já reconhecidos nos planos jurídicos internos de cada país membro. A inovação é que a Carta de Nice, como ficou conhecida, consagrou uma noção de que os cidadãos deveriam ter assegurados certos direitos fundamentais também no plano comunitário, não obstante houvesse garantias no direito interno. Então, a União Europeia, em reunião ocorrida em Colônia no ano de 1999, decidiu dotar a comunidade europeia de um instrumento assecuratório de direitos fundamentais cujos conteúdos foram deliberados na ocasião.[61]

---

[57] BINENBOJM, Gustavo. *Uma Teoria do Direito Administrativo. Direitos Fundamentais, Democracia e Constitucionalização*. 2 ed. Rio de Janeiro: Renovar, 2008, p. 51.
[58] Idem, p. 77.
[59] FREITAS, Juarez. *Discricionariedade Administrativa e o Direito Fundamental à Boa Administração Pública*. 2 ed. São Paulo: Malheiros, 2009, p. 19.
[60] LIMA, Raimundo Márcio Ribeiro. *Administração Pública Dialógica*. Curitiba: Juruá, 2013, p. 100-1.
[61] VALLE, Vanice Regina Lírio do. *Direito Fundamental à Boa Administração e Governança*. Belo Horizonte: Fórum, 2011, p. 60. Vale consultar as deliberações da presidência do Conselho Europeu constantes no Anexo IV, chamado "Decisão do Conselho Europeu sobre a elaboração de uma carta dos direitos fundamentais da União Europeia. Disponível em: <http://www.europarl.europa.eu/summits/kol2_pt.htm>.

A Carta de Nice congregou inúmeros direitos fundamentais, merecendo destaque o artigo 41°, que consagrou o "Direito a uma boa administração". Consta na Carta de Nice:

Artigo 41°.
Direito a uma boa administração
1. Todas as pessoas têm direito a que os seus assuntos sejam tratados pelas instituições e órgãos da União de forma imparcial, equitativa e num prazo razoável.
2. Este direito compreende, nomeadamente:
– o direito de qualquer pessoa a ser ouvida antes de a seu respeito ser tomada qualquer medida individual que a afecte desfavoravelmente;
– o direito de qualquer pessoa a ter acesso aos processos que se lhe refiram, no respeito dos legítimos interesses da confidencialidade e do segredo profissional e comercial,;
– a obrigação, por parte da administração, de fundamentar as suas decisões.
3. Todas as pessoas têm direito à reparação, por parte da Comunidade, dos danos causados por suas instituições ou pelos seus agentes no exercício das respectivas funções, de acordo com os princípios gerais comuns às legislações dos Estados-Membros.
4. Todas as pessoas têm a possibilidade de se dirigir às instituições da União numa das línguas oficiais dos Tratados, devendo obter uma resposta na mesma língua.

O texto proclamado em 7 de dezembro de 2000 na cidade francesa de Nice explicitou aquele que passou a ser chamado "Direito fundamental à boa administração" que, para Juarez Freitas, significa uma administração pública "eficiente e eficaz, proporcional cumpridora de seus deveres; com transparência, motivação, imparcialidade e respeito à moralidade, à participação social e à plena responsabilidade por suas condutas omissivas e comissivas. A tal direito corresponde o dever de a administração pública observar, nas relações administrativas, a cogência da totalidade dos princípios constitucionais que a regem".[62]

A noção de Boa Administração envolve um plexo de caracteres assim enumerados por Juarez Freitas: a) Direito à administração pública transparente; b) Direito à administração pública dialógica; c) Direito à administração pública imparcial; d) Direito à administração pública proba; e) direito à administração pública respeitadora da legalidade temperada; f) direito à administração pública preventiva, precavida e eficaz.[63] Em verdade, todas as características enumeradas já eram trabalhadas pela doutrina e jurisprudência, isto é, os elementos constitutivos da boa administração já eram conhecidos e respeitados, bastando remontar aos princípios da Administração Pública inscritos no artigo 37 da Constituição. Faltava, todavia, o reconhecimento expresso, assegurando ao cidadão o direito fundamental a tal conjunto de direitos que juntos definem a "boa administração".

Com efeito, a Administração Pública transparente é um desdobramento da norma constitucional da publicidade (art. 37 da CRFB). Em decisão recente,

---

[62] FREITAS, Juarez. *Discricionariedade Administrativa e o Direito Fundamental à Boa Administração Pública*. 2 ed. São Paulo: Malheiros, 2009, p. 22. FINGER, Julio Cesar. O direito fundamental à boa administração e o princípio da publicidade administrativa. In: *Interesse Público*, Belo Horizonte, n° 58, nov./dez. 2009, p. 136.
[63] FREITAS, Juarez. *Discricionariedade Administrativa e o Direito Fundamental à Boa Administração Pública*. 2 ed. São Paulo: Malheiros, 2009, p. 22-3.

o Superior Tribunal de Justiça concedeu a ordem a mandado de segurança que almejava obter informações sobre os gastos com publicidade da Administração Pública Federal. Em seu voto, o Min. Arnaldo Estevez afastou o vetusto argumento do "interesse público", não lhe reconhecendo valor jurídico no caso concreto.[64]

Do mesmo modo, a necessidade da Administração estabelecer diálogo com o administrado é decorrência lógica da ordem constitucional vigente. A noção de "Administração Dialógica" é há muito reconhecida pelo Supremo Tribunal Federal, que consagrou entendimento no sentido de impor à Administração o dever de ouvir o administrado que está prestes a ser atingido por algum ato administrativo. Na jurisprudência do Supremo, o diálogo é decorrência do princípio constitucional do devido processo.[65]

No tocante à imparcialidade, deve-se estabelecer que tal dever deriva da impessoalidade imposta à Administração Pública pelo artigo 37 da Constituição, não se admitindo tratamento diferenciado ou favorecido a quem quer que seja. Espera-se da Administração Pública total impessoalidade e imparcialidade, sendo inclusive disciplinado no artigo 18 da Lei n° 9.784/99 os casos em que o servidor público estaria impedido ou suspeito de atuar no âmbito administrativo, justamente para fazer valer o princípio da imparcialidade. Sobre o tema, o Superior Tribunal de Justiça apreciou discussão envolvendo a participação de servidor que havia denunciado os administrados sob julgamento da autoridade. No caso, o Min. Haroldo Rodrigues entendeu que a participação do denunciante na condição de julgador ofenderia o princípio da imparcialidade da Administração.[66]

---

[64]"ADMINISTRATIVO. CONSTITUCIONAL. MANDADO DE SEGURANÇA. FORNECIMENTO DE DADOS RELATIVOS AOS VALORES GASTOS PELA ADMINISTRAÇÃO PÚBLICA COM PUBLICIDADE E PROPAGANDA. DIREITO À INFORMAÇÃO. Publicidade. dados não submetidos ao sigilo previsto no art. 5°, XXXIII, da Constituição Federal. Segurança concedida. (...) (MS 16.903/DF, Rel. Ministro ARNALDO ESTEVES LIMA, Primeira Seção, julgado em 14/11/2012, DJe 19/12/2012).

[65] "ATO ADMINISTRATIVO – REPERCUSSÕES – PRESUNÇÃO DE LEGITIMIDADE – SITUAÇÃO CONSTITUIDA – INTERESSES CONTRAPOSTOS – ANULAÇÃO – CONTRADITORIO. Tratando-se da anulação de ato administrativo cuja formalização haja repercutido no campo de interesses individuais, a anulação não prescinde da observância do contraditório, ou seja, da instauração de processo administrativo que enseje a audição daqueles que terão modificada situação já alcançada. Presunção de legitimidade do ato administrativo praticado, que não pode ser afastada unilateralmente, porque é comum à Administração e ao particular". (RE 158543, Rel. Min. MARCO AURÉLIO, Segunda Turma, j. 30/08/1994, DJ 06/10/1995). No mesmo sentido: RE 158543, Rel. Min. MARCO AURÉLIO, Segunda Turma, j. 30/08/1994, DJ 06/10/1995; RE 594296, Rel. Min. DIAS TOFFOLI, Tribunal Pleno, j. 21/09/2011, DJe-030 10/02/2012.

[66]"ADMINISTRATIVO. PROCESSO DISCIPLINAR ORIUNDO DE DENÚNCIAS DE DEPUTADO ESTADUAL QUE POSTERIORMENTE ATUA COMO AUTORIDADE JULGADORA. INTERESSE DIRETO EVIDENCIADO. OFENSA AO PRINCÍPIO DA IMPARCIALIDADE. ARTIGO 18 DA LEI N° 9.784/1999. OCORRÊNCIA. 1. O Processo Administrativo Disciplinar se sujeita a rigorosas exigências legais e se rege por princípios jurídicos que condicionam a sua validade, dentre as quais a da isenção dos agentes públicos que nele tem atuação. 2. Uma vez demonstrado o interesse da autoridade julgadora na condução do processo administrativo e no seu resultado, seja interesse direto, seja o interesse indireto, o fato do denunciante ter julgado os denunciados configura uma ofensa ao princípio da imparcialidade, caracterizando vício insanável no ato administrativo objeto da impetração. 3. Procurador federal que opina no sentido da nulidade do processo administrativo, e posteriormente é designado para presidir a Comissão instaurada para apurar os mesmos fatos e indiciados, resulta na contrariedade ao postulado da imparcialidade da Administração

Quanto à probidade como característica de uma "boa administração", basta referir que há norma expressa na Constituição pregando a probidade da administração via princípio da moralidade (art. 37) e, no plano infraconstitucional, a Lei n° 8.249/92 – Lei de Improbidade Administrativa – disciplina o que pode ser considerado ato de improbidade e estabelece sanções para os agentes ímprobos. Sobre o tema probidade, vale recordar o julgamento da constitucionalidade da Lei Complementar n° 135/10, conhecida como Lei da Ficha Limpa, pelo Supremo Tribunal Federal. Na oportunidade, o Supremo examinou o conceito de moralidade e probidade exigível dos candidatos a cargos públicos e acabou por densificar o sentido da "moralidade" e "probidade" aplicável aos postulantes a cargos eletivos.[67]

A "boa administração pública" pressupõe também uma Administração Pública respeitadora da juridicidade. Em que pese a Constituição faça referência ao princípio da legalidade (art. 37 da CRFB), muito já tem sido discutido e debatido sobre o real alcance desta norma. No plano infraconstitucional, por exemplo, a Lei n° 9.784/99 impõe que a Administração Pública, nos processos administrativos, observe a lei e o Direito (art. 2°, parágrafo único, inciso I, da Lei n° 9.784/99). Logo, respeito cego e inconsequente apenas à lei não serve à sociedade. Espera-se da Administração Pública sujeição ao Estado de Direito, consoante expressamente estabelece o artigo 1°, *caput*, da Constituição.[68]

Por derradeiro, cumpre que a Administração Pública, para que seja considerada "boa administração", busque a eficiência. Equivale a dizer que a Administração Pública deve pautar seu agir segundo as melhores escolhas possíveis, buscando ser eficiente (dever de fazer de modo certo), eficaz (dever de fazer aquilo que deve ser feito) e econômica (dever de otimizar a ação estatal).[69]

Como se pretendeu demonstrar, um olhar atento ao texto da Constituição é capaz de propiciar a constatação de que o chamado "Direito Fundamental à Boa Administração" já estava consagrado no plano constitucional desde 1988. Revela-se despiciendo acrescentar tal norma na Constituição, bastando que o intérprete tenha o cuidado de proceder a uma leitura atualizada e compatível com os tratados e convenções internacionais. Porém, sem adentrar na discussão sobre Direito Internacional, pode-se afirmar que o ordenamento jurídico pátrio evoluiu suficientemente para autorizar o intérprete a extrair da ordem jurídica vigente a norma consagrada na Carta de Nice.

Pública. 4. Segurança concedida". (MS 14.959/DF, Rel. Ministro HAROLDO RODRIGUES (DESEMBARGADOR CONVOCADO DO TJ/CE), Terceira Seção, julgado em 23/02/2011, DJe 04/04/2011).

[67] Precedente: RE 633.703, Rel. Min. GILMAR MENDES (repercussão geral). (ADI 4578, Rel. Min. LUIZ FUX, Tribunal Pleno, j. 16/02/2012, DJe-127 28/06/2012). No mesmo julgamento foram apreciadas as ADC's n° 29 e 30.

[68] "A idéia de Estado de Direito impõe a juridificação do exercício do poder, cujas manifestações pressupõem por esse motivo um lastro normativo". CORREIA, José Manuel Sérvulo. *Legalidade e autonomia contratual nos contratos administrativos*. Coimbra: Almedina, 2003, p. 35. Sobre a superação da legalidade pela juridicidade administrativa: OTERO, Paulo. *Legalidade e Administração Pública – o sentido da vinculação administrativa à juridicidade*. Coimbra: Almedina, 2003, p. 104.

[69] FREITAS, Juarez. *Discricionariedade Administrativa e o Direito Fundamental à Boa Administração Pública*. 2 ed. São Paulo: Malheiros, 2009, p. 31.

Carece, todavia, de difusão e melhor compreensão qual o significado e qual a eficácia da referida norma no âmbito do Direito Tributário. Se, de um lado, parece uma obviedade sustentar que o cidadão brasileiro ostenta, no seu plexo de direitos fundamentais, o direito fundamental à Boa Administração; de outro lado, soa estranho para muitos falar em Direito Fundamental à Boa Administração Tributária. Afinal, no que consistiria este direito fundamental e qual a importância para o Direito Tributário? Estes apontamentos demonstram que existe um comando constitucional dirigido à Administração Pública no sentido de buscar uma prestação ótima do serviço público. É dever da Administração Pública atender a sociedade com eficiência e qualidade. Adiante, a partir da análise dos deveres de colaboração, cooperação e proteção, será possível concretizar o estado ideal de coisas propugnado pelo direito fundamental à Boa Administração Tributária.

Capítulo 2 – Elementos para o novo perfil de relação jurídica de Direito Tributário

1. Relação jurídica de Direito Administrativo

A relação de dependência entre Direito Administrativo e Direito Tributário revela-se, do ponto de vista histórico, intrinsecamente construída.[70] De todo desnecessário recobrar as fases e momentos históricos que demonstram tal relação.[71] Assim, recomendável examinar a concepção de Direito Administrativo e de Administração herdadas pela tradição brasileira para que se possa identificar as características e os vícios próprios ao Direito Tributário. Sustenta-se, portanto, que a herança do Direito Administrativo afeta até os dias atuais os institutos e certas práticas do Direito Tributário.

---

[70] Em realidade, a divisão do Direito em ramos autônomos justifica-se muito mais do ponto de vista didático do que do ponto de vista ontológico. O Direito é um só e assim deve ser compreendido, como ensina Alfredo Austo Becker: A autonomia do Direito Tributário é um problema falso e falsa é a autonomia de qualquer outro ramo do Direito Positivo. (...) Pela simples razão de não poder existir regra jurídica independente da totalidade do sistema jurídico, a autonomia (no sentido de independência relativa) de qualquer ramo do Direito Positivo é sempre unicamente Didática para, investigando-se os efeitos jurídicos resultantes da incidência de determinado número de regras jurídicas, descobrir a concatenação lógica que as reúne num grupo orgânico e que une este grupo orgânico à totalidade do sistema jurídico". BECKER, Alfredo Augusto. *Teoria Geral do Direito Tributário*. 4 ed. São Paulo: Noeses, 2007, p. 33.

[71] Sem prejuízo de outras fontes, a relação entre Direito Administrativo e Direito Tributário é bem apurada por Ricardo Lobo Torres que reconhece três fase distintas: a) primado do Direito Administrativo; b) autonomia do Direito Financeiro e c) fase do equilíbrio. TORRES, Ricardo Lobo. *Curso de Direito Financeiro e Tributário*. 18 ed. Rio de Janerio: Renovar, 2011, p. 20-1. Aliomar Baleeiro, refazendo o caminho percorrido pelo Direito Financeiro para alcançar a autonomia, assim escreve sobre a relação com o Direito Administrativo: "O Direito Financeiro, à semelhança do Administrativo, é ramo do Direito Público. Para alguns juristas, ele se enquadra no Direito Administrativo. Mas, para a maioria dos escritores contemporâneos, deve ser havido como ramo autônomo, a despeito de suas conexões com aquela disciplina jurídica. BALEEIRO, Aliomar. *Direito Tributário Brasileiro*. 11 ed. Rio de Janeiro: Forense, 2003, p. 2.

Na lição de Otto Mayer, o Direito Administrativo é o direito próprio da Administração.[72] Poder-se-ia citar as diversas definições de Direito Administrativo e a relação com o conceito de administração, o que, por certo, não é o propósito deste tópico. Hartmut Maurer, refazendo esta tarefa, afirma que todos os esforços até agora se revelaram insatisfatórios. Alerta, porém, que o insucesso não se atribui aos esforços científicos, mas sim às peculiaridades da administração que se apresenta "multiforme".[73] Não desconsiderando esta característica "multiforme" acentuada pelo autor tedesco, muito associada à multiplicação de demandas por parte da sociedade, pode-se retornar ao escólio de Ruy Cirne Lima para dizer que a definição de "administração" repousa num dualismo conceitual, podendo tanto ser sujeito, quanto atividade.[74] Sob a perspectiva da administração como atividade pode-se defini-la como "atividade do que não é proprietário, – do que não tem a disposição da cousa ou do negócio administrado".[75] Esta noção é muito próxima da concepção de direito privado sobre "administração". Esta aproximação com o direito privado não é obra do acaso, podendo-se remontar tanto à Aristóteles,[76] quanto ao Direito Romano.[77] Pode-se afirmar que parcela significativa dos conceitos próprios do direito público foram hauridos do direito privado.[78]

Prosseguindo no exame, revela-se interessante contrastar o conceito de "administração" com o conceito de "propriedade". Ora, a noção de propriedade está bastante atrelada ao status mais amplo de direito real que confere ao seu titular as prerrogativas de usar, gozar e dispor da coisa, segundo sua vontade (artigo 1228 do Código Civil[79]). Em posição oposta, a administração não confere ao administrador tais prerrogativas, tampouco se pode dizer que está atrelado à vontade do Administrador.[80] Assim como a figura do administrador privado, a Administração Pública não possui atribuições ilimitadas, devendo

---

[72] MAYER, Otto. *Le Droit Administratifi Allemand.* T. I, Paris, 1903, p. 20. LIMA, Ruy Cirne. *Sistema de Direito Administrativo Brasileiro.* Porto Alegre: Santa Maria, 1953, p. 17.

[73] MAURER, Hartmut. *Direito Administrativo Geral.* Barueri: Manole, p. 5. FORSTHOFF, Ernst. *Tratado de Derecho Administrativo.* Trad. Legaz Lacambra, Garrido Falla, Gomez Ortega y Junge. Madri: Instituto de Estudios Políticos, 1958, p. 12.

[74] LIMA, Ruy Cirne. *Princípios de Direito Administrativo Brasileiro.* Porto Alegre: Livraria do Globo, 1937, p. 19.

[75] Idem, p. 24.

[76] ARISTÓTELES. *A Política.* Trad. Roberto Leal Ferreira. 2 ed. São Paulo: Martins Fontes, 1998, p. 131-41.

[77] LIMA, Ruy Cirne. *Sistema de Direito Administrativo Brasileiro.* Porto Alegre: Santa Maria, 1953, p. 19.

[78] Sebastian Martín-Retortillo Baquer. *El Derecho Civil en la Genesis del derecho Administrativo y de sus instituciones*, 1996, p. 215.

[79] Não é demasiado referir que o direito de propriedade já não se revela tão absoluto como outrora. Consta expressamente no Código Civil que este direito deve ser compatibilizado com um série de outros interesses de natureza não individual: "Art. 1.228. O proprietário tem a faculdade de usar, gozar e dispor da coisa, e o direito de reavê-la do poder de quem quer que injustamente a possua ou detenha. § 1º O direito de propriedade deve ser exercido em consonância com as suas finalidades econômicas e sociais e de modo que sejam preservados, de conformidade com o estabelecido em lei especial, a flora, a fauna, as belezas naturais, o equilíbrio ecológico e o patrimônio histórico e artístico, bem como evitada a poluição do ar e das águas".

[80] O professor Ruy Cirne Lima compara: "Como acontece ao administrador privado, não possui, também, o Poder Executivo, acerca dos negócios públicos, atribuições irrestritas, porém, meramente atribuições de administração". LIMA, Ruy Cirne. *Princípios de Direito Administrativo Brasileiro.* Porto Alegre: Livraria do Globo, 1937, p. 20-1.

o administrador público guardar respeito à finalidade impessoal que está obrigado a realizar.[81] Como diz o mestre Ruy Cirne Lima: "O fim – e não a vontade – domina todas as formas de administração".[82] Esta relação já era observada por Ihering quando estabelecia a lei da finalidade no seguinte enunciado: "nenhum querer – ou, o que vem a ser o mesmo – nenhuma ação sem finalidade".[83] Reside, pois, numa atividade finalística a administração pública na sua acepção atividade, recobrando uma adequação entre o agir da administração e os fins postos na Constituição.

Pois é justamente nesta percepção que a crítica de Celso Antônio Bandeira de Mello afigura-se pertinente. O autor corrige o senso comum da ciência do Direito Administrativo que, de forma equivocada, organiza os institutos em torno da ideia de "poder", quando o correto seria organizá-los em torno da noção de "dever", de finalidade a ser cumprida.[84] Analisado por este ângulo, a Administração Pública está submetida a uma condição de devedora. Este débito consiste na busca da finalidade a que está jungida, de modo que, para o cumprimento deste dever, exsurge "o poder, como mera decorrência, como mero instrumento impostergável para que se cumpra o dever".[85] Nas palavras de Celso Antônio "é o dever que comanda toda a lógica do Direito Público".[86]

Com efeito, o poder estatal, num Estado Democrático de Direito, é titulado pelo povo, tal como proclama a Constituição brasileira (artigo 1º, parágrafo único). Logo, este poder deve ser funcional atendendo ao seu destinatário.[87] Resulta que a inversão de visão aqui propugnada coloca o cidadão na posição correta, ou seja, como detentor do poder do Estado e credor do dever da Administração em bem lhe servir. É que o texto constitucional de 1988 incorporou a valorização do ser humano possuidor de dignidade pela sua simples existência e revelou notável preocupação com todas as dimensões do humano (econômica, intelectual, artística, política, ética e religiosa),[88] sendo facilmente constatá-

---

[81] LIMA, Ruy Cirne. *Sistema de Direito Administrativo Brasileiro*. Porto Alegre: Editora Santa Maria, 1953, p. 21. Nas palavras de Hely Lopes Meirelles: "Administrar é gerir interesses, segundo a lei, a moral e a finalidade dos bens entregues à guarda e conservação alheias. Se os bens e interesses geridos são individuais, realiza-se administração particular; se são da coletividade, realiza-se administração Pública". MEIRELLES, Hely Lopes. *Direito Administrativo Brasileiro*. 25 ed. São Paulo: Malheiros, 2000, p. 78.

[82] LIMA, Ruy Cirne. *Princípios de Direito Administrativo Brasileiro*. Porto Alegre: Livraria do Globo, 1937, p. 23.

[83] IHERING, Rudolf Von. *A finalidade do Direito*. Trad. José Antonio Faria Correa. Rio de Janeiro: Editora Rio, 1979, p. 2.

[84] MELLO, Celso Antonio Bandeira de. *Discricionariedade e controle jurisdicional*. 2 ed. São Paulo: Malheiros, 2010, p. 15.

[85] Idem.

[86] Idem.

[87] MIRANDA, Jorge. *Teoria do Estado e da Constituição*. 2 ed. Rio de Janeiro: 2009, p. 117. "Mas o Estado não existe em si ou por si; existe para resolver problemas da sociedade, quotidianamente; existe para garantir segurança, fazer justiça, promover a comunicação entre os homens, dar-lhes paz, bem-estar e progresso. E um poder de decisão no momento presente, de escolher entre opções diversas, de praticar os actos pelos quais satisfaz pretensões generalizadas ou individualizadas das pessoas e dos grupos. É autoridade e é serviço".

[88] SOUZA JUNIOR, Cezar Saldanha. *A supremacia do Direito no Estado Democrático e seus modelos básicos*. p. 24. Canotilho refere que não se pode conceber a Constituição Portuguesa separada da sua base antropológica, dizendo que "pela análise dos direitos fundamentais, constitucionalmente consagrados, deduz-se que a raiz antropológica se reconduz ao homem como pessoa, como cidadão, como trabalhador e como administrado".

vel, no preâmbulo, artigo 1°, inciso III, e parágrafo único[89] tais preocupações. Nesse sentido, a dignidade do ser humano deve ser perseguida pelo Estado e ser por ele respeitada. Não se pode admitir, neste contexto, que o homem seja utilizado como meio para consecução de certos fins. Invocando-se a máxima kantiana que inspira o princípio da dignidade da pessoa humana, o homem deve ser concebido como fim em si mesmo.[90]

Nesse contexto, a dignidade da pessoa humana assume dúplice função, ora desempenhando o papel de norma limitadora, ora desempenhando o papel de norma programática ou impositiva.[91] Como enfatiza Ingo Sarlet, "todos os órgãos, funções e atividades estatais encontram-se vinculados ao princípio da dignidade da pessoa humana",[92] impondo-se ao Estado a adoção de condutas tendentes a promover, respeitar e, sobretudo, tutelar a dignidade de todo o cidadão. E por tutela da dignidade da pessoa humana deve-se enfatizar o caráter dúplice da proteção exigida do Estado, por vezes limitando a ação estatal,[93] por vezes impondo-lhe prestações.[94] Por este ângulo é que se revela ainda útil a distinção recordada por Hartmut Maurer em Administração de intervenção e Administração de prestação, justamente porque os efeitos jurídicos, em cada caso, revelam-se distintos, demandando um tratamento diferenciado, tendo em vista o complexo normativo a envolver cada situação. Não há dúvida que a Administração Tributária desempenha atividades interventivas na esfera de direitos individuais do cidadão, o que exige uma cautela maior em obediência ao status que a Constituição outorgou ao cidadão. Estas considerações justificam uma visão multidirecional de eficácia do princípio da dignidade da

---

CANOTILHO, José Joaquim Gomes. *Direito Constitucional e Teoria da Constituição*. 7 ed. Coimbra: Almedina, 2003, p. 248.

[89] Uma excelente investigação sobre a dignidade da pessoa humana, seu conteúdo e relação com o Direito Tributário pode ser encontrada na obra de Marciano Buffon, que defende a posição central da norma dentro da ordem jurídica pátria: "O princípio da dignidade da pessoa humana torna-se, assim, o elemento norteador de toda a carta política expressa pela Constituição, especialmente em relação aos direitos fundamentais". BUFFON, Marciano. *A tributação e a dignidade humana. Entre os direitos e deveres fundamentais*. Porto Alegre: Livraria do Advogado, 2009, p. 123.

[90] A densificação da dignidade da pessoa em torno da visão kantiana é trazida por Ingo Sarlet: "Construindo sua concepção a partir da natureza racional do ser humano, Kant sinala que a autonomia da vontade, entendida como a faculdade de determinar a si mesmo e agir em conformidade com a representação de certas leis, é um atributo apenas encontrado nos seres racionais, constituindo-se no fundamento da dignidade da natureza humana. Com base nesta premissa, Kant sustenta que o "Homem, e, duma maneira geral, todo o ser racional, existe como um fim em si mesmo, não como meio para o uso arbitrário desta ou daquela vontade". SARLET, Ingo Wolfgang. *Dignidade da Pessoa Humana e Direitos Fundamentais na Constituição de 1988*. Porto Alegre: Livraria do Advogado, 2001, p. 32-3.

[91] Idem, p. 108.

[92] Idem.

[93] O Superior Tribunal de Justiça, em sua tarefa constitucional de zelar pela inteireza da legislação infraconstitucional, defendeu a maior amplitude de controle dos atos estatais em homenagem à dignidade da pessoa humana: MS 14.504/DF, Rel. Ministro JORGE MUSSI, Terceira Seção, julgado em 14/08/2013, DJe 20/08/2013.

[94] Tema bastante tormentoso diz respeito à concessão de medicamentos pelo Poder Judiciário. Em julgamento paradigmático, o Superior Tribunal de Justiça posicionou-se pela preponderância da dignidade da pessoa humana e tutela do direito à saúde no seguinte aresto: REsp 1041197/MS, Rel. Ministro HUMBERTO MARTINS, Segunda Turma, julgado em 25/08/2009, DJe 16/09/2009.

pessoa humana, vislumbrando-se, em alguns casos, efeito paralisante, em outros, efeito propulsor de condutas.[95]

Em que pese a singeleza destas considerações, a compreensão das premissas aqui assentadas é ponto fulcral para sustentação das propostas que serão desenvolvidas. Reside justamente na interpretação do artigo 1° da Constituição, notadamente o inciso III e o parágrafo único, que está o cerne das proposições que se pretende defender. Parece claro que a Constituição estabeleceu, no ponto ora investigado, uma primazia valorativa e um estado ideal de coisas a ser perseguido. Inverter esta premissa importa em desconsiderar a norma constitucional referida e, sobretudo, olvidar a razão de ser da Administração.

2. Da noção clássica de relação jurídica ao conceito de relação de administração

O conceito de "relação jurídica" foi alçado à condição de instituto nuclear da Teoria Geral do Direito Civil desde a Escola das Pandectas, ganhando sistematização com o Código Civil alemão (BGB).[96] Rompendo uma tradição das codificações latinas que erigiam o sistema jurídico a partir da noção de "sujeito", a sistematização dos Códigos, inclusive como viria acontecer no Brasil, passou a concentrar-se em torno da noção de "relação jurídica".[97] Na obra de Savigny, encontra-se a afirmação de que a relação de direito é a realidade mais profunda. Quando o direito é negado ou atacado, torna-se perceptível a sua autoridade, porém a sua essência somente pode ser compreendida quando enquadrada sobre o conceito de relação de direito. Nesse sentido, um posicionamento sobre um "direito especial", como refere Savigny, não é racional e verdadeiro, exceto quando deriva de exame aprofundado que só a análise da relação de direito é capaz de proporcionar.[98]

A relação jurídica nada mais é do que uma relação inter-humana que atrai a incidência de uma regra jurídica, tornando, portanto, a relação entre seres humanos uma relação jurídica.[99] Num sentido mais estrito, pode-se dizer que "relação jurídica" é a relação social regrada pelo Direito e que outorga a uma

---

[95] MAURER, Hartmut. *Direito Administrativo Geral.* 14 ed. Barueri: Manole, p. 10.
[96] WINDSCHEID, Bernardo. *Diritto delle Pandette.* V. I. Trad. Carlo Fadda e Paolo Emilio Bensa. Turim: Unione Tipografico Torinense, 1930, p. 110.
[97] GOMES, Orlando. *Introdução ao Direito Civil.* 20 ed. Rio de Janeiro: Forense, 2010, p. 73.
[98] Para exemplificar a complexidade que a relação de direito tem a capacidade de envolver, Savigny cita a Lei Frater a Fratre (l. 38, XII, 6), demonstrando que o desate da questão posta à apreciação do juiz possui tal compexidade que somente pode ser dirimida com a apreensão da realidade como um todo. SAVIGNY, Friedrich Carl von. *Sistema del Derecho Romano Atual.* t. I. Trad. Jacinto Mesía e Manuel Poley. Madri: F. Gongora y Compañia Ed., 1878, p. 25-6.
[99] PONTES DE MIRANDA, Francisco Cavalcanti. *Tratado de Direito Privado.* t. I. Rio de Janeiro: Borsoi, 1958, p. xxxx. Emilio Betti assenta que: "A relação jurídica, no campo do direito privado, pode caracterizar-se, precisamente, como uma relação que o direito objetivo entre uma pessoa e outra pessoa, na medida em que confere a uma um poder e impõe à outro um vínculo correspondente". BETTI, Emilio. *Teoria Geral do Negócio Jurídico.* t. I. Coimbra: Coimbra editores, 1950, p. 26.

pessoa um direito subjetivo e impõe a outra um dever jurídico.[100] Nas palavras de Kelsen, pode-se definir relação jurídica como relação entre sujeitos jurídicos, vale dizer, "entre o sujeito de um dever jurídico e o sujeito do correspondente direito (*Berechtigung*) ou – o que não é o mesmo – como relação entre um dever jurídico e o correspondente direito (*Berechtigung*) – definição em que as palavras "dever" (*Pflicht*) e "direito" (*Berechtingung*) devam ser entendidas no sentido da teoria tradicional".[101] Dessa forma, pode-se dizer que a relação jurídica, de modo geral, possui uma estrutura comum em todos os ramos do Direito, sendo esta estrutura comum considerada o seu núcleo, seu cerne.[102] Este cerne é constituído por um direito subjetivo e por um dever jurídico.[103] É bem verdade que Kelsen admite certa distinção na relação jurídica entre público e privado, ressalvando que a posição de igualdade própria das relações jurídicas entre privados é substituída pela verticalidade apenas quando a ordem jurídica estabelece a um dos sujeitos (no caso o Estado) a competência para produzir a norma jurídica. A posição de "supra-ordenação" é apenas mantida em relação das normas com os indivíduos e não dos indivíduos entre si. Segundo Kelsen, pode-se falar em subordinação do indivíduo em relação às normas, assim como se pode afirmar que a ordem jurídica "supra-ordena" os indivíduos que a ela estão jungidos.[104]

Na estrutura da "relação jurídica" própria do Direito Privado, o direito subjetivo é encarado como um poder jurídico, concedido pelo ordenamento a uma pessoa, que poderá exercê-lo livremente por um ato de vontade de seu titular.[105] Em contraposição, os chamados "poderes-deveres", "poderes funcionais" ou "ofícios", em razão da vinculação jurídica que o seu exercício está circunscrito, não conferem a mesma liberdade ao seu titular.[106] Os civilistas exemplificam o

---

[100] ZANOBINI, Guido. *Corso di Direitto Amministrativo*. v. I. 8 ed. Milão: Giufrè, 1958, p. 176. PINTO, Carlos Alberto da Mota; PINTO, Paulo Mota. *Teoria Geral do Direito Civil*. 4 ed. Coimbra: Coimbra editora, 2005, p. 177.

[101] KELSEN, Hans. *Teoria Pura do Direito*. Trad. João Baptista Machado. São Paulo: Martins Fontes, 2012, p. 182.

[102] PINTO, Carlos Alberto da Mota; PINTO, Paulo Mota. *Teoria Geral do Direito Civil*. 4 ed. Coimbra: Coimbra editora, 2005, p. 178.

[103] Orlando Gomes recorda que dois atributos caracterizam esta relação intersubjetiva: bilateralidade e reciprocidade. Diz, o autor, "a bilateralidade ou alteridade significa correlação entre direito e dever, exprimindo-se na proposição de que ao direito de alguém corresponde o dever de outrem. *Jus et obligatio sunt correlata*. A reciprocidade significa que ninguém pode agir em relação a outrem sem dar lugar a este para ter, a seu respeito, comportamento análogo. GOMES, Orlando. *Introdução ao Direito Civil*. 20 ed. Rio de Janeiro: Forense, 2010, p. 73.

[104] KELSEN, Hans. *Teoria Pura do Direito*. Trad. João Baptista Machado. São Paulo: Martins Fontes, 2012, p. 182.

[105] Carlos Alberto da Mota Pinto refere-se ao "direito subjetivo" como "liberdade de actuação, soberania do querer". PINTO, Carlos Alberto da Mota e PINTO, Paulo Mota. *Teoria Geral do Direito Civil*. 4 ed. Coimbra: Coimbra editora, 2005, p. 179. TRIMARCHI, Pietro. Istituzioni di Direitto Privato. 17 ed. Milão: Giuffrè, 2007, p. 48.

[106] PINTO, Carlos Alberto da Mota; PINTO, Paulo Mota. *Teoria Geral do Direito Civil*. 4 ed. Coimbra: Coimbra editora, 2005, p. 179. Orlando Gomes apresenta uma suave distinção, dizendo que "o poder correspondente a essas situações subjetivas caracteriza-se por ser, ao mesmo tempo, uma faculdade e uma necessidade. Seu exercício é vinculado à tutela dos interesses para os quais são atribuídos, chegando a se falar que constituem um *múnus*, assim como uma espécie de função correspondente a cargo privado. Nessas condições, o chamado "poder-dever" apresenta-se como figura intermediária entre o poder propriamente dito e o direito subjetivo. Não é o poder no sentido próprio da palavra, porque não consiste numa pura faculdade com direção genérica. Não é direito subjetivo, porque não se desenvolve em uma relação jurídica com direitos e obrigações correlatas". GOMES, Orlando. *Introdução ao Direito Civil*. 20 ed. Rio de Janeiro: Forense, 2010, p. 81.

direito subjetivo na relação creditícia, onde um sujeito apresenta-se como credor de uma certa quantia frente ao devedor que a tomou emprestada. Aquele poderá exigir deste o pagamento do crédito, inclusive em juízo. De outro lado, é da seara civil que surge o exemplo de poder-dever representado na figura do poder familiar. Não pode, o pai, demitir-se de suas atribuições por um ato de vontade. Deve, obviamente, exercer o poder familiar na forma exigida por sua função, sob pena de perdê-lo (vide, p. ex., artigo 1.638 do Código Civil). Na visão de Kelsen, o titular de um direito subjetivo "privado" possui idêntica pretensão de ver realizado o seu "direito", podendo inclusive lançar mão da tutela jurisdicional como teria o titular do direito subjetivo "público". Em ambos os casos, há uma norma jurídica reconhecendo o direito subjetivo de cada qual, assim como há uma sanção para a hipótese de descumprimento do respectivo "direito subjetivo".[107]

Compondo a estrutura da relação jurídica antes referida, encontra-se o "dever jurídico". Pode-se dizer que, se num polo da relação jurídica há o titular de um direito subjetivo, no outro poderá ser identificado o sujeito incumbido de um dever, obrigação ou vinculação.[108] O dever é sempre guiado pela realização de um interesse,[109] cujo descumprimento descortina em favor do sujeito ativo a pretensão de exigir o seu cumprimento. Importante registrar que o dever jurídico, embora imponha sanções à parte inadimplente, poderá não ser cumprido. Este descumprimento abre um leque de soluções ao credor, que terá a faculdade de exercer a sua pretensão.

Tais proposições, em que pese extraídas do direito privado, em tudo são aproveitáveis no exame da relação jurídica de Direito Público.[110] Como refere Hartmut Maurer, o conceito "relação jurídica" é uma categoria da doutrina do direito geral[111] e, tecendo uma crítica à doutrina de Direito Administrativo que, durante muito tempo, concentrou-se no conceito de "ato administrativo", poder-se-ia sustentar a ideia de elevar a noção de "relação jurídica administrativa" como fundamento do sistema do direito Administrativo.[112] Por óbvio esta não é a pretensão da presente abordagem.[113]

---

[107] KELSEN, Hans. *Teoria Pura do Direito*. Trad. João Baptista Machado. São Paulo: Martins Fontes, 2012, p. 186.
[108] PINTO, Carlos Alberto da Mota; PINTO, Paulo Mota. *Teoria Geral do Direito Civil*. 4 ed. Coimbra: Coimbra editora, 2005, p. 184.
[109] TRIMARCHI, Pietro. *Istituzioni di Direitto Privato*. 17 ed. Milão: Giuffrè, 2007, p. 45.
[110] Kelsen afirma: "É a relação jurídica típica, designada pela teoria tradicional como relação jurídico-"privada". Porém, na medida em que a distinção entre relações jurídicas privadas e públicas se baseie na diferenciação que existe entre supra-ordenação e subordinação, de um lado, e igualdade de plano ou equiparação, do outro, a relação entre o indivíduo provido do poder jurídico de instaurar a ação e o indivíduo obrigado, contra a qual a ação vai dirigida, é uma relação jurídica pública no mesmo sentido em que o é a relação entre o tribunal, funcionando como órgão estadual, e este indivíduo". KELSEN, Hans. *Teoria Pura do Direito*. Trad. João Baptista Machado. São Paulo: Martins Fontes, 2012, p. 182. SEBASTIAN MARTÍN-Retortillo Baquer. *El Derecho Civil en la Genesis del derecho Administrativo y de sus instituciones*, 1996, p. 215.
[111] O jurista alemão retorna aos conceitos antes expostos, afirmando: "Em regra, uma relação jurídica consiste de direitos e deveres recíprocos relacionados mutuamente". MAURER, Hartmut. *Direito Administrativo Geral*. 14 ed. Barueri: Manole, p. 188-9.
[112] MAURER, Hartmut. *Direito Administrativo Geral*. 14 ed. Barueri: Manole, p. 192.
[113] O exame das particularidades da relação jurídica administrativa tem como objetivo apenas examinar o tipo de liame que vincula as partes envolvidas e, num passo seguinte, poder estabelecer algumas premissas e atribuições que serão desenvolvidas nesta investigação.

Na origem, o Direito Administrativo esteve assentado na noção de "relação de poder especial".[114] Nas palavras de Paulo Otero, o Direito Administrativo "ia se formando em sentido derrogatório ao Direito Comum e, sobretudo, recheado de prerrogativas especiais de autoridade perante particulares".[115] Para que a Administração Pública pudesse implementar suas medidas sem maior intromissão dos demais poderes, para que pudesse se impor em relação ao interesse privado, seria necessário descolar este novo ramo do Direito do direito "comum", tratando-lhe como "direito excepcional".[116] Dever-se-ia criar institutos e princípios próprios, distanciando-se do direito privado.[117] O Direito Administrativo que foi surgindo pressupunha certas prerrogativas em favor do Estado, inexistentes nas relações entre particulares.[118] Este movimento propiciou o surgimento de um direito "exorbitante", pois extrapolava aos direitos e faculdades que se reconheciam em favor dos particulares.[119] Desnecessário retornar aos indícios de ruína desta concepção anacrônica.[120] Basta que se recupere a ainda incompreendida noção de Estado de Direito Constitucional, onde o cidadão está inserido em posição central no ordenamento jurídico (artigo 1°, inciso III, da CRFB), onde o povo possui o monopólio do poder (artigo 1°, parágrafo único, da CRFB) para eliminar qualquer dúvida acerca da inadequação dos adjetivos "especial, exorbitante, derrogatório" atribuídos ao Direito Administrativo.[121] Se o Estado se sujeita ao Direito – ideia central da concepção de Estado Constitucional de Direito – não se pode sustentar a ideia obsoleta de

---

[114] MAURER, Hartmut. *Direito Administrativo Geral.* 14 ed. Barueri: Manole, p. 195. BINENBOJM, Gustavo. *Uma Teoria do Direito Administrativo. Direitos Fundamentais, Democracia e Constitucionalização.* 2 ed. Rio de Janeiro: Renovar, 2008, p. 10.

[115] OTERO, Paulo. *Legalidade e Administração Pública – o sentido da vinculação administrativa à juridicidade.* Coimbra: Almedina, 2003, p. 281.

[116] MELLO, Celso Antonio Bandeira de. *Discricionariedade e controle jurisdicional.* 2 ed. São Paulo: Malheiros, 2010, p. 35.

[117] Paulo Otero cunhou a expressão "fuga da Administração Pública ao Direito Comum". OTERO, Paulo. *Legalidade e Administração Pública – o sentido da vinculação administrativa à juridicidade.* Coimbra: Almedina, 2003, p. 282. BINENBOJM, Gustavo. *Uma Teoria do Direito Administrativo. Direitos Fundamentais, Democracia e Constitucionalização.* 2 ed. Rio de Janeiro: Renovar, 2008, p. 11.

[118] Otero refere: "o Direito Administrativo começou por ser um Direito de prerrogativas especiais da Administração". OTERO, Paulo. *Legalidade e Administração Pública – o sentido da vinculação administrativa à juridicidade.* Coimbra: Almedina, 2003, p. 281.

[119] MELLO, Celso Antonio Bandeira de. *Discricionariedade e controle jurisdicional.* 2 ed. São Paulo: Malheiros, 2010, p. 35.

[120] Consultar capítulo I, título I.

[121] Com mais profundidade, José Manuel Sérvulo Correia explicita que este conceito está calcado na ideia de preponderância do parlamento, valorizando o peso do chamado princípio democrático na estrutura constitucional: "Esse princípio é, para Jesch, o da reserva total (Totalvorbehalt), isto é, o de que o novo tipo de relação constitucional entre o Parlamento e governo torna em função meramente executiva toda a função administrativa exercida por este último órgão e pelos serviços dele dependentes. O Governo não tem poderes para editar de forma incondicionada uma normação primária ou inicial e como se não concebe, num Estado de Direito, o exercício da função administrativa desenquadrado de um regime jurídico, toda a actividade concreta da Administração pressupõe necessariamente uma lei formal que directa ou indirectamente a autorize. Este regime é inspirado pela prevalência do princípio democrático que reconhece na vontade popular representada pelo Parlamento a única fonte de soberania. Daí resulta naturalmente a proeminência do Parlamento". CORREIA, José Manuel Sérvulo. *Legalidade e autonomia contratual nos contratos administrativos.* Coimbra: Almedina, 2003, p. 35.

um ramo do direito capaz de derrogar as demais normas jurídicas do ordenamento por mera primazia do interesse público sobre o interesse particular. As prevalências e as precedências já foram estabelecidas na Constituição, daí não se falar em ramo do Direito isolado e superior aos demais.

A diferença, segundo Maurer, está na espécie de norma jurídica que incide sobre a relação humana. Se a norma jurídica a incidir no caso concreto estiver ligada ao Direito Administrativo, estar-se-á diante de uma relação jurídica administrativa.[122] Logo, a relação jurídica de Direito Administrativo não possui distinções suficientes que a afastem da relação jurídica de Direito Privado, observando-se os limites das premissas antes referidas. A razão do distanciamento está justamente no intento de propiciar um regramento próprio à Administração Pública, fugindo das regras do chamado direito comum (direito civil),[123] o que se revelou pernicioso. Portanto, resulta salutar retornar às estruturas do direito privado para examinar a relação jurídica estabelecida entre Administração e cidadão, de modo a demonstrar as bases em que esta se estabelece.

Assim, partindo-se da noção clássica de relação jurídica, desde os romanos, percebe-se a existência de duas figuras: uma assentada sobre a premissa de que coisas e fatos se relacionam a sujeitos de direito, vinculando-se à vontade do sujeito (*more subjetivo*); e outra assentada na noção de que as coisas e os fatos vinculam-se ao sujeito como instrumentos para a persecução de um fim (*more objetivo*).[124]

Em que pese a discussão pareça ultrapassada, em verdade, a lição de Ruy Cirne Lima é bastante atual. Defende o autor que "só a atividade da pessoa jurídica é cogentemente vinculada, conaturalmente vinculada ao fim desta: atividade de administração".[125] Prossegue a ideia, definindo "a pessoa jurídica como uma administração vinculada a um fim (*Zweckverwaltung*)".[126] Ora, estas noções demonstram a necessidade de compreender a atividade da Adminis-

---

[122] A diferença, segundo Maurer, está na espécie de norma jurídica que incide sobre a relação humana: "Entende-se, sob isso, a conexão jurídica, resultando de um fato concreto com base em uma norma jurídica, entre dois ou mais sujeitos jurídicos. Se a norma jurídica que está na base deve ser associada ao direito administrativo, então existe uma relação jurídica administrativa. MAURER, Hartmut. *Direito Administrativo Geral*. 14 ed. Barueri: Manole, p. 192.

[123] Gustavo afirma: "O direito administrativo não surgiu da submissão do Estado à vontade heterônoma do legislador. Antes, pelo contrário, a formulação de novos princípios gerais e novas regras jurídicas pelo *Conseil d'État*, que tornaram viáveis soluções diversas das que resultariam da aplicação mecanicista do Direito Civil aos casos envolvendo a Administração Pública, só foi possível em virtude da postura ativista e insubmissa daquele órgão administrativo à vontade do Parlamento. A conhecida origem pretoriana do Direito Administrativo, como construção jurisprudencial (do Conselho de Estado) derrogatória do direito comum, traz em si esta contradição: a criação de um direito especial da Administração Pública resultou não da vontade geral, expressa pelo Legislativo, mas de decisão autovinculativa do próprio Executivo". BINENBOJM, Gustavo. *Uma Teoria do Direito Administrativo. Direitos Fundamentais, Democracia e Constitucionalização*. 2 ed. Rio de Janeiro: Renovar, 2008, p. 11.

[124] LIMA, Ruy Cirne. *Sistema de Direito Administrativo Brasileiro*. Porto Alegre: Santa Maria, 1953, p. 30-37. O autor percorre o caminho a partir do Direito Romano, passando pela doutrina do século XIX para sustentar a dualidade flagrada.

[125] Idem, p. 39.

[126] Idem.

tração Pública e as relações que esta estabelece com os particulares a partir de uma visão teleológica.

Pois é chegado o momento de conjugar as percepções até aqui construídas. Se é verdade que os institutos criados pelo direito privado foram hauridos pelo Direito Administrativo e a disciplina jurídica distinta, derrogatória do direito comum, somente se justificava para que se pudesse conferir maior liberdade ao Poder Executivo, pode-se concluir que o conceito de relação jurídica construído pelo direito privado também serve ao Direito Administrativo. Vale dizer: a ideia de relação jurídica do Direito Privado e suas derivações aproveitam ao Direito Administrativo.

Da mesma forma, partindo da premissa de que a relação de administração própria do direito privado é útil ao Direito Administrativo, pode-se estatuir que a Administração Pública desempenha papel de gestão de bens e interesses alheios (bens e interesses do povo). Esta atividade não se confunde com a atividade desempenhada pelo proprietário. A atividade da Administração é própria de quem não é dono e, portanto, aquele que estiver incumbido de exercê-la deverá observar as funções e finalidades que a coisa administrada exige. Assim como ocorre com o direito privado, aquele que administra ou representa interesses de outrem deve exercer sua atividade com diligência (artigo 667 do CCB) e observar o interesse e a vontade presumível do dono (artigo 861 do CCB). Como dito, se as relações jurídicas (de direito privado e de direito administrativo) podem ser comparadas e, sobretudo, guardam similitude, não se pode admitir que os avanços obtidos pela doutrina civilista fiquem confinados apenas àquela seara. Em outras palavras, a relação jurídica mantida entre Administração Pública e cidadão, assim como o mandatário em relação ao mandante, assim como o gestor de negócios em relação ao dono do negócio, deve observar os limites, funções e finalidades, tal como ocorre no direito privado.[127]

Por óbvio que os referidos limites, funções e finalidades são ditados pelo ordenamento jurídico a que Administração Pública e os cidadãos estão jungidos. O sistema normativo estabelece a orientação às finalidades que devem ser perseguidas pelos sujeitos da relação jurídica e, como dito, servirão de baliza comportamental a serem observadas pelos integrantes da relação. Assim, o padrão de comportamento e as condutas devem observar as escolhas e as soluções eleitas pelo ordenamento jurídico e não pelo agente político, detentor momentâneo da chefia do Poder Executivo. Voltando à comparação com o direito privado, o gestor de negócios deve pautar sua atuação segundo o interesse e a vontade do dono do negócio; logo, a Administração Pública deve igualmente

---

[127] Sobre o tema, Marco Aurélio Greco estabelece que: "Hoje, mais do que o "poder de tributar", é importante ter consciência de que estamos diante de uma "função de tributar" que implica desdobramentos relevantes. Entre eles está o de que, para o poder, basta a legitimidade e a inexistência de excesso no exercício, enquanto para a função é indispensável enxergar o interesse relativamente ao qual ela é exercida. Administrar é basicamente cuidar de interesse alheio. No caso, interesse da sociedade civil como um todo". GRECO, Marco Aurélio. Devolução ex officio de tributo indevido: dever de legalidade, moralidade e eficiência administrativas, no âmbito da função tributária. In: *Direito Processual Tributário*. Marcelo Campos (org.). São Paulo: RT, 2008, p. 190.

pautar sua atuação segundo o interesse e a vontade do administrado, posto que este é o fim último da Administração.

É importante destacar que a promoção do interesse e vontade do administrado não deve se constituir em algo abstrato e permeado de subjetivismo. A vontade popular é a tônica do ordenamento constitucional e está expressada em vários mecanismos de manifestação que começam pelo sufrágio (forma indireta) e perpassam toda a atividade administrativa (forma direta), consoante prevê o artigo 1°, parágrafo único, e artigo 14 da Constituição. A definição de escolhas e soluções que mais promovam o bem de todos, tendo em vista tal promoção se constituir em objetivo fundamental da República Federativa do Brasil (art. 3°, IV, da CRFB), é tarefa reservada ao Poder Legislativo (artigos 5°, II, 22, 24, 30 e 37, dentre outros da CRFB). Esta atribuição de poder é resultado da promoção do princípio democrático que assegura ao cidadão a participação na escolha de seus representantes, assim como no exercício efetivo do poder (art. 1° da CRFB).

Nessa concepção de Estado de Direito Democrático, não se pode conceber renúncia a certas prerrogativas conferidas pelo poder constituinte originário na perseguição do bem de todos (artigo 3°, IV, da CRFB), assim como não se pode vislumbrar autorização ao Estado para não se sujeitar às vinculações a que está submetido (artigo 37 da CRFB). Daí poder sustentar que a relação entretida entre a Administração Pública e o cidadão, composta de direitos e deveres recíprocos, está submetida à regra da juridicidade, e a adequação dos comportamentos, por seu turno, deve ser orientada pela persecução das finalidades que a ordem constitucional estabelece, sendo que a relação de adequação entre meios e fins deve ser desempenhada pelo princípio da proporcionalidade.

3. Relação jurídica de Direito Tributário

A exposição acima sobre o Direito Administrativo e a atividade de administrar, em certa medida, pode ser aproveitada no exame específico da atividade que compete à Administração Tributária. As inconsistências apuradas valem igualmente para a abordagem do Direito Tributário. Com efeito, não se pode falar de Direito Tributário como ramo que exorbita ou excepciona o direito comum. Tendo em vista que todo o poder, num Estado Democrático de Direito, pertence ao povo,[128] logo a autonomia do Direito Tributário é muito mais didática do que normativa, tendo em vista o primado de unidade do ordenamento jurídico.[129]

---

[128] O professor catedrático da Universidade de Barcelo, José Juan Lapatza defende que: "parece razoável pensar que tanto o Direito Administrativo como o Direito Tributário deveriam reduzir ao mínimo seu caráter excepcional ou exorbitante". LAPATZA, José Juan Ferreiro. *Direito Tributário. Teoria geral do tributo.* São Paulo: Manole, 2007, p. 107.

[129] Corrente majoritária da doutrina defende que a autonomia do Direito Tributário é um "falso problema". Por todos: BECKER, Alfredo Augusto. *Teoria Geral do Direito Tributário.* 4 ed. São Paulo: Noeses, 2007, p. 31; LAPATZA, José Juan Ferreiro. *Direito Tributário. Teoria geral do tributo.* São Paulo: Manole, 2007, p. 107-10; COELHO, Sacha Calmon Navarro. *Curso de Direito Tributário Brasileiro.* 9 ed. Rio de Janeiro: Forense, 2006, p. 33.

Nessa linha, a Administração Tributária representa uma parcela da atividade administrativa estatal, consistindo na "aquisição de recursos financeiros necessários ao Estado".[130] A definição de Direito Tributário apresentada por Paulo de Barros Carvalho define o papel da disciplina, estreitamente ligado à atividade estatal a ser desempenhada: "direito tributário positivo é o ramo didaticamente autônomo do direito, integrado pelo conjunto das proposições jurídico-normativas que correspondam, direta ou indiretamente, à instituição, arrecadação e fiscalização dos tributos".[131] Esta tríplice função (instituição, arrecadação e fiscalização) caracteriza a atividade própria da Administração Tributária. Esta atividade desempenha um papel central dentro do contexto de um modelo de Estado Constitucional contemporâneo, na medida em que a eficácia dos direitos fundamentais (inclua-se todas as gerações de direitos fundamentais) está intimamente ligada com a disponibilidade de recursos para sua promoção.[132] Uma primeira premissa deve ser estabelecida: não se pode falar em Estado Constitucional ou em direitos fundamentais se não se admitir que o Estado desempenhe a atividade administrativa tributária.[133]

Ocorre que a premissa antes estabelecida importa em atingir outros direitos fundamentais de igual valor e estatura. Equivale a dizer que a manutenção do Estado e a promoção dos direitos fundamentais têm um custo e este custo é pago pela sociedade, de modo que, neste momento, o Estado acabará por atingir a liberdade e a propriedade dos cidadãos.[134] Como recorda Roque Antonio Carrazza, a ação de tributar se constitui em exceção à proteção constitucional à propriedade (artigos 5°, XXII, e 170, II, da CRFB), o que justificaria, parcialmente, a minuciosa disciplina da tributação em nossa constituição.[135] Revela-se

---

[130] MAURER, Hartmut. *Direito Administrativo Geral*. 14 ed. Barueri: Manole, p. 8.
[131] CARVALHO, Paulo de Barros. *Curso de Direito Tributário*. 19 ed. São Paulo: Saraiva, 2007, p. 15.
[132] NABAIS, José Casalta. *O Dever Fundamental de Pagar Impostos. Contributo para a compreensão constitucional do estado fiscal contemporâneo*. 3 reimpressão. Coimbra: Almedina, 2012, p. 139 e ss. NABAIS, José Casalta. *Por um Estado Fiscal suportável. Estudos de Direito*. Coimbra: Almedina, 1998, p. 679. PAULSEN, Leandro. *Curso de Direito Tributário completo*. 4 ed. Porto Alegre: Livraria do Advogado, 2012, p. 16.
NABAIS, José Casalta. *Por um Estado Fiscal suportável. Estudos de Direito Fiscal*. Coimbra: Almedina, 2005, p. 20. HOLMES, Stephen e SUNSTEIN, Cass R. *El costo de los derechos. Por qué la libertad depende de los impuestos*. Buenos Aires: Siglo Veintiuno Editores, 2011, p. 53 e ss.
[133] Regina Helena Costa, citando professores da Universidade de Nova York, apresenta as funções principais da tributação: "1) Ela determina que proporção dos recursos da sociedade vai estar sob o controle do governo para ser gasta de acordo com algum procedimento de decisão coletiva, e que proporção será deixada, na qualidade de propriedade pessoal, sob o arbítrio de indivíduos particulares. Essa é a repartição entre o público e o privado. 2) Ela é um dos principais fatores que determinam de que modo o produto social é dividido entre os diversos indivíduos, tanto sob a forma de propriedade privada quanto sob a forma de benefícios fornecidos pela ação pública. Essa é a distribuição". COSTA, Regina Helena. *Curso de Direito Tributário*. São Paulo: Saraiva, 2009, p. 3.
[134] Destacando a tensão de direitos travada na relação tributária: "As relações de direito público, gênero no qual se inserem as relações tributárias, apresentam, como traço marcante, a bipolaridade, a significar que nelas estão presentes dois valores em constante tensão: de um lado, a autoridade do Poder Público; de outro, a liberdade individual. Nas relações tributárias, tal tensão é evidente, uma vez que o Estado titulariza o direito de atingir o direito de propriedade do particular, e, em consequência, a liberdade deste, absorvendo compulsoriamente parte de seu patrimônio, devendo, contudo, respeitar uma multiplicidade de normas de proteção ao contribuinte". COSTA, Regina Helena. *Curso de Direito Tributário*. São Paulo: Saraiva, 2009, p. 3.
[135] CARRAZZA, Roque Antonio. *Curso de Direito Constitucional Tributário*. 24 ed. São Paulo: Malheiros, 2008, p. 390. Carrazza enfatiza a tensão, dizendo: "Ademais, na medida em que a Constituição Brasileira reco-

desnecessário recuperar o histórico da tensa relação entre Estado e cidadão,[136] no que tange à aquisição de recursos, bastando referir que esta harmonização de interesses permeou o desenvolvimento das normas que orientam a tributação em todos os sistemas jurídicos ocidentais. Desta premência nasce um ramo do direito com a ambição de estabelecer limitações ao exercício da atividade tributária, razão pela qual a Constituição de 1988 incorporou a expressão "das limitações ao poder de tributar".[137]

Pode-se dizer, pois, que o Estado, ao exercer a atividade de Administração Tributária, está, como mencionado acima, expropriando a propriedade privada e gerindo recursos e patrimônio que não lhe pertencem, devendo guardar extrema diligência e observar os interesses e a vontade do "dono", no caso específico, o povo.[138] Dessa forma, afigura-se lícito sustentar que a reserva de poder estabelecida pela Constituição (artigo 150, I, da CRFB) ao Poder Legislativo, exigindo-se respeito à legalidade tributária, foi construída ao longo dos séculos em torno da ideia de anuência popular.[139] Nessa medida, acerta Luís Eduardo Schoueri ao utilizar a expressão "direito de concordar com a tributação", "já que se espera, na maior medida possível, a concordância daqueles que serão atingidos pela tributação".[140] Em poucas palavras, esta é a razão para que este ramo do Direito tenha um apego tão destacado ao estrito cumprimento da lei, difundindo-se a legalidade tributária como uma das normas centrais do Direito Tributário.

Como já defendido, o conceito de "relação jurídica" é noção fundamental da ciência do Direito e, salvo algumas particularidades, possui idêntica estru-

---

nhece e garante o direito de propriedade (embora o submeta ao princípio da função social) – proibindo, inclusive, o confisco (art. 150, IV) –, é evidente que a tributação não pode, por via indireta, torná-lo ilusório. Noutras palavras: o tributo, de algum modo, esgarça o direito de propriedade. Ora, na medida em que o direito de propriedade é constitucionalmente protegido, o tributo só será válido se, também ele, deitar raízes na Constituição". CARRAZZA, Roque Antonio. *Curso de Direito Constitucional Tributário*. 24 ed. São Paulo: Malheiros, 2008, p. 391-2.

[136] Sobre o tema, consultar: POLLOCK, Frederick; MAITLAND, Frederic William. *The history of English Law before the time of Edward I*. v. I. Ed. Indianápolis: Liberty Fund, p. 369. SCHOUERI, Luís Eduardo. *Direito Tributário*. São Paulo, Saraiva, 2011, p. 269. ADAMS, Charles. *For good and evil. The impact of taxes on the course of civilization*. 2 ed. New York: Madison, 1999, p. 139. COSTA, Regina Helena. *Curso de Direito Tributário*. São Paulo: Saraiva, 2009, p. 7.

[137] PAULSEN, Leandro. *Curso de Direito Tributário Completo*. 4 ed. Porto Alegre: Livraria do Advogado, 2012, p. 15.

[138] GRECO, Marco Aurélio. Devolução ex officio de tributo indevido: dever de legalidade, moralidade e eficiência administrativas, no âmbito da função tributária. In: *Direito Processual Tributário*. Marcelo Campos (org.). São Paulo: RT, 2008, p. 190.

[139] Compartilhando a mesma ideia: "O princípio da legalidade significa que a tributação deve ser decidida não pelo chefe do governo, mas pelos representantes do povo, livremente eleitos para fazer leis claras". COELHO, Sacha Calmon Navarro. *Curso de Direito Tributário*. Rio de Janeiro: Forense, 2006, p. 214; MARTINEZ, Jean-Claude e CABALLERO, Norma. 1215-2015: 800 ans après la Magna Carta...une charte europeenne des garanties du contribuable. In: Daniel Freire e Almeida; Fabio Luiz Gomes e João Ricardo Catarino (org). *Garantia dos contribuintes no Sistema Tributário*. São Paulo: Saraiva, 2013, p. 216-7; CATARINO, João Ricardo. Consentimento e garantias dos contribuintes: da crise à necessidade de (re)afirmação. In: Daniel Freire e Almeida; Fabio Luiz Gomes e João Ricardo Catarino (org.). *Garantia dos contribuintes no Sistema Tributário*. São Paulo: Saraiva, 2013, p. 271-8; GUIMARÃES, Vasco Branco. As garantias dos particulares na relação jurídica tributária: uma revisão necessária. In: Daniel Freire e Almeida; Fabio Luiz Gomes e João Ricardo Catarino (org.). *Garantia dos contribuintes no Sistema Tributário*. São Paulo: Saraiva, 2013, p. 671.

[140] SCHOUERI, Luís Eduardo. *Direito Tributário*. São Paulo, Saraiva, 2011, p. 274.

tura nos mais diversos ramos da ciência jurídica.[141] A "relação jurídica tributária" não escapa a esta afirmação.[142]

Não é recente a tentativa de definir o próprio Direito Tributário a partir da ideia de relação jurídica, como fez Rubens Gomes de Souza ao conceituar o Direito Tributário como ramo que "rege as relações entre Estado e os particulares, decorrentes da atividade financeira do Estado no que se refere à obtenção de receitas que correspondam ao conceito de tributos".[143] A proposta de definir o Direito Tributário com base na relação jurídica travada entre Estado e cidadão é defendida atualmente por parcela majoritária da doutrina.[144]

Partindo da noção de relação jurídica entendida como vínculo entre dois sujeitos que está submetida à incidência de regras jurídicas, que, por sua vez, passa a criar direitos e deveres,[145] pode-se, antecipadamente, afirmar que a "relação jurídico-tributária" observa o mesmo modelo estrutural.[146] Como afirma Hugo de Brito Machado, "relação tributária é, portanto, relação jurídica",[147] de modo que o liame estabelecido entre os sujeitos da relação faz surgir direitos e deveres para ambas as partes. Daí porque afirmar que a relação tributária é uma relação jurídica complexa, uma vez que abrange um conjunto de direitos e deveres do Fisco e do contribuinte.[148]

Esta noção foi pioneiramente defendida por Achile Donato Giannini quando sustentou que a relação jurídica tributária é uma relação complexa,

---

[141] Dino Jarach argumenta que, se analisarmos do ponto de vista jurídico a relação jurídica tributária como relação obrigacional que nasce da lei, estaremos diante de um fenômeno cujos elementos e estrutura não se distanciam substancialmente das relações *ex lege* próprias do direito privado. JARACH, Dino. *Finanzas públicas e Derecho Tributário*. 4 ed. Buenos Aires: Abeledo Perrot, 2013, p. 357. No mesmo sentido: LAPATZA, José Juan Ferreiro. *Direito Tributário. Teoria geral do tributo*. São Paulo: Manole, 2007, p. 111.

[142] Klaus Tipke atribui a Enno Becker a aproximação da relação tributária com a relação obrigacional de Direito Civil, pois, em 1918, Enno Becker era juiz cível. TIPKE, Klaus e LANG, Joachim. *Direito Tributário*. 18 ed. Porto Alegre: SaFe, 2008, p. 95. BECKER, Alfredo Augusto. *Teoria Geral do Direito Tributário*. 4 ed. São Paulo: Noeses, 2007, p. 174; TORRES, Ricardo Lobo. *Curso de Direito Financeiro e Tributário*. 18 ed. Rio de Janeiro: Renovar, 2011, p. 233; MACHADO, Hugo de Brito. *Curso de Direito Tributário*. 30 ed. São Paulo: Malheiros, 2009, p. 48.

[143] SOUZA, Rubens Gomes de. *Compêndio de legislação tributária*. 2 ed. Rio de Janeiro: Edições Financeiras, 1954, p. 13-14.

[144] Em doutrina nacional: BECKER, Alfredo Augusto. *Teoria Geral do Direito Tributário*. 4 ed. São Paulo: Noeses, 2007, p. 174; COELHO, Sacha Calmon Navarro. *Curso de Direito Tributário Brasileiro*. 9 ed. Rio de Janeiro: Forense, 2006, p. 34; MACHADO, Hugo de Brito. *Curso de Direito Tributário*. 30 ed. São Paulo: Malheiros, 2009, p. 48; TORRES, Ricardo Lobo. *Curso de Direito Financeiro e Tributário*. 18 ed. Rio de Janeiro: Renovar, 2011, p. 233. AMARO, Luciano. *Direito Tributário Brasileiro*. 14 ed. São Paulo: Saraiva, 2008, p. 2. No direito comparado: JARACH, Dino. *Finanzas públicas e Derecho Tributário*. 4 ed. Buenos Aires: Abeledo Perrot, 2013, p. 357; LAPATZA, José Juan Ferreiro. *Direito Tributário. Teoria geral do tributo*. São Paulo: Manole, 2007, p. 107-10; TIPKE, Klaus e LANG, Joachim. *Direito Tributário*. 18 ed. Porto Alegre: SaFe, 2008, p. 56.

[145] Becker, de forma mais sofisticada, apresenta a seguinte definição "Pela palavra relação se expressa a idéia de um IR e de um VIR do "eu" ao "tu". Este IR percorre o intervalo ou a speração entre duas pessoas, com a finalidade da união entre estas pessoas. Portanto, a relação é um IR e um VIR entre duas pessoas (ou seres), ou melhor, entre dois pólos". BECKER, Alfredo Augusto. *Teoria Geral do Direito Tributário*. 4 ed. São Paulo: Noeses, 2007, p. 175.

[146] TORRES, Ricardo Lobo. *Curso de Direito Financeiro e Tributário*. 18 ed. Rio de Janeiro: Renovar, 2011, p. 233.

[147] MACHADO, Hugo de Brito. *Curso de Direito Tributário*. 30 ed. São Paulo: Malheiros, 2009, p. 49.

[148] TORRES, Ricardo Lobo. *Curso de Direito Financeiro e Tributário*. 18 ed. Rio de Janeiro: Renovar, 2011, p. 234.

pois engloba as obrigações de dar, fazer, suportar.[149] Contudo, esta característica atribuída a relação jurídica tributária já foi repelida pela doutrina.[150] Segundo alguns autores, o fato do vínculo mantido entre Estado e contribuinte gerar, além da obrigação principal de pagar o tributo, outros direitos e deveres não torna a relação complexa. Trata-se, em verdade, de uma única relação que irradia mais de um dever e cria mais de um direito. A confusão, segundo Dino Jarach, provém da mistura entre Direito Tributário Substantivo e Direito Tributário Formal ou entre obrigação principal e obrigação acessória.

A polêmica parece, salvo melhor juízo, desnecessária e improdutiva, pois os autores convergem nas conclusões ainda que partam de perspectivas distintas. De efeito, seja qual for o ponto de vista, não se controverte que a relação jurídica tributária transcende o mero dever do contribuinte em recolher o tributo devido. Todos concordam que a relação envolve considerações que iniciam na análise da adequação da lei instituidora do tributo ao Sistema Tributário Nacional, passam pela avaliação sobre os fatos que supostamente teriam desencadeado a incidência da regra abstrata, assim como perpassam a constituição do crédito tributário e os comportamentos que são exigidos do sujeito passivo. Neste percurso, diversos vínculos ou micro-relações são criadas e, por decorrência, atraem a atenção do Direito Tributário no seu papel de regulamentador do poder de tributar. Portanto, a análise deste cenário completo, e não apenas de um momento estanque, faz-se necessária para compreender o tipo de vínculo mantido e, como é a pretensão deste ensaio, avaliar a qualidade da relação mantida entre as partes.

Por isso é que, a despeito da discussão em saber se a relação tributária é complexa ou não, adota-se que a relação jurídico-tributária é dinâmica e não estática. Ela possui diversos momentos de formação, constituição, manutenção e extinção que merecem ser analisados, sob pena de incorrer no mesmo erro que muitos já incorreram.

É certo que a relação jurídica tributária envolve aspectos substantivos (materiais) e administrativos (formais), enquanto o primeiro vínculo guarda relação com a obrigação tributária principal (art. 113, CTN), o segundo diz respeito aos deveres anexos e aos procedimentos administrativos necessários à exigência do tributo.[151]

Na época da fundação do Direito Tributário, construiu-se a ideia de que a relação jurídica tributária consistiria numa relação de poder (*Abgabengewaltverhältnis*).[152] Chegou-se a sustentar que a obrigação tributária não seria uma relação

---

[149] GIANNINI, Achile Donato. *Il rapporto giuridico d'imposta*. Milão: Giuffrè, 1937, passim.

[150] JARACH, Dino. *Finanzas públicas e Derecho Tributário*. 4 ed. Buenos Aires: Abeledo Perrot, 2013, p. 361-2; LAPATZA, José Juan Ferreiro. *Direito Tributário. Teoria geral do tributo*. São Paulo: Manole, 2007, p. 116-7.

[151] TIPKE, Klaus e LANG, Joachim. *Direito Tributário*. 18 ed. Porto Alegre: SaFe, 2008, p. 349. TORRES, Ricardo Lobo. *Curso de Direito Financeiro e Tributário*. 18 ed. Rio de Janeiro: Renovar, 2011, p. 235. JARACH, Dino. *Finanzas públicas e Derecho Tributário*. 4 ed. Buenos Aires: Abeledo Perrot, 2013, p. 357.

[152] A posição inicial foi defendida por Myrbach-Rheinfeld, como refere Ricardo Lobo Torres. TORRES, Ricardo Lobo. *Curso de Direito Financeiro e Tributário*. 18 ed. Rio de Janeiro: Renovar, 2011, p. 235. Paulo Caliendo refere que esta posição tinha como defensores Schneider e Buhler. CALIENDO, Paulo. *Direito Tributário: três modos de pensar a tributação*. Porto Alegre: Livraria do Advogado, 2009, p. 150.

jurídica, mas sim uma relação de poder, rechaçando a posição de igualdade entre as partes.[153] Fundada nos mesmos pressupostos teóricos, a doutrina de Morselli defendia que a tributação dava origem a uma relação de subordinação, constituída a partir da vontade do Estado, de modo que a manifestação desta vontade se constituía num ato de imposição.[154] A concepção de tributo como expressão da força, da vontade e da soberania criou a visão anacrônica de obrigação tributária como uma relação de submissão do indivíduo ao poder soberano e absoluto do Estado.[155] A posição foi construída sobre preceitos ultrapassados, anteriores ao conceito de Estado de Direito, o que por certo já se revela superada.[156]

A noção de tributo como relação jurídica, e não uma relação ético-política, remonta aos pensamentos de Hensel, Blumenstein e Giannini.[157] Inicia-se por uma visão contratual, onde a relação tributária comportaria obrigações recíprocas, valendo-se de concepções econômicas que cotejam o pagamento do tributo com os benefícios proporcionados pelo Estado ao cidadão.[158] A visão contratual do tributo é duramente criticada porque limita o fenômeno da tributação ao campo da legislação ordinária, restringindo-o a ideia de vínculo obrigacional próprio do direito civil.[159]

Posteriormente, a definição da natureza jurídica da relação passou a girar em torno da noção de uma "relação obrigacional criada por lei", onde o vínculo obrigacional tornou-se o núcleo e os sujeitos da relação – Fisco e contribuinte – subordinavam-se à lei em igualdade de condições.[160] Em comum, ambas as

---

[153] TÔRRES, Heleno Taveira. *Direito Tributário e Direito Privado*. São Paulo: RT, 2003, p. 263. CALIENDO, Paulo. *Direito Tributário: três modos de pensar a tributação*. Porto Alegre: Livraria do Advogado, 2009, p. 140.

[154] MORSELLI, Emanuele. *Corso di Scienza della Finanza Pubblica*. v I. Padova: Cedam, 1949, p. 131. CALIENDO, Paulo. *Direito Tributário: três modos de pensar a tributação*. Porto Alegre: Livraria do Advogado, 2009, p. 147.

[155] CALIENDO, Paulo. *Direito Tributário: três modos de pensar a tributação*. Porto Alegre: Livraria do Advogado, 2009, p. 151.

[156] Dino Jarach sustenta que o erro ideológico consiste em considerar insuperável a supremacia do Estado frente aos indivíduos e que em todas as obrigações que o Estado impõe aos particulares, aquele se coloca em uma posição de proeminência pela qual seu interesse se sobrepõe aos interesses particulares, devendo estes acabarem submetidos à sua vontade e ao seu arbítrio, como se o Estado fosse uma entidade superior cujos direitos prevalecem sobre os individuais. JARACH, Dino. *Finanzas públicas e Derecho Tributário*. 4 ed. Buenos Aires: Abeledo Perrot, 2013, p. 357. MACHADO, Hugo de Brito. *Curso de Direito Tributário*. 30 ed. São Paulo: Malheiros, 2009, p. 48 e 121.

[157] CALIENDO, Paulo. *Direito Tributário: três modos de pensar a tributação*. Porto Alegre: Livraria do Advogado, 2009, p. 157. As obras referidas por Caliendo são: HENSEL, Albert. *Der Finanzausgleich im Bundesstaat in seiner staatsrechtlichen Bedeutung*. 1922; NAWIASKY, Hans. *Steuerrechtliche Grundfragen*. Munique, 1926; BLUMENSTEIN, Ernest. *Die Steuer als Rechtsverhaltnis*. Festgabe für G.v. Scanz. Tübinger: Mohr, 1928; GIANNINI, A.D. *Instituciones de derecho tributario*. Madrid, 1957.

[158] Dentre as diversas teorias que explicam o fenômeno, encontra-se a "teoria do preço de troca", a "teoria da retribuição pela segurança" e a "teoria do benefício". CALIENDO, Paulo. *Direito Tributário: três modos de pensar a tributação*. Porto Alegre: Livraria do Advogado, 2009, p. 157.

[159] A visão contratual de tributo influenciou tributaristas da estirpe de Rubens Gomes de Souza e Amílcar de Araújo Falcão, deixando marcas no Código Tributário Nacional. É importante registrar que a posição defendida neste ensaio não se filia a esta concepção seja porque a visão contratual despreza o papel da Constituição, seja porque supervaloriza o papel dos institutos de direito privado.

[160] Ricardo Lobo Torres recorda que a essa tese foi defendida por A. Hensel, A.D. Giannini, Rubens Gomes de Souza e Amilcar de Araújo Falcão. TORRES, Ricardo Lobo. *Curso de Direito Financeiro e Tributário*. 18 ed. Rio de Janeiro: Renovar, 2011, p. 236.

concepções confundem dois momentos distintos e sobretudo importantes: o momento de criação do tributo pelo Estado através do Poder Legislativo e o momento de concreção da lei à situação fática pelo Poder Executivo. O exercício da atividade parlamentar, como manifestação da soberania popular, requisito fundamental de existência e validade de todo o tributo, não se confunde com a relação jurídica que poderá ou não se formar após a publicação da lei. Esta confusão permite caminhar para a visão de relação jurídica jungida a partir de uma manifestação de poder, o que, sem dúvida, não é adequado para o estágio atual de desenvolvimento do Direito Tributário. De efeito, no modelo constitucional vigente, o exercício da atividade legislativa encontra certos pressupostos e limites que não podem ser confundidos com a atividade Administrativa tributária. Logo, a relação obrigacional que se estabelece entre Fisco e contribuinte não está fundada nas noções de submissão ou sujeição, muito embora estas expressões estejam bastante arraigadas na prática tributária.

Há quem sustente uma relação de natureza procedimental, tendo em vista que o procedimento administrativo tendente à constituição do crédito seria o momento mais importante da formação do tributo, emanando um ato de potestade normativa.[161]

Considerada mais atual, desponta a posição que erige a relação jurídica tributária ao status constitucional, partindo-se da perspectiva do Estado de Direito.[162] É por considerar a forte vinculação constitucional que a relação jurídico-tributária possui que Klaus Tipke e Joachim Lang advertem que a aproximação com o Direito Civil não pode perder de vista o forte papel da legalidade e, sobretudo, o que chama de jusestatalidade.[163]

4. As noções de fraternidade e solidariedade presentes na Constituição Brasileira

O movimento de 1789 legou alguns preceitos basilares que foram insculpidos na Declaração dos Direitos do Homem, a saber: separação de poderes, direitos humanos e, ainda que implicitamente, a primazia da Constituição.[164] Interessante relembrar que a Declaração francesa já previa um dever de prestação de contas da Administração em favor da sociedade.[165] Este percurso do Estado Absolutista para o Estado Liberal revela-se necessário para compreender a interessante ligação estabelecida pelo professor Peter Häberle. Seguindo

---

[161] TORRES, Ricardo Lobo. *Curso de Direito Financeiro e Tributário*. 18 ed. Rio de Janeiro: Renovar, 2011, p. 237.

[162] Ricardo Lobo Torres sustenta que esta é a doutrina mais atual, sendo defendida por Klaus Tipke, Birk e F. Escribano. Idem, p. 237.

[163] Os autores sustentam que consiste na especialidade do Direito Obrigacional Tributário "precisamente em que suas normas devem ser talhadas pela *jusestatalidade da ação administrativa* (Rechtsstaatilichkeit des Verwaltungshandeln). Se portanto a autoridade, no interesse da paz jurídica, não deve mais demandar por pretensões tributárias, é oportuno também ordenar sua extinção". TIPKE, Klaus e LANG, Joachim. *Direito Tributário*. 18 ed. Porto Alegre: SaFe, 2008, p. 95.

[164] HÄBERLE, Peter. *Liberta, igualdad y fraternidad. 1789 como historia, actualidad y futuro del Estado constitucional*. Trad. Ignácio Gutiérrez Gutiérrez. Madri: Trotta, 1998, p. 88.

[165] Vale reproduzir o texto original da Declaração dos Direitos do Homem e do Cidadão de 1789: "Art. 15. La Société a le droit de demander compte à tout Agent public de son administration".

a sequência histórica, Häberle relaciona o Estado de Direito Liberal com o Estado de Direito Social. Ao abordar o legado da fraternidade, quando sustenta que este ideário legou-nos o princípio da responsabilidade. Häberle defende que o futuro do Estado Constitucional depende da fraternidade da sociedade, da fraternidade entre cidadão e concidadão.[166] Esta semente de fraternidade é a propulsão para a transição do Estado de Direito liberal para o modelo de Estado Constitucional de Direito com viés cooperativo e colaborativo.

De efeito, a fraternidade foi inserida na Declaração Universal dos Direitos do Homem ao dispor em seu artigo 1° que: "todos os seres humanos nascem livres e iguais em dignidade e direitos. São dotados de razão e consciência e devem agir reciprocamente com espírito de fraternidade". O valor fraternidade foi expressamente recepcionado no ordenamento jurídico brasileiro, quando a Constituição qualifica a sociedade brasileira como fraterna em seu preâmbulo, assim como estipula como objetivo fundamental da República Federativa do Brasil a construção de uma sociedade livre, justa e solidária (artigo 3°, I, da CRFB). Daí a poder se sustentar, como faz Ayres Britto, a existência de um modelo de Estado Fraternal.[167]

O reconhecimento de um comportamento fraterno por parte do Estado veio a ser afirmado pelo Supremo Tribunal Federal em alguns julgamentos paradigmáticos, tais como a aferição de inconstitucionalidade da Lei de Biossegurança e a Demarcação de Terra indígena "Raposa Serra do Sol". No julgamento da ADI n° 3510, o Ministro Ayres Britto, relator do processo, reconheceu a constitucionalidade da fustigada Lei n° 11.105 de 2005, chamada Lei de Biossegurança, que disciplina o manejo de células-tronco embrionárias. Em seu voto, há o reconhecimento da evolução do constitucionalismo liberal e social para o advento do constitucionalismo fraternal, o qual possui como valor fundante a integração comunitária.[168] Portanto, reconhece a constitucionalidade da Lei

---

[166] HÄBERLE, Peter. *Liberta, igualdad y fraternidad. 1789 como historia, actualidad y futuro del Estado constitucional.* Trad. Ignácio Gutiérrez Gutiérrez. Madri: Trotta, 1998, p. 88.

[167] BRITTO, Carlos Ayres. *Humanismo como categoria constitucional.* Belo Horizonte: Fórum, 2007. BRITO, Carlos Ayres. *Teoria da Constituição.* Rio de Janeiro: Forense, 2003. MACHADO, Carlos Augusto Alcântara. A fraternidade como categoria constitucional. *Revista Eletrônica sobre a Reforma do Estado (RERE),* Salvador, Instituto Brasileiro de Direito Público, no. 23, setembro, outubro, novembro, 2010. Disponível na Internet: <http://www.direitodoestado.com/revista/RERE-23-SETEMBRO-2010-CARLOS-AUGUSTO-MACHADO.pdf>. Acesso em: 20 de setembro de 2014. O Supremo Tribunal Federal já reconheceu este ideal fraternal no julgamento das ADIs que visavam reconhecer a inconstitucionalidade das leis garantidoras da gratuidade do transporte coletivo de idosos: ADI 3768, Rel. Min. CÁRMEN LÚCIA, Tribunal Pleno, j. 19/09/2007, DJe-131, 26/10/2007 e ADI 2649, Rel. Min. CÁRMEN LÚCIA, Tribunal Pleno, j. 08/05/2008, DJe-197, 17/10/2008.

[168] ADI 3510, Rel. Min. AYRES BRITTO, Pleno, j. 29/05/2008, DJe-096 28/05/2010, p. 134, RTJ v. 214, p. 43. Consta na ementa do julgado: "A escolha feita pela Lei de Biossegurança não significou um desprezo ou desapreço pelo embrião "in vitro", porém uma mais firme disposição para encurtar caminhos que possam levar à superação do infortúnio alheio. Isto no âmbito de um ordenamento constitucional que desde o seu preâmbulo qualifica "a liberdade, a segurança, o bem-estar, o desenvolvimento, a igualdade e a justiça" como valores supremos de uma sociedade mais que tudo "fraterna". O que já significa incorporar o advento do constitucionalismo fraternal às relações humanas, a traduzir verdadeira comunhão de vida ou vida social em clima de transbordante solidariedade em benefício da saúde e contra eventuais tramas do acaso e até dos golpes da própria natureza. Contexto de solidária, compassiva ou fraternal legalidade que, longe de traduzir desprezo ou desrespeito aos congelados embriões "in vitro", significa apreço e reverência a criaturas

de Biossegurança ao valer-se, dentre outros fundamentos, da fraternidade que inspira o modelo constitucional pátrio que inicia no preâmbulo e resta estampado no artigo 3° da Constituição.[169]

Na apreciação da ação popular que questionava a existência de vícios no processo administrativo-demarcatório, o Ministro Ayres Britto, relator do feito, afirma que os artigos 231 e 232 possuem nítida finalidade fraternal ou solidária, na medida em que promove a concretização do valor da inclusão comunitária pela via da identidade étnica.[170]

Esta noção de fraternidade solidária conjuga-se com as ideias sustentadas até aqui, uma vez que a razão de existir do Estado está fortemente associada a promoção do bem de todos. Nessa ótica, as relações entre o Estado e os cidadãos deve ser qualificada a ponto de promover a dignidade da pessoa humana e os fins constitucionais a que o Estado está jungido.[171] Desse modo, a relação entre o Estado e o cidadão não pode pressupor primazia ou prevalência, na medida em que ambos devem rumar na mesma direção, dada a inspiração fraternal e solidária que deve balizar este relacionamento[172].

Não se pode conceber uma visão compartimentada ou dicotomizada entre o interesse público e o interesse privado. Se é certo que a Constituição proclama a sociedade brasileira como fraterna e solidária, seria incoerente com o texto constitucional sustentar que Estado e Cidadão devem ser tratados como

---

humanas que sofrem e se desesperam. Inexistência de ofensas ao direito à vida e da dignidade da pessoa humana, pois a pesquisa com células-tronco embrionárias (inviáveis biologicamente ou para os fins a que se destinam) significa a celebração solidária da vida e alento aos que se acham à margem do exercício concreto e inalienável dos direitos à felicidade e do viver com dignidade (Ministro Celso de Mello)".

[169] ADI 3510, Rel. Min. AYRES BRITTO, Pleno, j. 29/05/2008, DJe-096 28/05/2010, p. 134, RTJ v. 214, p. 43.

[170] Pet 3388, Rel. Min. CARLOS BRITTO, Pleno, j. 19/03/2009, DJe-120 01/07/2010, p. 229, RTJ v. 212, p. 49.

[171] Guy Canivet remonta a noção de solidariedade definida pelo Conselho Constitucional: "A la notion de solidarité, le Conseil constitutionnel fait en effet de nombreuses références depuis 1980. Dans cette jurisprudence, le terme solidarité revêt une pluralité de sens. Le Conseil constitutionnel utilise, selon les hypotheses d application, les termes de «mécanisme» de solidarité, de «principe de solidarité», d «exigence» de solidarité, « d objectif » de solidarité, et parfois dans une même décision plusieurs de ces termes sont utilisés 22. Le concept n est donc pas monovalent. Toutefois, pour apprécier la place qu il tient dans la jurisprudence, il est nécessaire de s abstraire d une démarche formelle consistant à ne retenir que la présence du terme solidarité dans telle ou telle décision et adopter une approche matérielle. Y sont alors inclus les droits créances du Préambule de la constitution de 1946. Au fil des décisions du Conseil constitutionnel, on y retrouve l alinéa 5 qui garantit le droit au travail, l alinéa 10 qui protege le droit au développement de l individu et de la famille, l alinéa 11 qui consacre le droit à la protection de la santé ou encore l alinéa 13 qui traite du droit à l instruction. Selon la même approche, on classe aussi, dans les applications du principe de solidarité le droit à la justice fiscale incarné par le caractere progressif de l impot". CANIVET, Guy. De la valeur de fraternité en droit français. Conference à la faculté de droit de l'université McGill, 2011, p. 8-9.

[172] João Paulo II, em sua mensagem por ocasião da celebração do Dia Mundial da Paz em 1998, afirmou: "A justiça é virtude dinâmica e viva: defende e promove a dignidade inestimável da pessoa e preocupa-se com o bem comum, sendo guardiã das relações entre as pessoas e os povos. O homem não vive sozinho; pelo contrário, desde o primeiro momento de sua existência está em relação com os outros, de tal modo que o bem dele como indivíduo e o da sociedade caminham lado a lado: entre os dois aspectos, perdura um delicado equilíbrio". Texto extraído do site: <http://www.vatican.va/holy_father/john_paul_ii/messages/peace/documents/hf_jp-ii_mes_08121997_xxxi-world-day-for-peace_po.html>. Consultado em 22 de fevereiro de 2014, às 18:55.

inimigos ou concorrentes.[173] Como defende Carlos Ayres Britto: "a Fraternidade é o ponto de unidade a que se chega pela conciliação possível entre os extremos da Liberdade, de um lado, e, de outro, da Igualdade".[174] Nessa linha, uma das ideias aqui propugnadas está em reconhecer na fraternidade o fundamento axiológico do novo modelo de relação jurídico-tributária, igualando os sujeitos da relação, assegurando suas respectivas liberdades, mas defendendo uma relação justa e solidária.

Como reconhece Peter Haberle, o Estado Constitucional de Direito é uma conquista histórica, fruto das evoluções civilizatórias observadas nos últimos séculos, chegando a afirmar que se trata de uma conquista cultural.[175] Este modelo de Estado se caracteriza pela dignidade da pessoa humana como premissa antropológico-cultural, pela soberania e pela separação de poderes, pelos direitos fundamentais e pela tolerância, pelo pluralismo partidário e pela independência do Judiciário.[176] A identificação destas características num determinado Estado autoriza a reconhecê-lo como "constitucional" e admitir tal Estado como dotado de uma democracia pluralista e integrado por uma sociedade aberta.[177]

Ocorre que este modelo de Estado já está sendo superado por outro, segundo alerta Peter Häberle há algum tempo.[178] Desde o surgimento de blocos econômicos até a formação da Comunidade Europeia, observou-se o aparecimento de um direito transnacional ou comunitário.[179] Este movimento propicia o surgimento de um Estado Constitucional Cooperativo, cujo aparecimento se justifica a partir de causas sociológico-econômica e ideal-moral.[180] A primeira causa – sociológico-econômica – é identificada a partir dos movimentos de cooperação econômica entre as nações, intensificado pela chamada "globalização" que transcende apenas o fenômeno econômico e apresenta caracteres nitidamente sociais. De outro lado, Häberle identifica a causa "ideal-moral" como constituída pela valorização dos direitos fundamentais e humanos. Uma "sociedade aberta" só pode ser assim reconhecida se estende o respeito aos direitos fundamentais e humanos para além de suas fronteiras, promovendo não

---

[173] Daniel Sarmento fala sobre a solidariedade nas relações privadas e a eficácia dos direitos fundamentais: "Na verdade, a solidariedade [aqui também é possível referir-se à fraternidade] implica reconhecimento de que, embora cada um de nós componha uma individualidade, irredutível ao todo, estamos também juntos, de alguma forma irmanados por um destino comum. Ela significa que a sociedade não deve ser um locus da concorrência entre indivíduos isolados, perseguindo projetos pessoais antagônicos, mas sim um espaço de diálogo, cooperação e colaboração entre pessoas livres e iguais, que se reconheçam como tais". SARMENTO, Daniel. *Direitos Fundamentais e Relações Privadas*, Rio de Janeiro: Lumen Juris, 2006., p. 295.

[174] BRITO, Carlos Ayres. Teoria da Constituição. Rio de Janeiro: Forense, 2003, p. 218.

[175] HÄBERLE, Peter. *El Estado Constitucional*. Trad. Hector Fix-Fierro. Cidade do México: Universidade Autônoma de México, 2003, p. 1.

[176] Idem, p. 3.

[177] Idem, p. 3.

[178] O texto pesquisado é um tradução para o espanhol publicada em 2003, o que revela o quão vanguardista é o professor alemão.

[179] HÄBERLE, Peter. *El Estado Constitucional*. Trad. Hector Fix-Fierro. Cidade do México: Universidade Autônoma de México, 2003, p. 66.

[180] Idem, p. 68.

só a cooperação econômica, como também a cooperação humanitária, a cooperação política, a cooperação de dados dentre outras formas de colaboração.[181]

Não se pode desconsiderar que a perspectiva de análise de Peter Häberle é o plano internacional, onde observa que entidades supranacionais absorvem responsabilidades e alcançam reconhecimento internacional para atuar no vácuo de poder deixado pelos Estados nacionais. Tomando como premissa um mundo cada vez mais globalizado, pessoas, sociedades e comunidades cada vez mais interdependentes, é possível defender que os Estados precisam cooperar, resgatando a ideia fraternal germinada no período revolucionário francês. Com efeito, as crises econômicas recentes, assim como as crises políticas e institucionais verificadas desde 2001, demonstram, de forma inconteste, que a cooperação está promovendo a passagem do Estado nacional soberano para o Estado Constitucional Cooperativo. Se é verdade que no plano internacional este movimento já é realidade, no plano do direito interno, há inequívoca correspondência.

As ideias preconizadas por Peter Häberle demonstram que há valores a orientar as relações entre os Estados e sobretudo a parametrizar as relações internas. Dentre os valores, merece destaque a fraternidade de estirpe francesa e que inspirou os ordenamentos jurídicos subsequentes a promover uma relação mais fraterna e colaborativa,[182] orientada por uma função social e capaz de gerar benefícios mútuos. Trata-se do modelo de Constitucionalismo Fraternal. Esta inspiração fraternal já foi bem aprofundada no plano das relações jurídicas de índole privatista,[183] porém rareiam trabalhos a estabelecer as influências da fraternidade nas relações jurídicas de direito público.[184] A fraternidade propugnada nada mais é que a solidariedade há séculos defendida por diversos autores.[185]

Numa aproximação das ciências sociais com as ciências naturais, Léon de Bourgeois refere que, na segunda metade do século XIX, as leis da luta fisiológica pela existência propiciaram justificação e explicação para as leis da

---

[181] HÄBERLE, Peter. *El Estado Constitucional*. Trad. Hector Fix-Fierro. Cidade do México: Universidade Autônoma de México, 2003, p. 69.

[182] HÄBERLE, Peter. *Liberta, igualdad y fraternidad. 1789 como historia, actualidad y futuro del Estado constitucional*. Trad. Ignácio Gutiérrez Gutiérrez. Madri: Trotta, 1998, p. 88.

[183] SILVA, Luis Renato Ferreira da. Reciprocidade e Contrato. Porto Alegre: Livraria do Advogado, 2013, p. 122. SANSEVERINO, Paulo de Tarso Vieira. Estrutura clássica e moderna da obrigação. In: Antonio Paulo Cachapuz Medeiros (org.). *Direito e Justiça: o ensino jurídico no limiar do novo século*. Porto Alegre: Edipucrs, 1997, p. 300.

[184] O Min. Ayres Britto defende a ideia de um Estado Fraternal. BRITTO, Carlos Ayres. *Humanismo como categoria constitucional*. Belo Horizonte: Fórum, 2007. Na perspectiva de Carlos Machado: "A idéia de fraternidade que ora se pretende difundir exprime igualdade de dignidade entre todos os homens, independente de organização em comunidades politicamente institucionalizadas". MACHADO, Carlos Augusto Alcântara. A fraternidade como categoria constitucional. Revista Eletrônica sobre a Reforma do Estado (RERE), Salvador, Instituto Brasileiro de Direito Público, no. 23, setembro, outubro, novembro, 2010. Disponível na Internet: <http://www.direitodoestado.com/revista/RERE-23-SETEMBRO-2010-CARLOS-AUGUSTO-MACHADO.pdf>. Acesso em: 20 de setembro de 2014.

[185] SEPULCRI, Nayara Tatare. O casamento entre os princípios da capacidade contributiva e da solidariedade no Estado Democrático e Social de Direito. In: GRUPENMACHER, Betina Treiger (coord.). *Tributação: Democracia e libertade*. São Paulo: Noeses, 2014, p 793-819.

concorrência social. Segundo o autor, esta aproximação entre as ciências naturais com as relações sociais é capaz de demonstrar que o indivíduo vive em perpétua concorrência no estado de natureza, desenvolvendo-se e aperfeiçoando-se tanto quanto maior for a capacidade de superação. Sobrevive o mais forte e o mais adaptado.[186] No entanto, na visão do autor, é a solidariedade a relação que orienta a relação entre dois ou mais organismos vivos, sendo a lei comum a todos os seres vivos. É a relação de dependência entre a parte e o todo, entre partes distintas e os diversos elementos que constituem o indivíduo que definem a vida, de modo que a morte nada mais é que a ruptura deste vínculo. Segundo Bourgeois, os indivíduos em sociedade não escapam desta regra, sendo definidos pelos vínculos de reciprocidade que mantém entre si, assim como se verifica com todos os seres, todos os corpos e todos os pontos no espaço e no tempo.[187] São, portanto, as associações que contribuem para o desenvolvimento de todos os seres vivos que se formam. A solidariedade que os une, longe de atrapalhar as suas atividades ou frear o crescimento, é capaz de potencializar suas forças e acelerar o seu desenvolvimento.[188] Portanto, não se pode defender a ideia abstrata de um ser humano isolado, independente dos demais, assim como não se pode, dentro da solidariedade natural, defender uma noção de Estado isolado do ser humano como um sujeito de direito distinto ou como um poder superior àquele que deveria ser subordinado. Como diz Bourgeois: "O Estado é uma criação do homem: o direito superior do Estado sobre os homens não pode existir".[189] Sendo a associação humana o melhor caminho para o desenvolvimento do ser humano, este vínculo impõe uma obrigação natural sobre a qual todos os seres humanos devem concorrer com o custeio desta associação, assim como todo o indivíduo possui o direito de usufruir das vantagens desta associação.[190] Esta é, como define Bourgeois, a dívida do homem para com o homem, fonte e medida do dever rigoroso da solidariedade social.[191]

Não obstante a solidariedade esteja plasmada na Constituição (art. 3º, I, da CRFB) e irradie efeitos para o domínio do Direito Tributário (art. 195, *caput*, da CRFB),[192] pouco se debateu sobre o tema em sede de doutrina pátria.[193]

---

[186] BOURGEOIS, Léon de. *Solidarité*. 3 ed. Paris: Librairie Armand Colin, 1902, p. 39-40.

[187] Idem, p. 50.

[188] Idem, p. 55.

[189] Idem, p. 88.

[190] Nas palavras de Léon de Bourgeois: "Son devoir social n'est que l'expression d'une dette; la répartition de cette dette entre les associés résulte de la nature et de l'objet du quasi-contrat qui les lie et dont la loi positive peut et doit sanctionner les obligations. La solidarité qui oblige réciproquement les associés trouve donc en elle-même ses lois. Aucune puissance extérieure, aucune autorité, politique ou sociale, État ou société, ne peut intervenir autrement que pour reconnaître les conditions naturelles de cette répartition". Idem, p. 153.

[191] Idem, p. 156.

[192] MACHADO, Hugo de Brito. *Curso de Direito Tributário*. 30 ed. São Paulo: Malheiros, p. 45. TORRES, Ricardo Lobo. *Curso de Direito Financeiro e Tributário*. 18 ed. Rio de Janeiro: Renovar, 2011, p. 100.

[193] Poucos trabalhos versam exclusivamente sobre o tema, podendo-se citar: BORGETTO, M. *La notion de fraternité en Droit Public Français. Le passé, le Présent et l'Avenir de la Solidarieté*. Paris: LGDJ, 1993, p. 142 e ss. FARIAS, José Fernando de Castro. *A origem do direito de solidariedade*. Rio de Janeiro: Renovar, 1998, p. 221. MORAES, Maria Celina Bodin de. *O princípio da solidariedade*. Rio de Janeiro: Instituto de Direito Civil, disponível em: <http://www.idcivil.com.br/pdf/biblioteca9.pdf>, acessado em 27 de julho de 2014.

Inicialmente defendida pelos franceses na virada do Século XIX[194] para o Século XX, passando pelo viés solidarista alemão,[195] a preocupação com a noção de solidariedade somente retoma importância com os direitos fundamentais designados por alguns como de quarta geração: "direitos ecológicos" ou "direitos de solidariedade".[196]

Importa destacar que a solidariedade recebeu destacado papel na Constituição, informando o estado ideal de coisas a ser perseguido pelo intérprete e sobretudo orientando a sociedade sobre quais os valores devem estar assentadas as relações jurídicas. Este estado ideal de coisas propugnado pela solidariedade não é compatível com a visão de Administração Imperial, nem mesmo pode conviver com relações jurídicas assimétricas ou díspares, onde um sujeito da relação é superior, só detém direitos e não possui deveres. Com base nos preceitos constitucionais aqui invocados, é chegado o momento de promover uma renovação da visão de relação jurídica no âmbito do Direito Tributário a partir das noções de fraternidade e solidariedade.

5. Transposição do modelo de relação obrigacional estática para um modelo de relação obrigacional dinâmica e total

Como defendido antes, a relação jurídico-tributária pode e deve ser balizada pela estrutura geral adotada pelos jusprivatistas. Em linhas gerais, a estrutura de ambas (relação jurídica de direito privado e relação jurídica de direito público) não possui qualquer distinção.[197] Como dito, sustenta-se que a relação jurídica de Direito Tributário é considerada complexa no sentido de possuir uma dinamicidade, comparável à relação de direito privado. Neste ponto, são válidas as críticas da doutrina civilista que relegam ao passado a visão estática da relação obrigacional, limitando-a a um vínculo bipolar que liga o titular do direito subjetivo ao titular do dever jurídico.[198] Na visão clássica, a

---

[194] Não se poderia tratar do tema solidariedade sem tratar da obra de Léon de Bourgeois, chamada "Solidarité". Segundo Léon de Bourgeois, verificou-se no início do século XX uma tendência em tratar a solidariedade como derivação e até mesmo sinônimo da expressão "fraternidade". BOURGEOIS, Léon de. *Solidarité*. 3 ed. Paris: Librairie Armand Colin, 1902, p. 39-40.

[195] Casalta Nabais remonta as cartas escritas pelos girondinos e jacobinos, mas aponta Émile Durkeim, Léon Duguit, Maurice Hauriou e Georges Gurvitch como precursores da solidariedade, passando pela fórmula alemã de "socialismo de estado". NABAIS, José Casalta. *Por um Estado Fiscal suportável. Estudos de Direito Fiscal*. Coimbra: Almedina, 2005, p. 83.

[196] NABAIS, José Casalta. *Por um Estado Fiscal suportável. Estudos de Direito Fiscal*. Coimbra: Almedina, 2005, p. 83. ANDRADE, José Carlos Vieira de. *Os Direitos Fundamentais na Constituição Portuguesa. 1976*. 2 ed. Coimbra: Almedina, 2001, p. 157.

[197] Roque Carrazza, com sua habitual eloquência, sustenta idêntico posicionamento: "A obrigação tributária não difere, em sua estrutura básica, das obrigações em geral. Por não ter características particularizantes, não é uma obrigação *sui generis*, até porque, em direito, as coisas ou são ou não são; ou existem ou não existem: *tertium non datur*. Não há minotauros jurídicos, na saborosa expressão de Santi Romano". CARRAZZA, Roque Antonio. *Reflexões sobre a obrigação tributária*. São Paulo: Noeses, 2010, p. 185.

[198] MARTINS-COSTA, Judith. *A Boa-fé no Direito Privado*. São Paulo: RT, 2000, p. 383-4. PINTO, Carlos Alberto da Mota. *Cessão de contrato: contendo parte tratando a matéria conforme o direito brasileiro*. São Paulo: Saraiva, 1985, p. 238-249.

relação obrigacional origina-se no vínculo criado entre credor e devedor, liame que "constringe" uma parte a fazer algo em favor de outra.[199] Desta noção clássica romana, resume-se a relação a dois polos de interesses diametralmente opostos, um com o poder de adstringir e o outro com o dever de solver a obrigação. Este binômio poder/dever, onde todo o poder fica com o credor e todo o dever com o devedor, por certo já se encontra ultrapassado no plano do direito privado.[200]

A visão clássica não é capaz de explicar, por exemplo, relações duradouras e que se projetam no tempo, como acontece, via de regra, com as relações de direito tributário.[201] A visão estática da obrigação deixa escapar uma série de deveres e notadamente olvida fases da relação jurídica que se revelam essenciais para a compreensão do fenômeno. Sob a perspectiva da complexidade, pode-se demonstrar que a relação obrigacional não se resume ao pagamento da quantia devida ou mera tradição da coisa, quando já se tornou assente a ideia de deveres secundários e anexos. No plano do Direito Tributário, a questão é tratada pelo artigo 113 do Código Tributário Nacional, que distingue obrigação principal (solver o débito), da obrigação acessória, normalmente representada por um "fazer".

Sob a perspectiva do diferimento no tempo, pode-se falar em atividades pré-contratuais que desencadeiam efeitos e hoje encontram tutela no Código Civil,[202] assim como não se controverte a existência, no plano do direito privado, sobre a responsabilidade pós-contratual. Em suma, o direito privado evo-

---

[199] Judith Martins-Costa recorda a construção de Justiniano "Obligatio est iuris vinculum, quo necessitatis adstringimur aliucus solvendae rei, secundum nostrae civitatis iura". MARTINS-COSTA, Judith. *A Boa-fé no Direito Privado*. São Paulo: RT, 2000, p. 385.

[200] Por todos, indispensável registrar a obra clássica do Professor Clóvis do Couto e Silva que, de forma pioneira e vanguardista para o Direito Brasileiro, defendeu o rompimento desta visão estática e dualista da obrigação, erigindo-a ao status de processo. SILVA, Clóvis V. do Couto e. *A obrigação como processo*. 8 reimpressão. Rio de Janeiro: Editora FGV, 2013, p. 64-65. Não se pode desconhecer que este caminho já havia sido trilhado pela doutrina alemã: LARENZ, Karl. *Derecho de obligaciones*. t. I. Trad. Jaime Santos Briz. Madrid: Editorial Revista de Derecho Privado, 1958, p. 37.

[201] Este tema ainda se revela merecedor de um estudo de fôlego, na medida em que doutrina processualista e tributarista ainda não alcançaram adequada compreensão do fenômeno. A controvérsia ganha foros de polêmica quando se analisa o alcance da coisa julgada nos litígios tributários e especialmente no que diz respeito ao artigo 471 do Código de Processo Civil e a interpretação da Súmula n° 239 do Supremo Tribunal Federal. Sobre o tema, consultar em sede processual: PORTO, Sérgio Gilberto. *Coisa julgada*. 3 ed. São Paulo: RT, 2006, p 104. ZAVASCKI, Teori Albino. *Eficácia das Sentenças na Jurisdição Constitucional*. São Paulo: RT, 2001. MARINONI, Luiz Guilherme. *Código de Processo Civil Comentado Artigo por Artigo*. São Paulo: RT, 2008. p.468, MOREIRA, José Carlos Barbosa. *Os Limites Objetivos da Coisa Julgada no Sistema do Novo Código de Processo Civil*. *In*: Temas de Direito Processual Civil. São Paulo: Saraiva, 1977; WAMBIER, Teresa Arruda Alvim; MEDINA, José Miguel Garcia. *O Dogma da Coisa Julgada: Hipóteses de Relativização*. São Paulo: RT, 2003. Sob a perspectiva do Direito Tributário: ÁVILA, Humberto Bergmann. *Segurança jurídica*. 2 ed. São Paulo: Malheiros, 2012, p. 358-62; FERRAZ Jr., Tércio Sampaio. *Coisa julgada em matéria tributária e as alterações sofridas pela legislação da contribuição social sobre o lucro (Lei n. 7.689/88)*. *In*: Revista Dialética de Direito Tributário n 125, p. 74; BORGES, José Souto Maior. Limites constitucionais e infraconstitucionais da coisa julgada tributária (contribuição social sobre o lucro). *In*: Cadernos de Direito Tributário e Finanças Públicas n. 27, p. 191; ABRAHAM, Marcus. Coisa julgada em matéria tributária: relativização ou limitação? Estudo de caso da cofins de sociedade civis. *In*: *Revista da PGFN*, p. 63-82.

[202] Os artigos 427 ao 438 cuidam da formação do vínculo e responsabilidade das partes sobre oferta e aceitação, assim como se pode identificar nos artigos 462-466 o tratamento do pré-contrato.

luiu consideravelmente no sentido de abarcar e compreender de forma total e completa o fenômeno obrigacional.[203] Na doutrina civilista alemã, colhe-se a constatação de que a relação jurídica, porque atrelada ao mundo real e entabulada entre pessoas determinadas, deve ser compreendida como um todo, um conjunto, e não a soma dos direitos e deveres. Dada a dinamicidade das relações mantidas no cotidiano, não se poderia limitar o tratamento jurídico das relações obrigacionais apenas ao momento pontual do adimplemento.[204]

No entanto, no plano do Direito Tributário, ainda que em sua origem tenha se abeberado das fontes do direito privado, a visão estática e dualista de obrigação ainda persiste.[205] A crítica aqui desenvolvida volta-se à equivocada compreensão de que a autonomia didática alcançada pelo Direito Tributário legitimaria um conceito próprio de relação jurídica, alheio a tudo quanto já se desenvolveu em termos de compreensão da obrigação em sua totalidade.[206] Da mesma forma, não se pode postular um conceito próprio de relação jurídica ao Direito Tributário pelo simples argumento de que tais relações seriam reguladas por normas jurídicas distintas e, logo, estariam sujeitas a regime jurídico distinto. O regime jurídico próprio distingue as relações jurídicas, mas não serve para impedir que os modelos de conduta estabelecidos no direito civil sejam observados. A verdade é que as relações jurídicas travadas entre Estado e contribuinte no âmbito do Direito Tributário são estruturalmente idênticas às relações jurídicas de direito privado, inclusive no que diz respeito a sua complexidade. Para se traçar uma comparação, vale resgatar a lição de Karl Larenz quando sustenta que as relações jurídicas concretas são um conjunto de direitos, obrigações e situações jurídicas. Ilustra o mestre alemão que, mesmo após o adimplemento, pode-se encontrar obrigações e deveres entre os contratantes. Trata-se de situação absolutamente comparável ao Direito Tributário, quando se sabe que o pagamento da obrigação principal não exonera o contribuinte das obrigações acessórias a que está jungido, assim como poderá ser chamado a responder pelo satisfatório cumprimento das obrigações num longo prazo de cinco anos. Utilizando-se ainda da lição de Larenz, a complexidade também é apontada na sucessão entre as partes, seja por ato entre vivos, seja *causa mortis*. Novamente, a comparação com o Direito Tributário é admissível. Como

---

[203] Karl Larenz defende que se deve estudar a obrigação como um todo, dizendo que: "Bajo este concepto entendemos la "relación de obligación" no solo como lo hace la ley (p. ej., en el § 362), es decir, como la relación de prestación aislada (crédito y deber de prestación), sino como la relación jurídica total (p. ej.: relación de compraventa, de arrendamiento o de trabajo) y que se configura como una relación jurídica especial entre las partes". LARENZ, Karl. *Derecho de obligaciones*. t. I. Trad. Jaime Santos Briz. Madrid: Revista de Derecho Privado, 1958, p. 37.

[204] Larenz utiliza a expressão "Gefüge" para expressar a idéia de totalidade, conjunto. LARENZ, Karl. *Derecho de obligaciones*. t. I. Trad. Jaime Santos Briz. Madrid: Revista de Derecho Privado, 1958, p. 38.

[205] Luís Eduardo Schoueri recorda a recepção da teoria dualista no Direito Tributário: "A teoria dualista da obrigação surgiu entre os civilistas, tendo sido difundida entre os alemães na separação entre *Schuld* e *Haftung, debitum e obligatio, dever e responsabilidade*. Contribuiu para sua ampla divulgação o estudo de Otto Von Gierke. Dentre os brasileiros que seguiram essa teoria, deve-se destacar o nome de Fábio Konder Comparato, em tese publicada na França. SCHOUERI, Luís Eduardo. *Direito Tributário*. São Paulo: Saraiva, 2011, p. 474.

[206] LARENZ, Karl. *Derecho de obligaciones*. t. I. Trad. Jaime Santos Briz. Madrid: Editorial Revista de Derecho Privado, 1958, p. 38; MARTINS-COSTA, Judith. *A Boa-fé no Direito Privado*. São Paulo: RT, 2000, p. 388.

sustentar uma visão estática de obrigação tributária, quando se fala em responsabilidade tributária por substituição e por transferência?²⁰⁷ Os exemplos de solidariedade e sucessão avultam ao ponto de justificar o status de relação jurídica complexa.²⁰⁸

A toda evidência que há um plexo específico de normas que regulam as relações jurídicas de direito privado e um conjunto de outras normas que regem as relações jurídicas de direito público. Porém, esta diferença não tem o condão de impedir o influxo de modelos de conduta preconizados pelos demais ramos do Direito pelo simples fato de que a pauta de comportamento esperado está plasmada na Constituição. É o texto constitucional que impõe um modelo de comportamento e um ideal de valores que começa no preâmbulo e perpassa toda a extensão da Constituição brasileira. Esta aproximação não constitui em si nenhuma originalidade, como se pode observar na doutrina de Klaus Tipke e Joachim Lang que apontam a afinidade com o histórico trabalho de Enno Becker.²⁰⁹

Logo, improcede a crítica de Dino Jarach sobre a atribuição do adjetivo "complexa" à relação jurídica tributária. Isso porque parte do equívoco em cindir o relacionamento mantido entre Estado e contribuinte em sentido material e sentido formal, circunscrevendo a relação apenas ao vínculo de dar quantia certa. Na pretensão de demonstrar o equívoco de chamar a relação jurídico-tributária de complexa, Dino Jarach sustenta que há uma diferença fundamental entre a obrigação de pagar o tributo e os demais deveres de colaboração com a Administração que, na sua visão, resultam completamente distintos.²¹⁰ Curioso notar que as características da relação jurídica elencadas por Dino Jarach coincidem com as que aqui são defendidas, a saber: (a) a relação jurídica tributária é uma relação de caráter pessoal e obrigacional; (b) a relação jurídica tributária compreende obrigações e direitos, tanto do Estado até os particulares como deste até o Estado; (c) a relação jurídica tributária é uma relação simples e não complexa que abarca obrigações de dar o imposto e outras quantias em dinheiro; (d) a relação jurídica tributária é uma relação de direito e não uma relação de poder.²¹¹ Chama a atenção a característica (b) identificada por Dino Jarach, quando reconhece certa bilateralidade e reciprocidade da relação jurídica, porém limitada ao aspecto meramente pecuniário.

---

²⁰⁷ Schoueri escreve: "Daí ser o caso de se desdobrar a categoria de responsável *latu sensu* em *substituto* e *responsável strictu sensu* (este, responsável 'por transferência')". SCHOUERI, Luís Eduardo. *Direito Tributário*. São Paulo: Saraiva, 2011, p. 478.

²⁰⁸ Para Ricardo Lobo Torres, não há dúvida que a relação jurídico-tributária é complexa: "A relação jurídica tributária é complexa, pois abrange um conjunto de direitos e deveres do Fisco e do contribuinte. A Fazenda Pública tem o direito de exigir do contribuinte o pagamento do tributo e a prática de atos necessários a sua fiscalização e determinação; mas tem o dever de proteger a confiança nela depositada pelo contribuinte. O sujeito passivo, de seu turno, tem o dever de pagar o tributo e de cumprir os encargos formais necessários à apuração do débito; mas tem o direito ao tratamento igualitário por parte da Administração e ao sigilo com relação aos atos praticados". TORRES, Ricardo Lobo. *Curso de Direito Financeiro e Tributário*. 18 ed. Rio de Janeiro: Renovar, 2011, p. 234.

²⁰⁹ TIPKE, Klaus e LANG, Joachim. *Direito Tributário*. 18 ed. Porto Alegre: SaFe, 2008, p. 59.

²¹⁰ JARACH, Dino. *Finanzas públicas e Derecho Tributário*. 4 ed. Buenos Aires: Abeledo Perrot, 2013, p. 359.

²¹¹ Idem, p. 358.

Não se discorda, por óbvio, que a relação jurídica tributária divide-se em obrigação principal e acessória, justamente porque decorre de texto expresso de lei. Da mesma forma, não se controverte que as obrigações são distintas e possuem perfis distintos. Porém, a complexidade do fenômeno reclama um novo olhar sobre a obrigação tributária. Esta nova perspectiva deve ser capaz de dar conta da relação mantida entre Fisco e contribuinte da forma mais ampla possível, daí porque este estudo propõe uma terceira categoria, além daquelas previstas no artigo 113 do Código Tributário Nacional. Leandro Paulsen, por exemplo, trata do tema com interessante abordagem, quando separa as obrigações de natureza contributiva (obrigação principal), obrigações de natureza colaborativa (obrigação acessória) e relações de natureza punitiva (ou sancionadora).[212] A classificação é extremamente útil e será retomada a seguir. No entanto, cumpre observar que, se não houvesse um ponto de origem único nos três perfis antes descritos, não se poderia tratá-los conjuntamente. Em outras palavras, caso não houvesse conexão entre as obrigações (principal, acessória e punitiva) como se poderia falar em colaborar ou punir? Parece óbvio que a relação colaborativa e a relação chamada de punitiva decorrem de um ponto de origem comum. Existe um elo que une Estado e cidadão que é maior e mais importante que a relação de crédito imposta por lei. Este elo foi amalgamado pela Constituição que impôs um vínculo de interdependência entre Estado e cidadão que, dentre tantos direitos e deveres, encontra-se a obrigação tributária. Por essa perspectiva, cindir o vínculo entre Estado e cidadão e examiná-lo apenas sob a perspectiva de relação de crédito e débito só serve para a perpetuação de uma relação de poder e supremacia já criticada nesta pesquisa. Em resumo, a crítica objetiva demonstrar que se deve compreender o fenômeno obrigacional na sua integralidade e não fracioná-lo como sustentam alguns.

Sendo assim, o pensamento aqui defendido está ligado com a visão holística de obrigação sustentada há muito pela doutrina civilista, a qual compreende o vínculo obrigacional como uma totalidade, como um processo no qual se conectam deveres e obrigações tendentes a uma finalidade.[213] Logo, se as partes vinculam-se no objetivo de alcançar uma finalidade, pode-se sustentar que deste vínculo irradiam deveres anexos capazes de conduzir os sujeitos à consecução deste fim. Como se demonstrará a seguir, a obrigação tributária não somente outorga o direito de crédito ao Estado e impõe o dever de adimplir a obrigação por parte do contribuinte. Exsurge desta relação deveres anexos ou funcionais, tais como a proteção, a colaboração e a cooperação.[214] Por deveres de cooperação ou de colaboração, entende-se todas aquelas obrigações associadas a comportamentos, de conteúdo não diretamente pecuniário, que

---

[212] PAULSEN, Leandro. *Curso de Direito Tributário completo*. 6 ed. Porto Alegre: Livraria do Advogado, 2014, p. 81-2.

[213] LARENZ, Karl. *Derecho de obligaciones*. t. I. Trad. Jaime Santos Briz. Madrid: Revista de Derecho Privado, 1958, p. 38. MARTINS-COSTA, Judith. *A Boa-fé no Direito Privado*. São Paulo: RT, 2000, p. 396; SILVA, Clóvis V. do Couto e. *A obrigação como processo*. 8 reimpressão. Rio de Janeiro: Editora FGV, 2013, p. 64-5. COSTA, Mário Júlio de Almeida. *Direito das obrigações*. 8 ed. Coimbra: Almedina, 2000, p. 63. VARELA, João de Matos Antunes. *Das obrigações em geral*. V. I. 10 ed. Coimbra: Almedina, 2000, p. 18.

[214] SANCHES, José Luís Saldanha. *A quantificação da obrigação tributária. Deveres de cooperação, autoavaliação e avaliação administrativa*. 2 ed. Lisboa: Lex, 2000, p. 56.

estão associadas à apuração da obrigação principal e instrumentalizar o seu cumprimento.[215]

Importante tornar mais evidente a proposta. Não se pretende modificar ou desconstituir os institutos da obrigação principal e da obrigação acessória, haja vista que restam expressamente definidos pelo artigo 113 do Código Tributário Nacional. Pretende-se oferecer uma terceira categoria, aqui chamada de deveres instrumentais, funcionais ou anexos. A obrigação principal e as obrigações acessórias estão definidas em lei e submetem-se ao princípio da legalidade tributária (artigo 150, I, da CRFB). Já a terceira categoria ora proposta cuida de estabelecer certo padrão comportamental a partir de princípios jurídicos orientadores da relação jurídica tributária.

Estas normas comportamentais conformam a relação jurídica mantida pelas partes e orientam o cumprimento da obrigação principal, zelando pela integridade dos sujeitos. Tal como no Direito Civil, princípios jurídicos orientam o desempenho de certas prerrogativas por parte do credor, estabelecendo certo padrão de conduta, como se pode observar da atuação da boa-fé. Apropriando estas lições para o Direito Tributário, observa-se que certos deveres revelam difícil formalização legal, mas possuem inegável aplicação, atestando que a boa-fé objetiva foi efetivamente recepcionada pelo Direito Tributário.[216] Desta observação decorre importante conclusão: os deveres de colaboração, cooperação e proteção defendidos neste trabalho, a despeito da inexistência de conformação legal, são reconhecidos pelos operadores e possuem ampla aplicação no Direito Tributário. Diferentemente de outros ordenamentos jurídicos onde tais deveres incorporaram-se ao direito positivo pela instituição de Estatutos de contribuinte ou Cartas de Direitos, no Brasil estes deveres derivam de cláusulas constitucionais bastante conhecidas e que adiante serão examinadas com maior vagar.

Por ora, pode-se dizer que há um padrão de relacionamento estabelecido pela Constituição, de modo que os sujeitos desta relação devem observá-los sob pena de se construir uma relação jurídica a margem do modelo constitucionalmente estabelecido. Esta consideração tem o propósito de fixar na Constituição o fundamento dos deveres que se pretende explorar e sobretudo referenciar no Sistema jurídico vigente a validade das proposições aqui sugeridas.[217] Como uma das principais funções do direito está associada a lidar com

---

[215] Saldanha Sanches, citando doutrina tedesca, chama os deveres de colaboração de "Mitwirkungspflicht compliance". SANCHES, José Luís Saldanha. *A quantificação da obrigação tributária. Deveres de cooperação, autoavaliação e avaliação administrativa*. 2 ed. Lisboa: Lex, 2000, p. 57.

[216] Saldanha Sanches afirma que "a boa fé e o princípio da tutela da confiança podem considerar-se no Direito Fiscal como normas não-formuladas, que fornecem directivas, tendo como destinatários os particulares individualmente considerados e os órgãos da Administração a quem cabe aplicar a lei, para a resolução de casos concretos da relação jurídica tributária. TIPKE-KRUSE, *AO*, § 4, 14 ED. (1992) AN. 50-53. Sobre a recepção deste princípio no Direito Fiscal português, sublinhando as necessárias adaptações à sua natureza publicística, XAVIER, *Manual...* (1981) 147. Sobre a sua recepção no Direito Fiscal alemão, MENEZES CORDEIRO, *Da Boa Fé...* (1984) 392-395". SANCHES, José Luís Saldanha. *A quantificação da obrigação tributária. Deveres de cooperação, autoavaliação e avaliação administrativa*. 2 ed. Lisboa: Lex, 2000, p. 59.

[217] Em crítica sobre a forma de positivação do Direito, Luhmann refere que os modelos do século XVIII e XIX não servem mais para a complexidade da sociedade. O vetusto poder absoluto do príncipe restringia-se às

expectativas,²¹⁸ merece destaque a função de estabilização de tais expectativas que é capaz de gerar segurança para enfrentar as vicissitudes da vida cotidiana.²¹⁹ É na perspectiva de prestígio da confiança que se pode considerar o ponto de partida correto e apropriado para a derivação das regras de conduta.²²⁰ Partindo de uma realidade cada vez mais complexa, permeada por relações múltiplas, as quais abundam em possibilidades, a confiança opera como fator redutor das complexidades, conferindo um pouco de racionalidade nas relações humanas.²²¹ Assim, a confiança está implicada quando uma expectativa legítima é capaz de fazer diferença para a tomada de decisão por parte do indivíduo, caso contrário estar-se-á diante de uma mera esperança.²²²

Como se demonstrará a seguir com a proposta de visão antropocêntrica do Direito Tributário, a qual indica que a origem do poder está no povo (artigo 1º, parágrafo único, CRFB) e o ser humano deve ser reconhecido e respeitado em sua dignidade (artigo 1º, inciso III, da CRFB), é a perspectiva mais adequada para a compreensão do modelo de relação jurídica propugnado. Reside, portanto, nos princípios do Estado de Direito (artigo 1º da CRFB), no princípio democrático (artigo 1º, parágrafo único, da CRFB) e na dignidade da pessoa humana (artigo 1º, III, da CRFB) os fundamentos para exigir-se o padrão de comportamento que prestigia a confiança, a lealdade, a probidade, dentre outros valores.²²³ Com efeito, numa ordem de valores prestigiada pelo Estado Constitucional de Direito brasileiro, onde a solidariedade é nota essencial da sociedade pátria (artigo 3º, I, da CRFB), existe uma atmosfera de confiança que o poder público deve preservar.²²⁴

---

possibilidades de conquista e coação, de confiscação e recrutamento, sendo incapaz de dar conta da modificação da realidade social em torno de uma finalidade. Revela que a substituição do conceito de intenção pelo conceito de sistema que estabelece um hábito teórico de referência apto a solucionar o problema da positivação do Direito. Segundo Luhmann: "Um sistema social, sobretudo o sistema social da sociedade abrangida constitui, como direito tornado obrigatório, as expectativas de comportamento e utiliza a sua interpretação simbólico-significativa como estrutura de comportamento. A função duma tal estrutura reside na reduçãoda complexidade das variantes possíveis de comportamento dos indivíduos. LUHMANN, Niklas. *Legitimação pelo procedimento*. Trad. Maria da Conceição Côrte-Real. Brasília: UNB, 1980, p. 120.

²¹⁸ LUHMANN, Niklas. *El derecho de la sociedad*. Trad. Javier Torres Nafarrate. Cidade do México: Herder, 2005, p. 182.

²¹⁹ SCHONBERG, Soren. *Legitimate expectations in Administrative Law*. Nova York: Oxford University Press, 2000, p. 9. LUHMANN, Niklas. *El derecho de la sociedad*. Trad. Javier Torres Nafarrate. Cidade do México: Herder, 2005, p. 188-9.

²²⁰ Nas palavras de Luhmann: "Si el caos y el temor paraliznte son las únicas alternativas para la confianza, hay que concluir que el hombre por naturaleza tiene que otorgar confianza, aun cuando esto no se haga ciegamente y sólo en ciertas direcciones. Por medio de este método uno llega a las máximas éticas o a la ley natural; principios que son inherentemente reversibles y de valor cuestionable". LUHMANN, Niklas. *Confianza*. Trad. Amada Flores. Santiago: Anthropos, 1996, p. 6.

²²¹ DERZI, Misabel Abreu Machado. Mutações, complexidade, tipo e conceito, sob o signo da segurança e proteção da confiança. In: Heleno Taveira Tôrres (org.). *Tratado de Direito Constitucional Tributário. Estudos em homenagem a Paulo de Barros Carvalho*. São Paulo: Saraiva, 2005, p. 272.

²²² LUHMANN, Niklas. *Confianza*. Trad. Amada Flores. Santiago: Anthropos, 1996, p. 40.

²²³ CALMES, Sylvia. *Du príncipe de protection de la confiance legitime en droits allemand, communautaire et français*. Paris: Dalloz, 2001, p. 47-9.

²²⁴ Idem, p. 49.

Por décadas deixou-se esta abordagem de lado,[225] justificando a sua irrelevância ao afirmar que o Sistema Tributário Nacional adota um modelo rígido, com competências definidas na Constituição e, por decorrência, a obrigação principal é mera repetição da competência constitucional, e as obrigações acessórias restariam disciplinadas nas normas regulamentadores do respectivo tributo. Eis um equívoco que precisa ser melhor esclarecido em sede doutrinária. Não há dúvida alguma que todo e qualquer tributo deve ser instituído por lei, na medida em que a reserva de lei em matéria tributária visa: (a) buscar o consentimento do cidadão por meio de seus representantes eleitos; (b) estabelecer balizas formais à tributação; (c) limitar a atividade administrativa tributária e (d) estabelecer limitações conceituais à hipótese de incidência.[226] Desse modo, nos moldes atuais do Sistema Tributário Nacional não se pode falar em obrigação tributária, seja principal, seja acessória, sem previsão legal.

No entanto, não se pode dizer que a compreensão da obrigação tributária exaure-se no exame da norma que institui o respectivo tributo, nem mesmo se pode dizer que a conformação do comportamento das partes esgota-se nas instruções normativas e atos declaratórios que estabelecem obrigações acessórias. Em verdade, há um padrão de comportamento esperado dos sujeitos da relação tributária cujos os contornos estão definidos na Constituição. Este fundamento está um passo atrás: nos primados da solidariedade, fraternidade[227] e democracia[228] que explicam e justificam a vinculação entre Estado e cidadão, autorizando o surgimento de deveres recíprocos que se pretende apresentar nesta investigação. Não está na lei que instituiu o tributo o fundamento para exigir certos comportamentos do Estado e assim também do contribuinte.

Dessa forma, não fere os preceitos constitucionais do Direito Tributário sustentar que deveres anexos ou funcionais possam existir e, sobretudo, que sejam capazes de vincular os sujeitos da relação jurídico-tributária. Pode-se invocar, como exemplo, o modelo tributário norte-americano que se funda no

---

[225] O direito privado faz há algum tempo esta reflexão, em que pese extrapole a ordem jurídica e invoque como fundamento o contato social. Divergindo da posição clássica que divide as obrigações originadas na vontade e aquelas originadas na lei, Clóvis do Couto e Silva apontava o contato social como o ponto de origem das obrigações. Na visão do Professor Clóvis, o contato social é um conceito criado na sociologia para explicar a associação e as relações de interdependência que o ser humano mantém em sociedade. Observou-se que dada a dependência entre as pessoas, estabelecer-se-ia vínculos ainda que não houvesse manifestação de vontade, tampouco existisse lei regulamentando. SILVA, Clóvis V. do Couto e. *A obrigação como processo*. 8 reimpressão. Rio de Janeiro: Editora FGV, 2013, p. 75-6. MARTINS-COSTA, Judith. *A Boa-fé no Direito Privado*. São Paulo: RT, 2000, p. 401. É bem verdade que a tese não foi originalmente concebida por Clóvis do Couto e Silva, na medida em que Günther Haupt e posteriormente Karl Larenz já a admitiam. Por deferência ao fundador do Programa de Pós-graduação da UFRGS é que se utiliza seu nome como referencial. Consultar, p. exemplo, SILVA, Luis Renato Ferreira da. *Reciprocidade e Contrato*. Porto Alegre: Livraria do Advogado, 2013, p. 122.

[226] Estas funções eficaciais da legalidade tributária foram melhor explicitadas no estudo: PORTO, Éderson Garin. Ainda sobre legalidade tributária: uma exame de suas funções eficaciais como instrumento de controle do poder de tributar. In: *Revista Brasileira de Direito Público*, v. 44, p. 195-218, 2014.

[227] BOURGEOIS, Léon de. *Solidarité*. 3 ed. Paris: Librairie Armand Colin, 1902, p. 154.

[228] CALMES, Sylvia. *Du príncipe de protection de la confiance legitime en droits allemand, communautaire et français*. Paris: Dalloz, 2001, p. 49.

voluntary compliance.²²⁹ Parte-se da premissa que o cidadão deve voluntariamente cumprir suas obrigações tributárias, independentemente de qualquer atividade fiscalizatória estatal. Trata-se de uma compreensão do verdadeiro sentido da cidadania, revelando elevado grau de civilidade.²³⁰

Como se pretende explicar nos próximos tópicos, a relação jurídica tributária, instituída por lei é acompanhada de certos deveres funcionais ou anexos que impõem a observância de certos comportamentos por parte do Fisco e também por parte do cidadão.²³¹

Como é sabido, a obrigação tributária principal outorga ao Estado a posição de credor e impõe ao contribuinte o dever de pagar o tributo. De outro lado, a obrigação tributária acessória estabelece certos deveres ao contribuinte e ao responsável no sentido de instrumentalizar a cobrança e a arrecadação dos tributos. Este esquema clássico, não só é afirmado por toda a doutrina, como resulta de expressa previsão legal, de modo que a obrigação do contribuinte em adimplir o tributo em dia e no montante correto decorre de mera subsunção da regra tributária ao caso concreto. Entretanto, a visão estática de relação obrigacional não é capaz de dar conta do fenômeno por completo. Daí a proposta de compreender a obrigação tributária como complexa e lançar um olhar na obrigação como um todo, buscando abarcar além da obrigação principal e da obrigação acessória (já definidas em lei), outros deveres que orientam as partes como se demonstrará a seguir.

Capítulo 3 – Sobre os deveres anexos ou funcionais no Direito Tributário

1. Perspectivas para os deveres anexos ou funcionais

No capítulo anterior, estabeleceu-se a premissa de que a relação jurídica tributária é, em essência, estruturalmente idêntica à relação de direito privado, não se justificando qualquer antagonismo ou particularismo.²³² Esta premissa ensejou a construção de outra conclusão: as relações jurídico-tributárias, assim

---

²²⁹ Como informa a Internal Revenue Service – IRS – órgão equivalente à Receita Federal do Brasil: "The U.S. income tax system is built on the idea of voluntary compliance. Compliance is voluntary when taxpayers declare all of their income. Taxpayers also voluntarily comply through obtaining forms and instructions, providing complete and correct information, and filing their income tax returns on time". Texto extraído do site educacional elaborado pela IRS, acessado em 14 de junho de 2014 às 18:00 em: <http://apps.irs.gov/app/understandingTaxes/teacher/whys_thm01_les03.jsp>.

²³⁰ GODOY, Arnaldo Sampaio de Moraes. *Direito Tributário Comparado e Tratados Internacionais Fiscais*. Porto Alegre: SaFe, 2005, p. 71. Afirma o autor: "A ideologia do direito tributário norte-americano centra-se na figura do *voluntary compliance*, por meio da qual espera-se que cada pessoa informe com diligência e transparência todos os ganhos e deduções que possa identificar, pagando o montante devido, em nome do bem comum".

²³¹ SANCHES, José Luís Saldanha. *A quantificação da obrigação tributária. Deveres de cooperação, autoavaliação e avaliação administrativa*. 2 ed. Lisboa: Lex, 2000, p. 39.

²³² CARRAZA, Roque Antonio. *Reflexões sobre a obrigação tributária*. São Paulo: Noeses, 2010, p. 185. ORRUTEA, Rogério Moreira. Obrigação tributária. In: *Revista de Direito Tributário* n. 37, jul-set. 1986, p. 89-98.

como as relações jurídicas de direito privado, não podem ser resumidas à visão dualista e estática de crédito e débito, de modo que a compreensão completa do fenômeno reclama um exame da obrigação tributária na sua plenitude, abrangendo a obrigação principal, as obrigações acessórias e, naquilo que aqui se propõe, os deveres funcionais ou anexos.

Não é demasiado frisar que a proposta desta investigação não é renomear os institutos vigentes. Não se pretende fustigar a obrigação principal, nem as obrigações acessórias, tampouco propor-lhes novas atribuições. A ideia aqui sugerida se caracteriza pela proposição de uma terceira categoria para as obrigações tributárias, de modo que ao lado da obrigação principal e obrigação acessória (ambas disciplinadas pelo artigo 113 do Código Tributário Nacional), restaria identificada a terceira categoria destinada a congregar os chamados deveres anexos.

Significa dizer que a compreensão da relação tributária como processo e como totalidade importa em superar o modelo tradicional de relação de sujeição do Estado em relação ao contribuinte, assim como se propõe ultrapassar os limites impostos pelo binômio "poder/dever". Por esta perspectiva, inaugura-se uma forma de compreender a relação jurídica tributária a partir de postulados constitucionais e sobretudo para além da mera relação creditícia clássica. Sendo uma relação jurídica complexa, identifica-se uma plêiade de direitos (direito de crédito, direito formativo), deveres (principais e secundários, instrumentais ou funcionais), sujeições, pretensões, obrigações, exceções, ônus jurídicos e legítimas expectativas. Esta percepção da relação jurídica tributária que alcança todas as suas nuances e observa as normas constitucionais aplicáveis é apta a reconhecer a existência de deveres anexos que surgem a partir do modelo comportamental imposto pela Constituição.

Propõe-se a superação do paradigma de que a Administração deve obediência apenas à legalidade e esta resultaria atendida tão somente com a edição de uma lei em sentido formal. É justamente no intuito de superar este paradigma que se defende o conceito de juridicidade.[233] Como refere Marco Aurélio Greco: "o agir da Administração não depende da existência de lei, se a própria Constituição já indicar o caminho a seguir".[234] Este entendimento já foi reconhecido pelo Supremo Tribunal Federal quando afastou a alegação de invalidade do ato administrativo por considerar que a autorização para o agir da Administração estava estampada no artigo 237 do texto constitucional.[235]

Na análise dos fundamentos constitucionais destes deveres,[236] demonstrar-se-á que a Constituição já assegura um modelo comportamental distinto

---

[233] OTERO, Paulo. *Legalidade e Administração Pública – o sentido da vinculação administrativa à juridicidade.* Coimbra: Almedina, 2003, p. 203 e ss. TIPKE, Klaus e LANG, Joachim. *Direito Tributário.* v. I. Trad. Luiz Dória Furquim. Porto Alegre: SaFe, 2008, p. 50. PORTO, Éderson Garin. *Estado de Direito e Direito Tributário.* Porto Alegre: Livraria do Advogado.

[234] GRECO, Marco Aurélio. Devolução ex officio de tributo indevido: dever de legalidade, moralidade e eficiência administrativas, no âmbito da função tributária. In: *Direito Processual Tributário.* Marcelo Campos (org.). São Paulo: RT, 2008, p. 179.

[235] RE 203954, Rel. Min. ILMAR GALVÃO, Tribunal Pleno, j. 20/11/1996, DJ 07-02-1997, p. 1365.

[236] Os fundamentos dos deveres serão explicitados no Título II a seguir.

do apurado atualmente entre os sujeitos da relação jurídica. Modelo comportamental este que quebra o paradigma do verticalismo e da sujeição tão difundidos no âmbito do Direito Tributário. Dentro de um Estado Constitucional de Direito, de inspiração democrática e orientado pela dignidade da pessoa humana, não se pode conceber relações jurídicas assimétricas ou díspares *prima facie*. Logo, a relação jurídica tributária, assim como a relação obrigacional do direito privado, também é orientada para a consecução de um fim, e este fim é estabelecido pelo próprio texto constitucional. Resulta que não se afigura compatível com este modelo de Estado Constitucional de Direito pensar em Fisco e contribuinte em posições opostas, quando na verdade, por expresso mandamento constitucional, ambos devem buscar o bem comum.

Sendo assim, a relação jurídica tributária volta-se para a realização de um fim, fundado na promoção do bem de todos (artigo 3°, inciso IV, da CRFB), de modo que os sujeitos da relação tributária encontram-se irmanados no atingimento desta finalidade, originando, portanto, deveres funcionais ou anexos que servem para instrumentalizar, operacionalizar a obtenção desta finalidade última. Como defendido, estes deveres originam-se das normas constitucionais. Não surgem da vontade das partes nem necessitam de lei expressa a discipliná-los, uma vez que decorrem do modelo comportamental estabelecido pela Constituição. Como provém de direitos fundamentais, possuem eficácia plena e aplicabilidade imediata.[237]

Como explica Larenz, toda a ordem jurídica dispõe de regras que pretendem que aqueles a quem se destinam se comportem de acordo com elas.[238] Em sua grande maioria, as normas importam em regras de conduta para os cidadãos, prescrevendo certos comportamentos esperados.[239] É ínsito ao conceito de norma jurídica a identificação da estrutura formada por uma hipótese ligada a uma consequência.[240] Nas palavras de Karl Engisch, "o centro gravitacional do Direito reside nisto: em ele positivamente conferir direitos e

---

[237] O Supremo Tribunal Federal já reconheceu inúmeras vezes a eficácia direta e imediata dos Direitos Fundamentais, valendo referir apenas por ilustração: ADPF 130, Rel. Min. CARLOS BRITTO, Tribunal Pleno, j. 30/04/2009, DJe-208 05/11/2009; Ext 986, Rel. Min. EROS GRAU, Tribunal Pleno, j. 15/08/2007, DJe-117, 04/10/2007.

[238] LARENZ, Karl. *Metodologia da Ciência do Direito*. 3 ed. Trad. José Lamego. Lisboa: Fundação Calouste Gulbenkian, 1997, p. 349.

[239] BOBBIO, Norberto. *Teoria da Norma Jurídica*. 2 ed. Trad. Ferando Pavan Baptista e Ariani Bueno Sudatti. Bauru: Edipro, 2003, p. 22-3. Bobbio lembra que é antiga a doutrina que trata da imperatividade do Direito, citando Cícero: "legem esse aeternum quiddam, quod universum mundum regeret, imperandi prohibendique sapientia...aut cogentis aut vetantis...ad iubendum et ad deterrrendum idonea" e Modestino: "legis virtus haec est imperare, vetare, permittere, punire". BOBBIO, Norberto. *Teoria da Norma Jurídica*. 2 ed. Trad. Ferando Pavan Baptista e Ariani Bueno Sudatti. Bauru: Edipro, 2003, p. 106. LARENZ, Karl. *Metodologia da Ciência do Direito*. 3 ed. Trad. José Lamego. Lisboa: Fundação Calouste Gulbenkian, 1997, p. 349.

[240] Esta estrutura ganhou popularidade no Direito Tributário pela doutrina de Paulo de Barros Carvalho: CARVALHO, Paulo de Barros. *Direito Tributário: Fundamentos jurídicos da incidência*. 2 ed. São Paulo: Saraiva, p. 7-11. CARVALHO, Paulo de Barros. *Curso de Direito Tributário*. 19 ed. São Paulo: Saraiva, 2007. 263-379. VILANOVA, Lourival. *Estruturas lógicas e o Sistema de Direito Positivo*. São Paulo: Noeses, 2005, p. 69. ENGISCH, Karl. *Introdução ao pensamento jurídico*. 8 ed. Trad. João Baptista Machado. Lisboa: Fundação Calouste Gulbenkian, 2001, p. 27.

impor deveres.²⁴¹ Assim, resume Karl Engisch que as chamadas "consequências jurídicas" previstas nas regras de Direito são constituídas por "deveres"²⁴² a serem observados pelo destinatário da norma.²⁴³ Este, de seu turno, sempre consiste num "dever-ser de certa conduta".²⁴⁴ Pode-se dizer que a norma, via de regra, prescreve um certo comportamento a ser adotado, o que equivale a dizer que o destinatário daquela norma específica deva agir desta ou daquela maneira, deixar de fazer isto ou aquilo.²⁴⁵ Equivale a dizer que as proposições jurídicas normalmente são vocacionadas a prescrever condutas por meio dos conhecidos modais deônticos: comando, proibição ou permissão.²⁴⁶ Portanto, as normas que estabelecem certos comandos que entre si guardam relação de coerência. Quando se verifica uma norma a estabelecer um comando, a contrário senso, tem-se uma permissão (o que é obrigatório é permitido, em inglês *ought entails may*). De outro lado, a proibição implica a não permissão (o que é proibido não é permitido). Pode-se dizer ainda que a obrigação é incompatível com a proibição e a proibição é incompatível com a permissão.²⁴⁷

Decorre destas singelas observações que os deveres aqui investigados são, como refere Larenz, consequências jurídicas²⁴⁸ das normas integrantes do ordenamento jurídico seja por meio de derivação de outras normas, seja por meio da conjugação de mais de uma norma.²⁴⁹ Como se verá adiante, por meio da confluência de mais de uma norma jurídica integrante do Sistema Tributário Nacional é possível identificar os deveres que se pretende ver reconhecido

---

²⁴¹ ENGISCH, Karl. *Introdução ao pensamento jurídico*. 8 ed. Trad. João Baptista Machado. Lisboa: Fundação Calouste Gulbenkian, 2001, p. 33.
²⁴² GUASTINI, Riccardo. *Il diritto come linguaggio*. Turim: Giappichelli ed., 2001, p. 15. ENGISCH, Karl. *Introdução ao pensamento jurídico*. 8 ed. Trad. João Baptista Machado. Lisboa: Fundação Calouste Gulbenkian, 2001, p. 35.
²⁴³ GUASTINI, Riccardo. *Distinguendo. Estudios de teoría y metateoría del derecho*. Trad. Jordi Ferrer i Beltrán. Barcelona: Gedisa, 1999, p. 110-111.
²⁴⁴ ENGISCH, Karl. *Introdução ao pensamento jurídico*. 8 ed. Trad. João Baptista Machado. Lisboa: Fundação Calouste Gulbenkian, 2001, p. 36.
²⁴⁵ Karl Larenz diz que "o sentido do enlace do pressuposto de facto com a consequência jurídica não é, como na proposição enunciativa, uma afirmação, mas uma ordenação de vigência. O dador da norma não diz: assim é de facto; mas diz: assim deve ser de Direito, assim deve valer". LARENZ, Karl. *Metodologia da Ciência do Direito*. 3 ed. Trad. José Lamego. Lisboa: Fundação Calouste Gulbenkian, 1997, p. 349. ENGISCH, Karl. *Introdução ao pensamento jurídico*. 8 ed. Trad. João Baptista Machado. Lisboa: Fundação Calouste Gulbenkian, 2001, p. 36.
²⁴⁶ VILANOVA, Lourival. *Estruturas lógicas e o Sistema de Direito Positivo*. São Paulo: Noeses, 2005, p. 69. Não se pode descurar da crítica à teoria imperativista que resumia as normas jurídicas apenas aos comandos imperativos. Por todos consultar: LARENZ, Karl. *Metodologia da Ciência do Direito*. 3 ed. Trad. José Lamego. Lisboa: Fundação Calouste Gulbenkian, 1997, p. 353-9 e SOUSA, Miguel Teixeira de. *Introdução ao Direito*. Coimbra:Almedina, 2012, p. 220-2.
²⁴⁷ GUASTINI, Riccardo. *Distinguendo. Estudios de teoría y metateoría del derecho*. Trad. Jordi Ferrer i Beltrán. Barcelona: Gedisa, 1999, p. 118-9. SOUSA, Miguel Teixeira de. *Introdução ao Direito*. Coimbra: Almedina, 2012, p. 209.
²⁴⁸ LARENZ, Karl. *Metodologia da Ciência do Direito*. 3 ed. Trad. José Lamego. Lisboa: Fundação Calouste Gulbenkian, 1997, p. 352.
²⁴⁹ GUASTINI, Riccardo. *Il diritto come linguaggio*. Turim: Giappichelli ed., 2001, p. 27-30. GUASTINI, Riccardo. *Distinguendo. Estudios de teoría y metateoría del derecho*. Trad. Jordi Ferrer i Beltrán. Barcelona: Gedisa, 1999, p. 94-104. LARENZ, Karl. *Metodologia da Ciência do Direito*. 3 ed. Trad. José Lamego. Lisboa: Fundação Calouste Gulbenkian, 1997, p. 372-9.

neste ensaio. Assim, pode-se afirmar que, ao lado da obrigação principal e da obrigação acessória (ambas previstas no artigo 113 do Código Tributário Nacional), há deveres funcionais ou anexos que com as obrigações referidas no artigo 113 do Código Tributário Nacional não se confundem.[250]

Neste ponto, a doutrina majoritária de direito tributário ou defende a correção da divisão entre obrigação tributária e obrigação acessória, ou sustenta a inadequação da denominação "obrigação acessória". Não se colhe uma única voz que proponha classificação distinta, o que autoriza o pleito de reconhecimento de originalidade à presente proposição. Propugna-se o reconhecimento de uma terceira categoria chamada de deveres anexos.

Na visão de Luciano Amaro, por exemplo, a obrigação acessória referida pelo Código Tributário Nacional possui caráter formal ou instrumental, pois se constitui na forma ou instrumento para a verificação da obrigação principal. Logo, a expressão acessória pode gerar o equívoco de, em equiparando-a com o direito privado, considerá-la dependente da obrigação principal.[251]

Em verdade, há sim relação de dependência entre a obrigação principal e a obrigação acessória, de modo que não se pode conceber uma obrigação tributária acessória totalmente desvinculada de qualquer tributo.[252] Ocorre que, por vezes, é possível identificar situações em que o contribuinte está dispensado do pagamento do tributo (imunidade, isenção, não incidência, alíquota zero, moratória, etc.) e ainda assim esteja obrigado ao adimplemento de certas obrigações acessórias. No entanto, não significa dizer que a obrigação acessória que remanesce esteja absolutamente desvinculada do tributo que visa instrumentalizar. O Superior Tribunal de Justiça tratou de rechaçar a noção de absoluta independência da obrigação tributária acessória no julgamento do Recurso Especial nº 1.096.712/MG de relatoria da Ministra Denise Arruda.[253] No caso, exigia-se que a empresa beneficiadora de café, em que pese houvesse nota fiscal de venda das mercadorias pelos Fazendeiros, emitisse nota fiscal

---

[250] Alberto Xavier propõe a distinção das normas de direito tributário em "materiais" e normas chamadas de "instrumentais" que, na visão do autor, "não respeitando directamente a estrutura e dinâmica daquele vínculo, regulam situações jurídicas que em relação a ele desempenham uma função instrumental". XAVIER, Alberto. *Conceito e Natureza do acto tributário.* 1972, 83. *Manual de Direito Fiscal* (1974), 103.

[251] AMARO, Luciano. *Direito Tributário Brasileiro.* 14 ed. São Paulo: Saraiva, 2008, p. 250.

[252] Eurico de Santi critica fortemente a instituição de obrigações acessórias para finalidades distintas da garantia da obrigação principal. SANTI, Eurico Marcos Diniz de. Kafka, alienação e deformindades da legalidade. *Exercício do controle social rumo à cidadania fiscal.* São Paulo: RT, 2014, p. 206.

[253] "RECURSO ESPECIAL. TRIBUTÁRIO. OBRIGAÇÃO ACESSÓRIA. DESCABIMENTO DA EXIGÊNCIA DO FISCO. MULTA. AFASTAMENTO. 1. A despeito do reconhecimento da independência da nominada obrigação tributária acessória, essa obrigação só pode ser exigida pelo Fisco para instrumentalizar ou viabilizar a cobrança de um tributo, ou seja, deve existir um mínimo de correlação entre as duas espécies de obrigações que justifique a exigibilidade da obrigação acessória. 2. Na hipótese, o transporte do café beneficiado, pela empresa beneficiadora – ora recorrente –, estava acobertado pelas notas fiscais de devolução e de venda da mercadoria, pelos fazendeiros, para a Bolsa de Insumos de Patrocínio, mostrando-se totalmente descabida e desarrazoada a exigência da emissão de Nota fiscal pela recorrente, sem destaque de ICMS, na qualidade de detentora da mercadoria. 3. Precedentes: REsp 539.084/SP, 1ª Turma, Rel. Min. Francisco Falcão, DJ de 19.12.2005; REsp 728.999/PR, 1ª Turma, Rel. Min. Luiz Fux, DJ de 26.10.2006. 4. Recurso especial provido". (REsp 1096712/MG, Rel. Ministra DENISE ARRUDA, Primeira Turma, julgado em 02/04/2009, DJe 06/05/2009).

sem destaque do ICMS na qualidade de mera detentora da mercadoria. A Corte afastou a exigência por entender que não haveria correlação entre a obrigação tributária principal e a exigência, uma vez que em relação a esta já havia sido cumprida a respectiva obrigação acessória.

A doutrina pátria vem adotando a expressão "deveres instrumentais" para se referir às exigências que são impostas ao contribuinte para possibilitar e assegurar o cumprimento da obrigação principal.[254] Nessa linha, a expressão "deveres instrumentais" vem surgindo como a favorita da doutrina, na medida em que se alinha com a expressão utilizada pelo Código Tributário alemão de 1977, chamada de "relação de dever fiscal" (Steuerpflichtverhältnis).[255] No entanto, como a expressão "deveres instrumentais" é passível de confusão com as chamadas obrigações acessórias, a proposta é adotar "deveres anexos" no intuito de estabelecer uma clara distinção.

Não são poucos os autores que criticam a nomenclatura utilizada pelo Código Tributário Nacional. Paulo de Barros Carvalho, por exemplo, critica duramente a utilização da expressão "obrigação acessória", propugnando a sua abolição e, por consequência, adoção da expressão deveres instrumentais ou formais.[256] Na mesma trilha, Luís Eduardo Schoueri refuta os termos "obrigação" e "acessória" pelos mesmos motivos de Paulo de Barros Carvalho, agregando ainda a observação de que as obrigações, em geral, tendem a atingir uma finalidade que, uma vez alcançada, imporá o fim da obrigação. No entanto, segundo o autor, este fim não se observa nas obrigações acessórias, pois o contribuinte permaneceria vinculado ao Estado mesmo que tenha cumprido sua obrigação.[257]

---

[254] Como referido, Alberto Xavier já identifica a distinção em suas obras da década de 70. XAVIER, Alberto. *Conceito e Natureza do acto tributário*. 1972, 83. *Manual de Direito Fiscal* (1974), 103.

[255] TORRES, Ricardo Lobo. *Curso de Direito Financeiro e Tributário*. 18 ed. Rio de Janerio: Renovar, 2011, p. 240.

[256] CARVALHO, Paulo de Barros. *Curso de Direito Tributário*. 19 ed. São Paulo: Saraiva, 2007, p. 322-3. Paulo de Barros Carvalho justifica a sua crítica à expressão "obrigação acessória" por considerar as duas palavras equívocas. Na sua visão, os deveres que a legislação impõe ao contribuinte não poderiam ser chamados de obrigação por não possuir caráter patrimonial, de um lado, e, de outro, por não poder ser considerada acessória, já que em alguns casos os ditos deveres são exigíveis ainda que não exista a obrigação principal. Com a devida vênia, o caráter patrimonial como condição de validade da obrigação já foi superado pela doutrina civilista como alerta Antunes Varela: "A doutrina civilista mais qualificada responde hoje em sentido afirmativo à questão da validade das obrigações de prestação não patrimonial, baseando-se na proteção que merecem alguns deveres de conteúdo não patrimonial estipulados pelas partes e na função disciplinadora da vida social atribuída ao direito, que não se confina aos valores de pura expressão econômica". VARELA, João de Matos Antunes. *Das obrigações em geral*. V. I. 10 ed. Coimbra: Almedina, 2000, p. 106. Almeida Costa comunga do mesmo entendimento, dizendo: "sob outro ângulo, a patrimonialidade da obrigação significa que, no direito moderno, ao contrário dos sistemas antigos, o inadimplemento só confere ao credor a possibilidade de agir contra o patrimônio do devedor e não contra a pessoa". COSTA, Mário Júlio de Almeida. *Direito das obrigações*. 8 ed. Coimbra: Almedina, 2000, p. 84.

[257] SCHOUERI, Luís Eduardo. *Direito Tributário*. São Paulo: Saraiva, 2011, p. 418. Respeitosamente, não se pode concordar com a posição. O autor utiliza o exemplo da obrigação de realizar a declaração do imposto de renda. Diz que mesmo tendo sido cumprida a obrigação, o adimplemento não afastaria a responsabilidade do contribuinte e não o liberaria do vínculo, pois a Fazenda poderá rever a declaração e autuá-lo. No plano do direito privado, desenvolveu-se a teoria da responsabilidade pós-contratual, quando mesmo encerrado o vínculo em razão do adimplemento, subsistirá um vínculo entre as partes no que diz respeito a ga-

Em tentativa conciliadora, Regina Helena Costa segue orientação de José Souto Maior Borges e admite a existência de obrigação ainda que não exista o traço da patrimonialidade.[258] Segundo os autores, a "obrigação" não é uma categoria lógico-jurídica, mas um instituto jurídico-positivo, incumbindo, portanto, ao direito positivo delinear os contornos do indigitado instituto.[259]

A revisão bibliográfica da doutrina brasileira permite concluir que os autores concordam que existem obrigações relacionadas com o pagamento do tributo (obrigação principal) e existem obrigações/deveres relacionados com a instrumentalização da obrigação principal (segundo dicção do Código Tributário Nacional, obrigação acessória). Todos concordam que, em ambos os casos, reconhece-se na lei a origem das obrigações e também admite-se que os deveres acessórios ou instrumentais persistem ainda que não se configure a obrigação principal.[260] Com a devida vênia, parece que a doutrina perdeu tempo considerável debatendo a terminologia usada pelo Código Tributário Nacional, porém ninguém ousou questionar a sua existência ou validade.[261] Parece, portanto, uma discussão meramente superficial, preocupada em encontrar a expressão mais adequada para explicar o fenômeno, mas sem a intenção de atingir e examinar o próprio fenômeno. Revela-se despropositado propor a substituição da expressão "obrigação acessória" por "deveres instrumentais", "deveres administrativos" ou "deveres de contorno" para logo em seguida reconhecer a aplicação da norma prevista no artigo 113 do Código Tributário Nacional.[262] Em outras palavras, não há porque teorizar sobre as obrigações acessórias, tendo em vista que o Código Tributário Nacional faculta ao Estado instituí-las por lei, quando assim quiser exigir certas obrigações de fazer por parte do contribuinte.

A conclusão que se pode extrair é que muito se debateu em torno da adequada nomenclatura e pouco se aprofundou sobre a estrutura da relação obrigacional e os compromissos que vinculam os sujeitos desta relação jurídica. Na tentativa de explicar o fenômeno, a doutrina brasileira limitou-se a explicar

---

rantia da qualidade do bem vendido. Se as partes mantêm laços obrigacionais mesmo após o adimplemento no plano civil, não desnaturando a seus traços obrigacionais, parece óbvio que o direito tributário também não recairia em equívoco ao reconhecer as obrigações acessórias como verdadeiras obrigações.

[258] COSTA, Regina Helena. *Curso de Direito Tributário*. São Paulo: Saraiva, 2009, p. 173.

[259] BORGES, José Souto Maior. *Obrigação tributária. Uma introdução metodologia*. 2 ed. São Paulo: Saraiva, 1999, p. 44-5. No mesmo sentido, é a lição de Mizabel Derzi em suas notas de atualização à obra de Aliomar Baleeiro. BALEEIRO, Aliomar. *Direito Tributário Brasileiro*. 11 ed. Rio de Janeiro: Forense, 2003, p. 698-9.

[260] Em julgamento de recurso especial submetido ao regime dos recursos repetitivos, o Superior Tribunal de Justiça reconheceu a referida independência da obrigação acessória e acolheu a expressão "deveres instrumentais". (REsp 1116792/PB, Rel. Ministro LUIZ FUX, Primeira Seção, julgado em 24/11/2010, DJe 14/12/2010).

[261] Nas palavras de José Souto Maior Borges: "Ainda aqui, o entendimento doutrinário não pode ser contraposto a texto legal expresso, como um critério informador da própria validade da norma que se critica. Será, essa crítica, ditada muito mais por considerações de estética jurídica, o rigorismo da linguagem, do que de sintaxe jurídica, o relacionamento das normas jurídicas em si, como critério atributivo de validade. Em conclusão: no fundo, é uma pura questão em torno de palavras e seu significado estipulativo". BORGES, José Souto Maior. *Obrigação tributária. Uma introdução metodologia*. 2 ed. São Paulo: Saraiva, 1999, p. 44.

[262] BORGES, José Souto Maior. *Obrigação tributária. Uma introdução metodologia*. 2 ed. São Paulo: Saraiva, 1999, p. 48-9.

que a origem da obrigação tributária estaria na lei (obrigação *ex lege*), propugnando o surgimento de relações jurídicas entre sujeitos de modo automático, por mera ação da norma jurídica.[263] A doutrina europeia vem discutindo exaustivamente há mais de três décadas que o estágio atual da evolução do Direito Tributário não admite a concepção de obrigações "automáticas", originadas ficcionalmente como um "passe de mágica" por imposição da lei.[264] Como relação jurídica que é, a obrigação tributária demanda uma percepção dialética do fenômeno, onde participa o contribuinte, detentor de interesse legítimo face ao correto exercício do ato administrativo vinculado que compete à Administração Tributária, assim como o Fisco ostenta interesse legítimo em exigir certas condutas por parte do cidadão.[265]

É sabido que a obrigação tributária principal, assim como a definição do plexo de deveres acessórios exigidos do contribuinte devem inarredavelmente estar previstos na lei, por exigência expressa do artigo 150, inciso I, da Constituição combinado com o artigo 97 do Código Tributário Nacional. Contudo, o comportamento esperado das partes, de modo a preencher tanto a obrigação principal, quanto as obrigações acessórias é questão pouco debatida. Daí decorre a importância da proposta ora apresentada.

Em sede de doutrina civilista, não há dúvida que a relação obrigacional apresenta deveres principais (relacionados com o núcleo da relação obrigacional), deveres secundários ou acessórios da obrigação principal (destinados a preparar o cumprimento ou assegurar a obrigação principal) e os deveres funcionais, anexos ou laterais, também chamados de deveres acessórios de conduta, expressões direta ou indiretamente associadas às denominações alemãs de "deveres laterais" *Nebenpflichten* (Esser), "deveres de proteção" *Schutzpflichten* (Stoll) e "outros deveres de conduta" *weitere Verhaltenpflichten* (Larenz).[266] Estes deveres não se confundem com as obrigações secundárias ou acessórias que preparam o adimplemento da obrigação principal, distinguindo-se daquelas por focarem-se no exato processamento da relação obrigacional, vale dizer, concentram-se à exata satisfação dos interesses globais envolvidos na relação obrigacional complexa.[267] Portanto, a proposta desta pesquisa é justamente

---

[263] Este debate foi amplamente discutido pela doutrina europeia, como se pode observar na obra de Saldanha Sanches. O autor recobra o percurso histórico das doutrinas "constitutivistas" do acto tributário, referindo o laborioso trabalho da doutrina italiana em torno das teorias "constitutivistas/declarativistas". SANCHES, José Luís Saldanha. *A quantificação da obrigação tributária. Deveres de cooperação, autoavaliação e avaliação administrativa*. 2 ed. Lisboa: Lex, 2000, p. 39.

[264] SANCHES, José Luís Saldanha. A quantificação da obrigação tributária. Deveres de cooperação, autoavaliação e avaliação administrativa. 2 ed. Lisboa: Lex, 2000, p. 39. D'AMATI. *Accertamento tributário. Teoria generali*, p. 21.

[265] SANCHES, José Luís Saldanha. A quantificação da obrigação tributária. Deveres de cooperação, autoavaliação e avaliação administrativa. 2 ed. Lisboa: Lex, 2000, p. 40. GLENDI, Cesare. L'oggetto del proceso tributário. Padova: Cedam, 1984, p. 805.

[266] COSTA, Mário Júlio de Almeida. *Direito das obrigações*. 8 ed. Coimbra: Almedina, 2000, p. 66; MARTINS-COSTA, Judith. *A Boa-fé no Direito Privado*. São Paulo: RT, 2000, p. 438. MARTINS-COSTA, Judith. *Comentários ao novo Código Civil*. v V. t. II. 2 ed. Rio de Janeiro: Forense, 2009, p. 88-9.

[267] COSTA, Mário Júlio de Almeida. *Direito das obrigações*. 8 ed. Coimbra: Almedina, 2000, p. 66. VARELA, João de Matos Antunes. *Das obrigações em geral*. v. I. 10 ed. Coimbra: Almedina, 2000, p. 126.

examinar estes chamados deveres laterais, instrumentais, funcionais ou anexos que não devem ser igualados ou tratados como sinônimos das chamadas obrigações acessórias.

2. Perspectiva objetiva dos deveres anexos ou funcionais

O percurso até aqui traçado permite estabelecer a originalidade da proposta, ao menos, no que diz respeito ao domínio do Direito Tributário. Enquanto parcela majoritária da doutrina trata obrigação acessória e deveres instrumentais como sinônimos, este trabalho pretende apresentar uma versão distinta, baseada na identificação de deveres que não se confundem com aqueles insculpidos na legislação tributária e, por expressa disposição legal (artigo 113, § 2°, do CTN), recebem o nome de obrigação tributária acessória.

Significa dizer que estes deveres, tratados pela doutrina civilista como deveres laterais ou deveres de proteção,[268] são comumente chamados de "deveres de cooperação e proteção dos recíprocos interesses", vocacionados a proteger as partes envolvidas na relação jurídica de certos prejuízos ou percalços comumente apurados na aproximação entre credor e devedor pelo "contato social qualificado". Logo, estes deveres não estão direcionados a favorecer o credor na obtenção do crédito e a realização da prestação, mas voltados sim à manutenção da integridade da esfera jurídica das partes.[269] Enquanto os deveres acessórios (obrigações acessórias) visam à promoção do *status ad quem* a ser obtido com o cumprimento da obrigação, os deveres laterais ou anexos buscam proteger o *status quo* no sentido de proteger o risco que cada parte ostenta de intervir na esfera jurídica da outra.[270]

Este é um reparo que precisa ser feito em torno da reconstrução que a doutrina tributária fez sobre o instituto da relação obrigacional haurida dos civilistas. Em que pese o Direito Tributário tenha se abeberado na fonte civilista para propor a noção e conceito de obrigação, deixou-a de lado por razões até hoje inexplicáveis. Esta divisão ora proposta, por exemplo, evidencia o descuido que parte da doutrina incorreu nos últimos tempos. Enquanto, os civilistas há muito reconhecem que as relações obrigacionais, sem prejuízo da sua unidade, albergam "uma pluralidade de elementos autonomizáveis com utilidade para captação do seu regime, constituindo, por isso, uma realidade complexa",[271] a doutrina de Direito Tributário rechaça esta chamada "complexidade". Resul-

---

[268] MARTINS-COSTA, Judith. *A Boa-fé no Direito Privado*. São Paulo: RT, 2000, p. 438. MARTINS-COSTA, Judith. *Comentários ao novo Código Civil*. v V. t. II. 2 ed. Rio de Janeiro: Forense, 2009, p. 89. COSTA, Mário Júlio de Almeida. *Direito das obrigações*. 8 ed. Coimbra: Almedina, 2000, p. 67. VARELA, João de Matos Antunes. *Das obrigações em geral*. V. I. 10 ed. Coimbra: Almedina, 2000, p. 126.

[269] MARTINS-COSTA, Judith. *Comentários ao novo Código Civil*. v V. t. II. 2 ed. Rio de Janeiro: Forense, 2009, p. 90. MORIN, Ariane. *La Responsabilité fondée sur la confiance. Étude critique des fondements d'une innovation controversée*. Helbing & Lichtehahn: Faculté de Droi de Geneve, 2002, p. 22.

[270] Idem, p. 22.

[271] CARNEIRA DA FRADA, Manuel Antonio de Castro Portugal. *Contrato e deveres de proteção*. Coimbra: Separata do volume XXXVIII do suplemento ao Boletim da Faculdade de Direito da Universidade de Coimbra, 1994, p. 36.

ta, portanto, equivocado estabelecer que as obrigações tributárias acessórias poderiam ser tratadas como sinônimas ao que a doutrina civilista chama de deveres anexos ou laterais, quando a seara jusprivatista já os examina de forma autônoma há muito. Portanto, ao lado da obrigação principal e da obrigação acessória, ligadas aos chamados deveres de prestação, há um plexo de deveres que incumbe às partes, chamados de deveres de proteção.[272]

Esta denominação não é unânime em doutrina, tendo sido debatido exaustivamente sobre a mais correta conceituação.[273] Como dito antes, a preocupação desta investigação não é propor novas denominações para institutos consagrados e já reconhecidos pelo direito pátrio. Pretende-se distinguir este plexo de deveres daquelas chamadas obrigações acessórias que já se encontram disciplinadas na legislação tributária e que guardam relação estreita com a obrigação principal correlata.

Colocadas as questões nestes termos, o foco desta investigação são os deveres laterais, anexos ou, ainda, conhecidos como deveres de proteção que gravitam sobre as partes durante toda a relação obrigacional, tutelando interesses justificados dos sujeitos que integram a relação jurídica. É lícito afirmar que tanto o polo ativo, quanto o polo passivo da relação tributária esperam, de parte a parte, um comportamento honesto, leal e probo.[274] Avultam razões para justificar e esperar dos sujeitos da relação jurídica tributária um padrão de comportamento ético pautado na honestidade, lealdade e probidade, fundamentos que serão explorados com mais vagar no próximo capítulo.[275] Todavia, por ora, pode-se afirmar que não é admissível esperar comportamento desonesto, desleal ou ímprobo na relação obrigacional tributária, uma vez que se está examinado um vínculo obrigacional de suma importância, sabidamente vocacionado a prover o Estado de recursos para promoção dos objetivos fundamentais insculpidos na Constituição (artigo 3°). Dada a importância deste vínculo é que o constituinte elevou ao patamar constitucional boa parte das

---

[272] MARTINS-COSTA, Judith. *Comentários ao novo Código Civil.* v 5. t. II. 2 ed. Rio de Janeiro: Forense, 2009, p. 89-90. CARNEIRA DA FRADA, Manuel Antonio de Castro Portugal. *Contrato e deveres de proteção.* Coimbra: Separata do volume XXXVIII do suplemento ao Boletim da Faculdade de Direito da Universidade de Coimbra, 1994, p. 39.

[273] Carneira da Frada alerta sobre a divergência na denominação: "A sua designação não é unânime entre os autores contemporâneos. Esser/Schmidt (*Schulrecht* cit., I, 69ss, 90ss) falam de deveres acompanhantes e laterais, enquanto LARENZ, (*Schuldrecht* cit., I, 10) prefere a expressão demais deveres de comportamento, MEDICUS (*Schuldrecht*, cit., I, 2), ao que parece, a de deveres proteção, e FIKENTSCHER a de deveres de diligência ou de cuidado (*Schuldrecht*, Berlim/New York 1985, 62ss, com a prevenção de que este autor os tende a autonomizar apenas no campo das chamadas relações obrigacionais sem deveres primários de prestação, já que nos outros casos propugna um conceito amplo de prestação que engloba estes deveres)". CARNEIRA DA FRADA, Manuel Antonio de Castro Portugal. *Contrato e deveres de proteção.* Coimbra: Separata do volume XXXVIII do suplemento ao Boletim da Faculdade de Direito da Universidade de Coimbra, 1994, p. 36.

[274] CARNEIRA DA FRADA, Manuel Antonio de Castro Portugal. *Contrato e deveres de proteção.* Coimbra: Separata do volume XXXVIII do suplemento ao Boletim da Faculdade de Direito da Universidade de Coimbra, 1994, p. 39. LARENZ, Karl. *Derecho de obligaciones.* t. I. Trad. Jaime Santos Briz. Madrid: Editorial Revista de Derecho Privado, 1958, p. 37.

[275] Carneira da Frada justamente com Canaris defendem a proteção da confiança como imperativo ético--jurídico. CARNEIRA DA FRADA, Manuel Antonio de Castro Portugal. *Teoria da confiança e responsabilidade civil.* Coimbra: Almedina, 2007, p. 61.

normas de Direito Tributário. É pela importância desta relação que a disciplina ganhou autonomia didática e que igualmente pelo relevo do liame é que o ordenamento jurídico construiu uma série de regras próprias, conferindo rigidez ao Sistema Tributário Nacional.

A chamada obrigação tributária principal existe porque visa atender às necessidades estatais, representando a maior fonte de receita do Estado. Por óbvio que as obrigações tributárias acessórias estão voltadas à perfeita satisfação dessa necessidade, orientando e facilitando o seu adimplemento. Porém, considerando a obrigação tributária como complexa, pode-se identificar deveres que, apesar de não estarem expressamente previstos na legislação tributária, decorrem do padrão de comportamento esperado e ditado pelas normas constitucionais já invocadas, a saber: princípios democrático e republicano (artigo 1°, parágrafo único), princípio da moralidade (artigo 37) e Estado de Direito (artigo 1°), princípios da solidariedade e da fraternidade (preâmbulo e artigo 195).

Estes deveres visam, sobretudo, preservar a integridade dos sujeitos da relação obrigacional tributária, podendo assumir, por vezes, a feição de informação, guarda diligente de documento ou coisa, omissão de certas condutas prejudiciais à contraparte ou, simplesmente, um comportamento leal.[276] A doutrina civilista identifica, ainda, dentre os comportamentos com tais características: (a) os deveres de aviso e esclarecimento; (b) deveres de cuidado, previdência e segurança; (c) deveres de informação;[277] (d) deveres de prestar contas; (e) deveres de colaboração e cooperação; (f) deveres de proteção e cuidado com a pessoa e o patrimônio da contraparte; (g) deveres de omissão e segredo.[278] Alguns destes deveres já encontram previsão legal expressa no Sistema Tributário Nacional, porém todos derivam do perfil de relação jurídica emoldurada pela Constituição.

3. Perspectiva subjetiva dos deveres anexos ou funcionais (quem são os sujeitos?)

Não paira qualquer dúvida que a relação obrigacional tributária cria um liame entre o sujeito ativo (Estado) e o sujeito passivo (contribuinte), podendo alcançar outras pessoas, desde que expressamente a lei assim determine (condição de responsável). Sobre este tema, a doutrina pátria e estrangeira já se de-

---

[276] CARNEIRA DA FRADA, Manuel Antonio de Castro Portugal. *Contrato e deveres de proteção*. Coimbra: Separata do volume XXXVIII do suplemento ao Boletim da Faculdade de Direito da Universidade de Coimbra, 1994, p. 42. LARENZ, Karl. *Derecho de obligaciones*. t. I. Trad. Jaime Santos Briz. Madrid: Editorial Revista de Derecho Privado, 1958, p. 37.

[277] LISBOA, Roberto Senise. *Obrigação de Informar*. Coimbra: Almedina, 2012, p. 9.

[278] MARTINS-COSTA, Judith. *A Boa-fé no Direito Privado*. São Paulo: RT, 2000, p. 439. MARTINS-COSTA, Judith. *Comentários ao novo Código Civil*. v. 5. t. II. 2 ed. Rio de Janeiro: Forense, 2009, p. 84. SILVA, Clóvis V. do Couto e. *A obrigação como processo*. 8 reimpressão. Rio de Janeiro: Editora FGV, 2013, p. 94-8; COSTA, Mário Júlio de Almeida. *Direito das obrigações*. 8 ed. Coimbra: Almedina, 2000, p. 66.

bruçou atentamente.[279] São inúmeros os trabalhos sobre os sujeitos da relação jurídica tributária, definindo-os com grande precisão, de modo que qualquer esforço nesse sentido incorreria em desnecessária tautologia.

Assim, de forma bastante sintética, pode-se dizer que a relação jurídico-tributária, via de regra, estabelece-se em dois polos de interesse: polo ativo e polo passivo. O primeiro tem a definição insculpida no artigo 119 do Código Tributário Nacional,[280] de onde fica ressaltada a relação de dependência da condição de sujeito ativo com definição da competência tributária estabelecida pela Constituição. Em suma, não há falar em credor na relação tributária sem que a Constituição tenha reconhecido tal condição.[281] De outra banda, a sujeição passiva não foi expressamente definida pelo texto constitucional, de modo que a definição do sujeito passivo recobra uma análise criteriosa do aspecto material da hipótese de incidência.

As regras de competência previstas na Constituição têm como função precípua disciplinar o poder de tributar. Se, de um lado, a norma descreve o ente tributante e identifica o fato passível de tributação; de outro, não se pode imaginar que igualmente não descreva ou, pelo menos, pressuponha quem deverá suportar o ônus de adimplir o tributo. Se a regra de competência da Constituição identifica e outorga poder a um ente federado para instituir determinado

---

[279] Por todos ATALIBA, Geraldo. *Hipótese de incidência tributária*. 6 ed. São Paulo: Malheiros, 2004, p. 80; BALEEIRO, Aliomar. *Limitações Constitucionais ao Poder de Tributar*. 7 ed. Rio de Janeiro: Forense, 1998, p. 2; BECHO, Renato Lopes. *Sujeição passiva e responsabilidade tributária*. São Paulo: Dialética, 2000, p. 77; CARRAZZA, Roque Antonio. *Reflexões sobre a obrigação tributária*. São Paulo: Noeses, 2010, p. 161; CARVALHO, Paulo de Barros. *Curso de Direito Tributário*. 15 ed. São Paulo: Saraiva, 2003, p. 159; COELHO, Sacha Calmon Navarro. Norma jurídica e obrigação tributária. In: *Revista de Direito Tributário* n. 13/14, jul-dez. 1980, p. 123; DIFINI, Luiz Felipe Silveira. *Manual de Direito Tributário*. 3 ed. São Paulo: Saraiva, 2006, p. 82; GODOY, Norberto. Diferencias entre las obrigaciones juridicas tributarias sustantivas y las obligaciones jurídicas civiles. In: *Revista de Direito Tributário* n. 43, jan/mar 1988, p. 70; GONÇALVES, J. A. Lima. Princípios informadores do "critério pessoal da regra matriz de incidência tributária". In: *Revista de Direito Tributário* n. 23/24, jan.-jun./1983, p. 252-265; ORRUTEA, Rogério Moreira. Obrigação tributária. In: *Revista de Direito Tributário* n. 37, jul-set. 1986, p. 89-98; SCHOUERI, Luis Eduardo. *Direito Tributário*. São Paulo: Saraiva, 2011, p. 237; TORRES, Ricardo Lobo. *Curso de Direito Financeiro e Tributário*. 18 ed. Rio de Janeiro, 2011, p. 237; VELLOSO, Andrei Pitten. *Constituição Tributária Interpretada*. São Paulo: Atlas; VILLEGAS, Hector. Destinatário legal tributário. in: *RDP* n° 30, 1974, p. 294.

[280] "Art. 119. Sujeito ativo da obrigação é a pessoa jurídica de direito público, titular da competência para exigir o seu cumprimento".

[281] Esta relação de dependência já foi apreciada pelo Supremo Tribunal Federal, como se pode apurar nos seguintes julgados: "CONSTITUCIONAL. TRIBUTÁRIO. IMPOSTO SOBRE A CIRCULAÇÃO DE MERCADORIAS – ICMS. IMPORTAÇÃO. SUJEITO ATIVO. ESTADO EM QUE LOCALIZADO O DESTINATÁRIO JURÍDICO OU ESTADO EM QUE LOCALIZADO O DESTINATÁRIO FINAL DA OPERAÇÃO (ESTABELECIMENTO ONDE HAVERÁ A ENTRADA DO BEM). ART. 155, § 2°, IX, *A*, DA CONSTITUIÇÃO. Nas operações das quais resultem a importação de bem do exterior, o Imposto sobre Circulação de Mercadorias e Serviços – ICMS é devido ao estado onde estiver situado o domicílio ou o estabelecimento do destinatário jurídico do bem, pouco importando se o desembaraço ocorreu por meio de ente federativo diverso. Recurso extraordinário conhecido e provido". (RE 405457, Rel. Min. JOAQUIM BARBOSA, Segunda Turma, j. 04/12/2009, DJe-022 04/02/2010); "IMPOSTO DE TRANSMISSAO. COMPETÊNCIA IMPOSITIVA. SENDO O ESTADO, NO MOMENTO DA OCORRÊNCIA DO FATO GERADOR (CTN., ART. 114), O SUJEITO ATIVO DA OBRIGAÇÃO TRIBUTÁRIA (CTN. ART. 119), COMPETIA-LHE EXIGIR O SEU CUMPRIMENTO.- RECURSO EXTRAORDINÁRIO NÃO CONHECIDO". (RE 78955, Rel. Min. BILAC PINTO, Primeira Turma, j. 09/09/1975, DJ 26/09/1975, p. 6897).

tributo, não se pode pensar que não tenha, ao menos, sinalizado para quem, dentro da sociedade, deverá arcar com tal encargo.

Como já defendeu Roque Antonio Carrazza, a "Constituição aponta o *sujeito passivo possível* de cada tributo, isto é, a pessoa que poderá ser colocada, pela lei, na contingência de efetuar seu pagamento".[282] Em que pese não seja possível extrair facilmente de todas as regras de competência inscritas na Constituição o respectivo sujeito passivo da obrigação tributária, não se pode concluir que o texto constitucional delegou ao ente federado a prerrogativa de incluir no polo passivo qualquer pessoa.

É lícito afirmar que a Constituição, ao delimitar a competência tributária, estatuindo regras a serem observadas na instituição dos tributos, amalgamou o critério material da regra-matriz ao critério pessoal, estabelecendo um vínculo de pertinência entre o antecedente com o consequente da regra. Logo, o verbo e seu respectivo complemento devem necessariamente estar relacionados com o sujeito que pratica a conduta descrita no antecedente. É como assinala Roque Carrazza que: "as pessoas políticas não possuem total liberdade para elegerem o sujeito passivo dos tributos que criam *'in abstracto'*. Pelo contrário, devem necessariamente levar em conta o *sujeito passivo possível* da exação, assinalado na Lei Maior".[283] Assim, pode-se sustentar que a Constituição oferece um conceito constitucional de contribuinte que está estreitamente ligado à definição do aspecto material da regra-matriz de incidência.[284]

Encontra-se igualmente definida pelo Código Tributário Nacional, constando expressamente do texto legal uma divisão entre sujeito passivo da obrigação principal[285] e sujeito passivo da obrigação acessória.[286] A definição de sujeito passivo da obrigação principal está relacionada com a condição de obrigado ao pagamento do tributo ou penalidade. Neste ponto, há nova subdivisão do conceito de sujeito passivo, surgindo as noções de contribuinte (artigo 121, parágrafo único, inciso I, do CTN) e responsável (artigo 121, parágrafo único, inciso II, do CTN). Estas considerações não agregam nenhum elemento novo, consistindo em lugar comum em sede doutrinária e jurisprudencial.

A contribuição desta investigação consiste na apresentação do aspecto subjetivo dos deveres anexos ou laterais que, como defendido antes, não de-

---

[282] CARRAZZA, Roque Antonio. *Reflexões sobre a obrigação tributária*. São Paulo: Noeses, 2010, p. 159.

[283] Idem, p. 160.

[284] Nesse sentido, escreve Renato Lopes Becho: "comungamos com a doutrina que vê na Constituição Federal os dados para se extrair cientificamente o sujeito passivo (...) para nós, o legislador não tem liberdade de escolha nos tributos discriminados. Há uma maior liberdade nos tributos não-discriminados, mais na escolha do critério material do que na do critério pessoal. Esse decorre da materialidade eleita, na qual há liberdade do legislador, nos limites constitucionais. Essa liberdade é reduzida quando deve o legislador apontar quem recolherá o tributo (ou ocupará o pólo passivo da relação jurídico-tributária). BECHO, Renato Lopes. *Sujeição passiva e responsabilidade tributária*. São Paulo: Dialética, 2000, p. 77.

[285] Art. 121. Sujeito passivo da obrigação principal é a pessoa obrigada ao pagamento de tributo ou penalidade pecuniária. Parágrafo único. O sujeito passivo da obrigação principal diz-se: I – contribuinte, quando tenha relação pessoal e direta com a situação que constitua o respectivo fato gerador; II – responsável, quando, sem revestir a condição de contribuinte, sua obrigação decorra de disposição expressa de lei.

[286] Art. 122. Sujeito passivo da obrigação acessória é a pessoa obrigada às prestações que constituam o seu objeto.

vem ser confundidos e tratados como sinônimos de obrigação acessória. A primeira afirmação que se pode estabelecer é que o aspecto subjetivo dos deveres anexos estará obviamente associado ao aspecto subjetivo ou pessoal da hipótese de incidência tributária. Ora, se estes deveres de cooperação ou proteção gravitam em torno da obrigação tributária principal, por certo que os sujeitos de tal obrigação estarão jungidos ao plexo de deveres chamados de anexos ou laterais.

Partindo do pressuposto de que a obrigação tributária não se esgota no simples e pontual adimplemento da prestação pecuniária insculpida em lei, e comungando da ideia de que o vínculo entre Estado e contribuinte é muito mais amplo, complexo e simbiótico, é que se defende que os deveres anexos ou funcionais não se limitam apenas aos sujeitos da obrigação tributária principal. Com efeito, se a relação jurídico-tributária deve ser compreendida como fenômeno complexo, voltada ao atingimento de finalidades constitucionais, pode-se concluir que a relevância de tal relação justifica uma ordem especial de proteção entre os sujeitos da relação e aos respectivos interesses legítimos ostentados por eles. Significa dizer que a esfera de interesses dos sujeitos da obrigação tributária principal merece ser protegida a ponto de evitar danos, prejuízos e manter a incolumidade destes bens jurídicos tutelados. Resulta, pois, que para promover a proteção destes interesses legítimos pode-se estender os deveres anexos ou laterais a quem não integre a relação jurídico tributária.[287]

No plano das obrigações tributárias principal e acessória, a legislação já prevê a possibilidade de submeter terceiros ao cumprimento de certos encargos, podendo-se referir, a título exemplificativo, os artigos 122, 128, 134, 135, 194, parágrafo único, 195 e 197 do Código Tributário Nacional. Estes preceitos normativos demonstram que a obrigação tributária não está restrita ao Fisco e ao contribuinte, estendendo seus limites subjetivos para terceiros no propósito de melhor cumprimento da relação obrigacional estabelecida. A jurisprudência, de seu turno, já reconhece há algum tempo a possibilidade de impor a terceiros certos deveres considerados anexos da obrigação tributária.[288]

No intuito de demonstrar a complexidade da relação obrigacional tributária e o alcance subjetivo conferido pela jurisprudência, pode-se examinar o caso apreciado pelo Superior Tribunal de Justiça que reconheceu a legalidade da exigência de CND individualizada por obra, com base nos respectivos CEI (cadastro específico do INSS), regulamentada pelas Instruções Normativas MPS/SRP no 3/2005 e 7/2005. No julgamento, o Ministro Herman Benjamin destacou que a exigência constitui obrigação tributária acessória, vocacionada

---

[287] Carneira da Frada ilustra a hipótese com o *leading case* do BGH de 25.4.1956 (NJW 1956, 1193-1194), com anotação de Larenz): "procedeu-se à entrega de uma máquina perigosa, sem que o vendedor tivesse advertido o comprador dos riscos da sua utilização. Um assalariado destes, terceiro em relação ao contrato, accionou o vendedor invocando a titularidade activa de um dever de cuidado não cumprido pelo vendedor e pedindo uma indemnização dos danos pessoais que sofrera, tendo o seu pedido obtido provimento". CARNEIRA DA FRADA, Manuel Antonio de Castro Portugal. *Contrato e deveres de proteção*. Coimbra: Separata do v. XXXVIII do suplemento ao Boletim da Faculdade de Direito da Universidade de Coimbra, 1994, p. 43.

[288] REsp 719.350/SC, Rel. Ministro LUIZ FUX, Primeira Turma, julgado em 16/12/2010, DJe 21/02/2011.

a facilitar a fiscalização e arrecadação das contribuições previdenciárias, podendo ser exigida do proprietário da obra, do incorporador e/ou da empresa construtora, quando contratada para executar a obra por empreitada.[289] O caso é emblemático porque a obrigação estatuída em lei vincula não somente o contribuinte da contribuição previdenciária, como também o responsável, podendo alcançar terceiro que não se confunde com os obrigados antes mencionados. A norma visa tutelar o adimplemento da obrigação tributária principal, assim como um complexo de outros interesses que gravitam em torno desta relação jurídica, passando pelo interesse dos trabalhadores da obra, futuros adquirentes de unidades a serem comercializadas e, principalmente, o interesse de todos os segurados do INSS preocupados com a arrecadação de recursos para o regime geral de previdência.

Este precedente é simbólico porque tem a capacidade de demonstrar a complexidade da relação jurídico tributária que, como exaustivamente sustentado até aqui, não se esgota na relação de crédito e débito expressada na obrigação tributária principal. A necessidade de se examinar a relação obrigacional como um todo, como um complexo de direitos e deveres, permite compreender que a extensão dos deveres anexos ou laterais não se restringe a credor e devedor.

Seguindo a mesma trilha, sob a perspectiva do polo ativo, não se pode limitar a promoção e observância dos deveres anexos ou laterais apenas ao ente tributante. Se é certo que os entes da federação possuem autonomia para delegar a apuração e arrecadação dos tributos, é igualmente correto dizer que os deveres de proteção do fisco em relação ao contribuinte também se projetam para além da figura do credor do tributo, alcançando outros entes federados ou até mesmo pessoas jurídicas de direito privado que tenham sido incumbidas de arrecadar ou reter tributos. Pode-se ilustrar o alcance dos deveres anexos ora propugnado com o Imposto Territorial Rural (ITR). Segundo norma constitucional (art. 153, § 4°, III), mediante convênio entabulado entre União e Município, é possível delegar a arrecadação e fiscalização do ITR ao respectivo município signatário do convênio. Da mesma forma, o artigo 149-A, parágrafo único, da Constituição admite que a contribuição de iluminação pública (CIP) seja apurada e recolhida pelas concessionárias de energia elétrica na fatura de consumo. Os dois exemplos ilustram o alcance dos deveres anexos ou funcionais, na medida em que se pode exigi-los inclusive em relação a terceiros estranhos à obrigação tributária principal.

3.1. Perspectiva direcional e relacional dos deveres anexos ou funcionais (a quem cumpre observar e a quem se destina a proteção?)

Quando se aborda o tema relação jurídica, pressupõe-se a análise de um liame, de um vínculo entre dois sujeitos.[290] Já se identificou que a obrigação

---

[289] REsp 1142770/SC, Rel. Ministro HERMAN BENJAMIN, Segunda Turma, julgado em 09/03/2010, DJe 18/03/2010.
[290] Tema tratado com maior profundidade no item XXX. Conferir: TORRES, Ricardo Lobo. *Curso de Direito Financeiro e Direito Tributário*. 18 ed. Rio de Janeiro: Renovar, 2011, p. 233.

tributária principal cria, por lei, um vínculo entre o Estado (credor) e o contribuinte (devedor), de forma que estes sujeitos se encontram amarrados numa relação de crédito e débito.

Em sede doutrinária, muito se debateu sobre a existência ou não de sinalagma nas obrigações tributárias.[291] Parcela majoritária da doutrina afirma que somente se poderia falar em relação jurídica sinalagmática naqueles tributos que comportam uma ação estatal, em referência às taxas, às contribuições de melhorias e às contribuições sociais. Nestas espécies tributárias, há direitos e deveres recíprocos, de modo que a quebra do sinalagma poderia autorizar a invocação do brocardo latino *exceptio non adimplenti contractus*.

Ocorre que na espécie tributária mais expressiva não há falar em obrigação ou dever por parte do Estado. O vínculo se estabelece por lei e impõe que o sujeito passivo cumpra o dever de pagar o imposto devido. Não se pode, nos limites deste vínculo, exigir do Estado qualquer contraprestação. Logo, não se pode dizer que a relação tributária principal é sinalagmática. Não se visualiza reciprocidade na obrigação tributária principal, via de regra.

No entanto, a questão aqui examinada concentra-se nos deveres anexos ou funcionais que gravitam em torno da obrigação tributária principal. Os deveres de cooperação, lealdade, probidade podem ser reciprocamente exigidos? Quem pode exigi-los? Já foi explorado o alcance subjetivo destes deveres, quando se demonstrou que, por regra, estão obrigados a observar e cumprir os deveres anexos ou funcionais tanto o fisco quanto o contribuinte. Falou-se da imposição de certos deveres a terceiros, mencionando-se a participação do responsável tributário e dos entes dotados de capacidade tributária ativa.

Nesta linha, é lícito afirmar que os deveres funcionais ou anexos possuem caráter bilateral, na medida em que brotam e vinculam ambas as partes da relação jurídica. Os deveres anexos são impostos ao Fisco, assim como obrigam o contribuinte. Há correspectividade, sinalagma neste liame obrigacional. Se é exigido que o Estado se comporte de forma colaborativa, não se revela justo sustentar que o contribuinte não possua igual dever. Se é exigido que o Contribuinte informe suas atividades e preste informações, não se admite que o Estado não possua igual compromisso. Logo, pode-se sustentar a existência de bilateralidade no que diz respeito aos deveres anexos ou funcionais, de forma que o comportamento de um dos sujeitos da relação obrigacional é capaz de estabelecer o nível e a qualidade do comportamento a ser reproduzido pela contraparte. Não se deve esperar uma atitude colaborativa do contribuinte se, de seu turno, o Estado nega-se a colaborar para o atingimento do fim último da relação obrigacional tributária. De igual sorte, não se pode esperar que o Estado seja claro e transparente se, de sua parte, o contribuinte reluta em proceder da mesma forma.

---

[291] Para o direito privado: "Os contratos são sinalagmáticos quando impliquem prestações recíprocas, de tal modo que as partes se apresentem, simultaneamente, como credora e devedora uma da outra. Pelo prisma de cada uma delas poder-se-á falar em prestação e contraprestação, sendo o sinalagma a relação de reciprocidade que, entre ambas, se estabeleça". MENEZES CORDEIRO, António. *Tratado de Direito Civil Português*. v. II. t. II. Coimbra: Almedina, 2010, p. 194.

Quando se defende a ideia de relação tributária sinalagmática, ao menos no que tange aos deveres anexos, não se quer sustentar que há identidade de obrigações. Dizer que os deveres anexos ou também chamados deveres de proteção são bilaterais não significa que, simultaneamente, as partes tenham que realizar idêntica prestação. Isso porque, dependendo do vínculo obrigacional principal, avultará um dever instrumental específico para cada parte. Tomemos o imposto de renda como exemplo. A tributação da renda é extremamente complexa para o cidadão comum, de modo que cumpre ao Fisco Federal prestar toda informação sobre o referido imposto ao contribuinte, no intuito de promover o atendimento deste dever instrumental. Agindo assim, o sujeito ativo contribuirá para o melhor adimplemento da obrigação tributária principal (pagar o imposto de renda devido). Todavia, isso não significa dizer que o contribuinte tenha o dever de prestar toda e qualquer informação ao fisco, pois alguns dados gozarão de proteção constitucional de sigilo e privacidade (artigo 5°, inciso XII, da CRFB).

A noção de reciprocidade estabelece que as relações devem ser equilibradas, de modo que as partes tenham aproximadamente o mesmo peso de direitos e deveres. Nessa senda, retomando o exemplo do imposto de renda, é lícito afirmar que a Receita Federal deve prestar informação ao contribuinte sobre questões relativas à tributação da renda, de modo que o contribuinte também deverá esclarecer certas operações e negócios que guardem relação com o tributo fiscalizado pela Receita Federal. Em poucas palavras, é correto dizer que há reciprocidade, mas não há identidade entre os deveres. Deve ser observado um certo equilíbrio entre os deveres suportados pelas partes integrantes da relação jurídica tributária, mas não se pode exigir absoluta correspondência entre tais deveres, dada as particularidades observadas em cada espécie tributária.

A proposição consiste em buscar um equilíbrio entre direitos, deveres e ônus a serem distribuídos entre os sujeitos da relação. Ocorre que uma das partes (Estado) detém a prerrogativa de criar e regulamentar as obrigações principais, assim como possui poderes para instituir as chamadas obrigações acessórias. Logo, é inevitável defender que a proposta de reconhecimento de deveres anexos ou laterais terá maior utilidade em favor da parte (contribuinte) que não possui condições de criar obrigações na relação tributária. Assim, em que pese o caráter bidirecional dos deveres anexos, o espaço para o surgimento de novos deveres é muito maior em favor do contribuinte. Como o Estado pode criar obrigações acessórias e assim condicionar o comportamento do sujeito passivo, restaria pouco ou nenhum espaço para a identificação de novos deveres em favor do fisco.

3.2. Incidência dos deveres anexos ou funcionais na relação entre contribuinte e responsável

Linhas acima, foi defendido que os deveres anexos ou funcionais podem alcançar fisco e contribuinte, assim como são capazes de vincular terceiros que não tenham relação direta com o fato gerador. Como dito, as relações mantidas entre os sujeitos dos deveres de cooperação, lealdade e probidade são sinalagmáticas e correspectivas, de modo que se pode identificar uma via de mão dupla neste laço obrigacional.

Ocorre que o Direito Tributário impõe que terceiro, estranho à relação obrigacional tributária, por vezes, acabe se vinculando perante fisco e contribuinte. Neste particular, o liame mantido entre contribuinte e responsável possui caráter solidário, isto é, ambos são devedores solidários perante o fisco em relação ao cumprimento da obrigação tributária principal.[292] Assim, retomando o exemplo do imposto de renda, imaginando uma situação hipotética em que o contribuinte possua vínculo empregatício com determinada sociedade, tem-se que o empregador terá a responsabilidade de reter o imposto de renda do seu empregado e repassá-lo à Receita Federal. Nesta hipótese, o contribuinte do imposto de renda referente ao salário pago é o empregado, porém a sociedade empregadora é a responsável pela retenção do imposto devido pelo funcionário. Na hipótese de inadimplemento, verifica-se solidariedade entre contribuinte e responsável e, em decorrência do regime de solidariedade, o Fisco poderá escolher de quem exigir o tributo, se do contribuinte ou do empregador.

No entanto, como ficam as relações e qual o modelo de responsabilidade perante os deveres anexos? O contribuinte pode exigir do estado e do responsável de forma indistinta? O Estado pode exigir do contribuinte e do responsável o atendimento de deveres anexos de forma solidária? A resposta parece ser afirmativa. Isso se deve ao modelo de vínculo que se projeta a partir da boa-fé objetiva, quando se impõe aos sujeitos da relação jurídica uma série de comportamentos que visam promover o melhor adimplemento possível. Logo, se os deveres anexos ou funcionais existem para atingir a consecução de uma finalidade, parece óbvio que todos os envolvidos na relação tributária terão o compromisso solidário de prestar os deveres de colaboração, cooperação e proteção.

Nesse sentido, o contribuinte pode exigir informação referente ao imposto de renda, tanto da Autoridade Administrativa a quem compete prestar a informação, quanto à sua fonte pagadora que poderá esclarecer-lhe sobre a tributação da sua renda. Da mesma forma, a fonte pagadora pode exigir colaboração do fisco para atender à sua obrigação de reter o imposto de renda, assim como pode requerer igual colaboração do contribuinte com o esclarecimento de certas peculiaridades da sua atividade para melhor adequar a retenção e, notadamente, contribuir para o fiel recolhimento do imposto de renda retido na fonte.

3.3. Alcance dos deveres anexos ou funcionais aos entes de direito público e instituições de direito privado incumbidos da tarefa de arrecadar tributos

O Código Tributário Nacional estabelece que a relação jurídica de direito tributário ostenta no polo ativo aquele ente estatal dotado de competência tributária para exigir o cumprimento da obrigação (artigo 119).

---

[292] AgRg nos EDcl no REsp 1177895/RS, Rel. Ministro LUIZ FUX, Primeira Turma, julgado em 05/08/2010, DJe 17/08/2010). BALEEIRO, Aliomar. *Direito Tributária Brasileiro*. 11 ed. Rio de Janeiro: Forense, 2003, p. 729.

Não se deve confundir, como adverte Hugo de Brito Machado, a titularidade da competência tributária com a delegação das funções de arrecadar ou fiscalizar os tributos.[293] A primeira é indelegável, enquanto que as demais podem ser conferidas a outras entidades nos termos do artigo 7º do Código Tributário Nacional. Também não se deve confundir a posição de sujeito ativo da relação jurídica de direito tributário com a figura do destinatário do produto da arrecadação, pois como estabelecem as regras de repartição de receitas previstas na Constituição (artigo 157 ao 159), a arrecadação de certos tributos pode ser destinada a ente distinto daquele que figurou na condição de sujeito ativo.

Portanto, o objeto da investigação deste tópico consiste em identificar o alcance dos deveres laterais ou anexos a entidades implicadas na tarefa de arrecadar e fiscalizar certos tributos, ainda que não ostentem a condição de ente federado.

Inicialmente, pode-se apresentar os casos de parafiscalidade. Nestes, há o que a doutrina chama de deslocamento entre a pessoa jurídica titular da competência tributária e o sujeito ativo.[294] São exemplos as contribuições sindicais, assim como as contribuições de interesse de categorias profissionais ou econômicas. Sindicatos e conselhos de fiscalização profissional estabelecem relações com seus filiados, exigindo-lhes e cobrando-lhes contribuições. Estas relações são paradigmáticas acerca da confusão entre regime de direito público e regime de direito privado, pois, não raras vezes invoca-se normas de um ou outro regime ao sabor das conveniências. Certo é que as relações jurídicas mantidas entre Sindicatos e conselhos com seus filiados e profissionais devem guardar respeito aos deveres anexos ou laterais ora propugnados. Logo, não se pode conceber que tais relações não devam observar certos padrões de condutas no intuito de proteger e preservar os interesses legítimos ostentados pelas partes envolvidas.

Em nada diferem as relações mantidas entre contribuinte e ente delegado. Há situações em que o ente dotado de competência constitucional para tributar delega as atividades de fiscalização e arrecadação dos tributos. São exemplos o imposto territorial rural – ITR – e a contribuição de iluminação pública – CIP. No caso do ITR, há a possibilidade da União Federal celebrar convênio com o Município e repassar a tarefa de fiscalizar e arrecadar o imposto (artigo 153, § 4º, inciso III, da CRFB). Já na hipótese da CIP, a Constituição assegura a possibilidade da cobrança do tributo se realizar na fatura de energia elétrica (artigo 149-A, parágrafo único, da CRFB). Em ambos os casos, o ente federado dotado de competência transfere a terceiro a tarefa de arrecadação do tributo. Não remanesce qualquer dúvida que a relação jurídica entre este terceiro e o contribuinte deve obediência aos deveres anexos ou laterais aqui defendidos.

De tudo, pode-se assentar que a relação jurídica estabelecida entre o contribuinte e o ente incumbido da tarefa de arrecadar e fiscalizar certos tributos deve ser pautada pela observância e cumprimento dos deveres de proteção e de

---

[293] MACHADO, Hugo de Brito. *Curso de Direito Tributário*. 30 ed. São Paulo: Malheiros, 2009, p. 139.

[294] SCHOUERI, Luís Eduardo. *Direito Tributário Atual*. São Paulo: Saraiva, 2011, p. 471.

colaboração, impondo certo padrão de conduta aos sujeitos da relação jurídica, ainda que o ente federado dotado de competência para tributar não participe da constituição do crédito. Isso porque tais deveres visam proteger e garantir aos partícipes da relação tributária a incolumidade de seus bens jurídicos tutelados pela ordem jurídica. Logo, não seria razoável sustentar que os deveres anexos ou laterais deveriam ser observados apenas pelos entes da federação, quando, não raras vezes, estes não possuem contato algum com o contribuinte. Assim, no intuito de conferir efetividade às defendidas colaboração e proteção, impõe-se o alcance dos deveres anexos ou laterais aos sindicatos, conselhos, órgãos da administração direta ou indireta e, ainda, às instituições privadas que se encontram obrigadas ao exercício da fiscalização ou arrecadação de certos tributos.

3.4. Perspectiva de quem irá garantir/assegurar os deveres anexos ou funcionais (órgão da administração, poder judiciário e poder legislativo). Da necessária autonomia nas relações

Partindo-se de uma ideia de relação jurídica cooperativa e colaborativa, onde os sujeitos restam submetidos a certos comportamentos chamados de deveres anexos ou funcionais, parece coerente sustentar que este modelo pressupõe autonomia das partes. Na etimologia da palavra "autonomia" encontra-se o sentido de auto regramento,[295] capacidade de se auto regulamentar. Parece que a primeira regra a ser observada é a da autonomia ou autorregulação dos deveres anexos ou funcionais, invocando-se sempre os fundamentos de tal exigência a fim de conferir maior observância.

Pode soar incomum aos operadores do Direito, mas a esmagadora maioria das relações sociais iniciam, desenvolvem-se e concluem-se de forma natural, ou seja, as relações jurídicas, assim como as regras que as regem são respeitadas. Como o profissional do Direito, habituado a atuar no conflito, sempre é chamado a examinar a relação jurídica doente ou abalada por algum motivo, desta experiência extrai-se a equivocada conclusão de que a maioria das relações jurídicas tende a ser conflituosa. Como os índices oficiais demonstram, o nível de inadimplência dos tributos é baixo.[296] Do percentual de relações jurídicas tributárias que geram conflitos, o percentual é ainda mais baixo.[297] Portanto,

---

[295] A expressão tem origem no vocabulário Grego αὐτονομία, -ας: αὐτος próprio, si mesmo + νόμος lei, norma, regra.

[296] Segundo notícia publicada pelo Jornal do Comércio, a Receita Federal no Rio Grande do Sul revela um índice de adimplência próximo a 96%, enquanto que a Receita Estadual apura uma inadimplência na faixa de 4,5%. in: Jornal do Comércio, 03.10.2012. Disponível em <http://jcrs.uol.com.br/site/noticia.php?codn=105037>, acessado em 05 de setembro de 2014.

[297] Segundo dados do Conselho Nacional de Justiça, o número de novas execuções fiscais em 2013 correspondeu a 3.516.004 em todo o país, o que é relativamente baixo para um contigente expressivo de contribuinte e especialmente levando-se em consideração uma população numerosa como a brasileira. Relatório do CNJ: A Justiça em números 2014: ano-base 2013/Conselho Nacional de Justiça – Brasília: CNJ, 2014, p. 36. Disponível em <ftp://ftp.cnj.jus.br/Justica_em_Numeros/relatorio_jn2014.pdf>, acessado em 07 de setembro de 2014.

a observação mais adequada é reconhecer que as relações jurídicas, em sua maioria, são respeitadas.

Tomando estes dados, porém, seria incorreto afirmar que a relação jurídica tributária é qualificada e não apresenta problemas. Em verdade, o conflito faz parte da história da relação entre Estado e contribuinte, confundindo-se com o desenvolvimento do próprio Direito Tributário.[298]

Assim, por motivos sobejamente conhecidos, a relação entre Estado e cidadão (neste caso, contribuinte) nem sempre é amistosa. Da mesma forma, não se pode dizer que se trata de uma relação paritária.[299] Pelo contrário, o Estado detém o monopólio da elaboração das normas, detém o monopólio da jurisdição, assim como monopoliza a Administração da máquina estatal e, por conseguinte, a aplicação das leis. Diante deste quadro, se uma das partes da relação é quem dita as regras, as executa e ainda possui a prerrogativa de interpretá-las, revela-se evidente que deverá haver uma tutela específica da parte mais fraca ou hipossuficiente da relação.

Não por outro motivo que o ordenamento jurídico pátrio adotou um modelo de tributação calcado na Constituição e dotado de extrema rigidez. Não é por acaso que a legislação tributária é tão prolixa e detalhista, pois a tutela da parte hipossuficiente (contribuinte) se revelou tanto mais eficaz quanto melhor estivessem definidas em lei as exigências tributárias.[300]

Nesta senda, a autonomia das relações, por vezes, não se revela suficiente para atender e fazer cumprir os deveres anexos a que estão submetidas as partes. Daí porque sustenta-se a ideia de um estatuto do contribuinte.[301] Por estatuto do contribuinte, pode-se entender "como a somatória, harmônica e organizada, dos mandamentos constitucionais sobre a matéria tributária, que positiva ou negativamente estipulam os direitos, obrigações e deveres do sujeito passivo, diante das pretensões impositivas do Estado".[302]

---

[298] BALEEIRO, Aliomar. *Limitações Constitucionais ao Poder de Tributar*. 8 ed. Rio de Janeiro: Forense, 2010, p. 2. BALEEIRO, Aliomar. *Uma introdução à Ciência das Finanças*. 17 ed. Rio de Janeiro: Forense, 2010, p. 188. PAULSEN, Leandro. *Curso de Direito Tributário Completo*. 6 ed. Porto Alegre: Livraria do Advogado, 2014, p. 15. SCHOUERI, Luís Eduardo. *Direito Tributário Atual*. São Paulo: Saraiva, 2011, p. 17-27.

[299] Como lembra Aliomar Baleeiro, na origem dos tributos está uma noção de receita parasitária: "Primitivamente, a palavra 'tributo' tinha o sentido que damos, hoje, às reparações de guerra. Mas, ao passo que estas buscam justificação moral na despesa ou prejuízo que a luta causou ao vencedor, o tributo era imposição pura e simples deste ao vencido. Devia pagá-lo porque estava à mercê do que o subjugara pelas armas. As guerras eram feitas, muitas vezes, para este fim apenas". BALEEIRO, Aliomar. *Uma introdução à Ciência das Finanças*. 17 ed. Rio de Janeiro: Forense, 2010, p. 188.

[300] ATALIBA, Geraldo. *Sistema Constitucional Tributário*. São Paulo: RT, 1968, p. 24. BALEEIRO, Aliomar. *Limitações Constitucionais ao Poder de Tributar*. 8 ed. Rio de Janeiro: Forense, 2010, p. 2.

[301] CARVALHO, Paulo de Barros. Estatuto do Contribuinte, direitos, garantias individuais em matéria tributária e limitações constitucionais nas relações entre fisco e contribuinte. *Revista de Direito Tributário* (7/8):138, 1979; CARRAZZA, Roque Antonio. *Curso de Direito Constitucional Tributário*. 12. ed. São Paulo: Malheiros, 1999. p. 291 e ss; TORRES, Ricardo Lobo. Os Direitos Humanos e a Tributação. In: *Tratado de Direito Constitucional Financeiro e Tributário*, v. 3 Rio de Janeiro: Renovar, 1998. p. 27 ss.; COELHO, Sacha Calmon Navarro. *Curso de Direito Tributário Brasileiro*. Rio de Janeiro: Forense, 1999. p. 37 e ss. CASAS, José Osvaldo. *Derechos y Garantias constitucionales del contribuyente*. Buenos Aires: Ad-hoc, 2005, p. 131-3.

[302] CARVALHO, Paulo de Barros. Estatuto do Contribuinte, direitos, garantias individuais em matéria tributária e limitações constitucionais nas relações entre fisco e contribuinte. *Revista de Direito Tributário* (7/8): 1979, p. 138.

No Brasil, ao contrário de outros ordenamentos jurídicos,[303] não se definiu de forma explícita os direitos e deveres do contribuinte. Em que pese se possa identificar um número expressivo de iniciativas parlamentares no sentido de instituir um diploma sistematizado dos direitos e garantias dos contribuintes, até o presente momento esta lei não foi editada.[304]

Criou-se, portanto, um perigoso ciclo vicioso. O Poder Legislativo não edita normas regulando e protegendo as relações jurídicas de Direito Tributário. A ausência de previsão legal estaria justificada na alegação de que os deveres anexos ou laterais já encontrariam amparo no Direito. No entanto, verifica-se resistência em reconhecer e dar efetividade aos deveres de colaboração e proteção porque não há legislação a regulamentá-los. Baseado na compreensão equivocada da legalidade tributária, nega-se eficácia e aplicação aos chamados deveres anexos ou laterais por falta de regulamentação.

Portanto, em que pese a opinião aqui defendida dispense a existência de lei específica para reconhecer a existência de deveres de proteção, cooperação e colaboração, a cultura brasileira criou uma dependência excessiva na edição de leis. Com a devida *venia* ao pensamento contrário, a efetividade dos deveres de colaboração, cooperação e proteção não está associada ou dependendo da sua positivação. Como será demonstrado adiante, o Poder Judiciário e o contencioso administrativo são responsáveis por reconhecer estes deveres e conferi-los efetividade. De toda a forma, não se pode negar, a partir da análise da experiência italiana, que a criação do "Estatuto do Contribuinte" operou como verdadeiro marco na definição de uma nova relação entre fisco e contribuinte, estimulando novos comportamentos e novas posturas.[305] As regras insculpidas pela lei italiana propugnam uma relação igualitária entre fisco e contribuinte (artigo 3°), baseada na imparcialidade (artigo 97), fundada na fidúcia e na colaboração.[306] Assim, para que fique clara a posição aqui defendida, sustenta-se que os deveres de colaboração, cooperação e proteção decorrem de construção das normas constitucionais antes identificadas, de sorte que o reconhecimento destes deveres teria o condão de propiciar um salto qualitativo nas relações obrigacionais tributárias.

---

[303] São exemplos de ordenamentos jurídicos que reconheceram institucionalmente o Estatuto do Contribuinte: Direito Espanhol (Estatuto del Contribuyente – Ley n° 1/1998); Direito Português (Lei Geral Tributária – Decreto Lei n° 393/1998); Direito Italiano (*Statuto del diritto del contribuente – Legge 27 luglio 2000, n 212*); Direito Norte Americano (Taxpayer Bill of Right – Public Law n° 104-168); Direito Francês (La charte du contribuable, 2007); Direito Mexicano (Ley Federal de los derechos del contribuyente); dentre outros.

[304] Tramitam no Senado Federal o Projeto de Lei Complementar n° 646/99, de iniciativa do Senador Jorge Bornhausen, e, simultaneamente, na Câmara dos Deputados, o Projeto de Lei Complementar n° 38/2007, de iniciativa do Deputado Federal Sandro Mabel, ambos propondo a criação de um 'Estatuto do Contribuinte'.

[305] SANTAMARIA, Francesco. *Autonomia Privata e Statuto del contribuente*. Milão: Giuffrè, 2012, p. 2.

[306] Vale reproduzir o testemunho do direito italiano: "In sostanza, con lo Statuto si è voluto delineare una 'Magna Carta' dei diritti del contribuente, destinata a rinnovare profondamente la dinamica dei rapporti tra l'ente impositore ed i contribuenti. La posizione paritària del contribuente nei confronti della Amministrazione finanziaria avrebbe migliorato senza dubbio le relazioni tra le due parti dando fiducia al contribuente e delimitando i poteri dell'Amministrazione finanziaria". SANTAMARIA, Francesco. *Autonomia Privata e Statuto del contribuente*. Milão: Giuffrè, 2012, p. 2.

A proposta central deste primeiro título foi identificar o modelo de relação jurídica inspirada no Direito Administrativo francês que contaminou as instituições de Direito Tributário, demonstrando o anacronismo de tal concepção. A partir da apresentação de certas incoerências com a ordem jurídica vigente, pretendeu-se demonstrar que a relação jurídica entre fisco e contribuinte merece um novo olhar e uma nova compreensão. Este novo perfil de relação jurídica tributária deve estar fundado no primado da dignidade da pessoa humana e ser orientado pela cláusula constitucional da isonomia, não se admitindo relações assimétricas ou posições prevalentes num contexto jurídico que valorize a cláusula constitucional do Estado de Direito.

Título II – Dos fundamentos da colaboração no Direito Tributário

Nesta etapa da investigação propõe-se apresentar as normas constitucionais que servem de fundamento para o aparecimento dos deveres de colaboração, cooperação e proteção. Diversamente dos ordenamentos jurídicos estrangeiros que já reconheceram tais deveres em suas legislações, seja através de estatutos do contribuinte, seja por meio de imposição de certas condutas na legislação tributária interna, o Sistema Tributário Nacional não legislou sobre tais deveres. Esta constatação não afasta o reconhecimento nem a aplicação dos deveres a serem investigados. Em verdade, a ausência de regra expressa impõe um ônus argumentativo maior e um exame mais rigoroso dos fundamentos para que seja possível atingir os objetivos ora explicitados.

Destarte, a pretensão deste título consiste em examinar as normas que dão fundamento aos deveres que se pretende reconhecer e aplicar ao Direito Tributário, relacionando-as com os institutos vigentes.

Capítulo 1 – Elementos para o reconhecimento dos deveres de proteção, colaboração e cooperação no Direito Tributário

1. Da imbricação do princípio republicano e da isonomia tributária para a promoção do bem comum

A noção de República repousa na etimologia da palavra de origem grega que significa "coisa pública" que foi sinteticamente definida por Roque Carrazza como sendo o "tipo de governo, fundado na igualdade formal das pessoas, em que os detentores do poder político exercem-no em caráter eletivo, representativa (de regra), transitório e com responsabilidade".[307] Em termos de ciência política, define-se "república" como um tipo de governo em que o

---
[307] CARRAZA, Roque Antonio. *Curso de Direito Constitucional Tributário*. 24 ed. São Paulo: Malheiros, 2008, p. 58.

povo é detentor do poder político que o exerce por meio de seus representantes eleitos.[308] Portanto, o poder de tributar, como derivado do poder originário do povo, deve ser exercido em consonância com o seu titular ou, como refere Roque Carraza, "os tributos só podem ser criados e exigidos por razões públicas", de modo que o dinheiro obtido com a tributação deve ter destinação pública, preordenado à mantença da *res publica*.[309] Lapidar é a definição de Geraldo Ataliba que afirma que *"res publica* é de todos para todos. Os poderes que de todos recebe devem traduzir-se em benefícios e encargos iguais para todos os cidadãos".[310]

Resulta que o exercício do poder de tributar deve atentar para o bem comum, caracterizando inconstitucionalidade a criação de tributo com finalidade distinta.[311] Seguindo esta linha de raciocínio, sendo a tributação a forma de garantir o exercício do poder do povo e promoção dos direitos fundamentais, nada mais coerente que defender um comportamento colaborativo da sociedade com a tributação. Decorre, portanto, do princípio republicano a vedação de vantagens tributárias fundadas em privilégios de pessoas ou categorias de pessoas. Todos devem suportar a tributação de forma isonômica, na medida de sua capacidade contributiva, sendo vedada discriminação ou privilégio em matéria tributária.[312]

Se a ordem jurídica veda tratamento discriminatório em matéria tributária (artigo 5°, *caput*, e artigo 150, II, CRFB) e exige que todos concorram para o financiamento do Estado na medida de suas capacidades (artigo 145, parágrafo único, CRFB), a conclusão que se extrai é que o princípio republicano imbrica-se com a chamada isonomia tributária.[313] Equivale a dizer que a tributação deve alcançar a todos e ser aplicada a todos de forma igualitária, de modo que "o sacrifício econômico que o contribuinte deve suportar precisa ser igual para todos os que se acham na mesma situação jurídica", nas palavras de Roque Carrazza.[314]

Pode-se extrair, portanto, que há um certo comportamento esperado do contribuinte face às normas constitucionais antes referidas. Na medida em que

---

[308] "Artigo 1°. (...) Parágrafo único. Todo o poder emana do povo, que o exerce por meio de representantes eleitos ou diretamente, nos termos desta Constituição". BONAVIDES, Paulo. *Ciência Política*. 10 ed. São Paulo: Malheiros, 1998, p. 195.

[309] CARRAZA, Roque Antonio. *Curso de Direito Constitucional Tributário*. 24 ed. São Paulo: Malheiros, 2008, p. 86.

[310] ATALIBA, Geraldo. *República e Constituição*. 2 ed. São Paulo: Malheiros, 2004, p. 160.

[311] CARRAZA, Roque Antonio. *Curso de Direito Constitucional Tributário*. 24 ed. São Paulo: Malheiros, 2008, p. 77.

[312] Idem, p. 79. Orientam a tributação as seguintes normas constitucionais: artigos 5°, *caput*, 145, parágrafo único, e 150, inciso II, todos da CRFB.

[313] Na mesma linha, escreve Regina Helena Costa: "Por sua estreita ligação com o princípio da isonomia, o princípio republicano também evoca o respeito à capacidade contributiva dos cidadãos; e, consequentemente, há de ser observado na implementação de medidas visando à praticidade tributária". COSTA, Regina Helena. *Praticabilidade e Justiça Tributária*. São Paulo: Malheiros, 2007, p. 146. CARRAZA, Roque Antonio. *Curso de Direito Constitucional Tributário*. 24 ed. São Paulo: Malheiros, 2008, p. 79.

[314] CARRAZA, Roque Antonio. *Curso de Direito Constitucional Tributário*. 24 ed. São Paulo: Malheiros, 2008, p. 79.

o povo é reconhecido como detentor do poder estatal e simultaneamente é o responsável por manter e financiar este mesmo Estado, constitui seu dever pagar os tributos cuja competência a Constituição definiu e cujas leis acabaram por institui-los. Tanto a Constituição, quanto as leis instituidoras afiguram-se expressões do poder popular manifestado por seus representantes democraticamente eleitos.[315] Desse modo, parece indissociável o viés político e o viés tributário da cidadania. Não se pode, de forma coerente, criticar o sistema tributário vigente e as vicissitudes a ele inerentes, quando do ponto de vista político não se adota comportamento apto a mudar tal cenário, ou seja, escolhas políticas feitas pelo cidadão conduzem a certo modelo tributário que, por decorrência, será mantido enquanto as escolhas políticas não forem modificadas.

2. O papel do princípio da solidariedade na conformação do dever fundamental de pagar tributos

Constitui-se em objetivo fundamental da República Federativa do Brasil a construção de uma sociedade livre, justa e solidária (art. 3°, I, da CRFB).[316] Em que pese revestir-se em objetivo fundamental, a solidariedade é pouco debatida entre os juristas brasileiros.[317] Inicialmente defendida pelos franceses na virada do Século XIX[318] para o Século XX, passando pelo viés solidarista alemão,[319] a preocupação com a noção de solidariedade somente retoma importância com os direitos fundamentais designados por alguns como de quarta geração: "direitos ecológicos" ou "direitos de solidariedade".[320]

Na origem, a expressão "solidariedade" tem suas raízes na expressão latina *solidarium*, que, de seu turno, provém do termo *solidum, soldum* no sentido

---

[315] Sampaio Dória considerava ser contraditório com a noção de Estado de Direito que a Administração possa legislar em causa própria, pois "o Estado é a síntese dos interesses coletivos dos indivíduos que o compõem". DORIA, Antonio Roberto Sampaio. *Direito Constitucional Tributário e due process of law*. 2 ed. Rio de Janeiro: Forense, 1986, p. 2.

[316] MACHADO, Hugo de Brito. *Curso de Direito Tributário*. 30 ed. São Paulo: Malheiros, p. 45. TORRES, Ricardo Lobo. *Curso de Direito Financeiro e Tributário*. 18 ed. Rio de Janeiro: Renovar, 2011, p. 100.

[317] Poucos trabalhos versam exclusivamente sobre o tema, podendo-se citar: BORGETTO, M. *La notion de fraternité en Droit Public Français. Le passé, le Présent et l'Avenir de la Solidarieté*. Paris: LGDJ, 1993, p. 142 e ss. FARIAS, José Fernando de Castro. *A origem do direito de solidariedade*. Rio de Janeiro: Renovar, 1998, p. 221. MORAES, Maria Celina Bodin de. *O princípio da solidariedade*. Rio de Janeiro: Instituto de Direito Civil, disponível em: <http://www.idcivil.com.br/pdf/biblioteca9.pdf>, acessado em 27 de julho de 2014.

[318] Não se poderia tratar do tema solidariedade sem tratar da obra de Léon de Bourgeois, chamada "Solidarité". Segundo Léon de Bourgeois, verificou-se no início do século XX uma tendência em tratar a solidariedade como derivação e até mesmo sinônimo da expressão "fraternidade". BOURGEOIS, Léon de. *Solidarité*. 3 ed. Paris: Librairie Armand Colin, 1902, p. 39-40.

[319] Casalta Nabais remonta as cartas escritas pelos girondinos e jacobinos, mas aponta Émile Durkeim, Léon Duguit, Maurice Hauriou e Georges Gurvitch como precursores da solidariedade, passando pela fórmula alemã de "socialismo de estado". NABAIS, José Casalta. *Por um Estado Fiscal suportável. Estudos de Direito Fiscal*. Coimbra: Almedina, 2005, p. 83.

[320] NABAIS, José Casalta. *Por um Estado Fiscal suportável. Estudos de Direito Fiscal*. Coimbra: Almedina, 2005, p. 83. ANDRADE, José Carlos Vieira de. *Os Direitos Fundamentais na Constituição Portuguesa. 1976*. 2 ed. Coimbra: Almedina, 2001, p. 157.

de inteiro, compacto. Esta é a explicação para a obrigação solidária ser exigida por inteiro dos devedores solidários.[321] Casalta Nabais define solidariedade em sentido objetivo e em sentido subjetivo. No primeiro caso, o autor relaciona solidariedade com o sentimento de pertença e, por decorrência, de compromisso de partilha, de corresponsabilidade entre os indivíduos ligados à sorte e às vicissitudes dos demais membros da comunidade.[322] No sentido subjetivo, diz estar associada à ética social, exprimindo um sentido de consciência de pertença desta mesma comunidade.[323] Pois este sentimento de pertença gera um compromisso de suporte, de ajuda recíproca, estando associada com o conceito de fraternidade.[324]

A noção de solidariedade está muito associada com a visão mutualista, na qual se busca a formação de uma riqueza comum, um patrimônio capaz de prover infraestruturas, bens e serviços necessários ao bom funcionamento da sociedade. É a partir desta noção que se construiu as grandes ações sociais em diversos países, notadamente, é com base na noção mutualista que se estrutura o regime de previdência.[325] Porém, este viés mutualista da solidariedade foi reconhecido como insuficiente, pois o desenvolvimento em busca de uma sociedade mais fraterna e solidária, tal como estabelece o texto da Constituição, exige mais que a formação de uma riqueza comum. Passou-se a reconhecer a necessidade de uma ação solidária num sentido altruísta, na ação gratuita e sem expectativa de uma contrapartida, baseada pura e exclusivamente na preocupação com o bem comum.[326]

Importante decomposição é trazida por Casalta Nabais ao distinguir a solidariedade no sentido vertical e solidariedade no sentido horizontal. A solidariedade vertical é associada à solidariedade paterna, ligada aos direitos, enquanto que a solidariedade horizontal estaria vinculada a uma solidariedade fraterna, dita solidariedade pelos deveres.[327] Na solidariedade vertical, a realização de direitos sociais fica a cargo do Estado, que verticalmente alcança aos indivíduos aquilo que não conseguiram obter por seus próprios meios no exercício das suas liberdades. Trata-se da clássica visão de Estado Social, bastante desenvolvida a partir da década de 30, no século XX.[328] Por outro lado, a soli-

---

[321] BUFFON, Marciano. *Tributação e Dignidade Humana: entre os direitos e deveres fundamentais*. Porto Alegre: Livraria do Advogado, 2009, p. 95.

[322] MORAES, Maria Celina Bodin de. *O princípio da solidariedade*. Rio de Janeiro: Instituto de Direito Civil, disponível em: <http://www.idcivil.com.br/pdf/biblioteca9.pdf>, acessado em 27 de julho de 2014.

[323] NABAIS, José Casalta. *Por um Estado Fiscal suportável. Estudos de Direito Fiscal*. Coimbra: Almedina, 2005, p. 84.

[324] BORGETTO, M. *La notion de fraternité en Droit Public Français. Le passé, le Présent et l'Avenir de la Solidarieté*. Paris: LGDJ, 1993.

[325] NABAIS, José Casalta. *Por um Estado Fiscal suportável. Estudos de Direito Fiscal*. Coimbra: Almedina, 2005, p. 86.

[326] Idem, p. 87.

[327] BUFFON, Marciano. *Tributação e Dignidade Humana: entre os direitos e deveres fundamentais*. Porto Alegre: Livraria do Advogado, 2009, p. 97. NABAIS, José Casalta. *Por um Estado Fiscal suportável. Estudos de Direito Fiscal*. Coimbra: Almedina, 2005, p. 87.

[328] NABAIS, José Casalta. *Por um Estado Fiscal suportável. Estudos de Direito Fiscal*. Coimbra: Almedina, 2005, p. 88.

dariedade horizontal ou fraterna chama à responsabilidade os indivíduos para entre si assumirem compromissos e realizarem necessidades de seus próprios semelhantes. Esta percepção da solidariedade no sentido horizontal, onde todos os indivíduos possuem compromissos uns com os outros, é a contribuição da solidariedade para a qualificação da relação entre Estado e contribuinte.

Propõe-se estabelecer uma conexão do objetivo fundamental do Estado brasileiro de construir uma sociedade livre, justa e solidária (art. 3º, inciso I, da CRFB) com o comportamento cotidiano dos sujeitos da relação tributária.[329] Pugnar pela observância do princípio da solidariedade no tocante à tributação imporá uma conduta condigna com os valores que esta solidariedade visa promover. Desta forma, pertencer a uma sociedade impõe o dever de sustentá-la, e este sustento é obtido por meio da tributação. Logo, o dever fundamental de pagar tributos está umbilicalmente vinculado à noção de solidariedade. Porém, aos propósitos deste ensaio, pretende-se defender que a solidariedade impõe um comportamento que não se restringe ao ato de adimplir a obrigação tributária principal.[330] A solidariedade deve orientar um padrão de conduta a ser observado pelos sujeitos da relação jurídica tributária, muito especialmente, o contribuinte, interditando-se comportamentos contraditórios com a noção de solidariedade ou atitudes egoísticas que possam colocar em risco o modelo de Estado justo e solidário que a Constituição busca assegurar.[331]

3. Da noção antropocêntrica de Direito Tributário e necessária revisão da noção da legalidade tributária

No caminho percorrido para a construção do conceito de cidadania fiscal alinhado aos ditames da ordem jurídica vigente, revela-se necessário posicionar o ser humano adequadamente na constelação normativa brasileira. É preciso encontrar a justa medida entre a visão imperial de Estado, combatida

---

[329] Maria Celina Bodin de Moraes afirma: "O princípio constitucional da solidariedade identifica-se, assim, como conjunto de instrumentos voltados para garantir uma existência digna, comum a todos, em uma sociedade que se desenvolva como livre e justa, sem excluídos ou marginalizados". MORAES, Maria Celina Bodin de. *O princípio da solidariedade*. Rio de Janeiro: Instituto de Direito Civil, disponível em: <http://www.idcivil.com.br/pdf/biblioteca9.pdf>, acessado em 27 de julho de 2014.

[330] Diogo Leite de Campos aduz que: "O eu-tu são incindíveis e transformam-se imediata e construtivamente no nós. O ser com os outros exprime a completude do ser: o estabelecimento necessário de uma relação de "vasos comunicantes" de reciprocidade e de solidariedade necessárias para com todos os outros". CAMPOS, Diogo Leite de. *O Sistema Tributário no Estado dos Cidadãos*. Coimbra: Almedina, 2006, p. 51.

[331] Maria Celina conclui seu ensaio, dizendo: "O projeto de uma sociedade livre, justa e solidária contraria a lógica da competição desmedida e do lucro desenfreado, presentes em situações jurídicas subjetivas de cunho patrimonial (o ambiente do ter) – situações próprias, aliás, de um sistema capitalista sem qualquer moderação, sem valores sociais a proteger, onde vigora a máxima, proveniente de conhecida expressão popular, de que é "cada um por si e Deus por todos". Esta lógica foi, por determinação constitucional, substituída pela perspectiva solidarista, em que a cooperação, a igualdade substancial e a justiça social se tornam valores precípuo do ordenamento, que está contido na cláusula de tutela da dignidade da pessoa humana". MORAES, Maria Celina Bodin de. *O princípio da solidariedade*. Rio de Janeiro: Instituto de Direito Civil, disponível em: <http://www.idcivil.com.br/pdf/biblioteca9.pdf>, acessado em 27 de julho de 2014.

neste trabalho,[332] onde o cidadão é mero coadjuvante dos desígnios estatais, de um lado; e a visão hipertrofiada dos direitos fundamentais, na qual o cidadão é dotado de inúmeros direitos e não possui qualquer compromisso perante o Estado.[333] Como num movimento pendular, ora preponderando uma visão, ora outra, percebe-se uma visão distorcida do vínculo entre Fisco e contribuinte. Deve-se buscar uma superação da visão anacrônica da Administração Imperial, porém sem pender exageradamente para uma concepção unilateral de cidadania, onde o ser humano é dotado apenas de direitos e não possui deveres.

É preciso desenvolver uma consciência de elevação do ser humano para o centro do ordenamento jurídico, colocando-o como o fim último da existência do Estado e, sobretudo, como vértice da ordem jurídica.[334] Essa visão se justifica a partir da noção antropocentrista do sistema jurídico, como defendido por Habermas.[335]

É preciso mudar o foco do Direito Tributário, retirando o tributo do núcleo de importância e colocando o ser humano nesta posição.[336] Esta posição humanista desloca o centro da disciplina do tributo para o homem que recolhe tributo.[337]

Um bom exemplo de revisão da disciplina a partir desta nova proposta pode ser exemplificada com o icônico princípio da legalidade tributária. Durante algum tempo a legalidade tributária foi invocada como uma das maiores garantias do cidadão. Defendeu-se que teria o condão de proteger o indivíduo contra a tirania do Estado, na medida em que a tributação dependeria da aprovação popular por meio de manifestação de seus representantes eleitos.[338] Com efeito, um dos sentidos mais evidentes da legalidade consiste na exigência de buscar legitimação popular para conformar o poder de tributar ao Sistema Constitucional Tributário. Em outras palavras, significa dizer que a tributação deve receber a chancela dos representantes do povo, já que a instituição ou

---

[332] Cf. Primeira Parte, Título I, capítulo 1.

[333] Cf. Primeira Parte, Título II, capítulo 2, ponto 1.3.

[334] Proposição desenvolvida no Título I, capítulo 1, item 2.1.

[335] HABERMAS, Jürgen. *Um ensaio sobre a Constituição da Europa*. Trad. Marian Toldy e Teresa Toldy. Lisboa: Edições 70, 2012, p. 29. Gustavo Binenbojm desenvolve ideia semelhante: "A idéia de dignidade da pessoa humana, traduzida no postulado kantiano de que cada homem é um fim em si mesmo, eleva-se à condição de princípio jurídico, origem e fundamento de todos os direitos fundamentais. À centralidade moral da dignidade do homem, no plano dos valores, corresponde a centralidade jurídica dos direitos fundamentais, no plano do sistema normativo". BINENBOJM, Gustavo. *Uma Teoria do Direito Administrativo. Direitos Fundamentais, Democracia e Constitucionalização*. 2 ed. Rio de Janeiro: Renovar, 2008, p. 50.

[336] Esta é a ética sugerida por Renato Lopes Becho ao Direito Tributário. BECHO, Renato Lopes. *Filosofia do Direito Tributário*. São Paulo: Saraiva, 2009, p. 312.

[337] BECHO, Renato Lopes. *Filosofia do Direito Tributário*. São Paulo: Saraiva, 2009, p. 312.

[338] A ideia de sujeitar o poder do Estado de tributar à anuência do Poder Legislativo é, por vezes, remetida à Magna Carta de 1215 e, em outros registros, relacionada aos anos que antecederam a independência das colônias inglesas na América quando cunhou-se a expressão "no taxation without representation". Em verdade, a origem da legalidade ou "direito de concordar com a tributação", como se refere Luís Eduardo Schoueri, é mais remota. Atribui-se a formação do conceito de legalidade à expressão romana "nullum tributum sine lege", chamado à época de consentimento fiscal corporativo. Este tema foi tratado no artigo: PORTO, Éderson Garin. Ainda sobre legalidade tributária: uma exame de suas funções eficaciais como instrumento de controle do poder de tributar. In: *Revista Brasileira de Direito Público*, v. 44, p. 195-218, 2014.

majoração dos tributos depende da edição de lei para ter validade segundo a Constituição.[339] No entanto, numa concepção humanista como defendida aqui, pode-se considerar que a legalidade tributária promove adequadamente o estado ideal de coisas tutelado pelo princípio? Parece que a confiança depositada na legalidade tributária encontra-se abalada.

Considerando que o controle político realizado pelo parlamento que, como é próprio da política, não possui regras muito claras ou logicidade em seu comportamento,[340] afigura-se razoável o questionamento sobre a real segurança conferida pela mera exigência de aprovação legislativa para instituição ou majoração de tributo. Neste aspecto, Diogo Leite de Campos compara a legalidade com a "homeopatia da tirania".[341] Verifica-se, muitas vezes, um distanciamento entre o cidadão e seu representante, de modo que a vontade expressada no processo legislativo nem sempre se alinha com a vontade das ruas.[342] Assim, legitimado pela aprovação de normas nem sempre debatidas e raramente explicadas à população, a Administração escolhe arbitrariamente certos tipos de comportamentos e também autoritariamente assume a cobrança e fiscalização destes comportamentos por meio dos mais variados graus de violência no sentido de coagir o devedor (cidadão) ao cumprimento da regra.[343]

Constitui exemplo interessante deste debate a conhecida Lei do Sigilo Fiscal (Lei Complementar n° 105 de 2001).[344] O Poder Legislativo, incumbido de zelar pelos direitos e garantias individuais do cidadão contra eventuais excessos por parte do Poder Executivo, aprovou, sem maiores debates, legislação que autoriza a circulação de informações do cidadão protegidas pelo sigilo de dados (artigo 5°, inciso XII, da CRFB).[345]

---

[339] Como refere Hugo de Brito Machado, "o tributo deve ser consentido, vale dizer, aprovado pelo povo, seus representantes nos parlamentos". MACHADO, Hugo de Brito. *Os princípios jurídicos da tributação na Constituição de 1988*. 4 ed. São Paulo: Dialética, 2001, p. 17. DIFINI, Luiz Felipe Silveira. *Manual de Direito Tributário*. 3 ed. São Paulo: Saraiva, 2006, p. 73.

[340] Ronald Dworking sustenta que a decisão política é motivada por uma lógica coletiva, dizendo que "denomino política aquele tipo de padrão que estabelece um objetivo a ser alcançado, em geral uma melhoria em algum aspecto econômico, político ou social da comunidade (ainda que certos objetivos sejam negativos pelo fato de estipularem que algum estado atual deve ser protegido contra mudanças adversas)". DWORKING, Ronald. *Levando os direitos a sério*. Trad. Nelson Boeira. São Paulo: Martins Fontes, 2002, p. 36.

[341] Diogo Leite de Campos pontua o debate: "A realidade contemporânea tem desmentido esta auto-tributação; e a mais recente sociologia fez aparecer por detrás da vontade geral ("justa e indiscutíve") a rede de "faces", de interesses individuais, que falseiam os seus pressupostos. E que sujeitam os contribuintes a múltiplas injustiças ao serviço dos interesses e da vontade do poder do "Estado". Em termos de a manipulação dos impostos se transformar em "homeopatia da tirania" – e de múltiplas tiranias individuais e de grupos. CAMPOS, Diogo Leite de. *O Sistema Tributário no Estado dos Cidadãos*. Coimbra: Almedina, 2006, p. 49.

[342] Em acertada crítica, Diogo Leite de Campos refere que "o legislador apresenta-se como diferente e superior ao povo que quer mudar, alegadamente provido este de toda a espécie de vícios e de interesses contrários ao bem comum – leia-se, ao interesse de grupos políticos ou das pessoas com poder". Idem, p. 53.

[343] Idem, p. 53.

[344] VELLOSO, Andrei Pitten. Sigilo bancário, fiscalização tributária e reserva de jurisdição: proposta de harmonização dinâmica. In: GRUPENMACHER, Betina Treiger (coord.). *Tributação: Democracia e libertade*. São Paulo: Noeses, 2014, p. 331-356.

[345] Art. 5°. (...) XII – é inviolável o sigilo da correspondência e das comunicações telegráficas, de dados e das comunicações telefônicas, salvo, no último caso, por ordem judicial, nas hipóteses e na forma que a lei

Não obstante a proteção conferida pela Constituição ao sigilo de dados (dentre eles os dados bancários e fiscal), o Congresso debateu e aprovou norma autorizando a quebra do referido sigilo nas circunstâncias especificadas na Lei Complementar nº 105. Chama a atenção a norma contida no artigo 5º da Lei Complementar nº 105, que estabelece o dever das instituições financeiras prestarem informações à administração tributária da União: leia-se, Receita Federal. Salvo melhor juízo, verifica-se um flagrante conflito normativo entre a previsão constitucional (art. 5º, inciso XII, da CRFB) e o artigo 5º da Lei Complementar nº 105.

No julgamento do Recurso Extraordinário nº 389.808, da relatoria do Min. Marco Aurélio, o Supremo Tribunal Federal reconheceu a inconstitucionalidade da norma que autoriza a quebra do sigilo bancário em favor da Receita Federal – parte na relação jurídico-tributária.[346] Eis o ponto: se o ser humano é o centro do ordenamento jurídico e a sua intimidade e privacidade recebeu especial tutela da Constituição, poderia o Poder Legislativo burlar tal proteção e favorecer um dos sujeitos da relação tributária? Parece que a legislação ofendeu frontalmente a Constituição e, por decorrência, colocou em dúvida o papel da legalidade.[347] Se a lei serve para tolher direitos fundamentais, aniquilando o seu núcleo fundamental, parece que a proteção pretensamente garantida com a legalidade é realmente "homeopática" para utilizar a expressão de Diogo Leite de Campos.

Portanto, é preciso recuperar o verdadeiro papel da legalidade como instrumento de controle social, como refere Eurico de Santi,[348] ou como fórmula do consentimento, como prefere parcela da doutrina,[349] assegurando que as restrições a direitos fundamentais só poderão ser perfectibilizadas mediante lei específica e dentro dos limites autorizados pela Constituição. No entanto, a questão trazida à tona reside em saber se os deveres de colaboração, cooperação e proteção, por não estarem previstos em lei, enfrentariam problemas para a sua aplicação. Pelos mais variados argumentos, o contribuinte não con-

---

estabelecer para fins de investigação criminal ou instrução processual penal;

[346] "SIGILO DE DADOS – AFASTAMENTO. Conforme disposto no inciso XII do artigo 5º da Constituição Federal, a regra é a privacidade quanto à correspondência, às comunicações telegráficas, aos dados e às comunicações, ficando a exceção – a quebra do sigilo – submetida ao crivo de órgão equidistante – o Judiciário – e, mesmo assim, para efeito de investigação criminal ou instrução processual penal. SIGILO DE DADOS BANCÁRIOS – RECEITA FEDERAL. Conflita com a Carta da República norma legal atribuindo à Receita Federal – parte na relação jurídico-tributária – o afastamento do sigilo de dados relativos ao contribuinte". (RE 389808, Rel. Min. MARCO AURÉLIO, Tribunal Pleno, j. 15/12/2010, DJe-086 09-05-2011, p. 218, RTJ v. 220, p. 540).

[347] ROCHA, Sérgio André. A deslegalização no Direito Tributário brasileiro contemporâneo. In: GRUPENMACHER, Betina Treiger (coord.). *Tributação: Democracia e libertade*. São Paulo: Noeses, 2014, p. 529-571.

[348] SANTI, Eurico Marcos Diniz de. *Kafka, alienação e deformidades da legalidade*. Exercício do controle social rumo à cidadania fiscal. São Paulo: RT, 2014, p. 170.

[349] GUIMARÃES, Vasco Branco. As garantias dos particulares na relação jurídica tributária: uma revisão necessária. In: Daniel Freire e Almeida; Fabio Luiz Gomes e João Ricardo Catarino (org). *Garantia dos contribuintes no Sistema Tributário*. São Paulo: Saraiva, 2013, p. 671; CATARINO, João Ricardo. Consentimento e garantias dos contribuintes: da crise à necessidade de (re)afirmação. In: Daniel Freire e Almeida; Fabio Luiz Gomes e João Ricardo Catarino (org). *Garantia dos contribuintes no Sistema Tributário*. São Paulo: Saraiva, 2013, p. 271.

segue estabelecer uma relação colaborativa e cooperativa com o Fisco. Porém, a responsabilidade não poderia ser imputada à ausência de dispositivo legal expresso. Esta justificativa é extremamente frágil e somente pode ser compreendida como desconhecimento da ordem jurídica vigente.

A doutrina defende há séculos que o texto da lei não é capaz de esgotar todas as possibilidades da experiência humana. Sustenta-se, ainda, que o Estado não deve obediência apenas à lei, mas observe o Direito. Trata-se da Juridicidade defendida por Paulo Otero[350] ou Jusestatalidade defendida por Klaus Tipke.[351] Não bastassem as posições doutrinárias citadas, pode-se localizar na legislação idêntico preceito (art. 2°, § 1°, I, da Lei n° 9.784/98). Resulta que o compromisso aqui defendido de honestidade, comportamento probo, lealdade e correção não demanda mediação legislativa, pois derivam de normas constitucionais que exigem tal padrão comportamental.

A proposta ora defendida consiste, portanto, em humanizar a relação tributária, estabelecendo que a arrecadação não é o fim último do Direito Tributário. A finalidade do Direito Tributário é transformar a arrecadação num ato de justiça social, observando-se os limites estabelecidos pela ordem jurídica e, ao mesmo tempo, conscientizando o cidadão sobre o dever fundamental que possui.[352] Para Diogo Leite de Campos, a solução passaria pela celebração de um "novo contrato social", no qual os impostos em todos os níveis (criação, aplicação, resolução de conflitos) seriam efetivamente contratualizados.[353] Em termos práticos, é preciso desvelar o verdadeiro sentido da tributação e reposicionar o ser humano na estrutura da obrigação tributária.[354] O cidadão não deve ficar nem abaixo, nem acima do Estado. A partir do novo perfil de relação tributária proposto, as partes ficam posicionadas no mesmo patamar, devendo atuar de forma colaborativa rumo à promoção do bem de todos.

4. Tributação e dignidade da pessoa humana

O texto constitucional de 1988 incorporou a valorização do ser humano possuidor de dignidade pela sua simples existência e revelou notável preocupação com todas as dimensões do humano (econômica, intelectual, artística, política, ética e religiosa),[355] sendo facilmente constatável, no preâmbulo, artigo 1°, inciso III, e parágrafo único. Resulta que a dignidade do ser humano deve

---

[350] OTERO, Paulo. *Legalidade e Administração Pública* – o sentido da vinculação administrativa à juridicidade. Coimbra: Almedina, 2003, p. 203 e ss.

[351] TIPKE, Klaus e LANG, Joachim. *Direito Tributário*. 18 ed. Porto Alegre: SaFe, 2008, p. 182.

[352] BECHO, Renato Lopes. *Filosofia do Direito Tributário*. São Paulo: Saraiva, 2009, p. 342.

[353] CAMPOS, Diogo Leite de. *O Sistema Tributário no Estado dos Cidadãos*. Coimbra: Almedina, 2006, p. 50.

[354] Idem, p. 50.

[355] SOUZA JUNIOR, Cezar Saldanha. *A supremacia do Direito no Estado Democrático e seus modelos básicos*. p. 24. Canotilho refere que não se pode conceber a Constituição Portuguesa separada da sua base antropológica, dizendo que "pela análise dos direitos fundamentais, constitucionalmente consagrados, deduz-se que a raiz antropológica se reconduz ao homem como pessoa, como cidadão, como trabalhador e como administrado". CANOTILHO, José Joaquim Gomes. *Direito Constitucional e Teoria da Constituição*. 7 ed. Coimbra: Almedina, 2003, p. 248.

ser perseguida e respeitada pelo Estado, na medida em que o homem deve ser concebido como fim em si mesmo e não como meio, valendo-se da máxima kantiana.[356]

Na linha da valorização do ser humano, resgatando uma percepção humanista da tributação, a dignidade da pessoa humana desempenha papel fundamental consistente na colocação do ser humano no centro do Direito Tributário. Este movimento muda o foco de atenção do intérprete, desfazendo a equivocada noção de que o Direito Tributário ocupa-se meramente com técnicas de arrecadação. A dignidade da pessoa humana erige o contribuinte como centro do Direito Tributário, fazendo com que a tributação seja um ato do Estado que respeita os valores que dão dignidade ao homem.[357] Passe-se a perceber, como identificado por Marciano Buffon, que "é o Estado que existe em função da pessoa humana, e não o contrário, já que o homem constitui finalidade precípua, e não meio da atividade estatal".[358]

O reflexo mais evidente da valorização do ser humano no âmbito do Direito Tributário reside na proteção ao mínimo necessário para a garantia de uma existência digna. Esta ideia ganhou a expressão "mínimo vital" ou "mínimo existencial".[359] A expressão *mínimo existencial* é utilizada pelo Supremo Tribunal Federal, que tem reconhecido sua importância ao conferir-lhe eficácia nas decisões sobre excessos cometidos pelo Estado na atividade de tributar.[360] A carga semântica extraída da jurisprudência do Supremo Tribunal Federal

---

[356] Ideias já desenvolvidas no ensaio: PORTO, Éderson Garin. *Estado de Direito e Direito Tributário*. Porto Alegre: Livraria do Advogado, 2009.

[357] BECHO, Renato Lopes. *Filosofia do Direito Tributário*. São Paulo: Saraiva, 2009, p. 343.

[358] BUFFON, Marciano. *Tributação e Dignidade Humana. Entre os direitos e deveres fundamentais*. Porto Alegre: Livraria do Advogado, 2009, p. 123.

[359] QUEIROZ, Mary Elbe. *Imposto sobre a Renda e Proventos de Qualquer Natureza*. São Paulo: Manole, 2004, p. 60. BITENCOURT NETO, Eurico. *O Direito ao Mínimo para uma existência digna*. Porto Alegre: Livraria do Advogado, 2010. A concepção da dignidade da pessoa humana como anteparo às agressões estatais é compartilhada por Jorge Miranda e Rui Medeiros: "Em segundo lugar, a dignidade da pessoa humana impõe condições materiais da vida capazes de assegurar liberdade e segurança às pessoas. Daí, as garantias especiais dos salários (artigo 59.°, n° 3), a proteção dos cidadãos em todas as situações de falta ou diminuição de meios de subsistência ou de capacidade para o trabalho (artigo 63°, n° 3), o direito a habitação que preserve a intimidade pessoal e a privacidade familiar (artigo 65°, n° 1), a regulação dos impostos e dos benefícios fiscais de harmonia com os encargos familiares [artigo 67°, n° 2, alínea f)], (...)". MIRANDA, Jorge e MEDEIROS, Rui. *Constituição Portuguesa anotada*. t. I. Coimbra: Coimbra Ed., 2005, p. 54. No âmbito do Direito Tributário, a dignidade da pessoa humana, como sustenta Humberto Ávila, conduz a "preservação do direito à vida e à dignidade e da garantia dos direitos fundamentais de liberdade alicerçam não apenas uma pretensão de defesa contra restrições injustificadas do Estado nesses bens jurídicos, mas exigem do Estado medidas efetivas para a proteção desses bens. O aspecto tributário dessa tarefa é a proibição de tributar o mínimo existencial do sujeito passivo" ÁVILA, Humberto. *Sistema Constitucional Tributário*. São Paulo: Saraiva, 2004, p. 393.

[360] Essa proteção ao mínimo existencial encontra suporte na jurisprudência do Supremo Tribunal Federal, como por exemplo, sustenta o Min. Celso de Mello, ao apreciar a constitucionalidade da instituição de contribuição de seguridade social para os servidores públicos federais através da Lei n° 9.783/99: "A proibição constitucional do confisco em matéria tributária nada mais representa senão a interdição, pela Carta Política, de qualquer pretensão governamental que possa conduzir, no campo da fiscalidade, à injusta apropriação estatal, no todo ou em parte, do patrimônio ou dos rendimentos dos contribuintes, comprometendo-lhes, pela insuportabilidade da carga tributária, o exercício do direito a uma existência digna, ou a prática de atividade profissional lícita ou, ainda, a regular satisfação de suas necessidades vitais (educação, saúde

evidencia a existência digna como limite à instituição de tributos ou a sua majoração. Em outras palavras, pode-se dizer que a dignidade da pessoa humana, compreendida como garantia do Estado Brasileiro à existência digna e à valorização do ser humano em si mesmo, constitui-se em limite à tributação.[361]

Este limite à tributação pode operar basicamente de duas formas: (a) ora como justificativa para dosar a tributação, visando proteger a dignidade humana; e ora (b) como cláusula de proteção ou resguardo do mínimo necessário à manutenção da dignidade da pessoa, quando da incidência do tributo.[362]

No entanto, há uma perspectiva pouco explorada sobre a aplicação da dignidade da pessoa humana no âmbito do Direito Tributário. Refere-se ao padrão de relacionamento que deve ser dispensado ao contribuinte enquanto pessoa dotada de dignidade. É evidente que a proteção ao mínimo vital é a maior projeção da dignidade da pessoa humana no âmbito tributário, porém há que se voltar os olhos para o modo como se dá o relacionamento da Administração Tributária e do contribuinte e questionar se há promoção da dignidade nesta relação.[363]

Quando se refere ao ser humano como centro de preocupação do Direito Tributário, defende-se uma visão antropocêntrica da tributação, reposicionando o cidadão na estrutura da obrigação tributária, de modo a retirá-lo da condição de submissão e alçá-lo à condição de partícipe do vínculo obrigacional. Dessa forma, propõe-se uma reformulação do relacionamento entre os sujeitos da obrigação tributária. Ao longo dos anos, a tributação tornou-se tão complexa que o contribuinte não tem mais condições de compreendê-la por seus próprios meios. Viu-se obrigado a contratar contador, advogado, consultor, despachante, dentre outros tantos prestadores de serviços apenas para conseguir atender as exigências do Fisco. Este, de seu turno, perdeu o foco no exercício da atividade administrativa, a ponto de se verificar, na prática, um melhor tratamento dispensado aos contadores, despachantes, advogados que ao verdadeiro destinatário da atividade estatal que é o contribuinte.

Pois é chegada a hora de repensar a forma de relacionamento que se construiu ao longo do tempo e cotejá-la com a ordem jurídica vigente. Será fácil perceber que certos dogmas e alguns mitos que assombram o comportamento de ambos os sujeitos da relação jurídica não se sustentam do ponto de vista

---

e habitação, por exemplo)". ADI – MC n° 2.010/DF, Pleno, Rel. Min. Celso de Mello, j. 30/09/1999, DJU 12.04.2002, p. 51.

[361] CAMPOS, Diogo Leite de. *O Sistema Tributário no Estado dos Cidadãos*. Coimbra: Almedina, 2006, p. 54. Como alerta JORGE MIRANDA "a dignidade da pessoa humana impõe condições materiais de vida capazes de assegurar liberdade e segurança às pessoas. Daí as garantias especiais dos salários (...) a regulação dos impostos e dos benefícios fiscais de harmonia com os encargos familiares [artigo 67°, n° 2, alínea f]". MIRANDA, Jorge e MEDEIROS, Rui. *Constituição Portuguesa Anotada*. t. I.. Coimbra: Coimbra Editora, 2005, p. 54.

[362] BUFFON, Marciano. *Tributação e Dignidade Humana. Entre os direitos e deveres fundamentais*. Porto Alegre: Livraria do Advogado, 2009, p. 125. QUEIROZ, Mary Elbe. *Imposto sobre a Renda e Proventos de Qualquer Natureza*. São Paulo: Manole, 2004, p. 59.

[363] Diogo Leite Campos critica a expressão "mínimo vital", defendendo que o correto seria avaliar o "médio de existência". CAMPOS, Diogo Leite de. *O Sistema Tributário no Estado dos Cidadãos*. Coimbra: Almedina, 2006, p. 54.

constitucional.³⁶⁴ A dignidade da pessoa humana não serve, portanto, apenas para proteger o mínimo vital, como se fosse uma norma de proteção da miséria. Trata-se de um importante princípio estruturante do Estado Constitucional de Direito, relevante demais para ficar confinado a tão mesquinha interpretação.

O cidadão, dotado de dignidade racional, deve participar ativamente da relação tributária, desde o começo. A participação deve ser observada nos estudos para instituição ou modificação de um tributo, até as formas de extinção e cumprimento da obrigação tributária, sendo ouvido, cordialmente atendido e, sobretudo, respeitado.³⁶⁵ Não se pode esperar que o contribuinte seja mero espectador das ações da Administração Tributária, sujeitando-se às normas por ela exaradas. Para legitimação do agir da Administração deve-se verificar a presença do contribuinte no processo de tomada de decisão, seja opinando, seja referendando as medidas, seja até mesmo opondo-se a medidas inconstitucionais.³⁶⁶ Felizmente, já é possível observar um movimento por parte da Receita Federal nesse sentido. No início de 2015, foi editada a Portaria n° 35 pela Receita Federal para estabelecer o procedimento de consulta pública sobre as minutas de Instruções Normativas a serem exaradas pelo órgão.

Na promoção de um tratamento digno ao contribuinte, para além da limitada proteção ao mínimo vital, o Ministro José Delgado sustenta em precedente do Superior Tribunal de Justiça que entre "fisco e contribuinte deve existir um relacionamento de confiança mútua e de absoluto respeito aos preceitos da democracia, com preponderância da legalidade", respeitando-se a cidadania e a dignidade humana.³⁶⁷ Pois é justamente esta aplicação da dignidade da pessoa humana que este estudo reclama. Busca-se erigir o cidadão ao centro de atenções do Direito Tributário e, a partir daí, passar a reestruturar a interpreta-

---

³⁶⁴ É possível referir, apenas para ficar com dois exemplos, o medo do servidor público de incorrer no tipo penal "advocacia administrativa" ou qualquer outro tipo correlato. Assim como se pode arrolar, do lado do contribuinte, o medo da "auto incriminação" sobre certas informações prestadas no âmbito administrativo. Estes temas serão tratados adiante, de modo a "exorcizar tais fantasmas" de uma vez por todas.

³⁶⁵ O caráter argumentativo da dignidade da pessoa humana é defendido por Barzotto quando, ao caracterizar a democracia brasileira como uma democracia deliberativa, cujo regime se assenta na racionalidade prática, afirma que: "A pessoa humana, por sua dignidade de ser racional, deve participar nas decisões que afetem sua vida, ela exige justificativas racionais para todo ato de poder no interior da comunidade e se recusa a obedecer a leis, comandos e ordens que não podem se justificar argumentativamente". BARZOTTO, Luis Fernando. *A democracia na Constituição*. São Leopoldo. Ed. Unisinos, 2003, p. 181.

³⁶⁶ Sobre o tema, é a posição do Supremo Tribunal Federal: "Ninguém é obrigado a cumprir ordem ilegal, ou a ela se submeter, ainda que emanada de autoridade judicial. Mais: é dever de cidadania opor-se à ordem ilegal; caso contrário, nega-se o Estado de Direito"HC 73.454, Rel. Min. Maurício Corrêa, DJ 04/06/96.

³⁶⁷ "TRIBUTÁRIO. COMPENSAÇÃO. LIMITE. LEIS N°S 9.032/95 E 9.129/95. 1. A compensação tributária, conforme prevista no art. 66 da Lei 8.383/91, é um direito do contribuinte. 2. Odiosa qualquer pretensão de impor limites temporais e percentuais à referida compensação quando ela for utilizada para reaver quantias que foram pagas a título de tributo cuja exigência foi considerada inconstitucional. 3. Os princípios fundamentais do contribuinte nascem do texto constitucional que exige respeito à cidadania e à dignidade humana, proibindo empréstimo forçado sem autorização de lei ou de forma disfarçada. 4. Entre fisco e contribuinte deve existir um relacionamento de confiança mútua e de absoluto respeito aos preceitos da democracia, com preponderância da legalidade. 5. A vontade da lei há de ser do tamanho da vontade da Constituição. Qualquer diretiva nela contida que extrapole os princípios constitucionais deve ser extirpada. (...)". (REsp 503.990/BA, Rel. Ministro JOSÉ DELGADO, Primeira Turma, julgado em 23/09/2003, DJ 20/10/2003, p. 207).

ção e aplicação dos institutos. Em síntese, a dignidade da pessoa humana impõe um padrão de relacionamento capaz de promover e assegurar a dignidade do cidadão, não se podendo admitir ou tolerar desrespeito, deslealdade, ou indignidade na relação obrigacional tributária. Quando verificado tratamento indigno, desrespeitoso ou desleal, estar-se-ia frente à violação de um dos fundamentos da relação jurídica qualificada que se propõe neste estudo.

5. A capacidade contributiva como critério de justiça fiscal

Não há como conceber algum ramo do Direito que não almeje promover o valor justiça. No âmbito do Direito Tributário, por óbvio, não é diferente. Na regulação da atividade tributária, busca-se a promoção da chamada "justiça fiscal", bastante decantada pela doutrina.[368]

A tarefa de produzir uma definição precisa sobre o conceito "justiça fiscal" não se revela amena. Trata-se de uma expressão polissêmica e como norma dotada de elevada carga valorativa, possui alto nível de subjetividade.[369] Normalmente, a expressão "justiça fiscal" está associada a uma compreensão de justa repartição do financiamento do Estado, o que remete ao sentido de "justiça tributária".[370] Nesta percepção, a justiça fiscal representa um modo de tratamento que observa critérios isonômicos, "observando a diferença e restabelecendo a correta relação entre cidadão e esfera pública".[371] Nessa linha, Klaus Tipke defende a fragmentação da justiça fiscal em dois momentos: um primeiro conceito mediado pela aplicação de tratamento isonômico e outro conceito ligado a uma tributação socialmente justa.[372] Seguindo a lição do mestre alemão, pode-se dizer que a justiça nos tributos é passível de apreensão em duas fases: (a) uma etapa para investigar o conteúdo da mensagem valorativa emanada pelos princípios norteadores da Jusestatabilidade material e, outra, (b) destinada a dimensionar e dosar a tributação.[373]

Assim, se o sentido da justiça fiscal está relacionado com a justa repartição da tributação entre os cidadãos, segundo suas capacidades, resulta claro que a

---

[368] Por todos: SANCHES, José Luis Saldanha. *Justiça Fiscal*. Lisboa: Fundação Francisco Manuel dos Santos, 2010; TIPKE, Klaus e YAMASHITA, Douglas. *Justiça Fiscal e princípio da capacidade contributiva*. São Paulo: Malheiros, 2002; CAMPOS, Diogo Leite de. *O Sistema Tributário no Estado dos Cidadãos*. Coimbra: Almedina, 2006; CALIENDO, Paulo. Da justiça fiscal: conceito e aplicação. In: Heleno Taveira Tôrres (org.). *Tratado de Direito Constitucional Tributário*. São Paulo: Saraiva, 2055, p 371-406.

[369] SANCHES, José Luis Saldanha. *Justiça Fiscal*. Lisboa: Fundação Francisco Manuel dos Santos, 2010, p. 13.

[370] Saldanha Sanches critica a visão de justiça fiscal associada a "justiça tributária" por entender que não é suficiente pensar apenas na repartição das receitas públicas, sendo necessário debater também sobre as despesas públicas para se poder falar em justiça fiscal. SANCHES, José Luis Saldanha. *Justiça Fiscal*. Lisboa: Fundação Francisco Manuel dos Santos, 2010, p. 13. No mesmo sentido: TIPKE, Klaus e LANG, Joachim. *Direito Tributário*. trad. Luiz Dória Furquim. Porto Alegre: SaFe, 2008, p. 186.

[371] CALIENDO, Paulo. Da justiça fiscal: conceito e aplicação. In: Heleno Taveira Tôrres (org.). *Tratado de Direito Constitucional Tributário*. São Paulo: Saraiva, 2055, p. 390.

[372] TIPKE, Klaus e YAMASHITA, Douglas. *Justiça Fiscal e princípio da capacidade contributiva*. São Paulo: Malheiros, 2002, p. 22.

[373] TIPKE, Klaus e LANG, Joachim. *Direito Tributário*. trad. Luiz Dória Furquim. Porto Alegre: SaFe, 2008, p. 186-7.

medida de justiça fiscal é a capacidade contributiva. De efeito, a avaliação da capacidade contributiva, como medida da tributação, impõe a preservação de um mínimo existencial,[374] partindo-se da premissa de que assegurar a existência digna é compromisso estatal. Logo, não se afiguraria lógico que o Estado retirasse do cidadão aquilo que justamente está incumbido de assegurar.[375] Por outro lado, mesmo que observada a proteção ao mínimo vital, não se pode admitir que a tributação seja graduada num tal patamar que imponha restrição ao direito de propriedade, livre iniciativa e até mesmo à liberdade. Nesse sentido, além de um limite mínimo, a tributação possui um limite máximo, calcada na ideia de vedação de confisco.[376]

Pois a tributação, para que seja considerada justa, precisa estar limitada, de um lado, pela proteção ao mínimo vital[377] e, por outro lado, na proibição de confisco. Trilhando esta faixa, o exercício do poder de tributar estará promovendo a norma constitucional da capacidade contributiva que, de seu turno, quando observada, permite que o cidadão cumpra, perante a comunidade, com seus deveres de solidariedade.[378]

Resulta que a aplicação do princípio da justiça fiscal conduz para a avaliação das reais possibilidades de cada contribuinte, dimensionando o dever fundamental de contribuir segundo a capacidade contributiva revelada. Estas considerações não apresentam qualquer inovação, na medida em que defendi-

---

[374] A nota social é fruto da fase do Estado Social conforme corrobora Klaus Tipke ao referir sobre a realidade alemã: "Os economistas alemães reconhecem, porém, que a Constituição determina a proteção do mínimo existencial. O mínimo existencial é visto como parte da dignidade humana e do princípio do Estado social". TIPKE, Klaus e YAMASHITA, Douglas. *Justiça Fiscal e princípio da capacidade contributiva.* São Paulo: Malheiros, 2002, p. 30. STEICHEN, Alain. *La justice fiscale entre la justice commutative et la justice distributive. In:* Archives du Philosofie de Droit n 46, p. 266, 2000. Consoante o autor francês: "Il existe trois indicateurs susceptibles d'être pris em considération au titre d'indicateur de la capacite contributive: le revenue, lê capital et la dépense".

[375] TIPKE, Klaus e YAMASHITA, Douglas. *Justiça Fiscal e princípio da capacidade contributiva.* São Paulo: Malheiros, 2002, p. 31.

[376] Sobre o tema, escreve Luiz Felipe Difini: "Mas há um limite além do qual as necessidades orçamentárias para atingir os fins do Estado Social não podem restringir os direitos de propriedade, livre iniciativa ou disposição pelo particular da renda gerada. Estes princípios e o princípio do Estado Social frequentemente entram em colisão. A solução de tais colisões se dará pela aplicação da norma de colisão que consiste no princípio do não-confisco". DIFINI, Luiz Felipe Silveira. *Proibição de Tributos com efeito de confisco.* Porto Alegre: Livraria do Advogado, 2007, p. 144.

[377] Essa proteção ao mínimo existencial encontra suporte na jurisprudência do Supremo Tribunal Federal, como por exemplo, sustenta o Min. Celso de Mello ao apreciar a constitucionalidade da instituição de contribuição de seguridade social para os servidores públicos federais através da Lei n° 9.783/99: "A proibição constitucional do confisco em matéria tributária nada mais representa senão a interdição, pela Carta Política, de qualquer pretensão governamental que possa conduzir, no campo da fiscalidade, à injusta apropriação estatal, no todo ou em parte, do patrimônio ou dos rendimentos dos contribuintes, comprometendo-lhes, pela insuportabilidade da carga tributária, o exercício do direito a uma existência digna, ou a prática de atividade profissional lícita ou, ainda, a regular satisfação de suas necessidades vitais (educação, saúde e habitação, por exemplo)". ADI – MC n° 2.010/DF, Pleno, Rel. Min. Celso de Mello, j. 30/09/1999, DJU 12.04.2002, p. 51.

[378] Roque Carrazza afirma: "Os impostos, quando ajustados à capacidade contributiva, permitem que os cidadãos cumpram, perante a comunidade, seus deveres de solidariedade política, econômica e social". CARRAZZA, Roque Antonio. *Curso de Direito Constitucional Tributário.* 18 ed. São Paulo: Malheiros, 2002, p. 75.

das pela doutrina há muito.[379] Ocorre que esta medida – capacidade contributiva – é vocacionada para dimensionar a capacidade para adimplir a obrigação tributária principal, porém não se mostra capaz de avaliar os deveres relacionados com as obrigações tributárias acessórias, nem mesmo os deveres anexos. Daí a necessidade de compreender melhor a obrigação tributária na sua plenitude, de modo a reconhecer a distinção entre obrigação principal, obrigação acessória e os aqui chamados de deveres anexos. Ao perceber que existem efetivamente três categorias distintas, tem-se como passo seguinte encontrar o fundamento e o limite aos deveres anexos.

6. A noção de capacidade colaborativa como critério de medida das obrigações acessórias e dos deveres anexos, cotejando-a com a praticabilidade tributária

A constatação de que a capacidade contributiva não é suficiente para medir a aptidão dos sujeitos da relação tributária em atender outros deveres distintos da obrigação principal não se constitui em percepção original deste trabalho. Em verdade, com bastante perspicácia, Leandro Paulsen vem escrevendo sobre o tema,[380] tendo publicado especificamente sobre a questão.[381]

Partindo da premissa de que todo o cidadão possui o dever fundamental de contribuir para os gastos públicos, Leandro Paulsen afirma que é igualmente correto sustentar que existe o dever fundamental de colaborar com a tributação.[382] Sustenta que atribuir à boa-fé objetiva a condição de fundamento deste dever poderia explicar a imposição de deveres acessórios ao contribuinte, mas não a terceiros. Da mesma forma, critica a noção simplista de justificar o dever de colaborar na mera existência de lei que exija tais obrigações.[383] Propõe, portanto, reconhecer o status constitucional do dever de colaboração para assim justificar o fundamento das obrigações tributárias acessórias e também as obrigações impostas a terceiros na qualidade de substitutos ou de responsáveis tributários.[384]

Nessa proposta de reconhecer na capacidade colaborativa a medida para imposição de obrigações acessórias, Leandro Paulsen traça um conceito para este novo princípio, dizendo: "a capacidade colaborativa pode ser conceituada como a possibilidade que uma pessoa tem de, consideradas as circunstâncias

---

[379] COSTA, Regina Helena. *Princípio da capacidade contributiva*. São Paulo: Malheiros, 1993. BUFFON, Marciano. *A Progressividade Tributária na Constituição Federal de 1988*. Porto Alegre: SaFe, 2002. MELO, João Paulo Fanuchi de Almeida. *Princípio da capacidade contributiva*. São Paulo: Quartier Latim, 2012; MOSCHETTI, Francesco. *La capacitá contrbutiva*. Padova: Cedam, 1993.

[380] PAULSEN, Leandro. Do dever fundamental de colaboração com a Administração Tributária. In: *Revista Tributária das Américas*, v. 5, p. 31-42, 2012; PAULSEN, Leandro. *Curso de Direito Tributário completo*. 6 ed. Porto Alegre: Livraria do Advogado, 2014; PAULSEN, Leandro. *Responsabilidade e Substituições Tributárias*. Porto Alegre: Livraria do Advogado, 2012.

[381] PAULSEN, Leandro. *Capacidade colaborativa. Princípio de Direito Tributário para obrigações acessórias e de terceiros*. Porto Alegre: Livraria do Advogado, 2014.

[382] Idem, p. 33.

[383] Idem, p. 34.

[384] Idem, p. 36.

das atividades que desenvolve, ou dos atos ou negócios que realiza, ou, ainda, da sua relação ou proximidade com o contribuinte ou com fato gerador, estar em posição tal que lhe seja viável física, jurídica e economicamente, agir de modo a subsidiar, facilitar ou incrementar a fiscalização tributária ou a arrecadação dos tributos, colaborando, assim, para que a tributação alcance todos os potenciais contribuintes de modo mais efetivo, isonômico, simples, completo, confortável, econômico, justo e eficaz, em benefício de toda a sociedade".[385]

A proposta, além de original, parece responder adequadamente à necessidade de fundamentação tão cobrada em sede de doutrina. Com efeito, muitos são os estudos que justificam a obrigação principal no dever fundamental de pagar tributos, explicando as razões pelas quais a sociedade precisa ceder parcela do seu patrimônio em prol de um valor maior: o bem de todos. Porém, não se localizava em doutrina, até a apresentação do estudo de Paulsen, uma justificação razoável para os inúmeros deveres que circundam a obrigação principal. Portanto, dizer que a capacidade de colaboração "revela-se pela possibilidade fática de atuar em prol da tributação, colaborando para o seu sucesso"[386] parece ser a melhor explicação para justificar os deveres distintos daqueles ínsitos à obrigação principal.

No entanto, é preciso registrar a posição defendida neste trabalho e que não parece ficar clara na obra aqui elogiada. O entendimento ora sustentado estabelece que deveres laterais ou anexos não se confundem com as chamadas obrigações acessórias. Como já afirmado, estas estão previstas na legislação tributária, conforme prescreve o artigo 113, § 2°, do Código Tributário Nacional. Os deveres laterais ou anexos são aqui chamados de *tertium genus*, não se confundindo com a obrigação principal, nem podendo ser tratado como sinônimo de obrigação acessória.[387]

Há que se registrar que a posição de Paulsen poderia ser mais explícita sobre a aplicação dos deveres de colaboração aos sujeitos ativos. Ao longo do texto, é passada a mensagem de que contribuintes, responsáveis e substitutos teriam deveres de colaboração para com o Fisco.[388] A exceção de uma pequena passagem,[389] não se verifica uma posição firme sobre o dever do Fisco em colaborar em prol do contribuinte. Este parece ser um ponto fundamental e um dos principais problemas enfrentados neste trabalho. Traçando-se um paralelo com as relações de consumo, parece óbvio que, nos contratos de adesão, o aderente é a parte hipossuficiente, de modo que aquele que formulou o contrato tem a obrigação de assessorar e colaborar com o aderente na compreensão do pacto.[390] *Mutatis mutandi*, a relação jurídica tributária é, via de regra, formatada

---

[385] PAULSEN, Leandro. *Capacidade colaborativa. Princípio de Direito Tributário para obrigações acessórias e de terceiros*. Porto Alegre: Livraria do Advogado, 2014, p. 40.

[386] Idem, p. 40.

[387] Ver Primeira Parte, Título I, capítulo 3.

[388] PAULSEN, Leandro. *Capacidade colaborativa. Princípio de Direito Tributário para obrigações acessórias e de terceiros*. Porto Alegre: Livraria do Advogado, 2014, p. 57-63; 65-90.

[389] Idem, p. 77.

[390] BENJAMIN, Antonio Hermann V.; MARQUES, Claudia Lima e BESSA, Leonardo Roscoe. *Manual de Direito do Consumidor*. 5 ed. São Paulo: RT, 2013, p. 72-3.

pela Administração Pública. Ninguém conhece melhor os detalhes da tributação, assim como as obrigações acessórias, que a própria Administração Pública. Não raras vezes, o contribuinte se vê desorientado, desamparado. São tantas obrigações acessórias a serem cumpridas, cada qual de forma distinta e com peculiaridades próprias, que ao cidadão comum afigura-se impossível entendê-las, quanto mais cumpri-las. Daí se sustentar que assim como o contribuinte possui o dever de colaborar com o Fisco, este tem o dever de colaborar com cidadão.

Merece destaque, ainda, a proposta de identificar no princípio da capacidade colaborativa o "suporte, justificativa e medida" para a instituição de obrigações acessórias. Defende, Leandro Paulsen, que a capacidade colaborativa é critério de validade constitucional das obrigações acessórias, servindo de instrumento para o seu controle.[391] Revela-se correto o raciocínio que defende a existência do dever de colaboração, mas, simultaneamente, propõe limites para a sua exigência.

De efeito, tem-se acompanhado um deslocamento das responsabilidades que historicamente eram do Fisco (instituir tributo, arrecadar, fiscalizar, realizar lançamento, cobrar) para, aos poucos, transferi-las ao cidadão. Passou-se de um período em que o exercício da Administração Tributária era exclusivamente realizada pelo Estado, para uma fase em que as atividades de apuração dos tributos foram sendo transferidas para o contribuinte.[392] Resulta que, na prática fiscal hodierna, o contribuinte possui um número infindável de obrigações tributárias acessórias que pouco a pouco o Estado foi impondo. Sabe-se que as empresas brasileiras gastam aproximadamente 2.600 horas anuais para atender as obrigações acessórias,[393] enquanto que a média mundial é de 268 horas anuais.

A grande questão reside em saber se há algum limite para a criação e imposição destas obrigações. Para Fabio Goldschmidt, as obrigações acessórias representam, evidentemente, um custo, em que pese não detenham o atributo da patrimonialidade, de modo que este custo não pode representar um sacrifício para o contribuinte, pois neste caso configuraria excesso vedado pela Constituição.[394] Não obstante Leandro Paulsen defenda o princípio da capaci-

---

[391] PAULSEN, Leandro. *Capacidade colaborativa. Princípio de Direito Tributário para obrigações acessórias e de terceiros.* Porto Alegre: Livraria do Advogado, 2014, p. 94.

[392] Este termo foi cunhado por Jose Ferrero Lapatza: LAPATZA, José Juan Ferreiro. La privatización de la gestión tributaria y las nuevas competencias de los Tribunales Económico-Administrativos. In: Civitas. Revista española de derecho financiero, nº 37, 1983, p. 81-94. No mesmo sentido: NABAIS, José Casalta. *Direito Fiscal.* 6 ed. Coimbra: Almedina, 2011, p. 355-7.

[393] Em estudo elaborado pelo Banco Mundial e a sociedade de auditoria "PriceWaterHouseCoopers", chamado: "Paying Taxes 2014", apurou-se que o Brasil possui uma carga tributária de 68,3%, consome 2.600 horas com o atendimento de obrigações acessórias e efetua 9 pagamentos, o que lhe posiciona na vergonhosa 156ª posição do ranking dentre 189 países comparados. Disponível em <http://www.pwc.com/gx/en/paying-taxes/assets/pwc-paying-taxes-2014.pdf>, acessado em 15 de agosto de 2014.

[394] O autor defende que: "a instituição de obrigações que, de tão difíceis ou caras de se cumprir, desestimulem ou causem entraves ao bom andamento da atividade produtiva (agredindo, via de consequência, às próprias máximas de Adam Smith de economicidade e conveniência na tributação). GOLDSCHMIDT, Fabio Brun. *O princípio do não confisco no Direito Tributário.* São Paulo: RT, 2003, p. 149.

dade contributiva como "suporte, justificativa e medida", o autor estabelece que as normas que definirão os limites são a razoabilidade e a proporcionalidade,[395] o que parece, salvo melhor juízo, esvaziar o princípio da capacidade colaborativa propugnado. Não obstante a divergência quanto à medida mais adequada para aferir eventual excesso na instituição de obrigações acessórias, não se controverte que o ordenamento jurídico deve apresentar algum critério de medida. Com efeito, o excesso na imposição de obrigações acessórias ou até mesmo o exagero na cumulação de diversas obrigações distintas deve e pode ser repelida.[396] Se de um lado, as obrigações acessórias podem ser instituídas e possuem como fundamento a lei que as institui, por outro lado, não se pode admitir que a Administração tenha amplos poderes discricionários para a sua configuração. Neste aspecto, o Supremo Tribunal Federal reconheceu que "sanções não impostas por lei configuram violação ao texto da Constituição.[397]

A instituição de obrigações acessórias nas mais variadas formas é, por vezes, justificada com fundamento no princípio da praticabilidade.[398] Significa dizer que, em nome de tornar a aplicação da lei mais simples, eficiente e econômica, admite-se a imposição de certas obrigações acessórias aos contribuintes.[399] No intuito de promover a chamada praticabilidade, impõe-se a emissão de declaração de venda de imóveis ou a prestação de movimentação de uso do cartão de crédito. Porém, não se pode tolerar a imposição desmesurada de obrigações acessórias apenas com fundamento na chamada praticabilidade. Como refere Roque Carrazza, "em nome da comodidade e do aumento da arrecadação do Poder Público, não se pode fazer ouvidos moucos aos reclamos dos direitos subjetivos do contribuinte".[400] Efetivamente, a imposição de certos deveres aos contribuintes em nome de tornar mais prática a tributação encontra limites nos seguintes preceitos elencados por Regina Helena Costa: (a) os instrumentos de praticabilidade devem ser veiculados por lei; (b) observância do

---

[395] PAULSEN, Leandro. *Capacidade colaborativa. Princípio de Direito Tributário para obrigações acessórias e de terceiros*. Porto Alegre: Livraria do Advogado, 2014, p. 48.

[396] Em estudo sobre os limites à imposição de obrigações acessórias, Cristiano Ferrazzo propõe a aplicação de vários princípios constitucionais tributários, como legalidade, igualdade, proibição de confisco, razoabilidade, proporcionalidade e proibição de excesso. FERRAZZO, Cristiano José. Os limites de imposição de obrigações acessórias no direito tributário brasileiro. Dissertação de Mestrado: UFRGS, 2006, . Disponível em <http://www.lume.ufrgs.br/bitstream/handle/10183/8044/000566064.pdf?sequence=1>, acessado em 16 de agosto de 2014.

[397] "ICM – Regime especial. Sanções não impostas por lei e entregues ao exclusivo arbítrio da autoridade fiscal. Inaceitabilidade – Precedentes da Corte. Recurso extraordinário conhecido e provido". (RE 106759, Rel. Min. OSCAR CORRÊA, Primeira Turma, j. 24/09/1985, DJ 18/10/1985, p. 18464).

[398] COSTA, Regina Helena. *Praticabilidade e Justiça Tributária. Exeqüibilidade de lei tributária e direitos do contribuinte*. São Paulo: Malheiros, 2007. DERZI, Misabel. Tratado de Direito Tributário contemporâneo – dos princípios gerais do Direito Tributário. In: *Revista de Direito Tributário* n. 83, p. 67. DERZI, Misabel. Princípio da praticabilidade no Direito Tributário – segurança jurídica e tributação. In: *Revista de Direito Tributário* n 47, p. 166-179, jan/mar. 1989. ZANELLATO FILHO, Paulo José. Notas sobre as presunções no direito tributário: uma análise sobre o manto da transparência e praticabilidade. In: GRUPENMACHER, Betina Treiger (coord.). Tributação: *Democracia e libertade*. São Paulo: Noeses, 2014, p. 451-478.

[399] COSTA, Regina Helena. *Praticabilidade e Justiça Tributária. Exeqüibilidade de lei tributária e direitos do contribuinte*. São Paulo: Malheiros, 2007, p. 90.

[400] CARRAZZA, Roque Antonio. *Curso de Direito Constitucional Tributário*. 24 ed. São Paulo: Malheiros, 2008, p. 422.

princípio da capacidade contributiva e da subsidiariedade; (c) transparência na adoção de técnicas presuntivas; (d) observância do princípio da razoabilidade; (e) justificação das normas de simplificação; (f) caráter opcional e benéfico aos contribuintes dos regimes normativos de simplificação ou padronização; (g) limitação do recurso às cláusulas gerais e conceitos jurídicos indeterminados; (h) equilíbrio na implementação da privatização da gestão tributária.[401]

Sobre este último requisito, de especial interesse ao presente estudo, a autora destaca que a delegação aos particulares de atos que, em princípio, competiriam à Administração Tributária deve ser efetuada com cautela e parcimônia, de modo a não caracterizar exigência excessiva que pudesse gerar complexidade excessiva, acarretando a "impraticabilidade".[402] A transferência de tarefas com elevado grau de complexidade e que exigem *expertise* em matéria contábil e fiscal ao cidadão deve ser feita com moderação e, sobretudo, deve ser acompanhada da devida orientação e assistência. Não observadas estas balizas, estará configurada violação à capacidade colaborativa e, por decorrência, inquinando de inconstitucional o dever imposto ao contribuinte.

7. A noção de cidadania fiscal como fundamento e limite para exigência de deveres anexos ou funcionais do contribuinte

Este capítulo visa proporcionar a construção de uma noção de cidadania tributária capaz reposicionar o contribuinte em seu devido lugar no Sistema Tributário Nacional. A noção de Direito Tributário focado única e exclusivamente no tributo precisa ser superada pela visão antropocêntrica, na qual o cidadão é alçado a uma posição central. Com esta percepção, impõe-se uma consciência cidadã sobre o dever fundamental de contribuir que cada cidadão possui em relação ao Estado. Por outro lado, esta mudança no foco do Direito Tributário exige que se volte a atenção para os direitos fundamentais do contribuinte, protegendo os seus direitos subjetivos da ação administrativa desvinculada dos princípios e regras constitucionais que orientam a tributação.[403]

É justamente pensando na identificação de uma cidadania comprometida com o bem de todos que se cunhou a expressão "cidadania fiscal".[404] Essa

---

[401] COSTA, Regina Helena. *Praticabilidade e Justiça Tributária. Exeqüibilidade de lei tributária e direitos do contribuinte*. São Paulo: Malheiros, 2007, p. 219.

[402] COSTA, Regina Helena. *Praticabilidade e Justiça Tributária. Exeqüibilidade de lei tributária e direitos do contribuinte*. São Paulo: Malheiros, 2007, p. 220. O estudo elaborado pela *Cour des Comptes* francesa sustenta também a limitação da carga material das obrigações tributárias. Les relations de l'administration fiscale avec les particuliers et les entreprises. Rapport public thématique. Cour des comptes. Paris, 2012, p. 31. Disponível em <http://www.ladocumentationfrancaise.fr/var/storage/rapports-publics/124000097/0000.pdf>, acessado em 14 de setembro de 2014.

[403] CHANEL, Emmanuel De Crouy. *La citoyenneté fiscale*. In: Archives de philosophie du droit, n° 46, 2002, p. 39-77. NABAIS, José Casalta. *Por um Estado Fiscal suportável. Estudos de Direito Fiscal*. Coimbra: Almedina, 2005, p. 110. TORRES, Ricardo Lobo. *Tratado de Direito Constitucional Financeiro e Tributário*. v III. Rio de Janeiro: Renovar, 2005.

[404] NABAIS, José Casalta. *O Dever Fundamental de Pagar Impostos. Contributo para a compreensão constitucional do estado fiscal contemporâneo*. 3 reimpressão. Coimbra: Almedina, 2012, p. 313. NABAIS, José Casalta. *Por*

ideia tem como elementos constitutivos: (a) a titularidade de um determinado número de direitos e deveres numa sociedade específica; (b) a pertença a uma determinada comunidade política (normalmente o estado), em geral vinculada à ideia de nacionalidade; e (c) a possibilidade de contribuir para a vida pública dessa comunidade.[405] A presença desses elementos outorga ao contribuinte uma condição singular na sociedade, exigindo-lhe compromisso com o custeio dos direitos fundamentais, mas, simultaneamente, oferecendo-lhe uma plêiade de garantias, de especial relevo os meios processuais e procedimentais de interação entre Estado e contribuinte.[406] Em França, discute-se a correta denominação do cidadão nas relações tributárias, vislumbrando três acepções possíveis: (a) cidadão, (b) contribuinte e (c) usuário,[407] assumindo preferência pela última expressão no intuito de conferir um ar mais moderno ao relacionamento.[408]

Considerando cada contribuinte como um pilar de sustentação do Estado Constitucional de Direito, o custeio dos direitos fundamentais é um compromisso e um dever de cidadania.[409] Numa perspectiva solidária da vida em comunidade, tem-se uma visão de cidadania comprometida com a manutenção da máquina estatal, mas sobretudo com o custo dos direitos fundamentais.[410]

Destes preceitos, pode-se defender uma perspectiva de "cidadania" para além dos estreitos limites dos direitos políticos.[411] A noção de "cidadania" aqui

---

um Estado Fiscal suportável. Estudos de Direito Fiscal. Coimbra: Almedina, 2005, p. 33. BUFFON, Marciano. *Tributação e Dignidade Humana: entre os direitos e deveres fundamentais.* Porto Alegre: Livraria do Advogado, 2009, p. 100; TORRES, Ricardo Lobo. A cidadania multidimensional. In: *20 anos da constituição brasileira.* São Paulo: Saraiva, 2009, p. 39-57.

[405] NABAIS, José Casalta. *Por um Estado Fiscal suportável. Estudos de Direito Fiscal.* Coimbra: Almedina, 2005, p. 34.

[406] Idem, p. 112.

[407] Como fica claro no texto, a gestão fiscal tem focado a modernização em torno da ideia de usuário: "La nouvelle approche de la gestion fiscale, centrée sur l'usager, a émergé en France dans un contexte de modernisation du service public, mettant l'accent sur la recherche de la performance et de la qualité de service. De ce point de vue, l'administration doit prendre en compte trois dimensions de son public: le citoyen, appelé à désigner ses représentants qui élaborent la loi, le contribuable qui participe au financement du service public et l'usager qui en bénéficie. Les démarches de performance des administrations fiscales doivent tenir compte de ce triptyque, malgré les difficultés que peut présenter cette situation. Le citoyen qui déclare et paye ses impôts est en même temps un contribuable qui aspire au bon emploi de sa contribution et un usager qui attend un niveau élevé de qualité de service. "Les relations de l'administration fiscale avec les particuliers et les entreprises. Rapport public thématique. Cour des comptes. Paris, 2012, p. 20. Disponível em <http://www.ladocumentationfrancaise.fr/var/storage/rapports-publics/124000097/0000.pdf>, acessado em 14 de setembro de 2014.

[408] Este trabalho utiliza as expressões cidadão e contribuinte de forma indistinta, justamente por defender que as posições são indissociáveis num Estado Constitucional de Direito sustentado na pesquisa.

[409] NABAIS, José Casalta. *Por um Estado Fiscal suportável. Estudos de Direito Fiscal.* Coimbra: Almedina, 2005, p. 21. HOLMES, Stephen e SUSTEINS, Cass R. *El costo de los derechos. Por qué la libertad depende de los impuestos.* Trad. Stella Mastrangelo. Buenos Aires: Siglo veintiuno editores, 2011, p. 33.

[410] BUFFON, Marciano. *Tributação e Dignidade Humana: entre os direitos e deveres fundamentais.* Porto Alegre: Livraria do Advogado, 2009, p. 95. MORAES, Maria Celina Bodin de. O princípio da solidariedade. Rio de Janeiro: Instituto de Direito Civil, disponível em: <http://www.idcivil.com.br/pdf/biblioteca9.pdf>, acessado em 27 de julho de 2014.

[411] Para Vicenzo Zeno-Zencovich: "per cittadinanza si intende solitamente uno sttus, politico, che confesce al titolare un complesso di situazioni attive e passive che si riflettono tanto nei rapporti con le autorità, quanto con altri soggetti: dai diritti di partecipazione – voto, associazione, petizione, intervento nei processi decionali – a quelli di prestazione – istruzione, sanità, assistenza, servizi essenziali – a quelli nell'ambito lavorativo

defendida está associada ao ser humano como parte integrante da comunidade, receptor das prestações estatais e responsável pela manutenção do Estado, outorgando-lhe também o "direito (direito-dever) de ter uma palavra a dizer sobre os impostos que estamos dispostos a pagar".[412] A legalidade tributária é um mecanismo constitucional vocacionado a medir a vontade popular, por meio dos representantes eleitos no parlamento.[413] Porém, a cidadania fiscal exige uma participação mais ativa e próxima da tributação, iniciando a participação no processo de elaboração de novas medidas legislativas, continuando na aplicação das normas e exercício da fiscalização e persistindo para além da atividade administrativa, quando é assegurado ao contribuinte ingressar em juízo para discutir a correta aplicação da norma.[414] Portanto, a expressão da cidadania fiscal é mais ampla que a mera exigência de lei prévia para instituição ou majoração de tributos.

A expressão da cidadania manifesta-se, pois, na outorga ao cidadão de direitos e garantias frente ao Estado, que no domínio do Direito Tributário é ainda mais latente. Zelmo Denari propõe uma cidadania tributária cujo status: "supõe, de um lado, conhecimento das imposições tributárias em cada nível de governo e, de outro, avaliação da legitimidade dessas exigências fiscais e de sua adequação aos princípios e normas gerais do direito tributário elencados na Constituição e nos textos infraconstitucionais".[415]

O cidadão/contribuinte é chamado a contribuir na medida da sua capacidade econômica para prover o Estado. Este, de seu turno, torna-se devedor da contraprestação que lhe incumbe através das tarefas destinadas pela Constituição. Nessa linha, assim como é dever do indivíduo contribuir com o Estado, é também seu dever opor-se à ordem ilegal como forma de atender à cidadania

---

– libertà, conzioni contrattuali, previdenza, organizzazione – a quelli nell'ambito familiare – matrimonio, filiazione, successione". ZENO-ZENCOVICH, Vincenzo. Il "diritto ad essere informati" quale elemento del rapporto di cittadinanza. In: Il *Diritto dell'informazione e dell'informatica*, 2006, p. 1. LEAL, Rogério Gesta. *Teoria do Estado. Cidadania e poder político na modernidade*. 2 ed. Porto Alegre: Livraria do Advogado, 2001, p. 182.

[412] João Ricardo Catarino sustenta que positivação das relações humanas importou em retrocesso. Como afirma: "Com isso nublou tanto o consentimento do cidadão face ao imposto quanto o direito a um quadro de garantias substantivas e processuais efetivo, coerente e estável, que assegure aos contribuintes uma verdadeira posição de parte, ao invés de submetido ou sujeito para que tende, cronicamente, a ser relegado. O resultado é que temos mais sujeição e menos cidadania fiscal". CATARINO, João Ricardo. Consentimento e garantias dos contribuintes: da crise à necessidade de (re)afirmação. In: Daniel Freire e Almeida; Fabio Luiz Gomes e João Ricardo Catarino (org). *Garantia dos contribuintes no Sistema Tributário*. São Paulo: Saraiva, 2013, p. 268. NABAIS, José Casalta. *Por um Estado Fiscal suportável. Estudos de Direito Fiscal*. Coimbra: Almedina, 2005, p. 111.

[413] Sobre o tema, escreve Carrazza: "Concordamos que, no silêncio dos gabinetes, normas jurídicas têm sido urdidas em profusão e sem critério nem compasso, imprescindíveis que se tornaram, como querem os governantes, para a salvaguarda dos interesses nacionais. Bem ou mal, o fato é que transformou-se radicalmente nosso direito posto, no sentido da maior amplitude de seu alcance normativo. Contudo, semelhante fenômeno, que beira as raias do casuísmo, não destrói, antes, confirma, a validade dos princípios jurídicos, invulneráveis ao furor legiferante. (...) Dentre estas regras, incrivelmente multiplicadas pela ingerência cada vez maior do Estado nas relações entre os particulares, ocupam posição de destaque, pela sua inegável importância, os regulamentos." CARRAZZA, Roque Antônio. *O Regulamento no Direito Brasileiro*. São Paulo: Revista dos Tribunais, 1981. p. 2.

[414] O Superior Tribunal de Justiça apresentou curiosa leitura dos princípios de hermenêutica das normas tributárias no julgamento do crédito-prêmio do IPI: AgRg no Ag 886162/PR, Rel. Ministro JOSÉ DELGADO, Rel. p/ Acórdão Ministro LUIZ FUX, PRIMEIRA TURMA, julgado em 18/12/2007, DJe 04/09/2008.

[415] DENARI, Zelmo. Cidadania e Tributação. In: *Revista Dialética de Direito Tributário* n° 10, jul. /1996, p. 44.

inscrita na Constituição. Constitui-se em dever do contribuinte se irresignar contra tributação abusiva, ilegal e/ou inconstitucional. Como destaca Alberto Nogueira: "Enfim, o Estado se jurisdiciza de forma mais completa, passando a se sujeitar não apenas ao Direito, que na maior parte se habituou a formular, para se amoldar aos desígnios da cidadania ativa".[416]

Em pesquisa pioneira, em 1990, a Organização para Cooperação e Desenvolvimento Econômico (a sigla vem do francês, *Organisation de coopération et de développement économiques*, OCDE) elaborou estudo denominado "Direitos e Obrigações do contribuinte – Uma pesquisa da situação jurídica nos países da OCDE".[417] A pesquisa apontou que, embora muitos países não dediquem um capítulo explícito aos direitos dos contribuintes, alguns direitos podem ser identificados em todos os sistemas pesquisados,[418] a saber:

- Direito de ser informado, assistido e ouvido;
- Direito de recurso;
- Direito de não pagar além do valor correto do respectivo tributo;
- Direito de certeza, segurança (estabilidade ou exatidão);
- Direito à privacidade;
- Direito à confidencialidade e ao sigilo.

De outro lado, a pesquisa identificou que os ordenamentos jurídicos estudados impõem certas obrigações. Pode-se constatar que existe um padrão de comportamento esperado dos contribuintes pelas Administrações Tributárias. Estes comportamentos esperados estão diretamente relacionados ao êxito da tributação, sendo exigido na maioria dos sistemas pesquisados. A pesquisa identificou os seguintes comportamentos:

- O dever de ser honesto;
- O dever de ser cooperativo;
- O dever de prover informações e documentos precisos tempestivamente;
- O dever de manter os livros e registros fiscais;
- O dever de pagar os tributos tempestivamente.

---

[416] NOGUEIRA, Alberto. *Teoria dos Princípios Constitucionais Tributários*. Rio de Janeiro: Renovar, 2008, p. 82.

[417] Taxpayers' rights and obligations – A survey of the legal situation in OECD countries. Approved by OECD Council on 27 April 1990. Based on country replies to a questionnaire sent out in 1988. Disponível em <http://www.oecd.org/tax/administration/Taxpayers'_Rights_and_Obligations-Practice_Note.pdf>, acessado em 31 de agosto de 2014.

[418] Com algumas variações, a pesquisa levada a efeito pela *Cour des comptes* francesa aponta: "Les enquêtes de terrain menées par la Cour ont permis de mieux cerner les besoins des particuliers et des entreprises. Au-delà d'exigences très générales, comme celle d'assurer que le produit des impôts est dépensé à bon escient, sujet qui n'entre pas dans le champ de la présente évaluation, les demandes essentielles peuvent être regroupées comme suit: – la simplicité des règles, des procédures et des documents, et leur stabilité; – un bon accès aux informations; – la commodité des contacts avec les services de la DGFIP et des modalités de paiement; – la sécurité juridique, pour les entreprises surtout, mais aussi pour les particuliers; – le sentiment de justice, au delà du caractère équitable de la règle fiscale elle-même: égalité territoriale, égalité de traitement en général avec une attention particulière envers les publics les plus « faibles », prise en compte des spécificités de situation". Les relations de l'administration fiscale avec les particuliers et les entreprises. Rapport public thématique. Cour des comptes. Paris, 2012, p. 31. Disponível em <http://www.ladocumentationfrancaise.fr/var/storage/rapports-publics/124000097/0000.pdf>, acessado em 14 de setembro de 2014.

A pesquisa da OCDE considerou que o sucesso da tributação nos países com bons índices está associada ao equilíbrio destes direitos e obrigações, sendo fundamental assegurar tais direitos, assim como exigir os comportamentos antes destacados para alcançar um nível ótimo na gestão tributária.[419] Dessa forma, propõe-se que o conceito de cidadania fiscal incorpore estes direitos e obrigações identificados no estudo da OCDE por espelhar as mais modernas práticas em matéria de legislação tributária.

Portanto, a cidadania fiscal ora proposta está associada a um padrão de comportamento a ser observado pelo contribuinte. E não só isso. A cidadania fiscal defendida assegura um status de respeito e dignidade a ser observado pelo Estado, sendo possível identificar a partir da cidadania fiscal um padrão comportamental a ser exigido do Fisco. Sob a vigência de um Estado Constitucional de Direito, o contribuinte tem o compromisso de colaborar com a tributação porque este é um dever fundamental desta noção de cidadania, não se ocultando, furtando-se ao pagamento ou valendo-se de artifícios insidiosos para deixar de contribuir, quando ostenta capacidade para tanto. Essa cidadania fiscal exige um comportamento ativo e atuante, devendo ser ouvido sobre a tributação, participando da ação fiscal e até mesmo opondo-se a ordens contrárias ao Sistema Tributário Nacional. Por outro lado, o respeito à cidadania fiscal importa em conceder ao contribuinte um tratamento capaz de promover e preservar a dignidade da pessoa humana.

Capítulo 2 – Da boa-fé objetiva como fundamento para os deveres de proteção, cooperação e colaboração no Direito Tributário

1. Sobre a noção privatista da boa-fé objetiva e sua apropriação pelo Direito Público

No âmbito do Direito Privado, muito já se escreveu e pesquisou sobre a boa-fé objetiva. Pode-se dizer que, na seara privada, a produção doutrinária é vasta sobre o tema.[420] Este domínio do Direito foi profícuo na elaboração doutrinária da irradiação de deveres emanados da boa-fé nas mais variadas modalidades de relação jurídica.

Toda e qualquer pretensão de resumir os laboriosos esforços da doutrina civilista resultará em imprecisa pesquisa. Desde logo, impõe-se definir a pretensão da investigação da boa-fé para os limites deste trabalho. Como já demonstrado, a relação jurídica tributária tem suas raízes no direito privado e este, por sua vez, interpreta a relação obrigacional à luz do princípio da boa-fé.

---

[419] Taxpayers' rights and obligations – A survey of the legal situation in OECD countries. Approved by OECD Council on 27 April 1990. Based on country replies to a questionnaire sent out in 1988. Disponível em <http://www.oecd.org/tax/administration/Taxpayers'_Rights_and_Obligations-Practice_Note.pdf>, acessado em 31 de agosto de 2014.

[420] Por todos, conferir: MENEZES CORDEIRO, Antonio Manual. *Da boa-fé no direito civil*. Coimbra: Almedina, 1989; MARTINS-COSTA, Judith. *A Boa-fé no Direito Privado*. São Paulo: RT, 2000.

Desse modo, não se poderia propor um novo modelo de relação jurídica tributária sem examinar o papel desempenhado pela boa-fé objetiva. Esta revisão tem o propósito de estabelecer um cotejo entre a relação obrigacional privada com o modelo obrigacional próprio do Direito Tributário e extrair daí os efeitos que este princípio irradia para a relação jurídica tributária.

A importância da boa-fé na formação dos institutos jurídicos remonta ao período romano, quando a atividade criativa dos magistrados, ao valorizar o comportamento ético das partes expressado nas *actiones ex fide bona*, repercutia no exercício da jurisdição, reconhecendo a retidão e a lisura a ser observada pelos litigantes.[421]

No entanto, o momento de maior labor do instituto ocorre por esforço do Direito Alemão. O BGB (*Bürgerliches Gesetzbuch*), Código Civil alemão, e o Código Civil suíço consagraram a boa-fé no início do século XIX. Em verdade, o instituto já constava no artigo 1.134, alínea 3ª, do Código de Napoleão, onde havia a determinação de que as convenções deveriam ser executadas de boa-fé. No entanto, o Direito Francês não havia lhe conferido muita efetividade. A verdadeira expressão da boa-fé somente veio a ser observada na jurisprudência concretizadora alemã e o Pandectismo, ou ciência dos Pandectas. No período referido por Franz Wieacker como consagração da escola conceitual e sistemática da pandectística, surge o BGB com a marca da valorização das chamadas cláusulas gerais, destacando-se a norma do § 242 do BGB.[422] O paradigma da boa-fé alemã espalhou-se para outros ordenamentos, os quais seguiram a tradição tedesca.[423]

---

[421] SILVA, Clóvis V. do Couto e. *A obrigação como processo*. 8 reimpressão. Rio de Janeiro: Editora FGV, 2013, p. 32. MENEZES CORDEIRO, Antonio Manual. *Da boa-fé no direito civil*. Coimbra: Almedina, 1989. Amélia González Méndez recorda a expressão de Cícero: "*Fundamentum autem est iustitiae fides, id est dictorum conventorumque constantia et veritas*. En una ya clásica expresión, señalaba expresivamente Cícerón que la buena fe, entendida como la fidelidad y sinceridad de las palabras y de los acuerdos, constituye el fundamento mismo de justicia". MENDÉZ, Amelia González. *Buena fe y Derecho Tributário*. Madri: Marcial Pons, 2001, p. 21. Francesco Santamaría assevera: "L'insegnamento romanistico si compendia nella proposizione gaiana 'quidquid ob eam rem dare, facere oportére ex fide bona' (Istituzioni, 4/47)". SANTAMARIA, Francesco. *Autonomia Privata e statuto del contribuente*. Milão: Giuffrè, 2012, p. 6.

[422] WIEACKER, Franz. *História do Direito Privado*. 2 ed. Lisboa: Fundação Calouste Gulbenkian, 1980 p. 545. COUTO E SILVA, Almiro do. O princípio da legalidade da Administração Pública e da segurança jurídica no Estado de Direito Contemporâneo. In: *Revista de Direito Público*, v. 84, p. 46-63, 1987. SILVA, Clóvis V. do Couto e. *A obrigação como processo*. 8 reimpressão. Rio de Janeiro: Editora FGV, 2013, p. 32.

[423] Pode-se citar o Código Civil de Quebéc em razão da semelhança com a legislação pátria: "art. 1.375. La bonne foi doit gouverner la conduite des parties, tant au moment de la naissance de l'obligation qu'à celui de son exécution ou de son extinction". Da mesma forma, o Código Civil italiano, estabelece em seu artigo 1.175 que "il debitore e il creditore devono comportarsi secondo le regole della correttezza" e, no artigo 1.337, acrescenta que: "le parti, nello svolgimento delle trattative e nella formazione del contratto, devono comportarse secondo buona fede". Mais recente, o Código Civil Português, também conta com previsão legal na norma insculpida no artigo 227/1: "Quem negoceia com outrem para conclusão de um contrato deve, tanto nos preliminares como na formação dele, proceder segundo as regras da boa-fé, sob pena de responder pelos danos que culposamente causar à outra parte". Ainda, no artigo 762/2: "No cumprimento da obrigação, assim como no exercício do direito correspondente, devem as partes proceder de boa-fé". Nas reformas operadas no Código Civil espanhol, foi incluída a seguinte orientação: "los derechos deben ejercitarse conforme a los dictados de la buena fe". Tal movimento não passou desapercebido pelos países da *common law*. Nos Estados Unidos, através do *Uniform Comercial Code*, que foi referendado pelos cinquenta Estados americanos, encontra-se: section 1-203: "every contract or duty within this act imposes an obligation of good

É fundamentalmente o trabalho de concretização das cláusulas gerais pela jurisprudência alemã que irradiou efeitos para o direito público e direito privado.[424] Merece destaque a técnica legislativa da utilização das cláusulas gerais que se caracteriza numa clara delegação do legislador ao Poder Judiciário, conferindo-lhe o poder de colmatar a moldura construída pela cláusula geral com as particularidades do caso concreto.[425] A premissa de dotar o sistema jurídico alemão de cláusulas gerais tinha como propósito criar aberturas no sistema, permitindo que o direito positivo estivesse atualizado e capaz de sofrer influência dos valores e princípios vigentes.[426]

O papel desempenhado pelas cláusulas gerais, com especial destaque à boa-fé objetiva, no desenvolvimento do Direito obrigacional alemão, permitiu uma interessante ligação entre as fontes de produção jurídica e a solução do caso concreto. Com a abertura do sistema jurídico conferida pelas cláusulas gerais, permitiu-se que a dogmática jurídica criativa desenvolvida pela doutrina alemã pudesse subsidiar o Judiciário com adaptações da ordem jurídica à evolução social.[427] O modelo de sistema jurídico fechado e estático deu lugar a um modelo de sistema jurídico aberto e dinâmico. Esta passagem é, em grande medida, decorrência da utilização das cláusulas gerais pelo legislador alemão.[428]

Este movimento propiciou a compreensão do fenômeno obrigacional para além dos estreitos limites do texto do contrato ou, ainda, encontrando conformação no Direito a despeito da ausência de norma escrita.[429] A introdução da boa-fé como norma orientadora do Direito obrigacional permitiu a compreensão das relações jurídicas de forma mais ampla. É a partir dessa visão

---

faith in its performance or enforcement; section1-201(19): Good faith means honesty in fact in the confuct or transaction concerned; section 1-203(1)(b), Good faith...means honesty in fact and the observance of reasonable commercial standards of fair dealing in the trade". De seu turno, na Inglaterra, não costuma-se falar expressamente em boa-fé – *good faith* –, mas existe a expressão *fair dealing* – atuação correta – consagrada nos atos *Fair trading act* e *Unfair contract terms act*. Todo este estudo comparativo é encontrado em NORONHA, Fernando. *O Direito dos contratos e os seus princípios fundamentais*. São Paulo: Saraiva, 1994, p. 126.

[424] Wieacker refere que: "As cláusulas gerais constituíram uma notável e muitas vezes elogiada cessão do positivismo à autorresponsabilidade dos juízes e a uma ética social transpositiva, cujo padrão propulsor para o legislador foi constituído pela organização dada pelo *praetor* romano ao *iudex* para determinar o conteúdo da decisão de acordo com a *bona fides*". WIEACKER, Franz. *História do Direito Privado*. 2 ed. Lisboa: Fundação Calouste Gulbenkian, 1980 p. 545. MENEZES CORDEIRO, Antonio Manual. *Da boa-fé no direito civil*. Coimbra: Almedina, 1989. SILVA, Clóvis V. do Couto e. *A obrigação como processo*. 8 reimpressão. Rio de Janeiro: Editora FGV, 2013, p. 32.

[425] WIEACKER, Franz. *História do Direito Privado*. 2 ed. Lisboa: Fundação Calouste Gulbenkian, 1980 p. 546-7. ENGISH, Karl. *Introdução ao pensamento jurídico*. 8 ed. Lisboa: Fundação Calouste Gulbenkian, 2001, p. 228.

[426] Judith Martins-Costa alerta para o mudança de paradigma, quando se abandona o modelo de código oitocentista fechado para um novo modelo jurídico aberto: "Um código não totalitário tem janelas abertas para a mobilidade da vida, pontes que o ligam a outros corpos normativos – mesmo os extrajurídicos – e avenidas, bem trilhadas, que o vinculam, dialeticamente, aos princípios e regras constitucionais". MARTINS-COSTA, Judith. *A Boa-fé no Direito Privado*. São Paulo: RT, 2000, p. 285.

[427] SANTAMARIA, Francesco. *Autonomia Privata e statuto del contribuente*. Milão: Giuffrè, 2012, p. 10. MARTINS-COSTA, Judith. *A Boa-fé no Direito Privado*. São Paulo: RT, 2000, p. 285. WIEACKER, Franz. *História do Direito Privado*. 2 ed. Lisboa: Fundação Calouste Gulbenkian, 1980 p. 546.

[428] CANARIS, Claus-Wilhem. *Pensamento sistemático e conceito de sistema na ciência do Direito*. 3 ed. Trad. Menezes Cordeiro. Lisboa: Fundação Calouste Gulbenkian, 2002, p. 142.

[429] SANTAMARIA, Francesco. *Autonomia Privata e statuto del contribuente*. Milão: Giuffrè, 2012, p. 6.

mais ampla, capaz de compreender o vínculo na sua totalidade, que se passou a falar em obrigação como processo, obrigação na sua plenitude.[430] É por obra da boa-fé objetiva que se pôde vislumbrar a obrigação na sua totalidade, compreendendo o vínculo pré-contratual, contratual e pós-contratual. Em suma, passou-se a compreender a relação além da visão clássica de ligação entre credor e devedor, crédito e débito.

Há uma clara função a ser desempenhada pela boa-fé, calcada na determinação de consideração para com o *alter*. O princípio da boa-fé objetiva, entendido como norma de conduta social ou padrão ético de comportamento, encontrou assento no ordenamento jurídico nacional por intermédio do artigo 422 do Código Civil. O princípio da boa-fé aplicável aos contratos é simbolizado pelo dever de não ferir a confiança depositada mutuamente pelas partes quando da contratação. Como aponta Karl Larenz,[431] tal dever impõe-se ao devedor e credor, mas alcança todos os participantes da relação jurídica. Por óbvio, a confiança e a lealdade são essenciais para a segurança e a ordem na circulação de bens e serviços. Desse modo, uma vez preservada a confiança depositada, estar-se-á prestigiando não só o interesse do credor ou devedor, mas também o interesse geral e o bem comum.

Partindo da premissa de que nem os contratantes, por meio do contrato firmado, nem a lei são capazes de prever todas as situações que podem advir da contratação, chega-se à conclusão de que, para tutelar os interesses das partes envolvidas, será necessária uma cláusula geral que possa ser moldada a um número maior de hipóteses.[432] É este, sem dúvida, o papel da boa-fé, ao passo que a lealdade e a confiança depositadas serão atendidas quando o comportamento dos contratantes estiver pautado na boa-fé objetiva.[433]

O dever de agir em consonância com a boa-fé se faz presente em todas as fases do processo de formação dos contratos. Começa nas tratativas ou fase preliminar, estende-se para durante a sua execução e se protrai para após a sua extinção – responsabilidade pós-contratual. Este compromisso de analisar o vínculo obrigacional de forma dinâmica e não estanque, superando o binô-

---

[430] SILVA, Clóvis V. do Couto e. *A obrigação como processo*. 8 reimpressão. Rio de Janeiro: Editora FGV, 2013, p. 63. MARTINS-COSTA, Judith. *A Boa-fé no Direito Privado*. São Paulo: RT, 2000, p. 393.

[431] É a lição do mestre alemão "em primeiro lugar dirige-se ao devedor, com o mandado de cumprir a sua obrigação, atendo-se não só à letra, mas também ao espírito da relação obrigacional correspondente... e na forma que o credor possa razoavelmente esperar dele. Em segundo lugar dirige-se ao credor, com o mandado de exercer o direito que lhe corresponde, atuando segundo a confiança depositada pela outra parte e a consideração altruísta que essa outra parte possa pretender segundo a classe de vinculação especial existente. Em terceiro lugar dirige-se a todos os participantes da relação jurídica em questão, com o mandado de se conduzirem conforme corresponder em geral ao sentido e à finalidade desta especial vinculação e a uma consciência honrada". LARENZ, Karl. Derecho de obligaciones. In: *Revista de Derecho Privado*. Madrid: Editorial, 1956, p. 148.

[432] Segundo clara e precisa passagem de Judith Martins-Costa: "O delinear dos traços característicos das cláusulas gerais pode ocorrer pela negativa. Esta reside na contraposição do modelo da técnica de legislar mediante cláusulas gerais ao modelo da técnica de legislar através da casuística. O modelo da cláusula geral, portanto, seria o modelo da 'não-casuística'". MARTINS-COSTA, Judith. *A Boa-fé no Direito Privado*. São Paulo: RT, 2000, p. 296.

[433] NORONHA, Fernando. *O Direito dos contratos e os seus princípios fundamentais*. São Paulo: Saraiva, 1994, p. 148.

mio crédito/débito ou credor/devedor, constitui um dos grandes legados da boa-fé objetiva. Esta compreensão da relação jurídica de forma total ou global começa na lição de Karl Larenz[434] e chega até o Direito brasileiro pelas mãos de Clóvis do Couto e Silva.[435] Reside exatamente na visão de obrigação total ou obrigação como processo que a doutrina civilista promove a superação do paradigma da vontade humana como expressão máxima do Direito obrigacional, dando lugar à boa-fé objetiva.[436] Este movimento de promoção da boa-fé objetiva evidencia os múltiplos elementos integradores da relação obrigacional reconhecida como complexa,[437] possibilitando que integre esta relação não apenas direitos de crédito, direitos formativos, sujeições, pretensões, exceções e ônus, mas, sobretudo, fatores que extrapolam a vontade, atinentes a princípios standards de cunho social e constitucional.[438] Analisando a obrigação como um processo, consoante preconizou Clóvis do Couto e Silva,[439] a boa-fé irradia três comandos identificados pela doutrina, a saber: função interpretativa, função integrativa e função de controle, as quais serão examinadas a seguir.

2. A apropriação da boa-fé pelo Direito Tributário por meio da moralidade inscrita na Constituição

O Direito Público não tardou a haurir as lições jusprivatistas e incorporar os mandamentos comportamentais provenientes da boa-fé objetiva,[440] porém

---

[434] Karl Larenz defende que se deve estudar a obrigação como um todo, dizendo que: "Bajo este concepto entendemos la "relación de obligación" no solo como lo hace la ley (p. ej., en el § 362), es decir, como la relación de prestación aislada (crédito y deber de prestación), sino como la relación jurídica total (p. ej.: relación de compraventa, de arrendamiento o de trabajo) y que se configura como una relación jurídica especial entre las partes". LARENZ, Karl. *Derecho de obligaciones*. t. I. Trad. Jaime Santos Briz. Madrid: Editorial Revista de Derecho Privado, 1958, p. 37.

[435] SILVA, Clóvis V. do Couto e. *A obrigação como processo*. 8 reimpressão. Rio de Janeiro: Editora FGV, 2013, *passim*.

[436] MARTINS-COSTA, Judith. *A Boa-fé no Direito Privado*. São Paulo: RT, 2000, p. 394.

[437] MOTA PINTO, Carlos Alberto da. *Cessão de contrato*. São Paulo: Saraiva, 1985, p. 250.

[438] SANTAMARIA, Francesco. *Autonomia Privata e statuto del contribuente*. Milão: Giuffrè, 2012, p. 13. MARTINS-COSTA, Judith. *A Boa-fé no Direito Privado*. São Paulo: RT, 2000, p. 395.

[439] SILVA, Clóvis V. do Couto e. *A obrigação como processo*. 8 reimpressão. Rio de Janeiro: Editora FGV, 2013, *passim*.

[440] As origens da boa-fé objetiva são rememoradas no Direito Público com maestria por Almiro do Couto e Silva que reconta a história construída pelos civilistas, dizendo: "A boa fé é noção que, desde o mundo romano, se firmou predominantemente no Direito Privado, quer no sentido subjetivo, tal como aparece, por exemplo, na posse *ad usucapionem*, quer no sentido objetivo, que começa a ser modelado nas *actiones bonae fidei*, e que diz respeito à lealdade, correção e lisura do comportamento das partes reciprocamente. Nessa segunda acepção, de boa fé objetiva, foi ela recebida no Código Civil Alemão, notadamente nos famosos §§ 242 e 157, o que abriu caminho para que outros códigos civis igualmente a acolhessem, como dá testemunho, por último, o novo Código Civil Brasileiro, nos arts. 113 e 422, 2". Geraldo Ataliba e Aires Barreto foram pioneiros em escrever sobre boa-fé no Direito Tributário brasileiro. Em 1988, escreveram ensaio que invocou originalmente a boa-fé na seara tributária: Disseram: "Não se trata de princípio que vigora apenas entre particulares nas relações jurídicas de direito privado. Ao revés, essa diretriz norteia, também, as relações jurídicas de direito público, alcançando nele, transcendente importância". ATALIBA, Geraldo e BARRETO, Aires F. ICM – utilização de crédito transferido – boa fé do favorecido – exigência do imposto descabida. In: *Revista de Direito Tributário* n 43, jan/mar 1988, p. 124.

as aplicações da boa-fé no âmbito do Direito Público remontam ao início do século XX.[441] Segundo resgate histórico realizado por Almiro do Couto e Silva, a aplicação da boa-fé objetiva esteve inicialmente ligada à questão da faculdade da Administração rever os seus atos, haja vista que inexistente o princípio da "res judicata" no plano da Administração Pública.[442] Na seara do Direito Administrativo, a boa-fé objetiva surgiu como forma de tutelar certas expectativas legítimas do administrado, impedindo que o Poder Público pudesse anular seus atos e tornar sem efeito as consequências de quem neles confiou.[443]

Esta aplicação da boa-fé propiciou a confusão com o princípio da proteção da confiança,[444] gerando o impasse entre tratá-los como sinônimos[445] ou distingui-los de forma didática.[446] Em verdade, não se pode confundir os institutos jurídicos porque cada qual desempenha papel distinto na conformação das relações jurídicas. De notar que a incidência da proteção da confiança demanda: (a) a existência de uma base da confiança; (b) uma confiança nessa base; (c) prática de atos fundados na confiança gerada e (d) frustração da confiança por ato posterior e contraditório do Poder Público.[447] Percebe-se que o desenvolvimento da proteção da confiança, da forma como se desenvolveu no direito comparado e no direito pátrio, esteve sempre associado à tutela do cidadão frente a atuações da Administração que impunham restrições ou privações a

---

[441] MAURER, Hartmut. *Elementos de Direito Administrativo Alemão*. Trad. Luís Afonso Heck. Porto Alegre: SaFe, 2001, p. 65.

[442] Em alentado trabalho, o Professor Almiro do Couto e Silva introduz o debate no direito público: COUTO E SILVA, Almiro do. O princípio da legalidade da Administração Pública e da segurança jurídica no Estado de Direito Contemporâneo. In: *Revista de Direito Público*, v. 84, p. 46-63, 1987.

[443] COUTO E SILVA, Almiro do. O princípio da legalidade da Administração Pública e da segurança jurídica no Estado de Direito Contemporâneo. In: *Revista de Direito Público*, v. 84, p. 46-63, 1987. MAURER, Hartmut. *Elementos de Direito Administrativo Alemão*. Trad. Luís Afonso Heck. Porto Alegre: SaFe, 2001, p. 66.

[444] Esta incorporação de conceitos estabeleceu uma relação entre a proteção da confiança e a aplicação da boa-fé objetiva, com maestria identificada pela Profª. Judith Martins-Costa: "A correlação entre confiança e boa-fé está, para além do parentesco etimológico em que a boa-fé, na acepção objetiva, caracteriza arquétipo ou standard jurídico, segundo o qual cada pessoa deve ajustar a própria conduta a esse arquétipo, obrando como obraria um homem reto: com honestidade, lealdade, probidade, qualificando, por isto, uma norma de comportamento leal". MARTINS-COSTA, Judith. *A boa-fé no Direito Privado*. São Paulo: RT, 2000, p. 239.

[445] GONZÁLEZ PÉREZ, Jesús. *El principio general de la buena fe en el Derecho Administrativo*. Madri: Civitas, 1983. Luciano Parejo defende, de seu turno, que o princípio da proteção da confiança é a projeção no direito público da boa-fé objetiva própria do direito privado. Prólogo à obra de Castillo Blanco. BLANCO, Federico A. Castillo. *La protección de confianza en el derecho administrativo*. Madri: Marcial Pons, 1998, p. 18.

[446] Sylvia Calmes problematiza a questão, dizendo: "Ainsi, même si l'exigence de bonne foi – qui s'impose à toutes lês personnes – paraît requérir le respect de la confiance legitime suscitée, donc paraît constituer sa source (Section I), il nous semble qu'en fin de compte de la bonne foi – de la personne privée –, au sein du mécanisme technique auquel elle renvoie invariablement, et donc qui l'englobe dans ses éléments constitutifs (section II)". CALMES, Sylvia. *Du príncipe de protection de la confiance legitime en droits allemand, communautaire et français*. Paris: Dalloz, 2001, p. 227-8. Rafael Maffini não concorda com o tratamento dos institutos como sinônimos, ainda que faça referência a ordenamentos, como o espanhol, que os trata com identidade. MAFFINI, Rafael. *Princípio da Proteção Substancial da Confiança no Direito Administrativo Brasileiro*. Porto Alegre: Verbo Jurídico, 2006, p. 56-61.

[447] AVILA, Humberto. *Segurança Jurídica. Entre permanência, mudança e realização no Direito Tributário*. 2 ed. São Paulo: Malheiros, 2012, p. 366. MAFFINI, Rafael. *Princípio da Proteção Substancial da Confiança no Direito Administrativo Brasileiro*. Porto Alegre: Verbo Jurídico, 2006, p. 56-61.

expectativas legitimamente criadas pela própria Administração, seja por meio de atos abstratos, seja na edição de atos concretos e específicos.[448]

Porém, a preocupação da presente investigação não se concentra no exame da relação jurídica frustrada ou vulnerada. A grande questão aqui suscitada está em saber como devem se comportar os sujeitos que integram a relação jurídica tributária. Esta tarefa parametrizadora, segundo proposta aqui defendida, é desempenhada pela boa-fé objetiva.[449]

Resulta que a boa-fé objetiva atua como balizadora das condutas a serem observadas pelos sujeitos integrantes da relação complexa como é a de Direito Tributário.[450] Sendo um mandamento de consideração para com o "alter", a boa-fé impõe que sejam adotadas condutas probas de parte a parte, assim como estabelece que as manifestações das partes que despertam confiança devem ser honradas.[451] Tal como concebido no âmbito privado, a norma ingressa no âmbito do Direito Tributário como padrão de conduta a ser observado tanto pelo Fisco, quanto pelo contribuinte.[452] Este padrão de conduta importa numa atuação conforme o comportamento normal adotado pelas demais pessoas quando submetidas a situação semelhante.[453] Com efeito, a boa-fé está estreitamente ligada com noções éticas, expedindo diretrizes comportamentais pautadas em valores reinantes na moral e bons costumes que orientam o agir da Administração Pública e que balizam o comportamento do contribuinte. Como disseram Geraldo Ataliba e Aires Barreto, a boa-fé implica "regra de comportamento normal, reta, honesta, em consonância com a conduta corrente da média das pessoas".[454]

---

[448] BLANCO, Federico A. Castillo. *La protección de confianza en el derecho administrativo.* Madri: Marcial Pons, 1998, p. 98. MENDÉZ, Amelia González. *Buena fe y Derecho Tributário.* Madri: Marcial Pons, 2001, p. 58.

[449] Amelia Mendéz define a boa-fé, dizendo: "Pues bien, si el principio de buena fe atiende al cumplimiento de la finadad de la obligación, articula al proprio tiempo, como se ha dicho, las relaciones que se generan entre las partes en base a la idea de leatad recíproca y de colaboración en la saisfacción del interés y de los derechos ajenos, lo que permite la resolución de eventuales conflictos e incumplimientos según un criterio de ponderación que aporta la buena fe y que subyace en toda decisión de justicia". MENDÉZ, Amelia González. *Buena fe y Derecho Tributário.* Madri: Marcial Pons, 2001, p. 165.

[450] DERZI, Misabel Abreu Machado. *Boa-fé objetiva no Direito Tributário. Princípio ou cláusula geral. In:* Revista da Faculdade de Direito Milton Campos, v. 12, 2005, p. 348.

[451] DERZI, Misabel Abreu Machado. Boa-fé objetiva no Direito Tributário. Princípio ou cláusula geral. In: *Revista da Faculdade de Direito Milton Campos,* v. 12, 2005, p. 348. KUGLER, Herbert Morgenstern e NAKAYAMA, Taryta. Da aplicação do princípio da boa-fé objetiva em questões tributárias: teoria e jurisprudência. In: *Revista tributária e de finanças públicas,* v. 20, n. 105, jul./ago. 2012, p. 352.

[452] SANTAMARIA, Francesco. *Autonomia Privata e statuto del contribuente.* Milão: Giuffrè, 2012, p. 37.

[453] Em ensaio seminal sobre o tema no âmbito do Direito Tributário, Geraldo Ataliba e Aires Barreto escreveram em 1988: "A boa-fé constitui-se num dos mais relevantes princípios gerais do Direito. Traduz-se esse princípio na conduta normal, leal e honesta das pessoas em relação às outras. Reflete atuação conforme comportamento normal adotado pelas demais pessoas se postas em idêntica situação. Age de boa fé quem se conduz com normalidade e retidão esperada de qualquer outra pessoa, em face da mesma questão. Funda-se na confiança mútua, na recíproca honorabilidade que deve presidir a atuação normal das pessoas nas relações jurídicas correspondentes". ATALIBA, Geraldo e BARRETO, Aires F. ICM – utilização de crédito transferido – boa fé do favorecido – exigência do imposto descabida. In: *Revista de Direito Tributário* n 43, jan/mar 1988, p. 124.

[454] ATALIBA, Geraldo e BARRETO, Aires F. ICM – utilização de crédito transferido – boa fé do favorecido – exigência do imposto descabida. In: *Revista de Direito Tributário* n 43, jan./mar. 1988, p. 124.

Daí a falar em moralidade no âmbito do Direito Tributário.[455] De efeito, a Constituição Federal de 1988 trouxe no seu texto expressões que simbolizam valores fundamentais prezados pela sociedade brasileira, dentre eles, e talvez ocupando posição de destaque, está a moralidade, inserida como princípio fundamental da administração pública, consoante artigo 37 da Carta Magna. A origem, explica Marçal Justen Filho, está na jurisprudência do Conselho de Estado francês, consolidando "entre nós a concepção de que a atividade administrativa, porque orientada à consecução do bem e do interesse públicos, não pode ser eticamente reprovável".[456]

Compulsando atentamente o texto da Constituição e o significado a ela atribuído pelo Supremo Tribunal Federal, pode-se perceber o caráter multifacetado da moralidade. Por vezes, vê-se a moralidade desempenhando a função de princípio, orientando a Administração Pública. Em outras oportunidades, é possível identificá-la desempenhando o papel de postulado, servindo de norte para a aplicação e ponderação de outras normas. É possível ainda visualizar a moralidade como diretriz ética que deve animar a aplicação do Direito, prestando serviço para a consolidação de uma teoria argumentativa alicerçada em valores. Equivale a dizer que a moralidade pode servir como norma de absorção dos valores do mundo da cultura, transpondo-os para o universo do dever-ser. Com igual percepção, Celso Ribeiro Bastos defende que a "moral se manifesta em expectativas e exigências de comportamento como *standards*, modelos ou ideais de valor e pautas de conduta".[457]

Da cláusula constitucional da moralidade extrai-se a proteção da confiança e a boa-fé da administração que Celso Antonio Bandeira de Mello enuncia como o dever de agir com lealdade.[458] No Direito Tributário, incidência da moralidade importa em conduzir a atuação estatal para um padrão ético como

---

[455] Klaus Tipke propugna que o sistema tributário deve possuir pautas valorativas e erige como valor supremo a justiça tributária que seria capaz de promover os demais valores como igualdade, moralidade, dentre outros. TIPKE, Klaus. *Moral Tributaria del Estado y de los contribuyentes*. Trad. Pedro M. Herrera Molina. Madri: Marcial Pons, 2002, p. 28 e ss.

[456] JUSTEN FILHO, Marçal. O Princípio da Moralidade Pública e o Direito Tributário. In: *Revista Trimestral de Direito Público* n. 11, p. 44.

[457] BASTOS, Celso Ribeiro. O Princípio da moralidade no Direito Tributário. In: *O princípio da moralidade no Direito Tributário*. Ives Gandra da Silva Martins (org.). São Paulo: CEU – RT, 1996, p. 83. Joseph Raz sustenta que: "Interpretation, it was suggeste, lives in spaces where fidelity to an original and opnnes to novelty mix. It exists in a dialectical tension, as some might say. The reason we find this tension in reasoning about constitutional law, I claimed, is that constitutional decisions are moral decisions that have to be morally justified, and the moral considerations that apply include both fidelity to the law of the constitution as it is, arising out of concern for continuity, and openness to its shortcomings and to injustices its application may yield in certain cases, which leads to openness to the need to develop and modify it". RAZ, Joseph. On the authority and Interpretation of Constitutions: Some Preliminaries. In: *Constitutionalism*. Philosophical foundations. Org. Larry Alexander. Cambridge: University Press, p. 182.

[458] Escreve Celso Antonio: "Administração haverá de proceder em relação aos administrados com sinceridade e lhaneza, sendo-lhe interdito qualquer comportamento astucioso, eivado de malícia, produzido de maneira a confundir, dificultar ou minimizar o exercício de direitos por parte dos cidadãos". MELLO, Celso Antonio Bandeira de. *Curso de Direito Administrativo*. 19 ed. São Paulo: Malheiros, 2005, p. 107. Gabriel Wedy identifica igualmente lastro constitucional na aplicação da boa-fé. WEDY, Gabriel de J. Tedesco. O princípio da Boa-Fé objetiva no direito tributário. In: *Interesse público*, v. 9, n. 43, maio/jun. 2007, p. 323.

condição de validade dos atos da administração tributária.[459] Impõe-se ao Estado, por meio da moralidade, uma atuação capaz de promover a valorização da dignidade da pessoa humana, respeito à cidadania e à construção de uma sociedade justa e solidária, como acentua José Augusto Delgado.[460]

Escrevendo sobre o Direito Tributário português, onde existe norma expressa acolhendo a incidência da boa-fé,[461] Diogo Leite de Campos destaca que a boa-fé desempenha um papel de juízo crítico sobre o comportamento das partes, de modo que o comportamento ideal esperado na relação jurídica é de uma pessoa honesta que atua conforme o direito. Constitui-se, pois, num instrumento de baliza do relacionamento entre os sujeitos que, vivendo em sociedade, em relação de interdependência, esperam uns dos outros empenho solidarístico maior que aquelas condutas mínimas exigidas pela legislação.[462] Eis a proposição original desta investigação. Ao postular a incidência da boa-fé objetiva nas relações jurídicas tributárias e por entender que a aplicação desta norma é inarredável, pode-se exigir de parte a parte um padrão de comportamento ideal, pautado em padrões de conduta honesta, proba, leal e correta. A aplicação da boa-fé objetiva decorre do padrão de comportamento delineado pela Constituição, sendo despicienda a edição de norma escrita para se exigir dos sujeitos da relação jurídica tributária lealdade, probidade, correção e honestidade.[463] A aplicação da boa-fé, como assevera Kornprobst, tem capacidade

---

[459] Marçal Justen assevera que a "incompatibilidade entre o princípio constitucional e o ato infraconstitucional resolve-se pela invalidade deste último, independente de sua natureza legislativa ou administrativa". Adiante aduz: "A ação e a omissão do Estado devem ser cristalinas, inequívocas e destituídas de reservas, ressalvas ou segundas-intenções". JUSTEN FILHO, Marçal. *O Princípio da Moralidade Pública e o Direito Tributário. in:* Revista Trimestral de Direito Público n. 11, p. 48. Partindo do pressuposto que a Administração possui um compromisso de atuação proba e consentânea com a moral, é lícito concluir que os atos estatais são geradores de expectativas legítimas e que tais expectativas merecem atenção do Poder Público. PORTO, Éderson Garin. A proteção da confiança e a boa-fé objetiva no Direito Público. In: *Revista da Ajuris*, v. 33, n. 102, p. 33.

[460] O Min. José Delgado escreve: "Não satisfaz às aspirações da Nação a atuação do Estado de modo compatível só com a mera ordem legal. Exige-se muito mais. Necessário se torna que a administração da coisa pública obedeça a determinados princípios que conduzam à valorização da dignidade da pessoa humana, ao respeito à cidadania e à construção de uma sociedade justa e solidária (...) o cumprimento da moralidade além de se constituir um dever que deve cumprir, apresenta-se como um direito subjetivo de cada administrado". DELGADO, José Augusto. O princípio da Moralidade Administrativa e a Constituição Federal de 1988. In: *Revista Trimestral de Jurisprudência dos Estados*, v. 100, p. 21-20.

[461] Por exemplo: Artigo 266 da Constituição Portuguesa e artigos 6° e 59 da Lei Geral Tributária.

[462] CAMPOS, Diogo Leite de e LEITE, Mônica Horta Neves. *Direito Tributário*. 2 ed. Coimbra: Almedina, 2000, p. 41. Em outra obra, Diogo Leite de Campos destaca o caráter solidarístico da relação tributária, dizendo: "O ser humano que começou por ser dignidade única e irrepetível, ser em si, só se realiza, e também está aqui a sua dignidade única e irrepetível na comunhão ética com os outros. Na comunhão ética com os outros torna-se sujeito responsável da história. É nesta sede que se encontra o Direito dos impostos. Enquanto manifestação de comunidade com os outros; mas de uma comunidade livre, em que cada um e os seus bens não são propriedade dos outros ou do Estado, mas propriedade de cada um, do eu (-tu-nós). Em que a propriedade assume uma dimensão social na qual se integram os impostos". CAMPOS, Diogo Leite de. *O Sistema Tributário no Estado dos Cidadãos*. Coimbra: Almedina, 2006, p. 52.

[463] ATALIBA, Geraldo e BARRETO, Aires F. ICM – utilização de crédito transferido – boa-fé do favorecido – exigência do imposto descabida. In: *Revista de Direito Tributário* n 43, jan./mar. 1988, p. 124. Amelia Mendéz defende que: "la vigencia del principio general de buena fe como critério rector de las relaciones entre la Administración y los obligados tributários es un hecho que, aunque no asumido explicitamente como tal por

para resolver os principais problemas do Direito Tributário: a complexidade dos textos normativos e as condutas desonestas tendentes à evasão fiscal.[464]

Em poucas palavras, a boa-fé objetiva estabelece um modelo de conduta que: (a) numa perspectiva negativa, interdite comportamentos contraditórios, caracterizando violação aos preceitos da boa-fé objetiva, além de condutas que impeçam, perturbem, menoscabem ou atrasem o exercício de um direito ou que pretendam impedir ou tornar impossível o cumprimento de uma obrigação ou dever da outra parte; e (b) numa formulação positiva, oriente e estimule a adoção de certos comportamentos que promovam a fidelidade, a honestidade, a veracidade, a coerência, a ponderação e o respeito, concentrando-se na ideia de comportamento leal em relação ao alter.[465]

3. Da boa-fé subjetiva no Direito Tributário

Em que pese o direito privado já tenha superado a confusão entre os institutos da "boa-fé objetiva" e "boa-fé subjetiva", no plano do Direito Público ainda se pratica uma mistura de ambos. Como explica com notável didática Judith Martins-Costa, a boa-fé subjetiva guarda relação com o estado psicológico da parte ou sua íntima convicção.[466] A feição subjetiva da boa-fé, de raiz canonística e amplamente aplicada pela jurisprudência francesa, está associada ao estado de consciência ou convencimento individual do sujeito. Em contraposição à "boa-fé subjetiva" está a "má-fé", conhecida como vontade deliberada de lesar alguém.[467] Logo, a "boa-fé subjetiva" significa a ausência de "animus doli" ou ignorância escusável sobre vícios ou defeitos do negócio jurídico celebrado.[468] De outro lado, a boa-fé objetiva, como já se tentou demonstrar no tópico anterior, guarda relação com um modelo de comportamento leal, de raiz germânica. Trata-se de regra de conduta fundada na honestidade, lealdade, na retidão e, sobretudo, na consideração para com os interesses do "alter".[469]

---

este ordenamiento, deve ser evidenciado y puesto de manifiesto por la práxis jurisprudencial". MENDÉZ, Amelia González. *Buena fe y Derecho Tributário*. Madri: Marcial Pons, 2001, p. 64.

[464] KORNPROBST, Emmanuel. *La notion de bonne foi. Application au Droit Fiscal français*. Paris: Librairie Generale de Droit et de Jurisprudence, 1980, p. 375. MENDÉZ, Amelia González. *Buena fe y Derecho Tributário*. Madri: Marcial Pons, 2001, p. 167.

[465] MENDÉZ, Amelia González. *Buena fe y Derecho Tributário*. Madri: Marcial Pons, 2001, p. 170.

[466] Escreve o autor: "In entrambi i casi la buona fede soggettiva tutelata dal nostro ordinamento, al contrario di quem Che avviene per la buona fede oggettiva esaminata in precedenza, fa riferimento non alla condotta dell'agente di per sé considerata, ma alla dimensione psicologica o intellettiva che ha caratterizzato la sua attività giuridica, in quanto la buona fede a cui l'ordinamento giuridico acorda una tutela è quella che implica una situazione di falsa o inesatta percezione della realtà, ergo *caratterizzata da uno stato intellettivo di errore o di ignoranza* (...)". SANTAMARIA, Francesco. *Autonomia Privata e statuto del contribuente*. Milão: Giuffrè, 2012, p. 35.

[467] MARTINS-COSTA, Judith. *A Boa-fé no Direito Privado*. São Paulo: RT, 2000, p. 411.

[468] Judith Martis-Costa recorda exemplos de aplicação da boa-fé subjetiva do direito das coisas (aquisição da propriedade alheia mediante usucapião), do direito de família (casamento putativo), assim como do direito das obrigações (mandato aparente) e direito das sucessões (herdeiro aparente). MARTINS-COSTA, Judith. *A Boa-fé no Direito Privado*. São Paulo: RT, 2000, p. 412.

[469] MENDÉZ, Amelia González. *Buena fe y Derecho Tributário*. Madri: Marcial Pons, 2001, p. 64. MARTINS-COSTA, Judith. *A Boa-fé no Direito Privado*. São Paulo: RT, 2000, p. 412.

Ocorre que no âmbito do Direito Público, por vezes, invoca-se um instituto pensando estar a tratar do outro. Parcela da explicação pode repousar na ausência de sistematização na seara do direito público, tal como empregada na esfera do direito privado, onde pululam obras sobre o tema. A ilustrar a constatação, interessante examinar o caso julgado pelo Superior Tribunal de Justiça.[470] Determinado contribuinte, pretendendo aderir a plano de parcelamento tributário, ofertou como garantia para ingresso no Refis o seu único imóvel. Configurado o inadimplemento das prestações do parcelamento, o Fisco busca executar a garantia e, neste momento, o contribuinte invoca a impenhorabilidade do bem de família. Para a Corte, houve abuso do direito de propriedade e flagrante má-fé do contribuinte. Afirma, o relator, que: "A boa-fé do devedor é determinante para que se possa socorrer da regra protetiva do art. 1º da Lei 8.009/90, devendo ser reprimidos quaisquer atos praticados no intuito de fraudar credores, de obter benefício indevido ou de retardar o trâmite do processo de cobrança".[471] Parece inegável que a boa-fé referida pela Corte Superior era a de feição subjetiva, onde se examinou o elemento anímico ou intenção do agente, não tendo sido examinada a boa-fé objetiva.

Em estudo histórico, Celso Antonio Bandeira de Mello escreve sobre a infração tributária e declarações falsas emanadas pelo contribuinte.[472] Em debate sobre a correta interpretação do artigo 136 do Código Tributário Nacional, questionando se a norma estaria a veicular responsabilidade objetiva ou subjetiva. Invocando posição de Fábio Fanuchi, defende que a norma, ao contrário da opinião comum da época, trata de responsabilidade subjetiva, pois embora torne irrelevante o dolo, o dispositivo não dispensa a demonstração de culpa. Afirma Celson Antonio: "A primeira conclusão é, portanto, de que o art. 136, ao contrário do que certas posições preconizaram, não se consagra a responsabilidade objetiva, mas trata ainda da expressão da responsabilidade subjetiva".[473] Adiante, escreve que: "inexiste no Direito qualquer princípio que erija a má-fé em regra ou em critério de interpretação. Pelo contrário, notadamente em matéria de penalizações, tenham o caráter que tiverem, é vedada presunção de tão desabusado teor".[474] Sem querer ter a pretensão de nublar o brilho do estudo e a originalidade das teses, em verdade, a investigação tratava da "boa-fé subjetiva", pois pretendia examinar a intenção do contribuinte e propor a necessidade de identificação da culpa do agente. Note-se que o autor fala em boa-fé contrapondo com sua expressão antagônica: "má-fé".[475]

---

[470] REsp 1200112/RJ, Rel. Ministro CASTRO MEIRA, SEGUNDA TURMA, julgado em 07/08/2012, DJe 21/08/2012.

[471] Idem.

[472] Utiliza-se a expressão "histórico" porque alguns autores apontam como sendo o trabalho que primeiro empregou a boa-fé no sentido objetivo. MELLO, Celso Antonio Bandeira de. Declaração falsa – responsabilidade – deveres acessórios – suspeita e prova – boa-fé e relação jurídica. In: *Revista de Direito Tributário* n. 7-8, jan-jun/1979, p. 60-70.

[473] MELLO, Celso Antonio Bandeira de. Declaração falsa – responsabilidade – deveres acessórios – suspeita e prova – boa-fé e relação jurídica. In: *Revista de Direito Tributário* n. 7-8, jan-jun/1979, p. 65.

[474] Idem, p. 66.

[475] Idem, p. 66-7.

Reside, nesta percepção equivocada dos institutos, o motivo para a utilização da "boa-fé" no Direito Público quase que essencialmente limitada ao direito sancionador. No exercício da atividade sancionadora impõe-se à Administração distinguir o sujeito imbuído de boa-fé daquele animado pela "má-fé" no seu agir.[476] Na doutrina pátria, parcela majoritária defende que a interpretação do artigo 136 do Código Tributário Nacional indica que a responsabilidade do contribuinte por infrações depende da configuração da culpa,[477] de modo que o agir de boa-fé por parte do contribuinte o eximiria de certas imputações. Ao comentar o dispositivo, Ricardo Lobo Torres filia-se à corrente que considera objetiva a responsabilidade definida no artigo 136, porém reconhece que a parcela majoritária da doutrina e jurisprudência avalia a boa-fé do contribuinte para afastar a responsabilidade ali insculpida.[478]

Bom exemplo de aplicação da boa-fé subjetiva pode ser observado no caso julgado pelo Superior Tribunal de Justiça que afastou a cominação de sanção ao contribuinte que declarou sua renda, mediante informações obtidas da fonte pagadora, tomando-as por corretas, agindo, portanto, de boa-fé.[479] No caso, o contribuinte recebeu da Administração Federal informação para declarar a gratificação recebida como rendimento não tributável. A Receita Federal acabou autuando o contribuinte por considerar que a verba estaria sujeita à tributação. O Superior Tribunal de Justiça afastou a incidência da multa por considerar que a má qualificação da verba ocorreu por culpa da fonte pagadora que induziu o contribuinte em erro, ficando evidente a boa-fé no seu agir.[480] Em caso semelhante, o Superior Tribunal de Justiça afastou a glosa levada a efeito pela Receita Federal de despesa odontológica declarada pelo contribuinte. Na hipótese, o profissional contratado pelo contribuinte não possuía registro no respectivo Conselho Profissional e, portanto, segundo posição da Fazenda Pública, esta despesa não poderia ser utilizada para efeitos de dedução da base de cálculo do imposto de renda. Avaliando a boa-fé do contribuinte, a Corte reconheceu o direito de utilizar a despesa odontológica devidamente comprovada.[481]

---

[476] Amelia Mendéz anota que as escassas aplicações da boa-fé se circunscrevem a alguns ascpetos relacionados com o âmbito sancionador do direito tributário. MENDÉZ, Amelia González. *Buena fe y Derecho Tributário*. Madri: Marcial Pons, 2001, p. 64.

[477] SCHOEURI, Luis Eduardo. *Direito Tributário*. São Paulo: Saraiva, 2011, p. 691-2. Leandro Paulsen segue a mesma trilha, porém sustenta que a presunção de culpa milita em desfavor do contribuinte, competindo-lhe demonstrar que agiu de boa-fé. PAULSEN, Leandro. *Curso de Direito Tributário completo*. 6 ed. Porto Alegre: Livraria do Advogado, 2014, p. 203.

[478] TORRES, Ricardo Lobo. *Curso de Direito Financeiro e Tributário*. 18 ed. Rio de Janeiro: Renovar, 2011, p. 271.

[479] AgRg no REsp 1384020/SP, Rel. Ministro HERMAN BENJAMIN, SEGUNDA TURMA, julgado em 19/09/2013, DJe 26/09/2013. Em sentido contrário, o STJ desconsiderou a presença da boa-fé do contribuinte, aplicando o artigo 136 do CTN na sua acepção mais criticada pela doutrina: AgRg no REsp 1262609/PE, Rel. Ministro CASTRO MEIRA, Segunda Turma, julgado em 25/09/2012, DJe 04/10/2012.

[480] AgRg no REsp 1384020/SP, Rel. Ministro HERMAN BENJAMIN, SEGUNDA TURMA, julgado em 19/09/2013, DJe 26/09/2013.

[481] "TRIBUTÁRIO. IMPOSTO DE RENDA PESSOA FÍSICA. TRATAMENTO DENTÁRIO. PROFISSIONAL NÃO REGISTRADO NO CRO. POSSIBILIDADE DE DEDUÇÃO. DESPESAS DEVIDAMENTE COMPROVADAS. VERIFICAÇÃO DA BOA-FÉ DO CONTRIBUINTE. SÚMULA 7/STJ. IMPOSSIBILIDADE DE INOVAÇÃO DE FUNDAMENTOS. 1. Discute-se nos autos a validade de deduções de despesas com dentista

A boa-fé subjetiva, entendida como elemento volitivo ou intencional do agir do contribuinte, foi aplicada na análise de exclusões dos programas de parcelamento federal. Em casos reiterados, a Receita Federal exclui do parcelamento contribuintes que, agindo de boa-fé, incorrem em erros formais e realizam operações de cadastramento equivocadas.[482] Nos casos apreciados pelo Superior Tribunal de Justiça, reconheceu-se que não se verificou prejuízo ao erário e os equívocos no cadastramento não comprometiam a finalidade da norma concessiva do parcelamento, sendo exagerado excluir o contribuinte por mero erro de preenchimento.[483]

Os casos trazidos ilustram exemplos de utilização da boa-fé subjetiva, ainda que em alguns votos verifica-se a invocação da boa-fé objetiva. De qualquer modo, embora utilizando mal o instituto, pode-se dizer que em comum nas decisões há uma compreensão mais adequada da relação jurídica tributária, ultrapassando os limites estreitos da regulamentação normativa, para alcançar valores e princípios de envergadura constitucional. Estes casos são emblemáticos para os propósitos da presente investigação que, de seu turno, almeja ressignificar a relação jurídica tributária, propondo uma nova modelagem e uma nova estrutura.

4. Das funções da boa-fé objetiva

Na tradição jusprivatista, a boa-fé objetiva desempenha um papel cujas funções são bem definidas e já sistematizadas pela doutrina.[484] Para a doutrina civilista, a boa-fé atua como cânone hermenêutico-integrativo do contrato, pode servir como norma de criação de deveres jurídicos e pode desempenhar papel limitador do exercício de certos direitos subjetivos.[485]

---

não registrado no Conselho Profissional. 2. A tese recursal é a de que a legislação do IRPF autoriza a dedução de despesas com profissionais da área de saúde, nos termos do art. 8º, inciso I, da Lei n. 8.134/90, que não prevê a situação de profissional sem registro no CRO, razão pela qual o lançamento deveria subsistir. 3. O legislador, ao enumerar, no inciso I do art. 8º da Lei n. 8.134/90, o rol dos profissionais da área médica abarcados pelo permissivo legal, não fez qualquer rigor quanto ao devido cadastro nos respectivos conselhos profissionais, tampouco o fez no § 1º, alínea "c", ao dispor sobre as condições de comprovação das despesas pelo contribuinte. 4. Verificado que o contribuinte foi capaz de comprovar as despesas médicas nos termos da legislação de regência, não há como se sustentar o lançamento tributário. (...)". (AgRg no REsp 1375793/RJ, Rel. Ministro HUMBERTO MARTINS, Segunda Turma, julgado em 04/06/2013, DJe 10/06/2013)

[482] São, por exemplo, os casos: REsp 1395148/PR, Rel. Ministra ELIANA CALMON, SEGUNDA TURMA, julgado em 19/09/2013, DJe 26/09/2013 e AgRg no AREsp 482.112/SC, Rel. Ministro HUMBERTO MARTINS, Segunda Turma, julgado em 22/04/2014, DJe 29/04/2014.

[483] REsp 1395148/PR, Rel. Ministra ELIANA CALMON, SEGUNDA TURMA, julgado em 19/09/2013, DJe 26/09/2013 e AgRg no AREsp 482.112/SC, Rel. Ministro HUMBERTO MARTINS, Segunda Turma, julgado em 22/04/2014, DJe 29/04/2014.

[484] MARTINS-COSTA, Judith. *A Boa-fé no Direito Privado*. São Paulo: RT, 2000, p. 427. WIEACKER, Franz. *El principio general de la buena fe*. Trad. Jose Luis de los Mozoz. Madri: Civitas, 1976.

[485] MARTINS-COSTA, Judith. A Boa-fé no Direito Privado. São Paulo: RT, 2000, p. 427. WEDY, Gabriel de J. Tedesco. O princípio da Boa-Fé objetiva no direito tributário. In: *Interesse público*, v. 9, n. 43, p. 319-350, maio/jun. 2007, p. 322. DERZI, Misabel Abreu Machado. Boa-fé objetiva no Direito Tributário. Princípio ou cláusula geral. In: *Revista da Faculdade de Direito Milton Campos*, v. 12, 2005, p. 350.

Cumpre saber se cada uma destas funções possui aplicação no âmbito do Direito Tributário, tendo em vista as particularidades desta seara. Para tanto, far-se-á uma análise individualizada de cada uma das funções desempenhadas pela boa-fé no direito privado, cotejando-as com as características próprias do Direito Tributário.

4.1. Função Interpretativa da boa-fé objetiva

A função interpretativa traduz-se na regra pela qual os contratos devem ser interpretados segundo a boa-fé, consoante regra inserida no Código Civil.[486] Paulo de Tarso Sanseverino sustenta que "a aplicação do direito é um processo de concreção de normas, que exige do juiz um prévio trabalho de interpretação para identificação e, até mesmo, construção da regra aplicável ao caso concreto", de modo que a boa-fé exerce papel relevante neste contexto, pois a forma com que se opera a concreção da norma espraia-se por toda a relação obrigacional, interferindo sobre os direitos e deveres, pretensões e obrigações, e ações e exceções. Portanto, como adverte Sanseverino, "a função interpretativa do princípio da boa-fé objetiva, embora não altere estruturalmente a relação obrigacional, pode alterar o conteúdo dos elementos que dela se desenvolvem".[487] A boa-fé objetiva, como cânone hermenêutico-integrativo, serve para permitir colmatar lacunas ou sanar imprecisões dos termos do contrato, ou ainda, para ordenar a relação contratual segundo os comportamentos devidos e esperados das partes.

Tomando a relação obrigacional tributária, poder-se-ia vislumbrar a aplicação da boa-fé objetiva na sua função hermenêutica-integradora? Poder-se-ia apressadamente responder que não, tendo em vista que as obrigações tributárias principal e acessória devem estar plasmadas na lei, sendo inócua qualquer determinação sem fundamento legal. Como dito nos capítulos anteriores,[488] incorreria em desnecessária tautologia escrever sobre a necessidade das obrigações principal e acessória estarem previstas em lei. No entanto, é igualmente cediço que a lei não possui a capacidade de esgotar e prever todas as vicissitudes infindáveis e peculiares da vida humana. O texto da norma é um ponto de partida que inevitavelmente necessitará de mediação pelo intérprete e, portanto, a norma será um resultado da conjugação de texto e interpretação.[489]

---

[486] Artigo 113 do Código Civil: "Os negócios jurídicos devem ser interpretados conforme a boa-fé e os usos do lugar da sua celebração". Em trabalho cultuado, o Prof. Clóvis do Couto e Silva sustenta que "não se pode recusar a existência de relação entre a hermenêutica integradora e o princípio da boa-fé". SILVA, Clóvis do Couto e. *A obrigação como processo*. Rio de Janeiro: FGV, 2006, p. 35.

[487] SANSEVERINO, Paulo de Tarso Vieira. Estrutura clássica e moderna da obrigação. In: Antonio Paulo Cachapuz Medeiros (org.). *Direito e Justiça: o ensino jurídico no limiar do novo século*. Porto Alegre: Edipucrs, 1997, p. 300.

[488] Parte I, Título I, capítulo 3, itens 1 e 2.

[489] Em ensaio sobre o tema, tive a oportunidade de defender que a interpretação pressupõe atividade cognitiva e, obviamente, atividade criativa do intérprete. PORTO, Éderson Garin. Fundamentos Teóricos para uma crítica a jurisprudência das Cortes Superiores. In: *Revista do Instituto de Direito Brasileiro* n. 14, ano 2, p. 17431-17473.

Partindo do pressuposto de que a norma é construção e notadamente que existe certa indeterminação dos dispositivos,[490] revela-se indispensável oferecer ao intérprete certos instrumentos capazes de orientar a interpretação de forma a conduzir a um resultado mais adequado e coerente com o sistema.[491] Nessa linha, a boa-fé objetiva assume importância decisiva no exame das relações obrigacionais tributárias, pois opera como orientação ao intérprete para compreender a relação obrigacional de forma coerente com os padrões de comportamento propugnados pela cláusula da boa-fé.

Interessante e polêmico caso é capaz de iluminar a aplicação da boa-fé objetiva como cânone hermenêutico-integrativo. Durante muitos anos, vigorou tese conhecida como "cinco mais cinco", utilizada para a contagem do prazo prescricional para o ajuizamento de ação de repetição de indébito dos tributos lançados na modalidade autolançamento. No ano de 2003, foi editada a Lei Complementar nº 118, que tinha propósito bem definido: interpretar as normas vigentes e definir o prazo prescricional em apenas cinco anos. Como dispõe o Código Tributário Nacional, admite-se a retroação de lei tributária interpretativa (art. 106, inciso I), de modo que a nova lei poderia atingir as ações em curso que tivessem utilizado a tese "cinco mais cinco". Em julgamento emblemático, o Ministro Luiz Fux discorre longamente sobre a tarefa de interpretar e invoca a aplicação da boa-fé para não permitir a retroação da lei interpretativa para as ações em curso.[492] No julgamento do tema pelo Supremo Tribunal Federal, interpretando as normas constitucionais em vigor, reconheceu-se que a confiança dos contribuintes depositada na firme jurisprudência do Superior Tribunal de Justiça deveria ser respeitada, não se podendo defender a aplicação da nova lei para as ações ajuizadas antes de expirado o prazo de *vacatio legis*.[493]

Muito embora a discussão possa parecer restrita à aplicação da lei no tempo e a sua relação com os feitos pendentes, pode-se identificar o traço obrigacional de forma muito clara.[494] Com efeito, o prazo de dez anos, fundado na tese dos "cinco mais cinco", era utilizado pelos contribuintes para efeito de realizar a compensação de tributos. Este comportamento era chancelado pela jurisprudência pacífica do Superior Tribunal de Justiça e vinha sendo acompanhado

---

[490] Humberto Ávila sustenta que: "os problemas relativos à indeterminação das normas e do próprio Direito comprovam que as normas não têm um único conteúdo, não proporcionam uma única solução, nem têm um predeterminado âmbito de aplicação". ÁVILA, Humberto. Função da ciência do Direito Tributário: do formalismo epistemológico ao estruturalismo argumentativo. In: *Revista Direito Tributário Atual*, n. 29, p. 192.

[491] AARNIO, Aulis. *Lo racional como razonable*. Trad. Ernesto Garzón Valdés. Madri: Centro de Estudios Constitucionales, 1991, p. 231.

[492] AgRg no REsp 696883/SE, Rel. Ministro LUIZ FUX, PRIMEIRA TURMA, julgado em 16/06/2005, DJ 01/08/2005, p. 340.

[493] RE 566621, Rel Min. ELLEN GRACIE, Tribunal Pleno, j. 04/08/2011, DJe-195, 10-10-2011.

[494] Conferir excelente trabalho sobre aplicação da tutela da confiança para limitar o exercício do poder normativo da Administração: BAPTISTA, Patrícia. A Tutela da Confiança Legítima como Limite ao Exercício do Poder Normativo da Administração Pública. A Proteção das Expectativas Legítimas dos Cidadãos como Limite à Retroatividade Normativa. *Revista Eletrônica de Direito do Estado (REDE)*, Salvador, Instituto Brasileiro de Direito Público, no. 11, julho/agosto/setembro, 2007. Disponível na Internet: <http://www.direitodoestado.com.br/rede.asp>. Acesso em: 20 de julho de 2014.

inclusive pela própria administração que não mais controvertia a respeito do prazo. Portanto, a interpretação desta relação obrigacional inspirada na boa-fé objetiva permite concluir que a Lei Complementar n° 118 não poderia alcançar atos já praticados de forma honesta e leal, praticadas sob uma atmosfera de confiança gerada pela conduta do Estado (Poder Judiciário e Administração).

4.2. Função integrativa da boa-fé objetiva

Como sabido, as relações obrigacionais criam para as partes deveres de prestação, também chamados de deveres primários ou obrigação principal. Porém, este não é o único vínculo que conecta as partes integrantes da relação jurídica.[495] Deve-se partir de uma perspectiva sistêmica da relação obrigacional,[496] onde as partes estão vinculadas não somente pelo direito de crédito e pelo dever de adimplir, mas também estão comprometidas com deveres secundários, assim como deveres anexos ou laterais. Em síntese, a boa-fé propugna a observância de outros deveres de conduta diversos daqueles presentes na estrutura clássica da obrigação.[497]

Reside nesta função integrativa ou também chamada criadora de deveres que a boa-fé revela-se profícua no âmbito do Direito Tributário, sendo um dos alicerces das propostas ora apresentadas. É tema sobejamente assimilado que a relação obrigacional apresenta deveres principais (relacionados com o núcleo da relação obrigacional), deveres secundários ou acessórios da obrigação principal (destinados a preparar o cumprimento ou assegurar a obrigação principal) e os deveres anexos ou laterais, também chamados de deveres acessórios de conduta, expressões direta ou indiretamente associadas às denominações alemãs de "deveres laterais" *Nebenpflichten* (Esser), "deveres de proteção" *Schutzpflichten* (Stoll) e "outros deveres de conduta" *weitere Verhaltenspflichten* (Larenz).[498]

Estes deveres não se confundem com as obrigações secundárias ou acessórias que preparam o adimplemento da obrigação principal, distinguindo-se daquelas por focarem-se no exato processamento da relação obrigacional, vale dizer, concentram-se à exata satisfação dos interesses globais envolvidos na relação obrigacional complexa.[499] A tarefa a ser desempenhada pela função in-

---

[495] SILVA, Clóvis do Couto e. *A obrigação como processo*. Rio de Janeiro: FGV, 2006, p. 19.

[496] Idem, p. 20. É, sem dúvida, o primeiro jurista brasileiro a encarar a obrigação na sua totalidade. MARTINS-COSTA, Judith. *A Boa-fé no Direito Privado*. São Paulo: RT, 2000, p. 427.

[497] Sanseverino apresenta, em conciso e elucidativo ensaio, a estrutura clássica da obrigação que poderia ser determinada pelo simples "vínculo jurídico em virtude do qual uma pessoa fica adstrita para com outra à realização de uma prestação". Em seguida, destaca a estrutura dinâmica ou moderna da obrigação, quando apresenta o surgimento de deveres secundários e anexos decorrentes da função integrativa do princípio da boa-fé. SANSEVERINO, Paulo de Tarso Vieira. Estrutura clássica e moderna da obrigação. In: *Direito e Justiça: o ensino jurídico no limiar do novo século*. Antonio Paulo Cachapuz Medeiros (org.). Porto Alegre: Edipucrs, 1997, p. 300.

[498] COSTA, Mário Júlio de Almeida. *Direito das obrigações*. 8 ed. Coimbra: Almedina, 2000, p. 66; MARTINS-COSTA, Judith. *A Boa-fé no Direito Privado*. São Paulo: RT, 2000, p. 438. MARTINS-COSTA, Judith. *Comentários ao novo Código Civil*. v 5. t. II. 2 ed. Rio de Janeiro: Forense, 2009, p. 88-9.

[499] COSTA, Mário Júlio de Almeida. *Direito das obrigações*. 8 ed. Coimbra: Almedina, 2000, p. 66. VARELA, João de Matos Antunes. *Das obrigações em geral*. v. I. 10 ed. Coimbra: Almedina, 2000, p. 126.

tegrativa da boa-fé está em preservar a integridade dos sujeitos da relação. É a partir do surgimento dos deveres funcionais ou laterais que se admite exigir da parte contrária o dever de informação, guarda diligente de documento ou coisa, omissão de certas condutas prejudiciais à contraparte ou, simplesmente, um comportamento leal.[500] A doutrina civilista identifica, ainda, dentre os comportamentos com tais características: (a) os deveres de aviso e esclarecimento; (b) deveres de cuidado, previdência e segurança; (c) deveres de informação; (d) deveres de prestar contas; (e) deveres de colaboração e cooperação; (f) deveres de proteção e cuidado com a pessoa e o patrimônio da contraparte; (g) deveres de omissão e segredo.[501]

Pois estes deveres anexos ou laterais encontram aplicação no Direito Tributário como já largamente adotado pelo Direito Italiano,[502] Espanhol[503] e Português.[504] Na análise do direito comparado, pode-se perceber que a observância e respeito a certos deveres anexos ou laterais é reconhecido pelos seus respectivos ordenamentos jurídicos e defendidos pela doutrina. Em sede de doutrina nacional,[505] pouco ou quase nada se escreveu sobre o tema, o que justifica a investigação que se pretende empreender nos próximos tópicos.

4.3. Função de controle da boa-fé objetiva

A exemplo da função integrativa, a função de controle oriunda do princípio da boa-fé atua na execução dos contratos. Tem como propósito limitar o exercício de direitos subjetivos, no intuito de evitar o exercício abusivo de um direito. Este instituto resta aplicável quando haja manifesta desproporção

---

[500] CARNEIRA DA FRADA, Manuel Antonio de Castro Portugal. *Contrato e deveres de proteção*. Coimbra: Separata do volume XXXVIII do suplemento ao Boletim da Faculdade de Direito da Universidade de Coimbra, 1994, p. 42. LARENZ, Karl. *Derecho de obligaciones*. t. I. Trad. Jaime Santos Briz. Madrid: Revista de Derecho Privado, 1958, p. 37.

[501] MARTINS-COSTA, Judith. *A Boa-fé no Direito Privado*. São Paulo: RT, 2000, p. 439. MARTINS-COSTA, Judith. *Comentários ao novo Código Civil*. v 5. t. II. 2 ed. Rio de Janeiro: Forense, 2009, p. 84. SILVA, Clóvis V. do Couto e. *A obrigação como processo*. 8 reimpressão. Rio de Janeiro: Editora FGV, 2013, p. 94-8; COSTA, Mário Júlio de Almeida. *Direito das obrigações*. 8 ed. Coimbra: Almedina, 2000, p. 66.

[502] SANTAMARIA, Francesco. *Autonomia Privata e statuto del contribuente*. Milão: Giuffrè, 2012, p. 37. MARONGIU, Gianni. *Lo Statuto dei diritti del contribuente*. 2 ed. Turim: Giappichelli editore, 2010, p. 125-6.

[503] MENDÉZ, Amelia González. *Buena fe y Derecho Tributário*. Madri: Marcial Pons, 2001, p. 53-65.

[504] CAMPOS, Diogo Leite de e LEITE, Mônica Horta Neves. *Direito Tributário*. 2 ed. Coimbra: Almedina, 2000, p. 41. PIRES, Manuel e PIRES, Rita Calçada. *Direito Fiscal*. 5 ed. Coimbra: Almedina, 2012, p. 124 e 326.

[505] Durante a elaboração da presente tese, encontro a excelente obra de Leandro Paulsen que analisa parcialmente o problema: PAULSEN, Leandro. *Capacidade colaborativa*: princípio de Direito Tributário para obrigações acessórias e de terceiros. Porto Alegre: Livraria do Advogado, 2014. Defendendo a aplicação da boa-fé no Direito Tributário e identificando deveres anexos, pode-se citar: KUGLER, Herbert Morgenstern e NAKAYAMA, Taryta. Da aplicação do princípio da boa-fé objetiva em questões tributárias: teoria e jurisprudência. In: *Revista tributária e de finanças públicas*, v. 20, n. 105, p. 339-362, jul./ago. 2012. MELLO, Elizabete Rosa de. *Direito fundamental a uma tributação justa*. São Paulo: Atlas, 2013, p. 71. WEDY, Gabriel de J. Tedesco. O princípio da Boa-Fé objetiva no direito tributário. In: *Interesse público*, v. 9, n. 43, p. 319-350, maio/jun. 2007; TÔRRES, Heleno Taveira. A boa-fé objetiva no direito tributário. Efeitos e aspectos polêmicos sobre as consultas e práticas reiteradas da administração. In: *Revista internacional de direito tributário*, v. 6, p. 23-32, jul./dez. 2006; BORGES, José Souto Maior. Relações entre tributos e direitos fundamentais. In: *Tributos e direitos fundamentais*. São Paulo: Dialética, 2004. p. 217-226.

entre o interesse perseguido pela parte e aquele da contraparte que é lesado, quando seja manifesta a desproporção entre as vantagens auferidas pelo titular do direito e os sacrifícios infligidos à outra parte. Na verdade, se o contrato tem uma função social, se os direitos reconhecidos a cada parte têm por finalidade não só a satisfação de interesses privativos de cada uma delas, como também a realização de interesses sociais (o interesse geral, ou o bem comum, como quer que estas expressões sejam entendidas em cada sociedade, mas que, em matéria de contratos, sempre serão integradas pela finalidade de assegurar a maximização da riqueza, pelo melhor aproveitamento dos recursos disponíveis), não se vê como seja possível tutelar pretensões de um contratante que, considerando o seu interesse, representem sacrifício manifestamente desproporcional dos interesses do co-contratante. Se é certo que as partes possuem autonomia para contratar e estipular obrigações, é igualmente correto dizer que esta liberdade e autonomia deve ser exercida de forma funcional, sem caracterizar abuso ou impor excessivo sacrifício a parte contrária.[506]

A aplicação da boa-fé objetiva como forma de limitar os direitos subjetivos fez surgir na órbita do direito contratual outras figuras, como, por exemplo, *venire contra factum proprio, supressio, surrectio* e *tu quoque*. Todas estas fórmulas são amplamente aplicadas no âmbito do direito privado. E como ocorre no âmbito do Direito Tributário? Como sabido, a legalidade foi erigida como um dos mais importantes princípios do Direito Administrativo e, por decorrência lógica, do Direito Tributário, justamente porque tem por missão limitar o poder estatal. Nesse sentido, a atuação do Estado, desde que respeitada a norma editada pelo Poder Legislativo, seria legítima, impassível de sindicância.[507] Mais tarde, o *Conseil d'État* francês construiu a ideia do desvio de poder para admitir o controle dos atos da Administração, obviamente restringindo o exame à conformação do ato à lei.[508] Como já abordado, este paradigma já se encontra superado por um modelo de Estado Constitucional de Direito que deve obediência não somente à lei, mas sobretudo ao Direito.[509] Afigura-se, portanto, estreme de dúvida que a boa-fé objetiva opera como norma limitadora de

---

[506] Nas palavras de Judith Martins-Costa: "diferentemente do que ocorria no passado, o contrato, instrumento por excelência da relação obrigacional e veículo jurídico de operações econômicas de circulação da riqueza, não é mais perpectivado desde uma ótica informada unicamente pelo dogma da autonomia da vontade. Justamente porque traduz relação obrigacional – relação de cooperação entre as partes, processualmente polarizada por sua finalidade – e porque se caracteriza como o principal instrumento jurídico de relações econômicas, considera-se que o contrato, qualquer que seja, de direito público ou privado, é informado pela *função social* que lhe é atribuída pelo ordenamento jurídico, função esta, ensina Miguel Reale, que é 'mero corolário dos imperativos constitucionais relativos à função social da propriedade e à justiça que deve presidir à ordem econômica'". MARTINS-COSTA, Judith. *A Boa-fé no Direito Privado*. São Paulo: RT, 2000, p. 457.

[507] ENTERRÍA, Eduardo García de. *Las transformaciones de la Justicia Administrativa: de excepción singular a la plenitud jurisdicional. Un cambio de paradigma?* Madrid: Civitas, 2007, p. 11. MOREIRA NETO, Diogo de Figueiredo. *Mutações do direito administrativo*. 2 ed. Rio de Janeiro: Renovar, 2001, p. 10.

[508] ENTERRÍA, Eduardo García de. *Las transformaciones de la Justicia Administrativa: de excepción singular a la plenitud jurisdicional. Un cambio de paradigma?* Madrid: Civitas, 2007, p. 41.

[509] OTERO, Paulo. *Legalidade e Administração Pública – o sentido da vinculação administrativa à juridicidade*. Coimbra: Almedina, 2003, p. 203 e ss. TIPKE, Klaus e LANG, Joachim. *Direito Tributário*. v. I. Trad. Luiz Dória Furquim. Porto Alegre: SaFe, 2008, p. 50. PORTO, Éderson Garin. *Estado de Direito e Direito Tributário*. Porto Alegre: Livraria do Advogado, 2009.

direitos subjetivos dos partícipes da relação jurídica tributária, ora conformando certos comportamentos do Estado, ora vedando certas ações do contribuinte.[510] Afinal, se a relação jurídica tributária deve ser pautada pela honestidade, lealdade, probidade, todos valores promovidos pela boa-fé objetiva, não se pode admitir que condutas contraditórias ou abusivas dos participantes da relação tributária sejam toleradas.

Neste contexto, uma das aplicações mais recorrentes da Boa-fé objetiva no Direito Tributário tem sido a vedação de condutas contraditórias. A doutrina civilista constrói a noção de que esta aplicação da Boa-fé vem amparada na teoria dos atos próprios, a qual propõe que a ninguém é lícito invocar um direito em contradição com a sua conduta anterior.[511] Esta contradição no comportamento do sujeito da relação jurídica pode assumir duas conformações: uma chamada de *tu quoque* e outra conhecida como *venire contra factum proprium*. A primeira expressão cunhada de *tu quoque*, consiste em impedir que uma parte que tenha violado um comando venha, em seguida, invocá-lo em seu proveito. Como as relações jurídicas devem ser equilibradas, de forma a manter-se a estrutura sinalagmática intacta, quando uma parte abala a estrutura do sinalagma e descumpre um dever que a ela é acometido, não poderá posteriormente invocar o cumprimento da parte contrária.[512] Sustentou-se aqui[513] que as relações jurídicas tributárias devem observar um certo sinalagma. Se não é possível exigi-lo em todas as espécies de tributos no tocante à obrigação principal, por certo que a correspectividade deve ser observada quanto aos deveres anexos ou funcionais por todas as modalidades de tributo. Portanto, pode-se sustentar que o descumprimento de um dever anexo por um dos sujeitos da relação jurídica impede que o outro exija comportamento que não tenha atendido.

Interessante apreciar o precedente do Superior Tribunal de Justiça sobre a incidência do ITR numa propriedade rural invadida pelo movimento dos trabalhadores sem-terra.[514] No caso, a Corte Superior afastou a incidência do ITR por considerar que a base material do tributo, vale dizer, o "direito de propriedade sobre o imóvel" havia sido esvaziado a ponto de inexistir elemento capaz de configurar a incidência do tributo. Nas palavras do Ministro Herman Benjamin: "Viola os Princípios da Razoabilidade e da Boa-fé Objetiva que o mesmo Estado que se omite na salvaguarda de direitos, mesmo após decisão judicial exigindo a sua intervenção protetória, venha a utilizar a aparência desse direi-

---

[510] DERZI, Misabel Abreu Machado. *Boa-fé objetiva no Direito Tributário. Princípio ou cláusula geral. In:* Revista da Faculdade de Direito Milton Campos, v. 12, 2005, p. 351.

[511] MARTINS-COSTA, Judith. *A Boa-fé no Direito Privado*. São Paulo: RT, 2000, p. 460. BORDA, Alejandro. *La teoria de los actos próprios*. 2 ed. Buenos Aires: Abeledo-Perrot, 1993, p. 51.

[512] Para Menezes Cordeiro a violação do sinalgma é o ponto nodal da invocação do *tu quoque*: "os contratos bilaterais perderiam a identidade e o sentido que os definem". Dai a razão para zelar pela harmonia da estrutura sinalagmática: "A justificação e a medida do *tu quoque* estão, pois, nas alterações que a violação primeiro perpetrada tenha provado no sinalgma". MENEZES CORDEIRO, Antonio Manual. *Da boa-fé no direito civil*. Coimbra: Almedina, 1989, t. 2, p. 845.

[513] Parte I, Título I, Capítulo 3, item 3.1.

[514] REsp 963499/PR, Rel. Ministro HERMAN BENJAMIN, Segunda Turma, julgado em 19/03/2009, DJe 14/12/2009.

to, ou o seu resquício, para cobrar tributos que pressupõem a incolumidade e existência nos planos jurídico (formal) e fático (material)".[515]

Na mesma trilha, pode-se apreciar a questão da incidência do Imposto Predial e Territorial Urbano (IPTU) sobre imóveis localizados em áreas sem qualquer tipo de infraestrutura mínima exigida pelo artigo 32, § 1°, do Código Tributário Nacional.[516] Verifica-se que alguns Municípios passam a exigir IPTU sobre imóveis que não possuem qualquer melhoramento. Na linha da aplicação da Boa-fé, na modalidade *tu quoque,* não se pode admitir que a parte que tenha primeiro descumprido seus deveres, exija da contraparte o cumprimento da sua obrigação. No intuito de demonstrar a incidência da fórmula da *tu quoque* em favor do Estado, pode-se ilustrar com o caso do empreendedor que decide desenvolver condomínio em área de expansão urbana e, para tanto, compromete-se em dotar a área de mínima infraestrutura. Vencido o prazo para entregar as obras, não socorre ao empreendedor alegar a inexistência das condições estabelecidas no artigo 32, § 1°, do Código Tributário Nacional para escapar da tributação, pois foi justamente o primeiro a descumprir com seus deveres assumidos no procedimento de aprovação do loteamento ou condomínio.[517]

A outra vertente de comportamento contraditório se expressa na conhecida máxima do *venire contra factum proprium.* Significa dizer que é vedado exercitar uma posição jurídica em flagrante contradição com o comportamento manifestado anteriormente pela exercente.[518] Trata-se da aplicação da tutela da confiança quando certos comportamentos geram expectativas legítimas na parte contrária.[519] A aplicação da Boa-fé no seu aspecto de impedir condutas

---

[515] Excerto do voto do Ministro Relator no REsp 963499/PR, Rel. Ministro HERMAN BENJAMIN, Segunda Turma, julgado em 19/03/2009, DJe 14/12/2009.

[516] Agravo de Instrumento n° 70046145934, Primeira Câmara Cível, Tribunal de Justiça do RS, Relator: Carlos Roberto Lofego Canibal, Julgado em 15/02/2012.

[517] "PROCESSUAL CIVIL E TRIBUTÁRIO. RECURSO ESPECIAL. IPTU. ÁREA DE EXPANSÃO URBANA. LEI MUNICIPAL. MATÉRIA DE FATO. SÚMULA N. 7/STJ. 1. O Superior Tribunal de Justiça tem entendimento firmado no sentido de que incide IPTU sobre imóvel situado em área de expansão urbana, assim considerada por lei municipal, a despeito de ser desprovida dos melhoramentos ditados pelos parágrafos do art. 32 do Código Tributário Nacional. 2. Recurso especial não-conhecido". (REsp 234.578/SP, Rel. Ministro JOÃO OTÁVIO DE NORONHA, Segunda Turma, julgado em 12/05/2005, DJ 01/07/2005, p. 460).

[518] MARTINS-COSTA, Judith. *A Boa-fé no Direito Privado.* São Paulo: RT, 2000, p. 470. MENEZES CORDEIRO, Antonio Manual. *Da boa-fé no direito civil.* Coimbra: Almedina, 1989, t. 2, p. 742. KUGLER, Herbert Morgenstern e NAKAYAMA, Taryta. Da aplicação do princípio da boa-fé objetiva em questões tributárias: teoria e jurisprudência. In: *Revista tributária e de finanças públicas,* v. 20, n. 105, jul./ago. 2012, p. 349.

[519] Uma excelente pesquisa sobre a origem do instituto e aplicação no Direito Tributário pode ser encontrada em: WEDY, Gabriel de J. Tedesco. O princípio da Boa-Fé objetiva no direito tributário. In: *Interesse público,* v. 9, n. 43, maio/jun. 2007, p. 320-4. Imprescindível a lição do Prof. Almiro: "Pois é substancialmente essa mesma concepção de que, nas relações jurídicas, as partes nelas envolvidas devem proceder corretamente, com lealdade e lisura, em conformidade com o que se comprometeram e com a palavra empenhada (a fides como *fit quod dicitur* da definição ciceroniana 4) que, em última análise, dá conteúdo ao princípio da segurança jurídica, pelo qual, nos vínculos entre o Estado e os indivíduos, se assegura uma certa previsibilidade da ação estatal, do mesmo modo que se garante o respeito pelas situações constituídas em consonância com as normas impostas ou reconhecidas pelo poder público, de modo a assegurar a estabilidade das relações jurídicas e uma certa coerência na conduta do Estado". COUTO E SILVA, Almiro do. O princípio da legalidade da Administração Pública e da segurança jurídica no Estado de Direito Contemporâneo. In: *Revista de Direito*

contraditórias pode ser observada na dicção do enunciado n° 227 do antigo Tribunal Federal de Recursos: "a mudança de critério jurídico adotado pelo fisco não autoriza a revisão do lançamento". Esta orientação consta expressa no artigo 146 do Código Tributário Nacional.[520]

É emblemático, para ilustrar a incidência da fórmula *venire contra factum proprium*, o exame da mudança de entendimento do fisco no caso da formulação de consulta por parte do contribuinte. Não há dúvida que a legislação pátria assegura ao contribuinte o direito de formular consulta ao órgão da Administração encarregado da fiscalização e cobrança de tributos.[521] Ruy Barbosa Nogueira, em manifestação histórica, evidenciava a boa-fé do contribuinte que formula consulta, dizendo: "o contribuinte que formula consulta revela espírito de colaboração no cumprimento da lei, boa-fé e honestidade fiscal".[522] Logo, a atmosfera que preside a relação entre contribuinte e fisco é de honestidade e lealdade, quando ambos dialogam no sentido de examinar qual a correta aplicação da legislação tributária no caso concreto. Ao final do procedimento de consulta será oferecida uma solução e esta solução confere ao consulente a certeza sobre o correto tratamento tributário ao caso examinado, de modo que o seu comportamento posterior, respaldado na orientação expedida encontra-se protegido. Todavia, admite-se que a Administração volte atrás e corrija eventual equívoco cometido e possa rever o posicionamento manifestado, pois caso contrário estar-se-ia vedando a autotutela da Administração e chancelando ilegalidades baseadas em pronunciamento errôneo. No entanto, no exemplo invocado, a modificação do entendimento da Administração não pode ter efeitos retroativos, de modo que os fatos geradores abarcados pelo período enquanto ainda vigente a orientação exarada não podem ser revistos.[523] Dada a atmosfera

---

Público, v. 84, p. 46-63, 1987. Na mesma linha: "Administración pública y administrado han de adoptar un comportamiento leal en todas las fases de constitución de las relaciones hasta el perfeccionamiento del acto que las dé vida y en las relaciones frente a los possibles defectos del acto. Han de adoptar un comportamiento leal e el desenvolvimiento de las relaciones en las direcciones en que se manifesten derechos y deberes. Y han de comportarse lealmente en el momento de extinción: al exercer las potestades de revisión y anulación y al soportar los efectos de la extinción, así como en el ejercicio de las acciones ante la Jurisdicción contencioso-administrativa". PEREZ, Jesus Gonzalez. *El Princípio General de la Buena Fé en el Derecho Administrativo*. Madri: Civitas, 1989, p. 89.

[520] Misabel Derzi acentua o sentido da boa-fé nos seguintes termos: "o que significa que a Administração e o Poder Judiciário não podem tratar os casos que estão no passado de modo a se desviarem da prática até então utilizada, e na qual o contribuinte tinha confiado". DERZI, Misabel Abreu Machado. Mutações, complexidade, tipo e conceito, sob o signo da segurança e proteção da confiança. In: Heleno Taveira Tôrres (org.). *Tratado de Direito Constitucional Tributário. estudos em homenagem a Paulo de Barros Carvalho*. São Paulo: Saraiva, 2005, p. 277. DERZI, Misabel Abreu Machado. Boa-fé objetiva no Direito Tributário. Princípio ou cláusula geral. In: *Revista da Faculdade de Direito Milton Campos*, v. 12, 2005, p. 348. LOBATO, Valter de Souza. O princípio da confiança retratado no Código Tributário Nacional. A aplicação dos arts. 100 e 146 do CTN. A análise de casos concretos. In: Sacha Calmon Navarro Coelho (org.). *Segurança jurídica. Irretroatividade das decisões judiciais prejudiciais ao contribuinte*. Rio de Janeiro: Forense, 2013, p. 425-9.

[521] No plano federal, a consulta é regulada pelo artigo 46 e seguintes do Decreto 70.235/72.

[522] NOGUEIRA, Ruy Barbosa. *Direito Tributário aplicado e comparado*. v. I. Rio de Janeiro: Forense, 1977, p. 207. WEDY, Gabriel de J. Tedesco. O princípio da Boa-Fé objetiva no direito tributário. In: *Interesse público*, v. 9, n. 43, maio/jun. 2007, p. 343.

[523] REsp 1233389/PR, Rel. Ministra ELIANA CALMON, Segunda Turma, julgado em 10/12/2013, DJe 18/12/2013.

de confiança gerada pela Administração no seu comportamento oficial anterior (solução da consulta), não se pode admitir que a revisão do entendimento alcance aquele que confiou no referido entendimento revisado. O Supremo Tribunal Federal reconheceu que a mudança de orientação da Administração que gere prejuízo ao contribuinte é passível de gerar o dever de indenizar.[524]

Na linha da aplicação da Boa-fé objetiva como limitadora de direitos subjetivos, importante examinar a aplicação da figura romana da *supressio*. Esta, de seu turno, caracteriza-se na vedação do exercício de um direito não invocado durante certo lapso de tempo, pois tal conduta importaria em violação à boa-fé.[525] Significa que a ação do tempo é capaz de extinguir direitos, quando gerem expectativas de não serem mais exercidos. É justamente nesse sentido que a jurisprudência construiu a tese da prescrição intercorrente aplicável às execuções fiscais. Durante muito tempo, execuções fiscais permaneciam ativas ainda que o exequente (Fazenda Pública) não tomasse qualquer iniciativa durante largo lapso temporal. Quando não se verifica a prescrição do direito de executar o crédito tributário, os processos permaneciam indeterminadamente ativos nos foros, haja vista que o prazo prescricional havia sido observado. Foi então que a jurisprudência construiu a tese da "prescrição intercorrente", pois segundo orientação do Superior Tribunal de Justiça, repugna ao Direito imaginar situação de imprescritibilidade de um crédito e eternização da incerteza.[526] O entendimento foi consolidado no enunciado da Súmula 314 do Superior Tribunal de Justiça, nos seguintes termos: "Em execução fiscal, não localizados bens penhoráveis, suspende-se o processo por um ano, findo o qual se inicia o prazo da prescrição qüinqüenal intercorrente".

O outro lado da moeda pode ser demonstrado na figura da *surrectio*. Assim como a aplicação da Boa-fé objetiva faz extinguir direitos não exercidos durante muito tempo, o contrário também é verdadeiro. O instituto da *surrectio* preceitua que a observância de certos comportamentos durante longo tempo faz surgir um direito ante a prática reiterada de certos atos sem a oposição da parte contrária.[527] Este viés da Boa-fé objetiva pode ser observado na dicção do artigo 100, inciso III, do Código Tributário Nacional que reconhece como norma complementar: "as práticas reiteradamente observadas pelas autoridades administrativas;". Trata-se da valorização do costume como fonte do Direito

---

[524] "TRIBUTÁRIO – CONSULTA – INDENIZAÇÃO POR DANOS CAUSADOS. Ocorrendo resposta a consulta feita pelo contribuinte e vindo a administração pública, via o fisco, a evoluir, impõe-se-lhe a responsabilidade por danos provocados pela observancia do primitivo enfoque". (RE 131741, Rel. Min. MARCO AURÉLIO, Segunda Turma, j. 09/04/1996, DJ 24-05-1996, p. 17415).

[525] KUGLER, Herbert Morgenstern e NAKAYAMA, Taryta. Da aplicação do princípio da boa-fé objetiva em questões tributárias: teoria e jurisprudência. In: *Revista tributária e de finanças públicas*, v. 20, n. 105, jul./ago. 2012, p. 349.

[526] Vale conferir o voto prolatado pelo Ministro José Delgado sobre o tema: STJ, AgREsp. 443971/PR, 1ª Turma, Rel. Min. José Delgado, j. 01/10/2002. Sobre o tema, há posicionamento do autor na obra: PORTO, Éderson Garin. *Manual da Execução Fiscal*. 2 ed. Porto Alegre: Livraria do Advogado, 2010.

[527] KUGLER, Herbert Morgenstern e NAKAYAMA, Taryta. Da aplicação do princípio da boa-fé objetiva em questões tributárias: teoria e jurisprudência. In: *Revista tributária e de finanças públicas*, v. 20, n. 105, jul./ago. 2012, p. 349.

Tributário.⁵²⁸ A ilustrar o caso, vale invocar o precedente examinado pelo Superior Tribunal de Justiça sobre a modificação abrupta do entendimento da Corte sobre o aproveitamento do crédito-prêmio de IPI.⁵²⁹ Na ocasião, o Ministro Herman Benjamin reconheceu que: "O crédito-prêmio de IPI, benefício gerado inicialmente por expressa manifestação do legislador ordinário, prossegue no tempo e no espaço, como "sombra" incontrolável (mesmo após a revogação da lei que lhe deu o sopro de vida), por conta de patente defeito de clareza dos textos legais em questão e de consolidado posicionamento dos Tribunais Superiores no sentido da expectativa do contribuinte".⁵³⁰ Esta expectativa referida pelo Ministro cria o que restou cunhado como "sombra de juridicidade" que não é capaz de instituir benefícios, mas tem o condão de prolongar sua vida útil "com a ajuda do comportamento errático do próprio Estado-legislador e do Estado-juiz".⁵³¹ O Superior Tribunal de Justiça reconheceu proteção à expectativa legítima dos contribuintes até o momento em que a chamada "sombra de juridicidade" deixou de existir, quando a Corte publicou acórdão paradigma que mudou a orientação sobre o tema, de modo que os contribuintes que aproveitaram o crédito-prêmio até aquela data estavam amparados pela incidência da Boa-fé como expressamente referiu o Ministro.⁵³²

Do Direito Civil alemão surgiu a "Teoria da *Verwwirkung*" ou também chamada "doutrina do atraso desleal". A teoria pretende evitar o exercício tardio e intolerável de um direito, na medida em que gerou na parte contrária a confiança legítima de que não o exerceria, acabando por gerar um prejuízo. São, portanto, requisitos: (a) o transcurso de um longo período de tempo; (b) a omissão do exercício de um direito; (c) a confiança legítima da outra parte na inatividade do titular do direito; e (d) a existência de prejuízo pelo seu exercício tardio.⁵³³ Defende, a doutrina, que não se trata de um subcaso de prescrição, nem uma "miniprescrição", constituindo-se, sim, em verdadeiro instrumento de proteção da confiança criada.⁵³⁴ Amelia Mendéz cita o exemplo de um contribuinte que pagou o imposto de atividades econômicas, acreditando que estava recolhendo de forma correta. Depois de seis anos de recolhimento sem

---

⁵²⁸ Como dito por Luciano Amaro: "Trata-se de costumes fiscais; se, em face de certa norma, e à vista de determinada situação de fato, a autoridade age reiteradamente da mesma maneira (por exemplo, aceitando, ainda que tacitamente, uma conduta do contribuinte), esse comportamento da autoridade implica a criação de uma "norma" que endossa a conduta do contribuinte, e cuja revogação submete-se aos efeitos do parágrafo único do art. 100 do Código". AMARO, Luciano. *Direito Tributário Brasileiro*. 14 ed. São Paulo: Saraiva, 2008, p. 192. Luis Eduardo Schoueri fala em costume internacional como fonte do Direito Tributário, atuando como limitação da atuação estatal: SCHOEURI, Luis Eduardo. *Direito Tributário*. São Paulo: Saraiva, 2011, p. 117. MACHADO, Hugo de Brito. *Curso de Direito Tributário*. 30 ed. São Paulo: Malheiros, 2009, p. 89.

⁵²⁹ REsp 654.446/AL, Rel. Ministro HERMAN BENJAMIN, Segunda Turma, julgado em 04/12/2007, DJe 11/11/2009.

⁵³⁰ Excerto do voto proferido no REsp 654.446/AL, Rel. Ministro HERMAN BENJAMIN, Segunda Turma, julgado em 04/12/2007, DJe 11/11/2009.

⁵³¹ Idem.

⁵³² Idem.

⁵³³ MENDÉZ, Amelia González. *Buena fe y Derecho Tributário*. Madri: Marcial Pons, 2001, p. 157-8.

⁵³⁴ Idem, p. 182. HERRERA MOLINA, P. M. e CHICHO DE LA CAMARA, P. El principiode buena fe en Derecho Tributario. In: *XIX Jornadas Latino-Americanas de Direito Tributário*. Livro 2. Lisboa: Associação fiscal portuguesa, 1998, p. 321.

qualquer reação da Administração, recebe autuação do fisco, capitulando a atividade em outra classificação, exigindo a diferença, além das sanções cabíveis. O Tribunal Superior de Justiça de Cantabria anulou as sanções por entender que a observância do comportamento por parte da Administração durante seis anos colocou o contribuinte em situação de confiança legítima acerca da correção da sua conduta, pois a capitulação equivocada da sua atividade não havia sido jamais contestada pela Administração local.[535]

5. Da boa-fé objetiva como criadora de deveres de conduta

Nos tópicos anteriores, examinou-se a origem da Boa-fé e sua incorporação pelo Direito Tributário. Foi possível, igualmente, examinar o conteúdo mínimo do princípio e suas funções típicas segundo doutrina e jurisprudência. Nesta etapa, buscar-se-á identificar a função da Boa-fé objetiva que mais interessa aos propósitos deste estudo, vale dizer, a função criadora de deveres para os sujeitos da relação jurídica.

Como o tema central desta tese gira em torno da relação jurídica tributária e os chamados deveres funcionais ou anexos, impõe-se definir o conteúdo essencial da Boa-fé para o Direito Tributário. Nesse senda, pode-se estabelecer, por tudo até aqui sustentado, que a Boa-fé objetiva propugna que os sujeitos da relação jurídico tributária observem nas suas ações os critérios de lealdade, correção, respeito recíproco das posições jurídicas de cada qual, buscando o adimplemento da obrigação tributária principal na forma e no conteúdo estabelecido em lei sem, contudo, gerar prejuízo aos interesses legítimos do contribuinte que possuem igualmente relevo constitucional.[536]

Deste núcleo fundamental, pode-se decompor certos padrões de conduta que constituem a atuação esperada e desejada pela Boa-fé objetiva. No sentido de tornar a análise mais precisa, far-se-á o exame de cada um dos comportamentos em separado.

5.1. Boa-fé objetiva como comportamento leal

Comportar-se de forma leal está no cerne da conduta padrão projetada pela Boa-fé. A lealdade é um valor de extrema relevância para a manutenção de qualquer relação, quanto mais a relação jurídica estabelecida com a tributação.[537] Dado o relevo e importância capital que a tributação possui para a manutenção do Estado e promoção dos Direitos Fundamentais de toda a sociedade, não se pode esperar que as partes que integram a relação obrigacional tributária desvirtuem este valor. Não se pode conceber comportamento desleal do Fisco, assim como não se pode esperar que o cidadão se comporte de for-

---
[535] MENDÉZ, Amelia González. *Buena fe y Derecho Tributário*. Madri: Marcial Pons, 2001, p. 183-4.
[536] SANTAMARIA, Francesco. *Autonomia Privata e statuto del contribuente*. Milão: Giuffrè, 2012, p. 37.
[537] Idem, p. 38.

ma a quebrar a fidelidade. Sendo a lealdade e a fidelidade características do comportamento esperado na relação jurídica tributária, quando verificado que qualquer das partes tenha desviado deste padrão de conduta, poder-se-á alegar a violação à Boa-fé objetiva e restringir o exercício de certos atos por parte do sujeito transgressor.

5.2. Boa-fé objetiva como vedação de comportamentos contraditórios – "venire contra factum proprium, tu quoque, surrectio e supressio"

Na investigação da função limitadora de direitos subjetivos, defendeu-se que a Boa-fé objetiva é capaz de limitar certos direitos, ora restringindo-os, por vezes, extinguindo-os e até mesmo fazendo surgir novos direitos. Em resumo, pode-se dizer que a conduta esperada a partir da incidência da Boa-fé importa em observar uma linha reta de atuação, não se admitindo posturas erráticas ou comportamentos contraditórios entre os sujeitos da relação.[538] Com efeito, a relação obrigacional tributária lida com dois polos de interesse bem definidos: o polo ativo da relação, consistente no direito de crédito que subsidiará a manutenção do Estado e, por decorrência, promoverá a plêiade de direitos fundamentais assegurados pela Constituição; e, de outro lado: o interesse do contribuinte que deseja preservar o seu direito de propriedade garantido pela Constituição e almeja ser tributado segundo a sua real capacidade contributiva. Como se observa, os dois polos possuem normas constitucionais gravitando em sua órbita, de sorte que a tributação deve obrigatoriamente seguir uma linha de correção clara e bem definida. Dessa forma, comportamentos contraditórios e incompatíveis com manifestações pretéritas devem ser evitados sob pena de configurar violação à Boa-fé objetiva e desencadear restrição ao exercício das condutas futuras.

5.3. Boa-fé como dever de transparência e informação

Numa relação jurídica pautada pela lealdade e pela correção, como já referido, pode-se dizer que a transparência acabará sendo inevitavelmente almejada e respeitada pelos sujeitos desta relação ideal. Não se pode admitir que inspire fidelidade a manutenção de segredos e obscurantismos entre os sujeitos da relação. Espera-se que tanto o Estado, quanto o contribuinte atuem de forma transparente e franqueiem toda a informação necessária para o correto cumprimento da obrigação tributária.[539] Assim, o Fisco deverá fornecer toda informação quanto seja necessária para que o contribuinte cumpra seus deveres relacionados com a obrigação principal, não se podendo admitir informação deficiente ou imprecisa por parte da Administração Tributária. Da mesma forma, o contribuinte deve fornecer toda a informação exigida pelo Fisco, de modo a ensejar a obtenção do adimplemento do crédito por parte do ente

---

[538] SANTAMARIA, Francesco. *Autonomia Privata e statuto del contribuente*. Milão: Giuffrè, 2012, p. 38.
[539] Idem, p. 39.

tributante. Nesta linha, posturas reticentes, obscuras ou pouco transparentes por qualquer dos sujeitos da relação caracterizam violação à Boa-fé objetiva e podem autorizar a postulação da divulgação das informações e dados que possuam relação com o vínculo obrigacional mantido entre as partes.

5.4. Boa-fé como dever de imparcialidade

Uma projeção interessante da Boa-fé consiste no compromisso que a Administração Tributária possui de assegurar uniformidade de tratamento entre os contribuintes.[540] A imparcialidade é um dos traços que devem presidir a relação entre Estado e contribuinte, de modo que a fiscalização conferirá tratamento uniforme para todos os fiscalizados. Logo, afigura-se contrário aos preceitos da Boa-fé objetiva designar tratamento distinto para certos grupos de contribuintes ou arregimentar servidores destinados a investigar um determinado perfil de contribuinte, já que numa relação tributária ideal pautada pela Boa-fé objetiva, não se afigura compatível ações parciais ou não uniformes, capazes de atentar contra o postulado da isonomia tributária. É admissível que a Administração Pública eleja critérios para o exercício da fiscalização, de modo a iniciar as ações fiscais pelos créditos mais elevados ou pelos mais antigos ou por qualquer outro discrímem. No entanto, o que se verifica no comportamento do Fisco, muitas vezes, é a eleição de um perfil de contribuinte para exercer a fiscalização em detrimento de outros perfis. Em outras palavras, estabelecer uma escala de prioridades na fiscalização é compatível com a Constituição; de outro lado, escolher apenas alguns contribuintes para serem fiscalizados, não. Em caso de não observância deste conteúdo fundamental, ter-se-á por vulnerada a Boa-fé no seu núcleo central.

5.5. Boa-fé como escusa por erro de direito cometido pelo contribuinte

Na esteira da análise do sentido essencial da Boa-fé objetiva como padrão de conduta a ser observadas pelos sujeitos da relação jurídico tributária, está a escusa acerca de erro ou má compreensão da legislação tributária. Como a Boa-fé exalta um certo padrão de comportamento esperado dos obrigados, a conduta escorreita que vise o adimplemento da obrigação tributária principal não pode ser sancionada, especialmente quando se observa dissídio jurisprudencial ou sucessivas interpretações da própria Administração. De fato, quando verificada "condição de objetiva incerteza", como refere o artigo 10 do Estatuto do Contribuinte Italiano,[541] entendida como erro fundado em orientação ema-

---

[540] SANTAMARIA, Francesco. *Autonomia Privata e statuto del contribuente*. Milão: Giuffrè, 2012, p. 39.
[541] Legge 27 luglio, n. 212: (...) Art. 10. (Tutela dell'affidamento e della buona fede. Errori del contribuente) 1. I rapporti tra contribuente e amministrazione finanziaria sono improntati al principio della collaborazione e della buona fede. 2. Non sono irrogate sanzioni né richiesti interessi moratori al contribuente, qualora egli si sia conformato a indicazioni contenute in atti dell'amministrazione finanziaria, ancorché successivamente modificate dall'amministrazione medesima, o qualora il suo comportamento risulti posto in essere a seguito di fatti direttamente conseguenti a ritardi, omissioni od errori dell'amministrazione stessa. 3. Le sanzioni

nada em ato da Administração Tributária que sofra sucessivas modificações, resta exonerado o contribuinte das sanções pela mora.[542] No ordenamento jurídico pátrio, é possível localizar dispositivo semelhante no parágrafo único do artigo 100 do Código Tributário Nacional[543]. É o que a doutrina pátria reconhece como consagração da proteção da confiança do contribuinte.[544]

5.6. Boa-fé a escusar erro de fato cometido pelo contribuinte

A legislação pátria (art. 100 do CTN) e a legislação estrangeira (art. 10 do Estatuto do Contribuinte Italiano) acolhem a proteção da confiança do contribuinte depositada numa interpretação equivocada da legislação seja por atos da Administração, seja por práticas reiteradas ou até mesmo pela jurisprudência vacilante. No entanto, recentemente vem sendo reconhecida a proteção ao contribuinte que comete erro de fato, vale dizer, aplica materialmente de forma inexata a norma tributária. Na hipótese, a norma é corretamente interpretada, porém verifica-se um erro cometido faticamente, consistente, por exemplo, num cálculo mal feito, numa apropriação contábil equivocada ou utilização errônea de algum formulário ou declaração.[545] O procedimento padrão para hipóteses como as descritas, segundo tratamento legal, é proceder à retificação da declaração e, em muitos casos, sujeitar-se às sanções pelo equívoco. Porém, a questão colocada pela experiência italiana resulta em questionar se estaria de acordo com o padrão ético de comportamento esperado pelas partes, quando o credor tem condições de saber que houve um erro de fato, muitas vezes fundado em inexperiência ou em falta de instrução, e ainda assim persiste inerte. Há inúmeros relatos de contribuintes que acabam sendo incluídos na chamada "malha fina" da Receita Federal. Parcela expressiva destes contribuintes

---

non sono comunque irrogate quando la violazione dipende da obiettive condizioni di incertezza sulla portata e sull'ambito di applicazione della norma tributaria o quando si traduce in una mera violazione formale senza alcun debito di imposta. Le violazioni di disposizioni di rilievo esclusivamente tributario non possono essere causa di nullità del contratto.

[542] SANTAMARIA, Francesco. *Autonomia Privata e statuto del contribuente*. Milão: Giuffrè, 2012, p. 39-40.

[543] "Art. 100. São normas complementares das leis, dos tratados e das convenções internacionais e dos decretos: I – os atos normativos expedidos pelas autoridades administrativas; II – as decisões dos órgãos singulares ou coletivos de jurisdição administrativa, a que a lei atribua eficácia normativa; III – as práticas reiteradamente observadas pelas autoridades administrativas; IV – os convênios que entre si celebrem a União, os Estados, o Distrito Federal e os Municípios. Parágrafo único. A observância das normas referidas neste artigo exclui a imposição de penalidades, a cobrança de juros de mora e a atualização do valor monetário da base de cálculo do tributo".

[544] PAULSEN, Leandro. *Curso de Direito Tributário completo*. 6 ed. Porto Alegre: Livraria do Advogado, 2014, p. 150. DERZI, Misabel Abreu Machado. Mutações, complexidade, tipo e conceito, sob o signo da segurança e proteção da confiança. In: Heleno Taveira Tôrres (org.). *Tratado de Direito Constitucional Tributário. estudos em homenagem a Paulo de Barros Carvalho*. São Paulo: Saraiva, 2005, p. 277. DERZI, Misabel Abreu Machado. Boa-fé objetiva no Direito Tributário. Princípio ou cláusula geral. In: *Revista da Faculdade de Direito Milton Campos*, v. 12, 2005, p. 348. LOBATO, Valter de Souza. O princípio da confiança retratado no Código Tributário Nacional. A aplicação dos arts. 100 e 146 do CTN. A análise de casos concretos. In: *Segurança jurídica. Irretroatividade das decisões judiciais prejudiciais ao contribuinte*. Sacha Calmon Navarro Coelho (org.). Rio de Janeiro: Forense, 2013, p. 425-9.

[545] SANTAMARIA, Francesco. *Autonomia Privata e statuto del contribuente*. Milão: Giuffrè, 2012, p. 40.

acabou sendo identificada pela "malha fina" por pequenos equívocos, chamados por "erro de fato" pela doutrina italiana. Parece que a aplicação da Boa-fé objetiva orienta para uma postura pró-ativa por parte do credor que reconhece uma conduta equivocada, mas bem-intencionada, isto é, não se verifica intenção de fraudar ou sonegar, apenas digitou-se um número errado (erro de digitação do CPF, muito comum, diga-se de passagem) ou inseriu-se um valor em campo equivocado. Estes equívocos deveriam ser prontamente corrigidos por iniciativa do próprio Fisco, que possui potentes programas de computador capazes de identificar o erro e poderiam automaticamente solucionar o impasse.

5.7. Boa-fé como fundamento para os deveres de proteção, cooperação e colaboração

A aplicação da Boa-fé na relação jurídico tributária impõe um padrão de comportamento protetivo, cooperativo, colaborativo. Resulta como uma consequência da incidência da Boa-fé, a colaboração entre sujeito ativo e sujeito passivo com vistas ao adequado e correto processamento da obrigação tributária. Da mesma forma, a cooperação é uma atitude esperada pelas partes que ocupam os polos ativo e passivo da relação tributária.[546] O comportamento esperado dos sujeitos da relação obrigacional tributária é ditado pelos preceitos constitucionais já explicitados. A Constituição exige um tratamento que promova a dignidade da pessoa humana (artigo 1°), valorize a fraternidade e a solidariedade (artigo 3°), preserve um mínimo ético (artigo 37) e persiga o bem de todos (artigo 3°). Nesse sentido, a incidência da boa-fé congrega todos os preceitos antes referidos, na medida em que a mencionada cláusula geral estabelece um padrão de comportamento a ser exigido. Nos próximos capítulos, os deveres de colaboração, cooperação e proteção serão abordados como mais profundida e será possível vislumbrar a presença da boa-fé objetiva em cada um destes deveres.

---

[546] SANTAMARIA, Francesco. *Autonomia Privata e statuto del contribuente*. Milão: Giuffrè, 2012, p. 42.

Segunda Parte

Do conteúdo e da eficácia dos deveres de colaboração, cooperação e proteção no Direito Tributário

Título I – Conteúdo dos deveres de proteção, colaboração e cooperação

A primeira parte da tese foi dedicada a apontar que a relação tributária observada na prática não está em sintonia com a relação jurídica prevista na Constituição. Partindo-se desta constatação, passou-se a identificar o modelo de relacionamento adequado segundo os preceitos constitucionais. Estes preceitos informam o novo perfil de relação jurídica sugerido nesta investigação e fundamentam a incidência de novos deveres, chamados de anexo.

Este título é dedicado ao exame do conteúdo e significado mínimo dos deveres de colaboração, cooperação e proteção no âmbito do Direito Tributário. Esta análise importará em definir os conteúdos e exemplificar com situações concretas experimentadas pelos sujeitos da relação tributária, a fim de demonstrar como seriam aplicados tais deveres.

Esta abordagem não tem a pretensão de ser exaustiva, já que a experiência da vida é capaz de surpreender e apresentar novas situações a cada dia, assim como a Administração Tributária brasileira é prodigiosa em matéria de legislação tributária. Em verdade, a abordagem concentra-se naqueles temas e pontos que mais reclamam um comportamento mais colaborativo e cooperativo, no intuito de demonstrar exemplificativamente a utilidade da tese apresentada.

Capítulo 1 – Conteúdo dos deveres de colaboração e cooperação

1. Sobre o dever de colaboração e o seu conteúdo na relação jurídica tributária

Defender a ideia de colaboração numa relação historicamente conflituosa pode soar estranho aos ouvidos mais desavisados. A tributação esteve sempre no centro de inúmeros conflitos ao longo da história da civilização humana,[547]

---

[547] BALEEIRO, Aliomar. *Limitações Constitucionais ao Poder de Tributar*. 8 ed. Rio de Janeiro: Forense, 2010, p. 2. BALEEIRO, Aliomar. *Uma introdução à Ciência das Finanças*. 17 ed. Rio de Janeiro: Forense, 2010, p. 188. PAULSEN, Leandro. *Curso de Direito Tributário Completo*. 6 ed. Porto Alegre: Livraria do Advogado, 2014, p. 15. SCHOUERI, Luís Eduardo. *Direito Tributário Atual*. São Paulo: Saraiva, 2011, p. 17-27.

criando-se um dogma em torno das posições ocupadas pelo Estado e contribuinte. Equivale dizer que os sujeitos desta relação peculiar sempre se reconheceram como adversários[548] e, como tal, deveriam guardar certa distância e não estabelecer qualquer diálogo.[549]

Acredita-se que as questões suscitadas ao longo desta pesquisa tenham sido capazes de demonstrar a inadequação desta concepção de relação jurídica. Com efeito, no atual estágio de evolução da ciência jurídica, especialmente diante do Estado Constitucional de Direito erigido a partir da Constituição de 1988, não se afigura admissível defender que a relação jurídica própria das obrigações tributárias seja de oposição absoluta.[550] Este perfil de relação jurídica precisa ser combatido e relegado ao passado.

Na fase atual, exige-se um modelo de relacionamento pautado nos postulados do Estado de Direito,[551] cidadania fiscal, dignidade da pessoa humana, solidariedade e boa-fé objetiva, onde os sujeitos da relação jurídica tributária encontram-se em posição nivelada horizontalmente. Cada qual estará jungido ao estatuto jurídico que lhe é próprio, devendo observar as regras que integram o seu próprio estatuto. Isso não significa dizer que qualquer das partes esteja em posição de superioridade ou de vantagem.[552] Por esse motivo é que se defendeu uma visão antropocêntrica de Direito Tributário, inserindo o ser humano na posição central das preocupações.[553] Nesta perspectiva, o indivíduo precisa assumir o papel de protagonista no sustento do Estado,[554] de um lado, e, o Fisco, de outro, precisa elevar o cidadão ao status de parte da relação jurídica tributária e não o tratar como mero *submetido* ou *sujeito* aos desígnios estatais.[555]

---

[548] Marco Aurélio Greco retrata a posição de parcela significativa da doutrina brasileira da década de 40 a 70 que vislumbra uma relação de oposição absoluta entre Estado e indivíduo. GRECO, Marco Aurélio. *Planejamento Tributário*. 2 ed. São Paulo: Dialética, 2008, p. 191.

[549] Ives Gandra da Silva Martins associa a tributação como agressão ao patrimônio individual, concebendo o tributo como "norma de rejeição social". MARTINS, Ives Gandra da Silva. *Teoria da Imposição Tributária*. 2 ed. São Paulo: LTr, 1998, p. 109.

[550] GRECO, Marco Aurélio. *Planejamento Tributário*. 2 ed. São Paulo: Dialética, 2008, p. 191-2.

[551] PORTO, Éderson Garin. *Estado de Direito e Direito Tributário*. Porto Alegre: Livraria do Advogado, 2009. GRECO, Marco Aurélio. *Planejamento Tributário*. 2 ed. São Paulo: Dialética, 2008, p. 192-3.

[552] João Ricardo Catarino cobra o reconhecimento da posição de parte e não de submetido ou sujeito, daí sustentar que "temos mais sujeição e menos cidadania fiscal". CATARINO, João Ricardo. *Consentimento e garantias dos contribuintes: da crise à necessidade de (re)afirmação. In:* Daniel Freire e Almeida; Fabio Luiz Gomes e João Ricardo Catarino (org). Garantia dos contribuintes no Sistema Tributário. São Paulo: Saraiva, 2013, p. 268. CAMPOS, Diogo Leite de. *O Sistema Tributário no Estado dos Cidadãos*. Coimbra: Almedina, 2006, p. 124.

[553] Parte I, Título II, capítulo 3.

[554] NABAIS, José Casalta. *Por um Estado Fiscal suportável. Estudos de Direito Fiscal*. Coimbra: Almedina, 2005, p. 21. HOLMES, Stephen e SUSTEINS, Cass R. *El costo de los derechos. Por qué la libertad depende de los impuestos*. Trad. Stella Mastrangelo. Buenos Aires: Siglo veintiuno editores, 2011, p. 33. PAULSEN, Leandro. *Capacidade colaborativa:* princípio de Direito Tributário para obrigações acessórias e de terceiros. Porto Alegre: Livraria do Advogado, 2014, p. 30.

[555] CATARINO, João Ricardo. *Consentimento e garantias dos contribuintes: da crise à necessidade de (re)afirmação. In:* Daniel Freire e Almeida; Fabio Luiz Gomes e João Ricardo Catarino (org). Garantia dos contribuintes no Sistema Tributário. São Paulo: Saraiva, 2013, p. 268.

Dentro desta perspectiva, assumindo que as partes que integram a relação jurídica tributária encontram-se em posição de equivalência,[556] é possível defender que a relação deve ser colaborativa.[557] Reside, pois, na proposta de reconstruir a relação entre Administração e contribuinte num modelo de recíproca confiança e colaboração que está a inovação sugerida neste texto.[558] É na posição paritária dos sujeitos da relação tributária que se buscar construir a noção de colaboração ora encaminhada.

Em que pese o ordenamento jurídico brasileiro não disponha de norma escrita sobre o dever de colaboração, a pesquisa ao direito comparado apresenta resultado diverso. As legislações de Itália, Espanha e Portugal[559] acolheram a colaboração em seus ordenamentos jurídicos, impondo que as partes a observem nos diversos vínculos de natureza tributária travado entre Estado e cidadão. Como estabelece a Lei Geral Tributária portuguesa: "Os órgãos da administração tributária e os contribuintes estão sujeitos a um dever de colaboração recíproco" (artigo 59).[560] Na Estatuto do Contribuinte Italiano, o artigo

---

[556] Pedro Parrilla recorda que a *Ley de Derechos y Garantias de los Contribuyentes* buscava reforçar o equilíbrio entre as posições da Administração e do Contribuinte. Desse modo, critica a posição do Tribunal Constitucional da Espanha que reconhecia a Administração Tributária a condição de *potentior persona* "que no está en un plano de igualdad con el contribuyente, sino en un plano de superioridad (STC 76/1990)". PARRILLA, Pedro José Carrasco. Derechos y garantías de los contribuyentes en España. In: *Garantia dos contribuintes no Sistema Tributário*. Daniel Freire e Almeida; Fabio Luiz Gomes e João Ricardo Catarino (orgs.). São Paulo: Saraiva, 2013, p. 538. Seguindo a mesma crítica, Jaime Añoveros comenta a sentença do Tribunal Constitucional que reconheceu a posição da Administração como *potentior persona*. AÑOVEROS, Jaime García. Una nueva ley general tributaria. Problemas constitucionales. In: *Garantias Constitucionales del contribuyente*. Antonio Agulló Agüero (org.). Valencia: Tirant lo blanch, 1998, p. 103.

[557] SANTAMARIA, Francesco. *Autonomia Privata e Statuto del contribuente*. Milão: Giuffrè, 2012, p. 3. MARONGIU, Gianni. *Lo Statuto dei diritti del contribuente*. 2 ed. Turim: Giappichelli editore, 2010, p. 125-6. PIETRO, Adriano di. Tutela del contribuente y constitucion material en la aplicacion de la norma tributaria. In: *Garantias Constitucionales del contribuyente*. Antonio Agulló Agüero (org). Valencia: Tirant lo blanch, 1998, p. 86. SANTOS, António Carlos dos. O crescente desequilíbrio entre as prerrogativas do fisco português e os direitos e garantias dos contribuintes. In: *Garantia dos contribuintes no Sistema Tributário*. Daniel Freire e Almeida; Fabio Luiz Gomes e João Ricardo Catarino (org.). São Paulo: Saraiva, 2013, p. 35. GUIMARÃES, Vasco Branco. As garantias dos particulares na relação jurídica tributária: uma revisão necessária. In: *Garantia dos contribuintes no Sistema Tributário*. Daniel Freire e Almeida; Fabio Luiz Gomes e João Ricardo Catarino (org.). São Paulo: Saraiva, 2013, p. 692.

[558] Francesco Santamaría defende que: "Si voleva creare un rapporto tra l'Amministrazione Ed i contribuenti improntato sulla recíproca fidúcia e colaborazione al fine di segnare una nuova época dove le parti, sebbene protatrici di interessi diversi, si trovino sullo stesso piano Ed in una posizione, diretta a dare attuazione algi interessi dell'Erario nel rispetto dei reciproci diritti e delle connesse aspettative". SANTAMARIA, Francesco. *Autonomia Privata e Statuto del contribuente*. Milão: Giuffrè, 2012, p. 2.

[559] O *Statuto dei diritti del contribuente italiano* (Legge 27 luglio 2000, n. 212), dispõe em seu artigo 10: "Art. 10. (Tutela dell'affidamento e della buona fede. Errori del contribuente) 1. I rapporti tra contribuente e amministrazione finanziaria sono improntati al principio della collaborazione e della buona fede". A Espanha também acolhe a colaboração expressamente nos artigos 1°, 5° e 92 da *Ley General Tributaria* (Ley 58/2003). No mesmo sentido, pode-se citar a Lei Geral Tributária de Portugal (Decreto-Lei n.o 398/98): "Artigo 59.o Princípio da colaboração 1 – Os órgãos da administração tributária e os contribuintes estão sujeitos a um dever de colaboração recíproco. 2 – Presume-se a boa-fé da actuação dos contribuintes e da administração tributária".

[560] Diogo Leite de Campos destaca que o princípio da colaboração estabelece uma presunção de boa-fé na atuação da Administração Tributária e dos contribuintes. Diz o autor que: "Significa que tanto os contribuintes como a administração devem actuar eticamente, como 'bons cidadãos', om lealdade e sinceridade recíprocas". CAMPOS, Diogo Leite de. *O Sistema Tributário no Estado dos Cidadãos*. Coimbra: Almedina, 2006, p. 119.

10 estabelece que a relação entre o contribuinte e Administração tributária é marcada pelo princípio da colaboração e da boa-fé.

O dever de colaboração estabelece um compromisso de agir concertado na busca de um fim. Este fim pode ser sintetizado no preceito constitucional do concurso com o custeio do Estado segundo a capacidade contributiva.[561] A colaboração promove uma passagem da relação repressiva (paradigma antigo) para uma relação do diálogo.[562] Nessa relação dialógica, espera-se que as partes comportem-se de modo coerente, isto é, não contraditório ou descompassado no tempo.[563] Alude-se, portanto, a um dever de correção, evitando-se um comportamento que gere insegurança ou instabilidade nas manifestações do Estado, assim como coibindo-se ações capciosas ou ardilosas por parte do contribuinte.[564]

Enquanto as legislações italianas e portuguesas falam expressamente em colaboração, a legislação espanhola trata de dever de assistência mútua.[565] Assim, diante da complexidade, dispersão e variabilidade das normas tributárias, é natural que o contribuinte demande dos órgãos públicos o apoio imprescindível para atender corretamente suas obrigações tributárias.[566] Com efeito, a Administração Tributária não pode transferir exclusivamente ao cidadão, de quem espera e reclama colaboração, os riscos inerentes à legislação extremamente complexa.[567] Desse modo, impõe-se ao Fisco colaborar com o contribuinte no intuito de propiciar um adequado cumprimento da legislação tributária.[568] Por outro lado, espera-se do contribuinte uma postura colaborativa sem a qual a atividade de fiscalização e arrecadação dos tributos ficaria comprometida. O crescimento das necessidades públicas pressionam cada vez mais as entidades públicas encarregadas de fiscalizar e arrecadar os tributos. Estas, de seu turno, precisam gerir com eficiência os recursos humanos e tecnológicos no sentido de reduzir a inadimplência, bem como as fraudes. Não se pode perder de vista, igualmente, que a expansão da economia e a dinamicidade das relações comerciais, impõem cada vez mais a participação do particular na atividade arrecadatória, seja na condição de contribuinte, seja na condição de responsável ou substituto tributário.[569]

---

[561] SANTAMARIA, Francesco. *Autonomia Privata e Statuto del contribuente*. Milão: Giuffrè, 2012, p. 3.
[562] MARONGIU, Gianni. *Lo Statuto dei diritti del contribuente*. 2 ed. Turim: Giappichelli editore, 2010, p. 125-6.
[563] Idem, p. 144.
[564] Idem, p. 145.
[565] Artículo 17. La relación jurídico-tributaria. 1. Se entiende por relación jurídico-tributaria el conjunto de obligaciones y deberes, derechos y potestades originados por la aplicación de los tributos. 4. En el marco de la asistencia mutua podrán establecerse obligaciones tributarias a los obligados tributarios, cualquiera que sea su objeto, de acuerdo con lo establecido en el artículo 29 bis de esta Ley. (...)
[566] BERRO, Florían García. *Procedimientos tributários y derechos de los contribuyentes en la nueva LGT*. Madri: Marcial Pons, 2004, p. 56.
[567] GARCÍA, Ana Maria Delgado e CUELLO, Rafael Olivier. *El deber de información y asistencia a los obligados tributários*. Valencia: Tirant lo blanch, 2004, p. 18.
[568] ORTEGA, Rafael Calvo. Hacia un nuevo derecho tributario. In: *Revista Foro nova época n. 0*, p. 49-74.
[569] ORTEGA, Rafael Calvo. *Las actividades de colaboración de los privados con la administración tributaria: en torno a un nuevo ordenamiento*. Madri: Dykinson, 2006, p. 24.

Pode-se dizer que a colaboração é um fenômeno observado praticamente em todas as espécies de relação humanas.[570] É que as relações obrigacionais não se concretizam apenas em torno do direito subjetivo de pretender uma prestação. Há outros deveres que muitas vezes concorrem em importância com os chamados deveres principais.[571] Não se olvida também que a relação colaborativa já foi propugnada para a seara processual civil, sustentando-se que o modelo de Estado Constitucional exige um processo cooperativo, exigindo-se postura colaborativa do magistrado e das partes.[572] No âmbito do Direito Administrativo também se fala em colaboração, ora sob a veste da participação,[573] ora sob a definição de ser ouvido pela Administração Pública.[574]

Este dever de colaboração consiste, portanto, num comportamento simbiótico entre os sujeitos que integram a relação jurídica tributária, agindo de forma concertada para a realização do fim comum que é promover o bem de todos, consoante programado pelo artigo 3°, inciso IV, da Constituição.[575]

A observação das relações entre os seres vivos realizada pela biologia proporciona interessante paralelo. Na natureza, nota-se, por exemplo, que os seres vivos são propensos a associações, para estabelecer conexões, para cooperar, sendo uma característica fundamental dos organismos vivos.[576] Dentre as possíveis associações já estudadas, interessa ao escopo deste estudo a "simbiose".[577] Esta consiste numa relação mutualmente vantajosa mantida entre organismos diferentes que extraem benefícios desta associação. De notar duas características importantes: a relação precisa ser mantida entre dois ou mais seres diferentes e esta relação precisa ser obrigatória, caso contrário estar-se-á

---

[570] Antunes Varela afirma que "se desenvolve e opera na vida real o importantíssimo fenômeno da colaboração econômica entre os homens". VARELA, João de Matos Antunes. *Das obrigações em geral.* v. I. 10 ed. Coimbra: Almedina, 2000, p. 22.

[571] MARTINS-COSTA, Judith. *Comentários ao novo Código Civil.* v 5. t. II. 2 ed. Rio de Janeiro: Forense, 2009, p. 52.

[572] MITIDIERO, Daniel. *Colaboração no processo civil. pressupostos sociais, lógicos e éticos.* 2 ed. São Paulo: Saraiva, 2011, p. 81. GRASSO, Eduardo. La collaborazione nel processo civile. In: *Rivista di Diritto Processuale* v. XXI, serie II, 1966, p. 587.

[573] Enterría e Tomás-Ramón falam em três tipos de participação: (a) participação orgânica; (b) a participação funcional e (c) a participação cooperativa. ENTERRÍA, Eduardo García de e TOMÁS-RAMÓN, Fernández. *Curso de Derecho Administrativo.* v. II. 4 ed. Madrid: Civitas, 1995, p. 85 e ss.

[574] BAPTISTA, Patrícia. *Transformações do Direito Administrativo.* Rio de Janeiro: Renovar, 2003, p. 150.

[575] Esta posição é defendida por Leandro Paulsen, ainda que no excerto transmita uma noção unidirecional: "o chamamento de todos, mesmo não contribuintes, ao cumprimento de obrigações com vista a viabilizar, a facilitar e a simplificar a tributação, dotando-lhe da praticabilidade necessária, encontra suporte no dever fundamental de colaboração com a Administração Tributária". PAULSEN, Leandro. *Capacidade colaborativa: princípio de Direito Tributário para obrigações acessórias e de terceiros.* Porto Alegre: Livraria do Advogado, 2014, p. 31.

[576] CAPRA, Fritjof. *The turning point. Science, society and the rising culture.* Toronto, New York: Bantan Books, 1983, p. 278.

[577] Pelas mãos do biólogo Lynn Margulis, o estudo da simbiose sofreu uma guinada. Ao fazer um amplo estudo de observação das organelas, a pesquisadora percebeu que as mitocôndrias se assemelhavam a uma estrutura bacteriana. A partir desta constatação, Margulis concluiu que a mitocôndria é um organismo dotado de sua própria autopoiese, que estabelece um vínculo tão próximo com as células procariontes, que a vida de ambos passou a depender mutuamente. MARGULIS, Lynn. *Symbiotic planet: a new look at evolution.* New York: Basic Books, 1998.

frente a outro tipo de associação, chamada de "protocooperação". A partir do estudo da simbiose de organismos minúsculos, chegou-se a sustentar uma tese evolutiva contrária à teoria darwinista, pregando que a vida evoluiu muito mais por meio de associações simbióticas de cooperação, do que pela evolução do espécime mais forte, fundada na competição.[578] Esta teoria foi chamada de simbiogênese, defendendo que a conexão entre espécies diferentes possui força evolutiva mais poderosa que a competição defendida por Darwin.[579]

As observações extraídas da biologia são valiosas para se estabelecer um cotejo com as relações humanas e, na sequência, confrontar com a relação entre Estado e cidadão. Tal como na simbiose dos organismos vivos, Estado e cidadão se vinculam por associação mutuamente interessada, visando à consecução de um objetivo comum. Não se pode dizer que esta relação é competitiva por definição. Pelo contrário, esta relação é construída e mantida num projeto de colaboração e cooperação mútua com vistas a melhor promover os fins últimos do Estado.[580] Dessa forma, em que pese se verifique uma posição de duelo entre fisco e contribuinte, pode-se afirmar que tal rivalidade consiste num desvio da trajetória projetada para a relação segundo texto constitucional.

Se a relação simbiótica revela-se muito mais proveitosa e se a relação competitiva é por essência prejudicial para um dos lados, parece óbvio que somente um dos dois modelos pode ser admitido nesta quadra da evolução do ordenamento jurídico pátrio. Definitivamente, na ordem constitucional vigente, não se afigura possível defender um modelo competitivo de relacionamento entre Estado e contribuinte pelo simples fato de que esta relação está construída para promover um único fim: o bem de todos. Logo, todo e qualquer comportamento tendente a desviar deste formato colaborativo e cooperativo pode ser inquinado de incompatível com a ordem constitucional.

---

[578] MARGULIS, Lynn. *Symbiotic planet: a new look at evolution*. New York: Basic Books, 1998.

[579] CAPRA, Fritjof. *The turning point. Science, society and the rising culture*. Toronto, New York: Bantan Books, 1983, p. 185. TEIXEIRA, Zaneir Gonçalves. Ética, direito e simbiose. In: *A expansão do direito: estudos de direito constitucional e filosofia do direito em homenagem a Willis Santiago Guerra Filho: por duas décadas de docência e pesquisas*. Rio de Janeiro: Lumen Juris, 2004. p. 329-340. SHARMA, Deven. Um novo relacionamento: simbiose. In: *HSM Management*, v. 6, n. 35, p. 102-110, nov./dez. 2002.

[580] Esse objetivo é o chamado bem comum, como bem definem Bobbio, Matteucci e Pasquino: "O Bem comum é, ao mesmo tempo, o princípio edificador da sociedade humana e o fim para o qual ela deve se orientar do ponto de vista natural e temporal. O Bem comum busca a felicidade natural, sendo, portanto, o valor político por excelência, sempre, porém, subordinado à moral. O bem comum se distingue do bem individual e do bem público. Enquanto o bem público é um bem de todos por estarem unidos, o Bem comum é dos indivíduos por serem membros de um Estado; trata-se de um valor comum que os indivíduos podem perseguir somente em conjunto, na concórdia. Além disso, com relação ao Bem individual, o Bem comum não é um simples somatório destes bens; não é tampouco a negação deles; ele coloca-se unicamente como sua própria verdade ou síntese harmoniosa, tendo como ponto de partida a distinção entre indivíduo, subordinado à comunidade, e a pessoa que permanece o verdadeiro e último fim. Toda atividade do Estado, quer política quer econômica, deve ter como objetivo criar uma situação que possibilite aos cidadãos desenvolverem suas qualidades como pessoas; cabe aos indivíduos, singularmente impotentes, buscar solidariamente em conjunto este fim comum". BOBBIO, Norberto, MATTEUCCI, Nicola & PASQUINO, Gianfranco. *Dicionário de Política*. 11 ed. Brasília: UnB, 1998.

A tributação pressupõe a participação de todos para se desenvolver de forma escorreita.[581] Numa sociedade complexa, com relações complexas, é imprescindível partir de uma postura simbiótica a ser estabelecida entre as partes envolvidas, onde, a despeito das diferenças evidentes entre os sujeitos, todos serão beneficiados pelo comportamento consciente e colaborativo.[582] É que estas relações exigem uma ampla e contínua colaboração e, em geral, este tipo de relacionamento predispõe um comportamento entre os sujeitos que atuam no tráfico jurídico.[583] De efeito, o vínculo mantido entre Fisco e contribuinte é notadamente amplo e continuado, na medida em que o status de cidadania fiscal transcende o momento pontual do adimplemento da obrigação principal. Fisco e contribuinte estão vinculados de forma umbilical, dada a mútua dependência que notabiliza este vínculo. Daí a sustentar que esta relação deve ser presidida por uma colaboração ampla e contínua.[584]

Nesse sentido, o Centro de Política Tributária e Administração da Organização para a Cooperação e Desenvolvimento Econômico (OCDE)[585] desenvolveu um estudo apurando os princípios de uma boa administração, conhecido como "General Administrative Principles – GAP001 Principles of Good Tax Administration".[586] Nesta pesquisa, analisando o sistema tributário dos países membros da organização, verificou-se que algumas boas práticas deveriam ser exaltadas e alçadas à condição de princípios gerais. Na relação com o contribuinte, identificou-se que o maior desafio das administrações fazendárias consistia numa relação mais responsiva, preocupada com as circunstâncias individuais do contribuinte, sendo, ao mesmo tempo, consistente. Na acepção da pesquisa, responsiva significaria acessibilidade, com atuações tempestivas e precisas.[587]

No sentido de estruturar balizas para uma relação entre Administração e administrado, a OCDE apresentou um guia de medidas que a organização

---

[581] PAULSEN, Leandro. *Capacidade colaborativa: princípio de Direito Tributário para obrigações acessórias e de terceiros*. Porto Alegre: Livraria do Advogado, 2014, p. 31. DELALLANDE, Nicolas. *Les Batailles de L'impôt: consentment et résistances de 1789 à nous jours*. Paris: Éditions du Seuil, 2011, p. 15.

[582] Este traço foi reconhecido pelo Supremo Tribunal Federal no julgamento do RE n° 603.191, de relatoria da Min. Ellen Gracie. Diz a Ministra: "A tributação, em sociedades cada vez mais complexas como a nossa, exige não apenas a imposição de tributos a serem pagos pelo contribuinte, como a adoção de medidas que têm por finalidade facilitar e assegurar a arrecadação, simplificando procedimentos, diminuindo os riscos de evasão, reduzindo custos e aumentando as garantias do fisco". RE 603191, Rel. Min. ELLEN GRACIE, Tribunal Pleno, j. 01/08/2011, DJe-170 05/09/2011.

[583] MENDÉZ, Amelia González. *Buena fe y Derecho Tributário*. Madri: Marcial Pons, 2001, p. 163. LARENZ, Karl. *Derecho justo. Fundamentos de ética jurídica*. Trad. L. Díez-Picazo. Madri: Civitas, 1985, p. 96.

[584] MENDÉZ, Amelia González. *Buena fe y Derecho Tributário*. Madri: Marcial Pons, 2001, p. 164. KORNPROBST, Emmanuel. *La notion de bonne foi. Application au Droit Fiscal français*. Paris: Librairie Generale de Droit et de Jurisprudence, 1980, p. 46-7.

[585] A sigla vem do francês: Organisation de coopération et de développement économiques, OCDE.

[586] "General Administrative Principles – GAP001 Principles of Good Tax Administration", estudo elaborado pela OCDE, disponível em <http://www.oecd.org/tax/administration/1907918.pdf>, acessado em 14 de setembro de 2014.

[587] Trecho extraído do estudo elaborado pela OCDE, "General Administrative Principles – GAP001 Principles of Good Tax Administration", disponível em <http://www.oecd.org/tax/administration/1907918.pdf>, acessado em 14 de setembro de 2014.

encorajaria as Administrações Tributárias a adotarem: (a) aplicação da legislação tributária de forma justa, confiável e transparente; (b) estabelecer uma comunicação com os contribuintes acerca dos seus direitos e obrigações, assim como informá-los sobre os procedimentos de reclamações e restituições/reparações; (c) apresentar consistentemente informações qualificadas, pesquisas de satisfação e atualização dos procedimentos administrativos em curso de forma tempestiva e precisa; (d) prover um sistema de informação acessível e confiável sobre os direitos e obrigações dos contribuintes em obediência ao direito; (e) assegurar que os custos de adequação e atendimento à legislação estão mantidos em níveis mínimos necessários para o seu cumprimento; (f) quando apropriado, criar oportunidades para que os contribuintes possam opinar sobre alterações nas políticas administrativas e procedimentais da administração tributária; (g) valer-se de informações do contribuinte somente no limite permitido pelo direito; e (h) desenvolver e manter um bom trabalho de relacionamento com grupos de clientes e com a grande comunidade.[588]

Em estudo posterior, a OCDE elaborou documento apresentando os direitos e obrigações dos contribuintes, denominado: "General Administrative Principles – GAP002 Taxpayers' Rights and Obligations".[589] Esta pesquisa apresentou uma série de deveres que devem ser observados pelos contribuintes e assim mesmo pelas Administrações tributárias. Segundo o trabalho da OCDE, os contribuintes têm direito de ter informações atualizadas no trato com o Fisco e na forma em que o tributo é avaliado. Diz o documento que também é direito do contribuinte ser informado sobre seus direitos, inclusive sobre a oportunidade de recorrer. Todos os contribuintes podem esperar que a informação ofertada deva refletir a complexidade do tributo, proporcionando-lhes condições de compreender melhor as questões relativas à tributação. No intuito de cumprir com tais obrigações, as autoridades podem valer-se de uma variedade de meios, tais como panfletos informativos, carta de princípios dos contribuintes, informações prestadas por telefone, tutoriais em vídeos, entre outras técnicas.[590]

2. Da noção de cooperação: sinônimo ou complemento ao dever de colaboração?

Quando tratou-se de demonstrar a existência de deveres anexos ou funcionais na relação jurídica tributária, buscou-se distingui-los das obrigações acessórias, comumente tratados como sinônimos pela doutrina de Direito Tributário. Com efeito, enquanto a doutrina civilista diferencia os deveres acessó-

---

[588] Lista de práticas obtidas no estudo elaborado pela OCDE, "General Administrative Principles – GAP001 Principles of Good Tax Administration", disponível em <http://www.oecd.org/tax/administration/1907918.pdf>, acessado em 14 de setembro de 2014.

[589] General Administrative Principles – GAP002 Taxpayers' Rights and Obligations, disponível em: <http://www.oecd.org/tax/administration/Taxpayers'_Rights_and_Obligations-Practice_Note.pdf>, acessado em 14 de setembro de 2014.

[590] General Administrative Principles – GAP002 Taxpayers' Rights and Obligations, disponível em: <http://www.oecd.org/tax/administration/Taxpayers'_Rights_and_Obligations-Practice_Note.pdf>, acessado em 14 de setembro de 2014.

rios, que preparam a obrigação principal, dos deveres anexos ou funcionais, o direito tributário os tem utilizado como categorias idênticas.

É preciso estabelecer que estes deveres,[591] comumente chamados de "deveres de cooperação e proteção dos recíprocos interesses", são vocacionados a proteger as partes envolvidas na relação jurídica de certos prejuízos ou percalços comumente apurados na aproximação entre credor e devedor. Desse modo, estes deveres não servem apenas para facilitar a obtenção do crédito e realização da prestação. A tarefa dos deveres de cooperação é muito mais nobre, pois voltada à manutenção da integridade da esfera jurídica das partes.[592]

Deve-se conceber a relação jurídica tributária para além da mera relação creditícia, limitada apenas ao dualismo de crédito e débito. Como relação complexa que é, a relação jurídica tributária congrega, finalisticamente coligados, outros deveres (proteção, colaboração e cooperação) que são orientados à consecução do bem de todos, demandando, portanto, uma conduta de cooperação entre as partes.[593] Trata-se de uma conduta cooperativa devida por um sujeito no interesse típico de outro sujeito da relação jurídica, posto que nas relações obrigacionais o interesse de uma parte é realizado pela atividade da outra parte.[594]

Nesse sentido, pode-se dizer que o dever de cooperação é nuclear nas relações obrigacionais, marcadas, como referido, na realização de uma conduta de um sujeito em função do interesse do outro. Essa consideração estabelece que a colaboração dos sujeitos integrantes da relação está intrinsecamente vinculada com o próprio cumprimento das obrigações principal e acessória, integrando o núcleo da obrigação, servindo para possibilitar, mensurar e qualificar o adimplemento.[595]

A relação jurídica tributária deve ser pautada pela cooperação entre os sujeitos (fisco, contribuinte e terceiros), sempre observada a lealdade, não sendo admissível que uma parte induza a outra em erro.[596] A cooperação é um dever criado pela boa-fé objetiva que impõe, como já explicitado, um padrão de comportamento escorreito por parte dos sujeitos integrantes da relação jurídica.[597]

A partir das considerações tecidas em torno dos deveres de colaboração e cooperação, poder-se-ia questionar se são sinônimos ou constituem deveres autônomos. A doutrina trabalha tais deveres como comportamentos sinôni-

---

[591] MARTINS-COSTA, Judith. *A Boa-fé no Direito Privado*. São Paulo: RT, 2000, p. 438. MARTINS-COSTA, Judith. *Comentários ao novo Código Civil*. v. 5. t. II. 2 ed. Rio de Janeiro: Forense, 2009, p. 89. COSTA, Mário Júlio de Almeida. *Direito das obrigações*. 8 ed. Coimbra: Almedina, 2000, p. 67. VARELA, João de Matos Antunes. *Das obrigações em geral*. v. I. 10 ed. Coimbra: Almedina, 2000, p. 126.

[592] MARTINS-COSTA, Judith. *Comentários ao novo Código Civil*. v. 5. t. II. 2 ed. Rio de Janeiro: Forense, 2009, p. 90. MORIN, Ariane. *La Responsabilité fondée sur la confiance. Étude critique des fondements d'une innovation controversée*. Helbing & Lichtehahn: Faculté de Droi de Geneve, 2002, p. 22.

[593] MARTINS-COSTA, Judith. Comentários ao novo Código Civil. v. 5. t. II. 2 ed. Rio de Janeiro: Forense, 2009, p. 53.

[594] Idem, p. 53.

[595] Idem. p. 55.

[596] MARONGIU, Gianni. *Lo Statuto dei diritti del contribuente*. 2 ed. Turim: Giappichelli editore, 2010, p. 171.

[597] PARTE I, TÍTULO II, CAPÍTULO 1, item 2.7.

mos (colaboração e cooperação),[598] ainda que se possa encontrar posição que vincule a cooperação mais no sentido de informação recíproca e na garantia assegurada ao contribuinte de fazer parte do procedimento impositivo.[599]

Considera-se o dever de cooperação como projeção da boa-fé objetiva, que impõe uma colaboração intersubjetiva, informada por valores que orientam a ordem jurídica, mensurando e qualificando a atuação dos sujeitos da relação jurídica tributária. Estes deveres visam, sobretudo, preservar a integridade dos sujeitos da relação obrigacional tributária, podendo assumir, por vezes, a feição de informação, guarda diligente de documento ou coisa, omissão de certas condutas prejudiciais à contraparte ou, simplesmente, um comportamento leal.[600] Nesta linha, considerando colaboração e cooperação como sinônimos, buscar-se-á definir quais são os deveres que exsurgem da sua aplicação.

3. Sobre a colaboração no viés informativo

Uma das principais projeções dos deveres de colaboração e cooperação se dá no âmbito da informação. Tomando como pressuposto teórico o direito à informação como um dos corolários da cidadania no Estado Democrático de Direito previsto na Constituição, parece inafastável sua aplicação no Direito Tributário.[601] Com efeito, a expressão da cidadania manifesta-se, pois, na outorga ao cidadão de direitos e garantias frente ao Estado, que no domínio do Direito Tributário é ainda mais latente.[602] Sendo assim, o direito à informação se revela condição de possibilidade para o exercício do poder popular previsto no artigo 1º, parágrafo único, da Constituição.

A doutrina de Direito Público, em especial, os autores de Direito Administrativo há muito sustentam que a publicidade é princípio fundamental da Administração Pública, sendo certo que os cidadãos têm o direito de obter as informações que necessitarem dos órgãos públicos.[603] Segundo levantamento histórico empreendido por Odete Medauar, desde 1766 vigora na Suécia a regra que faculta o livre acesso de qualquer indivíduo, sem necessidade de fazer qualquer justificação, aos documentos da Administração. A autora refere

---

[598] SANTAMARIA, Francesco. *Autonomia Privata e Statuto del contribuente*. Milão: Giuffrè, 2012, p. 42.

[599] Idem, p. 43.

[600] CARNEIRA DA FRADA, Manuel Antonio de Castro Portugal. *Contrato e deveres de proteção*. Coimbra: Separata do volume XXXVIII do suplemento ao Boletim da Faculdade de Direito da Universidade de Coimbra, 1994, p. 42. LARENZ, Karl. *Derecho de obligaciones*. t. I. Trad. Jaime Santos Briz. Madrid: Revista de Derecho Privado, 1958, p. 37.

[601] PORTO, Éderson Garin. *Estado de Direito e Direito Tributário: norma limitadora ao poder de tributar*. Porto Alegre: Livraria do Advogado, 2009, p. 58.

[602] Zelmo Denari propõe uma cidadania tributária com seguinte nuance: "supõe, de um lado, conhecimento das imposições tributárias em cada nível de governo e, de outro, avaliação da legitimidade dessas exigências fiscais e de sua adequação aos princípios e normas gerais do direito tributário elencados na Constituição e nos textos infraconstitucionais". DENARI, Zelmo. Cidadania e Tributação. In: *Revista Dialética de Direito Tributário* nº 10, jul. /1996, p. 44.

[603] Por todos, conferir MEIRELLES, Hely Lopes. *Direito Administrativo Brasileiro*. 25 ed. São Paulo: Malheiros, 2000, p. 89.

igualmente que nos Estados Unidos, existe desde 1946 legislação assegurando acesso à informação administrativa, chamando especial atenção ao *Freedom Information Act* de 1967 e o *Government Sunshine Act* de 1976.[604] Destas referências históricas em diante, a Administração Pública trilhou um caminho de abertura e de transparência, deixando para trás a noção de Administração Pública opaca, caminhando para um modelo cada vez mais translúcido.[605] A evolução do Estado autoritário, cujos atos e comunicações eram secretos, para a Administração Pública atual, revela inequívoco movimento de abertura em favor do cidadão justamente porque reside no indivíduo a *ratio essendi* do Estado.[606] Nesta trilha, é lícito afirmar que os valores democráticos adotados pela Constituição denotam uma opção clara pela transparência, autorizando o cidadão ter acesso a dados, informações e atos da Administração, num movimento de publicização da vida administrativa, chamado de princípio do arquivo aberto (*open file*).[607] Logo, um dos indicadores mais evidentes da evolução da relação entre Administração e cidadão, nos últimos anos, é o índice de transferência de informação do primeiro para o segundo.[608]

Pode-se dizer que o direito à informação é um dos alicerces do Estado Democrático de Direito e ferramenta indispensável à concretização do princípio republicano e à consolidação da cidadania.[609] Em outras palavras, é possível afirmar que o poder que emana do povo (artigo 1°, parágrafo único, da Constituição) necessita de correta e precisa informação para o exercício pleno da cidadania.[610] Por este motivo é que o texto constitucional construiu um plexo normativo capaz de outorgar status de direito fundamental à informação, bas-

---

[604] MEDAUAR, Odete. *O Direito Administrativo em evolução*. 2 ed. São Paulo: RT, 2000, p. 237.

[605] GARCÍA, Ana Maria Delgado e CUELLO, Rafael Olivier. *El deber de información y asistencia a los obligados tributarios*. Valencia: Tirant lo blanch, 2004, p. 13. VIGNUDELLI, Aljs. Genesi fenomenologica della comunicazione pubblica dallo stato autoritario "secretante" alla "transparenza" dello stato democratico. In: *Il Diritto dell'informazione e dell'informatica*, 2005, p. 237.

[606] O autor sustenta que a transparência "representa, pois, um ritual de passagem de um modelo de administração autoritária e burocrática à administração de serviço e participativa, em que a informação sobre todos os aspectos da Administração Pública é o pressuposto fundamental da participação". MARTINS JUNIOR, Wallace Paiva. *Transparência Administrativa: publicidade, motivação e participação popular*. São Paulo: Saraiva, 2004, p. 5. VIGNUDELLI, Aljs. Genesi fenomenologica della comunicazione pubblica dallo stato autoritario "secretante" alla "transparenza" dello stato democratico. In: *Il Diritto dell'informazione e dell'informatica*, 2005, p. 237.

[607] DUARTE, David. *Procedimentalização, participação e fundamentação: para uma concretização do princípio da imparcialidade administrativa como parâmetro decisório*. Coimbra: Almedina, 1996, p. 155. CORREIA, José Manuel Sérvulo. O direito à informação e os direitos de participação dos particulares no procedimento e, em especial, na formação da decisão administrativa. In: *Estudos sobre o Código do Procedimento Administrativo*. Instituto Nacional de Administração n° 9/10, jan./jun. 1994, p. 136.

[608] MATTARELLA, Bernardo Giorgio. Informazione e comunicazione amministrativa. In: *Rivista Trimestrale di diritto pubblico* n. 1, 2005, p. 1.

[609] ZENO-ZENCOVICH, Vincenzo. Il "diritto ad essere informati" quale elemento del rapporto di cittadinanza. In: *Il Diritto dell'informazione e dell'informatica*, 2006, p. 1. Como destaca Alberto Nogueira: "(...) o Estado se jurisdiciza de forma mais completa, passando a se sujeitar não apenas ao Direito, que na maior parte se habituou a formular, para se amoldar aos desígnios da cidadania ativa". NOGUEIRA, Alberto. *Teoria dos Princípios Constitucionais Tributários*. Rio de Janeiro: Renovar, 2008, p. 82.

[610] ZENO-ZENCOVICH, Vincenzo. Il "diritto ad essere informati" quale elemento del rapporto di cittadinanza. In: *Il Diritto dell'informazione e dell'informatica*, 2006, p. 3.

tando verificar na dicção do artigo 5°, incisos XIV e XXXIII, combinado com os artigos 37, *caput* e § 3°, inciso II; 150, § 5°, e 216, § 2°.[611]

Este direito pode assumir basicamente três acepções: (a) direito de informar: todos os órgãos públicos e a imprensa, em especial, gozam da liberdade de expressão e informação asseguradas na Constituição de forma que se pode reconhecer um direito de prestar informação sem o empecilho de qualquer tipo de censura (artigo 5°, IX, da Constituição); (b) direito de ser informado: o cidadão tem o direito de receber informações precisas, claras e completas, pois o Estado existe para assisti-lo e não para brincar de enigmas ou charadas.[612] Se há dúvida, é dever do Estado e obrigação dos servidores públicos esclarecer o cidadão para que possa fruir mais amplamente da sua cidadania (artigo 37 da Constituição); e (c) direito de se informar: significa dizer que todo o cidadão tem o direito de comparecer em qualquer repartição pública e ter acesso às informações de que necessita. Salvo os dados que possuem sigilo decretado, devidamente amparado em lei, todos os demais documentos e banco de dados públicos devem franquear ao cidadão o direito de obter a informação perseguida (artigo 5°, XXXIII e LXXII, da Constituição).[613]

Em que pese a escassez de produção científica no Brasil sobre o tema, examinando-se o direito estrangeiro se verifica que já há tratamento legislativo para o direito à informação do contribuinte. Em Portugal, por exemplo, desde 1998 com a edição da Lei Geral Tributária (Decreto-Lei n° 398/98), foi consagrado o direito à informação do contribuinte.[614] Na Espanha, de seu turno, havia o *Estatuto del contribuyente* (Ley n° 1/1998), onde se encontrava um capítulo próprio sobre o direito à informação.[615] O Estatuto do Contribuinte Espanhol foi revogado pela nova Lei Geral Tributária (Ley General Tributaria n° 58/2003) que passou a tratar do direito à informação em conjunto com o

---

[611] BASTERRA, Marcela I. *El Derecho Fundamental de acceso a la información Pública.* Buenos Aires: Abeledo Perrot, 2006, p. 10 e ss.

[612] Como referem Ana García e Rafael Cuello: "La Administración no puede trasladar al ciudadano, dequien reclama su colaboración, los riesgos inherentes de un marco jurídico cada vez más complejo". GARCÍA, Ana Maria Delgado e CUELLO, Rafael Olivier. *El deber de información y asistencia a los obligados tributários.* Valencia: Tirant lo blanch, 2004, p. 18.

[613] Gianni Marongiu escreve: "diritto all'informazione vuol dire, in generale, diritto di ciascuno *uti civis* a conoscere compiutamente e agevolmente le disposizione fiscali vigenti e, in particolare, il diritto del contrbuente *uti singulus* di conoscere qual è la propria posizione fiscale in ordine ad un determinato atto del contribuente medesimo o dell'Amministrazione". MARONGIU, Gianni. *Lo Statuto dei diritti del contribuente.* 2 ed. Turim: Giappichelli editore, 2010, p. 218.

[614] Artigo 67° Direito à informação. 1 – O contribuinte tem direito à informação sobre: a) A fase em que se encontra o procedimento e a data previsível da sua conclusão; b) A existência e teor das denúncias dolosas não confirmadas e a identificação do seu autor; c) A sua concreta situação tributária. 2 – As informações referidas no número anterior, quando requeridas por escrito, são prestadas no prazo de 10 dias.

[615] Artículo 5. Información y asistencia. 1. La Administración tributaria deberá prestar a los contribuyentes la necesaria asistencia e información acerca de sus derechos. Esta actividad se instrumentará, entre otras, a través de las siguientes actuaciones: publicación de textos actualizados de las normas tributarias, remisión de comunicaciones, contestación a consultas tributarias y adopción de acuerdos previos de valoración. 2. En los términos establecidos por las leyes, quedarán exentos de responsabilidad por infracción tributaria los contribuyentes que adecuen su actuación a los criterios manifestados por la Administración tributaria competente en las publicaciones, comunicaciones y contestaciones a consultas a las que se refiere el párrafo anterior.

direito à assistência do contribuinte.⁶¹⁶ Em Itália, igualmente, há regramento explícito sendo consagrado no *Statuto del diritto del contribuente* o chamado direito à informação.⁶¹⁷

No Brasil, duas normas foram editadas com o propósito de agregar mais transparência e informação ao cidadão. Em primeiro lugar, editou-se a Lei n° 12.527 de 2011, conhecida como "Lei de Acesso à Informação". Neste diploma normativo, foi reconhecido o status de direito fundamental ao direito de informação (art. 3°), assegurou-se a gestão e proteção da informação (art. 6°) e arrolou-se as formas de acesso à informação (art. 7°). Este diploma federal passou a regular o acesso à informação em todas as esferas da Administração Pública brasileira (art. 1°, parágrafo único, combinado com o artigo 2°), causando inicialmente muita controvérsia, mas, com o passar do tempo, consolidou-se como importante marco no caminho da efetivação dos direitos fundamentais da informação e transparência.

A segunda norma tem a aplicação focada no âmbito do Direito Tributário, atuando como norma regulamentadora do parágrafo quinto do artigo 150 da Constituição. Trata-se da Lei n° 12.741 de 2012 que passou a impor a obrigação de informar no documento equivalente à nota fiscal, quando realizada venda de produtos ou serviços, o valor aproximado da totalidade dos tributos incidentes na operação (art. 1° da Lei n° 12.741/2012).

No entanto, a feição informativa dos deveres de colaboração e cooperação não encontrou ainda tratamento legal por parte do legislador pátrio. Não obstante se possa elencar o processo de consulta previsto no artigo 46 do Decreto n° 70.235/72 e as garantias asseguradas pelo artigo 2° da Lei n° 9.784/99, a verdade é que a colaboração entre fisco e contribuinte no perfil informativo não se encontra regulamentada. Porém, a ausência de regulamentação legal não se constitui em óbice para o reconhecimento dos deveres de colaboração e cooperação. Nesse sentido, a boa-fé objetiva desempenha importante papel na criação de deveres jurídicos na relação jurídica tributária, sendo possível aplicar e exigir um nível satisfatório de informação na relação fisco e contribuinte. Como refere Misabel Abreu Machado Derzi: "uma questão básica, a envolver a previsibilidade, a certeza e a possibilidade de planejamento, se apresenta no Brasil. É que o País está dotado de uma Constituição minuciosa e rica em normas de Direito Tributário e Financeiro (talvez a mais rica do planeta), em que os principais institutos e conceitos jurídicos têm raiz constitucional e estão aliados a um leque invejável e numeroso de direitos e garantias do contribuinte

---

⁶¹⁶ Artículo 34. Derechos y garantías de los obligados tributarios. 1. Constituyen derechos de los obligados tributarios, entre otros, los siguientes: a) Derecho a ser informado y asistido por la Administración tributaria sobre el ejercicio de sus derechos y el cumplimiento de sus obligaciones tributarias.

⁶¹⁷ Art. 5. (Informazione del contribuente). 1. L'amministrazione finanziaria deve assumere idonee iniziative volte a consentire la completa e agevole conoscenza delle disposizioni legislative e amministrative vigenti in materia tributaria, anche curando la predisposizione di testi coordinati e mettendo gli stessi a disposizione dei contribuenti presso ogni ufficio impositore. L'amministrazione finanziaria deve altresì assumere idonee iniziative di informazione elettronica, tale da consentire aggiornamenti in tempo reale, ponendola a disposizione gratuita dei contribuenti. 2. L'amministrazione finanziaria deve portare a conoscenza dei contribuenti tempestivamente e con i mezzi idonei tutte le circolari e le risoluzioni da essa emanate, nonchè ogni altro atto o decreto che dispone sulla organizzazione, sulle funzioni e sui procedimenti.

e do cidadão".⁶¹⁸ Equivale a dizer que os ditames da moralidade, boa-fé e proteção da confiança impõem ao Estado o dever de informar de forma clara, precisa e suficiente o contribuinte como forma de manter a lealdade e probidade que se espera do ente estatal. Da mesma forma, não se pode perder de vista que a informação prestada deve espelhar a necessária congruência entre o agir da Administração e a legislação tributária. Assim, com base nessas premissas teóricas é que se vislumbra a possibilidade de erigir o direito à informação à condição de garantia fundamental do contribuinte.

Assim, a boa-fé se materializa na colaboração recíproca entre fisco e contribuinte, compreendendo a informação pública sobre direitos e obrigações, a publicação de orientações genéricas, o acesso a procedimentos fiscais.⁶¹⁹ Inegavelmente, há uma certa resistência em promover este dever de colaboração consistente na ampla e consistente informação dos sujeitos da relação tributária. Em primeiro lugar, a Administração Pública e alguns servidores encaram este dever como um pesado encargo: oneroso e penoso. Sustenta-se ainda que a prestação de informação criaria um vínculo antecipado e desnecessário para a Administração. Alega-se que as informações prestadas atuariam como fonte de responsabilidade para a Administração e, por fim, a informação como instrumento da publicidade terminaria por impedir a manutenção de certos atos secretos.⁶²⁰

Sobre o peso do encargo, pode-se dizer que as tecnologias da informação surgem como instrumento facilitador do intercâmbio de informação, sendo cada vez mais prático e fácil acessar e descobrir informações pelos meios eletrônicos. Dizer que a prestação de informação geraria um vínculo antecipado para a Administração é extremamente ingênuo, pois a responsabilidade civil do Estado abrange ação e omissão, de modo que a inação também atrairia responsabilidade do Estado, quando poderia ter informado e ter-se-ia mantido omisso. Não socorre igualmente sustentar que a prestação de informação prejudicaria a manutenção do sigilo sobre as informações que ainda ostentam este status, porque para estes dados, não se controverte que se mantenha a preservação.

Em verdade, a prestação de informação e o esclarecimento trazem mais vantagens que desvantagens. A informação de qualidade tem a capacidade de incrementar a confiança dos cidadãos na Administração. No mesmo sentido, a qualificação da informação entre fisco e contribuinte tende a gerar uma maior colaboração entre ambos. Pode-se defender também que a informação permite administrar melhor, assim como a informação pode ser capaz de gerar um

---

⁶¹⁸ DERZI, Misabel de Abreu Machado. Mutações jurisprudenciais em face da proteção da confiança e do interesse público no planejamento da receita e da despesa do Estado. In: *Revista Jurídica Empresarial* n. 3, jul./ago, 2008, p. 91.
⁶¹⁹ SANTOS, António Carlos dos. O crescente desequilíbrio entre as prerrogativas do fisco português e os direitos e garantias dos contribuintes. In: Daniel Freire e Almeida; Fabio Luiz Gomes e João Ricardo Catarino (org). *Garantia dos contribuintes no Sistema Tributário*. São Paulo: Saraiva, 2013, p. 37.
⁶²⁰ GARCÍA, Ana Maria Delgado e CUELLO, Rafael Olivier. *El deber de información y asistencia a los obligados tributários*. Valencia: Tirant lo blanch, 2004, p. 18.

melhor e mais qualificado cumprimento das obrigações tributárias.[621] Portanto, sobram razões para se promover o dever de informar no âmbito das relações tributárias.[622]

3.1. Definições e características do dever de informar

O dever de informar pode ser sintetizado no compromisso da Administração em orientar os contribuintes sobre seus direitos e deveres previstos na legislação tributária, assim como explicitar o alcance que tais normas possuem segundo a interpretação da própria Administração, de um lado, e, por outro, no compromisso de orientar os contribuintes sobre o cumprimento das obrigações tributárias acessórias.[623] A prestação de informação se manifesta pelo fornecimento de dados de interesse do contribuinte por parte da Administração Pública, de ofício ou a requerimento da parte interessada. Em segundo lugar, o objeto da atuação de informação consiste em dar notícia aos contribuintes dos seus direitos e obrigações, notadamente na extensão que foram reconhecidos pela jurisprudência administrativa do próprio fisco, assim como em consonância com as diretrizes estabelecidas pelo Poder Judiciário.[624]

O direito de informação é, por um lado, um dever da Administração Tributária, e por outro, um direito do contribuinte em obter os dados de seu interesse, de modo que a omissão em prestar a informação caracteriza falta da Administração.[625] Nesse aspecto é que a doutrina italiana ressalta que o dever de informar o contribuinte de forma clara, tempestiva e idônea, estabelece um compromisso de extrema obviedade consistente na manutenção da

---

[621] GARCÍA, Ana Maria Delgado e CUELLO, Rafael Olivier. *El deber de información y asistencia a los obligados tributários.* Valencia: Tirant lo blanch, 2004, p. 19.

[622] Irene Ferrer arrola outros benefícios em favor da Administração Pública: "Así, mientras que los primeros ven reducidos los costes fiscales indirectos de sus obligaciones y aumentan los conocimientos sobre sus derechos, la Administración obtiene un mayor y mejor cumplimiento de sus deberes de colaboración; de modo que consigue una mejor aplicación de los tributos y, por tanto, una mayor recaudación. Asimismo, la reducción de los incumplimientos y de los errores cometidos conlleva una minoración de las actuaciones administrativas de comprobación, inspección y sanción; por lo que, obviamente, también se disminuyen los costes económicos y de personal. De igual modo, su adecuada prestación mejora la imagen de la actividad pública, pues la correcta y eficaz recepción de información o asistencia no deja de ser una prueba del buen funcionamiento de la Administración. Además, es una vía para aumentar la confianza ciudadana en el sistema, fomentando así la conciencización sobre la importancia de su colaboración y reduciendo, al mismo tiempo, el fraude fiscal". FERRER, Irene Rovira. *Los deberes de información y asistencia de la Administración tributaria: Análisis jurídico y estudio del impacto de las Tecnologías de la Información y la Comunicación.* Tese de Doutorado apresentada na Universitat Oberta de Catalunya, p. 261, disponível em: <http://www.tdx.cat/bitstream/handle/10803/9129/tesi_irene_rovira_diposit_tdx.pdf;jsessionid=98327AF67429C5A22AE2B771E02F5910.tdx2?sequence=1>, acessado em 6 de setembro de 2014.

[623] GARCÍA, Ana Maria Delgado e CUELLO, Rafael Olivier. *El deber de información y asistencia a los obligados tributários.* Valencia: Tirant lo blanch, 2004, p. 52.

[624] GIdem, p. 53

[625] PARRILLA, Pedro José Carrasco. Derechos y garantías de los contribuyentes en España. In: Daniel Freire e Almeida; Fabio Luiz Gomes e João Ricardo Catarino (org). *Garantia dos contribuintes no Sistema Tributário.* São Paulo: Saraiva, 2013, p. 542.

interpretação informada ao cidadão.⁶²⁶ É por este motivo que o "Estatuto do contribuinte italiano" reconhece proteção à confiança frente à modificação do entendimento da Administração Pública. Marongiu cita, por exemplo, julgado da Corte de Cassação que reconheceu a incidência dos princípios da boa-fé e da leal colaboração num caso em que o contribuinte pedia dedução do IVA. A administração, de seu turno, o excluiu do regime, porém não o avisou da possibilidade de restituição e, por tal omissão, condenou-se o fisco à compensação das despesas judiciais.⁶²⁷

Na experiência brasileira, a legislação é complexa, e o conflito de informações é corriqueiro,⁶²⁸ contrariando um dos preceitos mais elementares do direito consistente na clareza das normas.⁶²⁹ A Administração Tributária brasileira publica normas regulamentares de forma desordenada e expede soluções de consultas que se revelam contraditórias. Além disso, não se observa a Administração informando o contribuinte sobre eventual recolhimento a maior de tributos, deixando a cargo do próprio contribuinte tal iniciativa (a qual pode nunca ocorrer). Este comportamento viola o direito de informação, acarretando violação aos preceitos da boa-fé objetiva, caracterizando hipótese de enriquecimento ilícito por parte do Fisco. Neste agir, a Administração dificulta a compreensão da legislação tributária e não assume qualquer responsabilidade pelas contradições eventualmente verificadas, escusando-se num perfil de Administração Pública imperial e ultrapassada.

Em verdade, num Estado Constitucional de Direito, a Administração Pública possui um dever de informar claramente o cidadão e, nesta perspectiva, as informações prestadas e as posições externadas devem ser dignas de confiança.⁶³⁰ Eurico de Santi resume a questão, dizendo: "se não sei como me comportar perante a lei, então não sou livre".⁶³¹ A Corte Constitucional francesa, por exemplo, já reconheceu o direito à chamada "acessibilidade" e à "inteligibilidade" das normas tributárias, visando aprimorar a qualidade da legislação tributária.⁶³² Pensar de modo diverso conduziria para a imprestabilidade da

---

⁶²⁶ MARONGIU, Gianni. *Lo Statuto dei diritti del contribuente*. 2 ed. Turim: Giappichelli editore, 2010, p. 127.

⁶²⁷ Idem, p. 128.

⁶²⁸ Em razão da complexidade, defende Galán que: "en lógica correspondencia, el incremento de las cargas que se hacen gravar sobre los ciudadanos deben ser compensadas con la concesión de la posibilidad de acudir a la Administración en búsqueda no sólo de información, sino de orientación y asistencia general" GALÁN GALÁN, Alfredo. *La comunicación pública, en "Comunicación pública. La información administrativa al ciudadano*. Madri: Marcial Pons, 2000, p. 133.

⁶²⁹ FULLER, Lon F. *The morality of Law*. New Haven: Yale University Press, 1969, p. 81.

⁶³⁰ BERRO, Florían García. *Procedimientos tributários y derechos de los contribuyentes en la nueva LGT*. Madri: Marcial Pons, 2004, p. 59.

⁶³¹ SANTI, Eurico Marcos Diniz de. *Kafka, alienação e deformidades da legalidade. Exercício do controle social rumo à cidadania fiscal*. São Paulo: RT, 2014, p. 220.

⁶³² O Relatório elaborado pelo *Conseil des Impôts* francês dá conta de iniciativas bem-sucedidas no sentido de qualificar a legislação tributária: "Dans une décision du 16 décembre 1999, le Conseil constitutionnel a posé un principe général «d'accessibilité et d'intelligibilité de la loi ». Il n'existe toutefois pas, en droit français, de règle plus précise visant à assurer la qualité de la norme fiscale. Cette situation est sensiblement différente de celle relevée dans d'autres pays européens. En effet, les Pays-Bas et l'Italie ont mis en place des règles visant à améliorer la qualité du droit fiscal. Ainsi, la Constitution des Pays-Bas enjoint le législateur d'arrêter des règles générales pour la production de normes de qualité. De son côté, l'Italie a souhaité poser des

informação, na medida em que a orientação exarada poderia ser alterada a qualquer tempo, tornando sem efeito a precaução adotada pelo contribuinte. Como disse Humberto Ávila: "a resposta à Consulta obriga a Administração: o caráter preventivo da consulta fiscal deve colocar o consulente em estado de certeza jurídica, conferidora de segurança".[633] Nessa linha, consoante dispõe o artigo 146 do Código Tributário Nacional, a orientação prestada, ainda que não fosse da mais lídima licitude, vincula a Administração. Daí falar que a eficácia da consulta não decorre da qualidade jurídica, mas sim da função protetiva que a segurança jurídica confere, visando a promover os ideais de cognoscibilidade e de calculabilidade do Direito.[634]

3.2. Informação prestada via publicações oficiais

A publicação dos atos normativos é o marco inicial da vigência das normas no ordenamento jurídico pátrio (artigo 1° do Decreto-Lei n° 4.657/42 – Lei de Introdução às normas do Direito Brasileiro), constituindo-se no modo de torná-las conhecidas por seus destinatários.[635] A publicação é uma forma oficial de satisfazer a exigência de certeza do direito, de modo que o texto digno de fé é o texto publicado.[636]

A publicação oficial das normas é o termo inicial da vigência das leis no país,[637] ressalvadas as regras que imponham um período de *vacatio legis* diferenciado, como ocorre muitas vezes com o Direito Tributário (artigo 150, inciso III, alíneas "b" e "c", da Constituição).[638]

---

règles de qualité de la norme particulières à la législation fiscale, notamment avec la loi n° 212 du 27 juillet 2000 portant statut des droits du contribuable. Ces règles, qui ne sont ni constitutionnelles ni organiques, ne s'imposent pas aux autres lois, mais constituent plutôt des orientations générales". *Les Rélations entre les Contribuables et l`Administration Fiscale. XX ème*. Rapport au Président de la Republique. Conseil des Impôts, Paris, Journaux Officiels, 2003, p. 42. disponível em: <http://www.ladocumentationfrancaise.fr/var/storage/rapports-publics/024000601/0000.pdf>, acessado em 14 de setembro de 2014.

[633] ÁVILA, Humberto Bergmann. *Segurança jurídica*. 2 ed. São Paulo: Malheiros, 2012, p. 463.

[634] Idem, p. 465.

[635] SOUSA, Miguel Teixeira de. *Introdução ao Direito*. Coimbra: Almedina, p. 166.

[636] ZENO-ZENCOVICH, Vincenzo. Il "diritto ad essere informati" quale elemento del rapporto di cittadinanza. In: *Il Diritto dell'informazione e dell'informatica*, 2006, p. 6.

[637] MONTORO, André Franco. *Introdução à Ciência do Direito*. 30 ed. São Paulo: RT, 2013, p. 443.

[638] Em precedente do Supremo Tribunal Federal, reafirmou-se a publicação como marco de vigência das leis, porém se conferiu interpretação mais acanhada a proteção que as regras do artigo 150, inciso III, da CRFB se propunham conferir: "AGRAVO REGIMENTAL EM RECURSO EXTRAORDINÁRIO. TRIBUTÁRIO. LEI 8.383, PUBLICADA EM 31 DEZEMBRO DE 1991. INSTITUIÇÃO DE INDEXADOR PARA CORREÇÃO DOS TRIBUTOS: UFIR. INCIDÊNCIA SOBRE O ANO-BASE DE 1991. ALEGAÇÃO DE VULNERAÇÃO AO PRINCÍPIO DA IRRETROATIVIDADE E DA ANTERIORIDADE DA LEI. INEXISTÊNCIA. 1. A validade da lei ocorre a partir de sua publicação, se outro momento nela não foi fixado. Consumado o fato gerador da contribuição social e do imposto de renda, encerrado o ano-base para a apuração do lucro, vigia a Lei 8.383/91, que não criou, alterou ou majorou tributos. A lei nova, vigente no exercício em que se completou o fato gerador, apenas impôs a atualização do valor da obrigação tributária, por um novo indexador. 2. A lei nova não traduz majoração de tributos ou modificação de base de cálculo, quando, por força do princípio da anterioridade da lei tributária, seria inaplicável aos fatos geradores já consumados quando de sua publicação. Alegação improcedente. 3. Agravo regimental não provido". (RE 203486 AgR, Rel. Min. MAURÍCIO CORRÊA, Segunda Turma, julgado em 01/10/1996, DJ 19/12/1996, p. 51783).

Decorre da correlação entre publicação e conhecimento da norma que consolidou-se o adágio *"ignorantia legis non excusat"*, consagrado no ordenamento jurídico pátrio no artigo 3º da Lei de Introdução às normas do Direito Brasileiro. Ocorre que este preceito normativo criou uma relação perversa entre Estado e cidadão. O compromisso estatal de tornar pública a nova norma estaria exaurido com o cumprimento da formalidade de veicular o novo texto no Diário Oficial.

Este brocardo latino revela-se extremamente inapropriado para as relações jurídico-tributárias porque a presunção de conhecimento da legislação tributária se revela numa ficção jurídica exagerada e desconectada da realidade.[639] Poder-se-ia presumir o conhecimento e cumprimento da legislação tributária num sistema jurídico ideal, dotado de racionalidade e simplicidade. Estas características, sem sombra de dúvida, não se aplicam ao Direito brasileiro. Não se pode aplicar o preceito *"ignorantia legis non excusat"* nem mesmo aos estudiosos do tema, dada a profusão normativa, quanto mais se poderia aplicá-la ao cidadão comum.[640] Não se revela coerente com o modelo de cidadania fiscal preconizada neste trabalho a satisfação do dever de informar com a mera publicação do ato normativo no diário oficial.[641]

Numa atmosfera de colaboração e cooperação, não se pode considerar satisfeito o dever de informar o cidadão por meio da fria e abstrata publicação da norma na impressa oficial.[642] Para que o cidadão se aproprie efetivamente do conhecimento das normas é preciso que sejam adotadas algumas providências. Em primeiro lugar, é preciso que a legislação seja vertida numa linguagem acessível e inteligível.[643] Não se defende o desprezo ao vernáculo e ao

---

[639] Na construção de uma nova postura para as relações entre Fisco e contribuinte, não se pode deixar de criticar posições como a de Luciano Amaro, quando afirma que o nascimento da obrigação tributária: "não depende nem da vontade nem do conhecimento do indivíduo. Aliás, independe, também, de estar o sujeito ativo ciente do fato que deu origem à obrigação". AMARO, Luciano. *Direito Tributário Brasileiro*. 14 ed. São Paulo: Saraiva, 2008, p. 247. Esta noção revela-se em conflito com os preceitos da Boa Administração Pública e, sobretudo, com os mais basilares preceitos constitucionais aqui defendidos. O autor parece cair em contradição, no parágrafo seguinte, quando defende que: "É óbvio que o efetivo cumprimento da obrigação tributária vai depender de as partes tomarem conhecimento da existência do vínculo" (op. cit., p. 247). Ora, o contribuinte precisa ser informado ou não precisa? Talvez a frase seja um reforço de argumento para explicar a natureza "ex lege" da obrigação tributária, mas não se pode com ela concordar.

[640] O Instituto Brasileiro de Planejamento e Tributação elaborou estudo chamado "Quantidade de normas editadas no Brasil: 25 anos da Constituição Federal de 1988". O estudo revela que no período estudado foram editadas 4,7 milhões de normas, gerando uma média diária de 784 normas por dia útil. Disponível em: <https://www.ibpt.org.br/img/uploads/novelty/estudo/1266/NormasEditadas25AnosDaCFIBPT.pdf>, acesso em 07 de setembro de 2014.

[641] A necessidade de uma legislação inteligível e de fácil compreensão é destacado pelo Relatório elaborado pelo *Conseil des Impôts*. *Les Rélations entre les Contribuables et l`Administration Fiscale. XX ème*. Rapport au Président de la Republique. Conseil des Impôts, Paris, Journaux Officiels, 2003, p. 42-65. Disponível em: <http://www.ladocumentationfrancaise.fr/var/storage/rapports-publics/024000601/0000.pdf>, acesso em 14 de setembro de 2014.

[642] ZENO-ZENCOVICH, Vincenzo. Il "diritto ad essere informati" quale elemento del rapporto di cittadinanza. In: *Il Diritto dell'informazione e dell'informatica*, 2006, p. 5.

[643] *Les Rélations entre les Contribuables et l`Administration Fiscale. XX ème*. Rapport au Président de la Republique. Conseil des Impôts, Paris, Journaux Officiels, 2003, p. 42-65. Disponível em: <http://www.ladocumentationfrancaise.fr/var/storage/rapports-publics/024000601/0000.pdf>, acesso em 14 de setembro de 2014.

uso técnico da língua. Sustenta-se uma linguagem acessível e compreensível, escorreita e clara. Não se admite inúmeras referências a outras normas. Não se tolera remissões intermináveis e conflitos entre os textos. Todos estes vícios são frequentemente encontrados nos textos normativos que regem o direito tributário, o que reforça a necessidade de eliminá-los. Não se pode deixar de referir que o Código Tributário Nacional exige que a Administração Tributária realize um trabalho de compilação e concatenação da legislação vigente.[644]

Assim, uma solução possível é adotar a providência que a legislação consumeirista já aplica há algum tempo: um texto oficial e técnico, destinado aos profissionais; e, outro texto, simples e objetivo, destinado aos cidadãos em geral.[645] O relatório elaborado pelo *Conseil des Impôts* da França indica, dentre as medidas capazes de melhorar a qualidade da legislação tributária: (1) o aprimoramento da elaboração da norma tributária com a participação de órgãos e entidades especializadas no tema; (2) avaliação regular sobre a qualidade da norma por meio de indicativos de problemas, dúvidas e reclamações dos contribuintes e, não menos importante; (3) expor claramente os motivos que levaram a edição da norma, permitindo conhecer melhor a intenção do legislador.[646]

A preocupação com a produção e a interpretação da norma tributária foi objeto de um segundo estudo elaborado em conjunto por membros do *Conseil d'État* e membros da Administração Tributária francesa, chamado "Aprimorar a segurança jurídica das relações entre Administração Fiscal e os contribuintes: uma nova abordagem". Este documento identificou três diferentes fontes de insegurança: (1) a produção da norma tributária e sua interpretação pela Administração; (2) as modalidades práticas de aplicação da norma e (3) os julgamentos dos litígios.[647] Percebe-se que a combinação destes elementos resulta, como apurado na pesquisa francesa, na proliferação de normas complexas que exigirão retrabalhos no futuro. Estes trabalhos novos originados da má produção das normas tributárias consistem na correção do texto normativo, na edição de normas explicativas, assim como podem configurar a instauração de grandes conflitos na esfera administrativa e na esfera judicial. Daí sustentar que a qualificação da relação jurídica, tal como defendido neste trabalho, é o melhor caminho para a solução dos problemas apontados.[648]

---

[644] "Art. 212. Os Poderes Executivos federal, estaduais e municipais expedirão, por decreto, dentro de 90 (noventa) dias da entrada em vigor desta Lei, a consolidação, em texto único, da legislação vigente, relativa a cada um dos tributos, repetindo-se esta providência até o dia 31 de janeiro de cada ano".

[645] ZENO-ZENCOVICH, Vincenzo. Il "diritto ad essere informati" quale elemento del rapporto di cittadinanza. In: *Il Diritto dell'informazione e dell'informatica*, 2006, p. 7.

[646] *Les Rélations entre les Contribuables et l`Administration Fiscale. XX éme*. Rapport au Président de la Republique. Conseil des Impôts, Paris, Journaux Officiels, 2003, p. 97-102. Disponível em: <http://www.ladocumentationfrancaise.fr/var/storage/rapports-publics/024000601/0000.pdf>, acesso em 14 de setembro de 2014.

[647] BURGUBURU, Julie; LUBEK, David e GUILLEMAIN, Sylvie. Ameliorer la securité juridique des relations entre l'Administration fiscale et les contribuables: une nouvelle approche. Rapport au ministre du Budget, des comptes publics et de la fonction publique. Paris, 2008, p. 5. Disponível em: <http://www.ladocumentationfrancaise.fr/var/storage/rapports-publics/084000360/0000.pdf>, acesso em 14 de setembro de 2014.

[648] Idem.

Em segundo lugar, deve-se adotar medidas capazes de levar ao conhecimento do cidadão o novo ato normativo, informando-o e esclarecendo-o.[649] É necessário disponibilizar ao cidadão um mecanismo de organização concatenada das normas, explicitando, notadamente, as orientações jurisprudenciais mais importantes que tenham conferido interpretação particular ao texto normativo.[650]

Em terceiro lugar, partindo-se do preceito de que constitui dever do Estado levar ao conhecimento do cidadão o complexo normativo, pode-se afirmar que o descumprimento deste dever caracteriza falha estatal capaz de atrair a responsabilidade civil do Estado.[651]

Em síntese, o dever de informação exigido do Estado não se concretiza na mera e formal publicação da norma via impressa oficial.[652] O modelo de Estado Constitucional de Direito exige que não somente o Estado detenha o monopólio da informação sobre a legislação tributária, tampouco esta seja segregada a pequenos grupos de pessoas bem informadas ou bem assessoradas. Todo o cidadão brasileiro tem direito a receber toda a informação necessária sobre a legislação tributária de forma organizada e concatenada, não se podendo falar na presunção de conhecimento das normas, quando não se verificar mecanismos singelos e efetivos de informação ao contribuinte. Se as normas tributárias e sua interpretação são apontadas como uma das principais causas de insegurança jurídica, segundo citado estudo francês, poder-se-ia levar em consideração as proposições para solução: (a) simplificação e estabilização da norma tributária e (b) facilitar o acesso do contribuinte a uma doutrina administrativa.[653]

3.3. Campanhas de informação e esclarecimento

Sustenta-se que a transparência e a informação sejam os melhores mecanismos para aproximar sujeitos da relação tributária, hoje distanciados por

---

[649] BERRO, Florián García. *Procedimientos tributários y derechos de los contribuyentes en la nueva LGT*. Madri: Marcial Pons, 2004, p. 58.

[650] ZENO-ZENCOVICH, Vincenzo. Il "diritto ad essere informati" quale elemento del rapporto di cittadinanza. In: *Il Diritto dell'informazione e dell'informatica*, 2006, p. 7.

[651] Idem, p. 7.

[652] GARCÍA, Ana Maria Delgado e CUELLO, Rafael Olivier. *El deber de información y asistencia a los obligados tributários*. Valencia: Tirant lo blanch, 2004, p. 81.

[653] O relatório da pesquisa aponta que: "Parmi les sources d'insécurité juridique, l'instabilité de la norme arrive largement en tête des préoccupations des dirigeants d'entreprise: elle est citée par 64% d'entre eux et par 72% des 8 fiscalistes. La deuxième cause citée concerne la « réticence de l'administration à prendre position sur une question de droit ou de fait lorsqu'on lui en fait la demande » (42% et 46%) mais cette difficulté est elle-même liée pour partie à l'instabilité normative et à la complexité croissante des textes". BURGUBURU, Julie; LUBEK, David e GUILLEMAIN, Sylvie. Ameliorer la securité juridique des relations entre l'Administration fiscale et les contribuables: une nouvelle approche. Rapport au ministre du Budget, des comptes publics et de la fonction publique. Paris, 2008, p. 7. Disponível em: <http://www.ladocumentationfrancaise.fr/var/storage/rapports-publics/084000360/0000.pdf>, acessado em 14 de setembro de 2014.

inúmeras barreiras.[654] É certo que o cidadão possui um direito frente ao Estado de exigir informações claras e precisas. Segundo o Supremo Tribunal Federal: "A relação jurídica Estado/contribuinte há de repousar, sempre, na confiança mútua, devendo ambos atuarem com responsabilidade, fiéis ao ordenamento jurídico em vigor".[655] Se de um lado, parece estreme de dúvidas que há um dever do Estado em prestar informação, por outro lado, pululam incertezas sobre o que deve ser informado e qual a dimensão deste dever para que seja considerado satisfeito tal mandamento constitucional.

A dificuldade em compreender o Sistema Tributário Nacional é comprovada por inúmeras pesquisas que apontam o tempo despendido pelo contribuinte no atendimento de obrigações tributárias principais e acessórias. Segundo levantamento da Federação das Indústrias do Estado de São Paulo (FIESP), as empresas gastam anualmente o equivalente a R$ 19,7 bilhões no atendimento das regras previstas no Sistema Tributário Nacional.[656] O custo que o contribuinte suporta para buscar esclarecimento e atender a confusa e imprecisa legislação tributária retrata a dificuldade na obtenção da informação nesta seara. A constatação não é nova ou surpreendente, pois há décadas, Alfredo Augusto Becker já bradava contra a irracionalidade do Sistema Tributário, tecendo severas críticas em suas obras clássicas.[657] Em publicação mais recente e não menos contundente, Ives Gandra Martins afirma que em

---

[654] GARCÍA, Ana Maria Delgado e CUELLO, Rafael Olivier. *El deber de información y asistencia a los obligados tributários*. Valencia: Tirant lo blanch, 2004, p. 19.

[655] STF, RE nº 131741-8/SP, 2ª Turma, Rel. Min. Marco Aurélio, J. 09.04.96, DJ 24.05.96.

[656] Estudo publicado no Jornal "O Estado de São Paulo". Consta na reportagem que: "A cada hora, cinco novas regras tributárias chegam à contabilidade das empresas brasileiras. Para colocá-las em prática, um batalhão de profissionais é acionado, softwares são alterados e planilhas refeitas. No fim do dia, a maratona para ficar em ordem com o Fisco já corroeu 1,16% do faturamento da empresa no período. Em um ano, a conta fica salgada. Levantamento da Federação das Indústrias do Estado de São Paulo (Fiesp) mostra que as empresas gastam R$ 19,7 bilhões só com a burocracia do sistema tributário. O custo equivale ao que a indústria de transformação desembolsa por ano com a folha de pagamento e supera em 58% o investimento em pesquisa e desenvolvimento, revela o estudo. Intitulado Carga Extra da Indústria Brasileira, o trabalho mostra o quão pesado é o gasto da indústria para preparar o pagamento de um tributo e honrar outros compromissos com a União, Estados e municípios. "Custa caro manter o complexo sistema tributário brasileiro. Não bastasse a elevada carga de impostos e contribuições, que na indústria chega a 40,3% dos preços dos produtos, as companhias também têm de arcar com essa despesa adicional", afirma o diretor do departamento de competitividade e tecnologia da Fiesp, José Ricardo Roriz Coelho, coordenador do estudo. Segundo ele, até chegar ao consumidor final, considerando a cumulatividade da cadeia produtiva, os gastos com o sistema podem chegar a 2,6% do preço dos produtos industriais. O maior custo das empresas é com pessoal. De acordo com o estudo, são dez funcionários para realizar cada atividade, como folha de pagamento, escrituração fiscal e contabilidade. "Na minha empresa, há um batalhão de pessoas trabalhando pra valer nessas áreas", afirma o diretor Saulo Pucci Bueno, membro do conselho de administração do Grupo Amazonas, que produz solados e saltos de borracha. Ele conta que só na contabilidade são 15 pessoas, que gastam quase 30% do tempo de trabalho preenchendo papéis. Além disso, como o sistema tributário é complexo e suas regras mudam diariamente, a empresa mantém outros seis funcionários para auditar o trabalho feito pela contabilidade. Apesar de a maioria das atividades serem eletrônicas, Bueno diz que ainda há muita coisa em papel. "Exemplo disso é que mantemos um prédio só para o arquivo morto e dois funcionários para organizar toda papelada. E eles trabalham bastante." As informações são do jornal O Estado de S. Paulo, acessado no site: <http://www.estadao.com.br/noticias/impresso,burocracia-tributaria-leva-r-20-bi-de-empresas-,780251,0.htm>.

[657] Dentre as suas publicações vale referir, pois pertinente ao tema, as seguintes obras: BECKER, Alfredo Augusto. *Teoria Geral do Direito Tributário*. 5 ed. São Paulo: Noeses, 2010; e BECKER, Alfredo Augusto Becker. *Carnaval tributário*. São Paulo: Saraiva, 1989.

mais de 50 anos de profissão jamais foi apresentado a algum profissional que conhecesse por completo a legislação tributária vigente. O desconhecimento, conforme esclarece, não se deve à incompetência dos profissionais, pois afirma que teve o privilégio de conhecer mentes brilhantes, inclusive os mentores do Código Tributário Nacional. A razão do desconhecimento se deve ao que chama de emaranhado tributário: "Por esta razão, a legislação existente, confusa, complexa, mal elaborada, que gera as mais variadas interpretações, leva os especialistas e os contribuintes ao desnorteio. Mesmo quando pensam estar cumprindo rigorosamente a lei, são surpreendidos por exegeses 'convenientes e coniventes', cujo objetivo único é aumentar a arrecadação tributária, através de restrições de direitos".[658]

Logo, percebe-se que a informação no âmbito do Direito tributário é de essencial importância tanto para o Estado, quanto ao contribuinte. Se de um lado, o Estado pode incrementar a arrecadação com um nível satisfatório de informação por parte da população; de outro lado, o contribuinte diminui a resistência em contribuir com o Estado, quando suficientemente esclarecido. Na promoção da informação sobre as normas tributárias, não há perdedor. Caso se verifique redução da arrecadação a partir de campanhas educativas, a única conclusão que se pode extrair é que contribuintes estavam pagando de forma equivocada ou sequer deveriam contribuir. Em verdade, o que se observa após a realização de campanhas de esclarecimento à população é um incremento da arrecadação e redução dos litígios.

No intuito de checar esta hipótese, realizou-se uma pesquisa de campo em municípios da região do litoral norte e do sul do Estado do Rio Grande do Sul, investigando as técnicas de esclarecimento e prestação de informação à população dos municípios pesquisados.[659]

A pesquisa demonstrou que investir em informação pode ser a maneira mais adequada de conscientizar o contribuinte do seu papel e despertá-lo para o desempenho da cidadania. O adequado esclarecimento e a completa informação prestada ao contribuinte é capaz de resgatar o interesse do cidadão nas coisas da "Polis" e, muito especialmente, na necessidade e importância da parcela de contribuição de cada um para o custeio do Estado. A informação prestada de forma adequada é capaz de abreviar litígios e obter o crédito tributário, uma vez bem detalhado o seu lançamento e as razões do estabelecimento do seu montante.

Dentre as hipóteses verificadas no levantamento de campo, chamou a atenção a relação entre esclarecimento e incremento da receita. Em apenas dois[660] dos municípios pesquisados encontrou-se dados capazes de demonstrar que a iniciativa de esclarecimento e informação dos contribuintes seria capaz de promover incremento da receita. Nos demais municípios, acreditava-se que

---

[658] O artigo em referência foi publicado no jornal: "Folha de São Paulo" de 23 de julho de 2008.

[659] PORTO, Éderson Garin *et alli*. Investigações sobre o dever de esclarecer satisfatoriamente o contribuinte: pesquisa de campo nos municípios da região leste do Estado do Rio Grande do Sul. In: *Direito e Democracia: revista do Centro de Ciências Jurídicas*, Vol. 12 – No 2 – Jul./Dez. 2011, p. 117-129.

[660] Morrinhos do Sul e Torres;

certos programas poderiam incrementar o ingresso de receita, mas não havia dados aptos a serem conferidos pelos pesquisadores.[661]

Resulta que o dever de informar é promovido na sua plenitude quando a Administração aproxima-se do cidadão e com ele estabelece um diálogo direto, dentro de uma perspectiva de Administração Pública dialógica. Nessa medida, as campanhas informativas e os serviços de esclarecimento ao contribuinte desempenham papel fundamental ao encurtar a distância entre o cidadão e a quase incompreensível legislação tributária.[662] Equivale a dizer que a postura colaborativa e cooperativa pregada neste ensaio passa pela adoção de medidas capazes de realmente esclarecer o contribuinte, caracterizadas por ações que levem a informação de forma clara e acessível e não simplesmente seja publicada a norma na imprensa oficial.[663]

3.4. Do processo de consulta formal à informação verbal prestada pelo Fisco: na trilha da Administração Pública Dialógica

O contribuinte possui um importante mecanismo de solução de dúvida, consistente no processo de consulta, regulamentado no âmbito federal pelo Decreto n° 70.235/72. Segundo as normas que regem o procedimento, faculta ao contribuinte formular consulta sobre dispositivos da legislação tributária aplicados a fatos determinados (artigo 46 do Decreto n° 70.235/72). Trata-se de um verdadeiro processo, na medida em que o consulente tem a possibilidade de participar da formação da solução de consulta, apresentando argumentos e inclusive recorrendo, quando inconformado com a resposta obtida. Assim, a consulta tem por finalidade "sanar um estado de incerteza por parte do consulente quanto ao enquadramento jurídico-tributário que a Administração entende pertinente a determinado fato".[664]

A legislação estabelece que a solução de consulta é vinculante apenas àquele que a formulou (artigo 48 do Decreto n° 70.235/72), podendo alcançar os associados ou filiados, quando formulada por entidade representativa

---

[661] PORTO, Éderson Garin et alli. Investigações sobre o dever de esclarecer satisfatoriamente o contribuinte: pesquisa de campo nos municípios da região leste do Estado do Rio Grande do Sul. In: *Direito e Democracia: revista do Centro de Ciências Jurídicas*, Vol. 12 – No 2 – Jul./Dez. 2011, p. 117-129.

[662] No âmbito federal, a Receita Federal do Brasil instituiu um programa chamado "Educação Fiscal", instituído pela Portaria MF n° 587, de 21 de dezembro de 2010 , e tendo em vista o disposto na Portaria Interministerial MF/MEC n° 413, de 31 de dezembro de 2002 e regulamentado pela Portaria RFB n° 896 de 5 de abril de 2012. Em que pese a timidez da iniciativa, deve-se louvar o esforço que reconhece a importância da informação qualificada do cidadão.

[663] García e Cuello explicam o programa implantado em 1991 pela Administração espanhola, chamado INFORMA: "Mediante el Programa INFORMA los contribuyentes pueden acceder a ifnormación escrita relativa a la aplicación del sistema tributário, tanto a los diferentes conceptos impositivos como a los procedimientos de gestión tributaria". GARCÍA, Ana Maria Delgado e CUELLO, Rafael Olivier. *El deber de información y asistencia a los obligados tributários*. Valencia: Tirant lo blanch, 2004, p. 100. Fernández Doctor comenta que a iniciativa adotada na Espanha, responde aos requisitos de celeridade e uniformidade na prestação do serviço de informação tributária em condições de excelente qualidade. FERNÁNDEZ DOCTOR, Soledad. *La información y la asistencia al contribuyente*. HPE-CA n° 3, 1994, p. 91.

[664] MACHADO SEGUNDO, Hugo de Brito. *Processo Tributário*. 6 ed. São Paulo: Atlas, 2012, p. 208.

(artigo 51 do Decreto n° 70.235/72). No entanto, dada o caráter informativo e orientador, pode-se sustentar que as soluções de consulta deveriam receber maior visibilidade. Sendo considerada a interpretação oficial do Fisco, o resultado da consulta (e todo o seu processo, com os argumentos de ambas as partes, desde a consulta em si até a tomada da decisão definitiva do Fisco) deveria ser acessível a todos de forma democrática.[665] O conhecimento sobre soluções de consulta exaradas pela Receita Federal, por exemplo, constitui-se em árdua tarefa, na medida em que as ferramentas de busca não são eficientes, assim como parece não haver interesse em democratizar as orientações prestadas nestes procedimentos. Porém, em homenagem à isonomia, publicidade e a livre concorrência (normas de estatura constitucional), dever-se-ia publicizar o entendimento formalizado na solução de consulta, de modo a alcançar todos os contribuintes em situação idêntica.[666] Infelizmente, o acesso às soluções de consulta atualmente é privilégio de poucos contribuintes que conseguem pagar pelo valor de uma assessoria contábil e tributária.

O processo de consulta é um instrumento de promoção dos deveres de colaboração e cooperação aqui defendidos.[667] Em que pese a informação seja um direito fundamental assegurado ao indivíduo e já se fale em Administração Pública Dialógica, as informações prestadas de forma oral pela Administração Pública não atingiram o mesmo nível de reconhecimento e aplicação no âmbito das repartições públicas.[668] Não há uma única norma a disciplinar a forma de orientação e os limites de assistência que os servidores devem prestar aos contribuintes. Em não havendo norma específica, prepondera uma má compreensão da legalidade administrativa. Temem alguns servidores estarem atuando além dos limites legais, atraindo para si responsabilidade funcional ou até mesmo incorrendo no tipo penal previsto no artigo 3° e incisos da Lei n° 8.137/90.[669] Os temores em nada se justificam. A legalidade administrativa

---

[665] GARCÍA, Ana Maria Delgado e CUELLO, Rafael Olivier. *El deber de información y asistencia a los obligados tributários*. Valencia: Tirant lo blanch, 2004, p. 100. BERRO, Florían García. *Procedimientos tributários y derechos de los contribuyentes en la nueva LGT*. Madri: Marcial Pons, 2004, p. 58.

[666] MACHADO SEGUNDO, Hugo de Brito. *Processo Tributário*. 6 ed. São Paulo: Atlas, 2012, p. 208. ROCHA, Valdir Oliveira. *A Consulta Fiscal*. São Paulo: Dialética, 1996, p. 105.

[667] O reconhecimento da consulta como expressão do dever de colaboração é defendido por Garcia e Cuello, invocando sentença da Corte Constitucional espanhola (STS de 10 de fevereiro de 2001). GARCÍA, Ana Maria Delgado e CUELLO, Rafael Olivier. *El deber de información y asistencia a los obligados tributários*. Valencia: Tirant lo blanch, 2004, p. 101.

[668] No âmbito do Direito Tributário francês, pesquisa revela as dificuldades do estabelecimento do diálogo entre Administração Pública e cidadão, noticiando a criação do Comitê Nacional dos Usuários (CNU) como forma de aprimorar o relacionamento: "La création en 2004 d'un comité national des usagers (CNU), commun à la direction générale des impôts et à la direction générale de la comptabilité publique, répondait à une double préoccupation: informer les relais institutionnels sur l'actualité des relations entre l'administration fiscale et les usagers, recueillir leurs propositions et critiques. Cette démarche s'inscrivait également dans le cadre de la réforme « Bercy en mouvement », dont l'une des orientations consistait à placer les usagers au cœur de l'organisation du ministère". Les relations de l'administration fiscale avec les particuliers et les entreprises. Rapport public thématique. Cour des comptes. Paris, 2012, p. 98. Disponível em <http://www.ladocumentationfrancaise.fr/var/storage/rapports-publics/124000097/0000.pdf>, acessado em 14 de setembro de 2014.

[669] Art. 3° Constitui crime funcional contra a ordem tributária, além dos previstos no Decreto-Lei n° 2.848, de 7 de dezembro de 1940 – Código Penal (Título XI, Capítulo I): I – extraviar livro oficial, processo fiscal ou

prevista no artigo 37 da Constituição não estabelece que na ausência de norma expressa seja vedado esclarecer ou informar o contribuinte sobre dados do seu interesse e sobre os quais a Administração Pública detém o monopólio.

Parcela expressiva das medidas legislativas sobre a tributação são gestadas pela Administração Pública. O sentido das normas elaboradas e a correta aplicação delas é inexplicavelmente monopolizado por alguns membros da Administração Pública que gestaram as normas, encaminharam ao Poder Legislativo e depois de aprovada a lei, acabam por regulamentá-la. Significa dizer que um núcleo de servidores públicos ou agentes políticos detém todas as informações necessárias para compreensão da nova legislação e sem qualquer razão omite-se da missão de esclarecer o contribuinte e bem informá-lo. Este comportamento fere frontalmente os deveres de colaboração e cooperação propugnados nesta investigação. Deveria, a Administração Pública brasileira, seguir as orientações prescritas pelo Estatuto do Contribuinte Italiano, que impõe à Administração Tributária assumir iniciativa idônea capaz de informar de forma plena as disposições legislativas e regulamentares em matéria tributária.[670]

Da mesma forma, não prospera escusar-se do dever de prestar informação sob o pretexto de eventual responsabilização administrativa ou penal. Isso porque o exercício regular de um direito não enseja qualquer tipo de sanção, seja de natureza cível, penal ou administrativa. Agindo nos estritos limites das suas atribuições, não lhe será imputada nenhuma responsabilidade. No entanto, caso tenha agido com dolo ou culpa e eventualmente a conduta caracterize um dos tipos penais acima referidos, abrir-se-á caminho para a responsabilização do servidor, o que sem dúvida deve ser considerado como excepcional.

Curioso é notar que parcela significativa dos contribuintes não se sente confortável em formular consulta à autoridade administrativa, seja porque teme eventual perseguição, seja porque desconfia que a orientação prestada informalmente não seja honrada.[671] Notável comparar a doutrina europeia, que ao escrever sobre a informação verbal prestada pela Administração Tributária,

---

qualquer documento, de que tenha a guarda em razão da função; sonegá-lo, ou inutilizá-lo, total ou parcialmente, acarretando pagamento indevido ou inexato de tributo ou contribuição social; II – exigir, solicitar ou receber, para si ou para outrem, direta ou indiretamente, ainda que fora da função ou antes de iniciar seu exercício, mas em razão dela, vantagem indevida; ou aceitar promessa de tal vantagem, para deixar de lançar ou cobrar tributo ou contribuição social, ou cobrá-los parcialmente. Pena – reclusão, de 3 (três) a 8 (oito) anos, e multa. III – patrocinar, direta ou indiretamente, interesse privado perante a administração fazendária, valendo-se da qualidade de funcionário público. Pena – reclusão, de 1 (um) a 4 (quatro) anos, e multa.

[670] Assim dispõe o artigo 5 da Legge 27 luglio n. 212: art. 5. (Informazione del contribuente) 1. L'amministrazione finanziaria deve assumere idonee iniziative volte a consentire la completa e agevole conoscenza delle disposizioni legislative e amministrative vigenti in materia tributaria, anche curando la predisposizione di testi coordinati e mettendo gli stessi a disposizione dei contribuenti presso ogni ufficio impositore. L'amministrazione finanziaria deve altresì assumere idonee iniziative di informazione elettronica, tale da consentire aggiornamenti in tempo reale, ponendola a disposizione gratuita dei contribuenti.

[671] Hugo de Brito Machado Segundo desaconselha formular consulta verbal porque não haveria como comprovar que a Administração Pública efetivamente estava vinculada. MACHADO SEGUNDO, Hugo de Brito. *Processo Tributário*. 6 ed. São Paulo: Atlas, 2012, p. 211.

elogia o mecanismo como uma forma ágil e imediata de interação.[672] Não se suscita dúvida sobre a veracidade da informação prestada pelo servidor, nem se controverte sobre a possibilidade do contribuinte deturpar orientação prestada. Num ambiente construído na cultura da confiança, não há razão para se preocupar com a palavra empenhada, seja ela proveniente do Estado, seja proveniente do contribuinte.

Infelizmente, tem-se que admitir que tais preocupações são pertinentes à realidade brasileira. O Fisco não confia no contribuinte e este, por sua vez, não confia no Fisco. Este ambiente de insegurança e incerteza não é compatível com o modelo de relacionamento proposto para o Direito Tributário. É traço característico da "Boa Administração Pública" o estabelecimento do diálogo entre o Poder Público e o cidadão. Se é chegada a hora de estruturar o Direito Administrativo no "hábito saudável da racionalidade dialógica e multiforme", como referiu Juarez Freitas,[673] não se pode conceber que as pessoas não busquem uma maior colaboração e intercâmbio de informações.

Portanto, é preciso que a Administração Pública se renove com a absorção de certos conceitos que inspiram o Estado Constitucional de Direito. Não há mais espaço para segredos e enigmas por parte da Administração Pública. Esta deve fornecer todas as informações de que dispõe e, sobretudo, orientar a população sobre a forma mais adequada de proceder à tributação. Este movimento deve ser acompanhado da concomitante qualificação do quadro de servidores, dotando-os de formação e treinamento para poder lidar com as dificuldades que surgem diariamente.[674]

3.5. Informações prestadas no âmbito do procedimento administrativo

Dentre os deveres de informação, pode-se elencar o esclarecimento a ser prestado pela Administração Tributária no âmbito do procedimento administrativo. Com efeito, segundo a Constituição, o cidadão tem o direito ao devido processo, ao contraditório e à ampla defesa (artigo 5°, incisos LIV e LV da CRFB).[675] No plano da legislação federal, é assegurado, por exemplo, a divulga-

---

[672] GARCÍA, Ana Maria Delgado e CUELLO, Rafael Olivier. *El deber de información y asistencia a los obligados tributários*. Valencia: Tirant lo blanch, 2004, p. 93.

[673] FREITAS, Juarez. *Discricionariedade Administrativa e o Direito Fundamental à Boa Administração Pública*. 2 ed. São Paulo: Malheiros, 2009, p. 22.

[674] GARCÍA, Ana Maria Delgado e CUELLO, Rafael Olivier. *El deber de información y asistencia a los obligados tributários*. Valencia: Tirant lo blanch, 2004, p. 93. Juan Calvo defende que as informações e assistências demandam qualificação técnica, humana e material. CALVO VÉRGUEZ, Juan. El contenido de las actuaciones de asistencia a los obligados tributarios: algunas consideraciones. In: *Revista de Información Fiscal*, n. 91, 2009, p. 45.

[675] A expressão e o alcance destes princípios constitucionais em matéria de procedimento administrativo foram definidos no julgamento do Mandado de Segurança n° 24268: "Mandado de Segurança. 2. Cancelamento de pensão especial pelo Tribunal de Contas da União. Ausência de comprovação da adoção por instrumento jurídico adequado. Pensão concedida há vinte anos. 3. Direito de defesa ampliado com a Constituição de 1988. Âmbito de proteção que contempla todos os processos, judiciais ou administrativos, e não se resume a um simples direito de manifestação no processo. 4. Direito constitucional comparado. Pretensão à tutela jurídica que envolve não só o direito de manifestação e de informação, mas também o direito de ver

ção oficial dos atos administrativos, garantia à comunicação entre Administração e administrado e garantias aos meios processuais adequados à garantia dos seus direitos, consoante expressamente prevê a Lei n° 9.784/99.[676] De efeito, a lei que regula o processo administrativo no âmbito da Administração Pública Federal assegura alguns direitos básicos ao cidadão, a saber:

> Art. 3º O administrado tem os seguintes direitos perante a Administração, sem prejuízo de outros que lhe sejam assegurados:
>
> I – ser tratado com respeito pelas autoridades e servidores, que deverão facilitar o exercício de seus direitos e o cumprimento de suas obrigações;
>
> II – ter ciência da tramitação dos processos administrativos em que tenha a condição de interessado, ter vista dos autos, obter cópias de documentos neles contidos e conhecer as decisões proferidas;
>
> III – formular alegações e apresentar documentos antes da decisão, os quais serão objeto de consideração pelo órgão competente;
>
> IV – fazer-se assistir, facultativamente, por advogado, salvo quando obrigatória a representação, por força de lei.

Significa dizer que a legislação federal já assegura um mínimo de dignidade no tratamento do cidadão, quando em contato com a Administração Pública no contencioso administrativo, em que pese seja costumeiro observar a autoridade administrativa se comportando como se não devesse satisfação ao cidadão.

No intuito de apurar o nível de transparência do contencioso administrativo tributário, o Núcleo de Estudos Fiscais (NEF) da Fundação Getúlio Vargas (FGV) desenvolveu pesquisa e criou um índice para medir a transparência das cortes administrativas.[677] Num cuidadoso trabalho de campo, comparou-se o

---

seus argumentos contemplados pelo órgão julgador. 5. Os princípios do contraditório e da ampla defesa, assegurados pela Constituição, aplicam-se a todos os procedimentos administrativos. 6. O exercício pleno do contraditório não se limita à garantia de alegação oportuna e eficaz a respeito de fatos, mas implica a possibilidade de ser ouvido também em matéria jurídica. 7. Aplicação do princípio da segurança jurídica, enquanto subprincípio do Estado de Direito. Possibilidade de revogação de atos administrativos que não se pode estender indefinidamente. Poder anulatório sujeito a prazo razoável. Necessidade de estabilidade das situações criadas administrativamente. 8. Distinção entre atuação administrativa que independe da audiência do interessado e decisão que, unilateralmente, cancela decisão anterior. Incidência da garantia do contraditório, da ampla defesa e do devido processo legal ao processo administrativo. 9. Princípio da confiança como elemento do princípio da segurança jurídica. Presença de um componente de ética jurídica. Aplicação nas relações jurídicas de direito público. 10. Mandado de Segurança deferido para determinar observância do princípio do contraditório e da ampla defesa (CF art. 5°, LV)" (MS 24268, Rel. Min. ELLEN GRACIE, Rel. p/ Acórdão: Min. GILMAR MENDES, Tribunal Pleno, j. 05/02/2004, DJ 17/09/2004, p. 53, RDDP n. 23, 2005, p. 133-151).

[676] Assim dispõe a Lei Federal n° 9.784//99: Art. 2°. A Administração Pública obedecerá, dentre outros, aos princípios da legalidade, finalidade, motivação, razoabilidade, proporcionalidade, moralidade, ampla defesa, contraditório, segurança jurídica, interesse público e eficiência. Parágrafo único. Nos processos administrativos serão observados, entre outros, os critérios de: (...) V – divulgação oficial dos atos administrativos, ressalvadas as hipóteses de sigilo previstas na Constituição; (...) VIII – observância das formalidades essenciais à garantia dos direitos dos administrados; IX – adoção de formas simples, suficientes para propiciar adequado grau de certeza, segurança e respeito aos direitos dos administrados; X – garantia dos direitos à comunicação, à apresentação de alegações finais, à produção de provas e à interposição de recursos, nos processos de que possam resultar sanções e nas situações de litígio.

[677] Relatório Preliminar da 2ª aferição da transparência do Contencioso Administrativo Brasileiro. Disponível em: <http://nefgv.com.br/files/upload/2014/09/08/icat2-andreia-scapin-e-ariel-koevesi-relatorio-rev.pdf>.

nível de informação prestado no bojo do contencioso administrativo dos Estados e da União Federal, identificando-se grandes dificuldades para se obter acesso a informações básicas como movimentação processual e inteiro teor das decisões. O relatório evidencia o quão opaca ainda são as Administrações Tributárias, resistentes ao movimento de transparência e livre acesso à informação.

Pode-se ilustrar as dificuldades do Administrado no âmbito do processo administrativo com a invocação de um importante precedente do Supremo Tribunal Federal. No julgamento do Mandado de Segurança n° 24.268/MG, *leading case* sobre a correta expressão dos direitos do Administrado no processo administrativo, o voto da relatora, Min. Ellen Gracie, chegava a afirmar "ser dispensável o contraditório na fase administrativa, eis que a questão é exclusivamente de direito".[678] Prosseguiu dizendo, que "não ofende o art. 5°, LV, da CRFB, o ato da autoridade que, sem procedimento administrativo – e, portanto, sem dar ao interessado oportunidade de se manifestar – retifica ato de sua aposentação para excluir vantagens atribuídas em desconformidade com a lei".[679] Estas considerações foram proferidas na mais alta corte do país em pleno século XXI. Felizmente, esta posição foi superada pelo voto do Min. Gilmar Mendes que assentou o direito à tutela jurídica do administrado, identificando que esta tutela congrega os seguintes direitos: (1) direito de informação (*Recht auf information*), que obriga o órgão julgador a informar à parte contrária dos atos praticados no processo e dos elementos dele constantes; (2) direito de manifestação (*Recht auf Äusserung*), que assegura ao defendente a possibilidade de manifestar-se oralmente ou por escrito sobre os elementos fáticos e jurídicos constantes do processo; (3) direito de ver seus argumentos considerados (*Recht auf Berücksichtigung*), que exige do julgador capacidade, apreensão e isenção de ânimo (*Aufnahmefähigkeit und Aufnahmebereitschaft*) para contemplar as razões apresentadas.[680]

Como se pode ver, o Supremo Tribunal Federal reconhece como integrante do direito à tutela jurídica, os direitos de informação, de manifestação e de ver seus argumentos considerados, condicionando a legitimidade dos atos praticados pela Administração à observância destes preceitos. Como já reconheceu a Corte Constitucional Italiana, em sede de definição do tributo, o contribuinte poderá valer-se do direito de fornecer prova contrária, motivando e documentando idoneamente as razões pelas quais as declarações de receita podem ser inferiores ao valor presumido pela autoridade.[681]

---

[678] Trecho do voto vencido da Min. Ellen Gracie, p. 161. MS 24268, Rel. Min. ELLEN GRACIE, Rel. p/ Acórdão: Min. GILMAR MENDES, Tribunal Pleno, j. 05/02/2004, DJ 17/09/2004, p. 53, *RDDP* n. 23, 2005, p. 133-151.

[679] Idem.

[680] Excerto do voto do Min. Gilmar Mendes, p. 169. MS 24268, Rel. Min. ELLEN GRACIE, Rel. p/ Acórdão: Min. GILMAR MENDES, Tribunal Pleno, j. 05/02/2004, DJ 17/09/2004, p. 53, *RDDP* n. 23, 2005, p. 133-151.

[681] Marongiu afirma que "Il Supremo Collegio significativamente soggiunge che: "questa interpretazione rappresenta una lettura costituzionalmente orientata delle disposizioni della legge istitutiva dell'accertamento sulla base di parametri, in quanto: a) da un lato, il contradittorio deve ritenersi un elemento essenziale e imprescindibile (anche in assenza di una espressa previsione normativa del giusto procedimento Che legittima l'azione amministrativa (in questo senso v. Cass. N. 2816 del 2008, sulla base di argomentazioni

As disposições legais antes referidas, assim como as posições doutrinárias examinadas, estabelecem que o contribuinte possui o direito de ser informado sobre os procedimentos administrativos, cientificando-lhe do início da ação fiscal,[682] intimando-lhe de todos os atos processuais depois de instaurado o procedimento e, notadamente, sobre o encerramento do procedimento administrativo.[683] O dever de colaboração no perfil informativo pode se desdobrar em outros compromissos com o contribuinte, tais como: (a) ter ciência da situação fiscal atual, sendo informado sobre todas as ações fiscais em curso e eventuais razões de estar incluído em procedimentos de averiguações (malha fina, *v.g.*); (b) direito de obter cópia física ou digital de seus documentos e eventuais procedimentos que estejam tramitando em seu nome; (c) direito de aportar alegações e documentos; (d) direito de ser ouvido pela autoridade administrativa competente para solucionar a questão submetida, caso a administração se convença das razões.[684] Este conjunto de garantias que devem ser asseguradas ao contribuinte conformam o direito de colaboração no viés informativo, assegurando que o indivíduo tenha condições de ter acesso a todas as informações do seu interesse enquanto cidadão e contribuinte.

No intuito de prestar a informação necessária e estabelecer uma relação de colaboração sincera e verdadeira, pode-se dizer que o Estado, no seu mais amplo sentido, deve encontrar um meio de harmonizar e simplificar procedimentos entre os diferentes entes estatais e suas respectivas instâncias administrativas. Não se pode mais admitir que o contribuinte seja obrigado a comparecer em diversos órgãos e prestar inúmeras vezes as mesmas declarações, quando se sabe que o Código Tributário Nacional autoriza e encoraja o intercâmbio de informações (artigos 198 e 199 do Código Tributário Nacional). Como é facultado às autoridades a prestação de assistência para fins de fiscalização e investigação, não se pode admitir que esta saudável cooperação seja restrita aos interesses do Fisco. Por óbvio que a cooperação entre os órgãos estatais deve propiciar singeleza e desburocratização no atendimento ao cidadão. Logo, requisições e documentos em duplicidade devem ser evitados em benefício do fisco e em proveito do contribuinte, como forma de promoção da colaboração nas obrigações tributárias.[685]

Por fim, deriva da aplicação dos deveres de colaboração e cooperação no viés informativo, a necessidade de a autoridade administrativa informar o contribuinte sobre a alteração organizativa que possa ter modificado alguma

---

Che il collegio condivide e conferma); b) dall'altro, esse è il mezzo più efficace per consentire un necessário adeguamento della elaborazione parametrica Allá concreta realtà reddituale oggetto dell'accertamento Nei confronti di un singolo contribuente, e cioè Allá sua capacità contributiva". MARONGIU, Gianni. *Lo Statuto dei diritti del contribuente.* 2 ed. Turim: Giappichelli editore, 2010, p. 143.

[682] TRF-1 – AMS: 2014 GO 0002014-49.2006.4.01.3502, Relator: Desembargador Federal LEOMAR BARROS AMORIM DE SOUSA, Data de Julgamento: 06/05/2011, Oitava Turma, Data de Publicação: e-DJF1 p. 688 de 27/05/2011.

[683] GARCÍA, Ana Maria Delgado e CUELLO, Rafael Olivier. *El deber de información y asistencia a los obligados tributários.* Valencia: Tirant lo blanch, 2004, p. 117.

[684] BERRO, Florían García. *Procedimientos tributários y derechos de los contribuyentes en la nueva LGT.* Madri: Marcial Pons, 2004, p. 70-81.

[685] MARONGIU, Gianni. *Lo Statuto dei diritti del contribuente.* 2 ed. Turim: Giappichelli editore, 2010, p. 139.

particularidade do procedimento administrativo, seja mudando procedimento, seja mudando a própria autoridade, como aconteceu recentemente quando a Receita Federal passou a assumir o contencioso administrativo relativo às contribuições previdenciárias federais.[686] Nessa linha, a Corte de Cassação italiana estabeleceu que se considera erro escusável do contribuinte, quando se reporta a uma autoridade diversa daquela que realmente se constitui no órgão competente para debater a questão controvertida, em razão de superveniência de norma interna de organização administrativa que altera as atribuições dos órgãos da administração.[687]

3.6. Programas institucionais dos órgãos de fiscalização e ações informativas dirigidas

A prestação de informação ao contribuinte não se exaure na mera publicização das normas pelos meios oficiais. Dada a profusão normativa e o interesse dos sujeitos da relação jurídica em promover o correto adimplemento da obrigação principal, impõe-se um atitude colaborativa e cooperativa de parte a parte. Assim, a Administração Tributária não pode ser omissa sobre informação que detém com precisão, deixando de esclarecer os contribuintes desinformados. A conduta omissiva caracteriza violação ao dever de colaboração, já que este pressupõe um comportamento comissivo.

Sendo assim, os órgãos de fiscalização, em seus respectivos âmbitos de atuação, devem promover campanhas e programas institucionais capazes de orientar e informar o contribuinte das regras vigentes e especialmente da interpretação do respectivo órgão fazendário. No entanto, o que aqui se defende é mais que uma simples campanha de marketing. Postula-se um comportamento sistemático e institucional de informação, ultrapassando datas e momentos específicos. Busca-se uma conduta perene da Administração sempre aberta ao diálogo e capaz de esclarecer suficientemente os cidadãos. Esta postura deve ser um compromisso de Estado e não um programa de determinado governo, daí a se sustentar a valorização das carreiras dos servidores e, especialmente, a qualificação do quadro com cursos e constante aperfeiçoamento. Dada a importância da atuação destas carreiras de Estado, todo o investimento realizado tem retorno garantido com a qualificação da atividade fiscalizatória e arrecadatória.

Outrossim, não menos importante é estabelecer ações focadas em determinados segmentos da sociedade, no sentido de aproximar a Administração da sociedade. Diversamente da montagem de grupos de fiscalização/perseguição de determinados segmentos da sociedade, defende-se a aproximação da Administração Tributária no sentido de estabelecer diálogo e se colocar à disposição para prestar informação. Este comportamento é cronologicamente

---
[686] MARONGIU, Gianni. *Lo Statuto dei diritti del contribuente*. 2 ed. Turim: Giappichelli editore, 2010, p. 146.
[687] O autor faz referência a: Cass., sez. Trib., 13 de febrario 2009, n. 3559, in il fisco, 2009, p. 1547 s. MARONGIU, Gianni. *Lo Statuto dei diritti del contribuente*. 2 ed. Turim: Giappichelli editore, 2010, p. 146.

anterior à fiscalização e pode-se dizer que mais profícuo que as ações de pirotecnia que são desencadeadas ultimamente. Nestas, o foco é mais o constrangimento e a espetacularização. Naquelas, busca-se a qualificação da relação entre Estado e cidadão, cujos resultados beneficiarão a todos.

3.7. Sobre as modalidades de lançamento e as informações a serem prestadas

A constituição do crédito tributário está condicionada à realização do lançamento tributário, admitido nas seguintes modalidades: (a) lançamento por declaração;[688] (b) lançamento por arbitramento;[689] (c) lançamento de ofício;[690] e (d) lançamento por homologação.[691] Pode-se dizer que o dever de informação permeia todas as etapas do processo obrigacional tributário e, por óbvio, deve estar presente na constituição do crédito tributário, em todas as suas modalidades.

3.7.1. Lançamento por declaração e o lançamento por arbitramento

Na modalidade de lançamento por declaração, caracterizada por ser a espécie de lançamento em que o contribuinte declara a ocorrência do fato gerador e apresenta as informações necessárias à apuração do tributo devido, o Fisco procede à apuração do tributo[692] e o contribuinte cumpre seu dever de

---

[688] Art. 147. O lançamento é efetuado com base na declaração do sujeito passivo ou de terceiro, quando um ou outro, na forma da legislação tributária, presta à autoridade administrativa informações sobre matéria de fato, indispensáveis à sua efetivação.

[689] Art. 148. Quando o cálculo do tributo tenha por base, ou tome em consideração, o valor ou o preço de bens, direitos, serviços ou atos jurídicos, a autoridade lançadora, mediante processo regular, arbitrará aquele valor ou preço, sempre que sejam omissos ou não mereçam fé as declarações ou os esclarecimentos prestados, ou os documentos expedidos pelo sujeito passivo ou pelo terceiro legalmente obrigado, ressalvada, em caso de contestação, avaliação contraditória, administrativa ou judicial.

[690] Art. 149. O lançamento é efetuado e revisto de ofício pela autoridade administrativa nos seguintes casos: I – quando a lei assim o determine; II – quando a declaração não seja prestada, por quem de direito, no prazo e na forma da legislação tributária; III – quando a pessoa legalmente obrigada, embora tenha prestado declaração nos termos do inciso anterior, deixe de atender, no prazo e na forma da legislação tributária, a pedido de esclarecimento formulado pela autoridade administrativa, recuse-se a prestá-lo ou não o preste satisfatoriamente, a juízo daquela autoridade; IV – quando se comprove falsidade, erro ou omissão quanto a qualquer elemento definido na legislação tributária como sendo de declaração obrigatória; V – quando se comprove omissão ou inexatidão, por parte da pessoa legalmente obrigada, no exercício da atividade a que se refere o artigo seguinte; VI – quando se comprove ação ou omissão do sujeito passivo, ou de terceiro legalmente obrigado, que dê lugar à aplicação de penalidade pecuniária; VII – quando se comprove que o sujeito passivo, ou terceiro em benefício daquele, agiu com dolo, fraude ou simulação; VIII – quando deva ser apreciado fato não conhecido ou não provado por ocasião do lançamento anterior; IX – quando se comprove que, no lançamento anterior, ocorreu fraude ou falta funcional da autoridade que o efetuou, ou omissão, pela mesma autoridade, de ato ou formalidade especial.

[691] Art. 150. O lançamento por homologação, que ocorre quanto aos tributos cuja legislação atribua ao sujeito passivo o dever de antecipar o pagamento sem prévio exame da autoridade administrativa, opera-se pelo ato em que a referida autoridade, tomando conhecimento da atividade assim exercida pelo obrigado, expressamente a homologa.

[692] SCHOUERI, Luís Eduardo. *Direito Tributário*. São Paulo, Saraiva, 2011, p. 535. TORRES, Ricardo Lobo. *Curso de Direito Financeiro e Tributário*. 18 ed. Rio de Janeiro: Renovar, 2011, p. 283.

informar, alcançando os dados necessários para lavratura do lançamento.[693] Nesta modalidade, também chamada de lançamento misto, mesclam-se as participações do Fisco e contribuinte, operando-se verdadeira colaboração. De um lado, o Fisco depende de dados e informações em poder do contribuinte para aperfeiçoar o crédito tributário.[694] De outro lado, o contribuinte depende da colaboração do Fisco para ver o tributo lançado e assim dar continuidade às suas atividades.

Este pode ser um bom exemplo de colaboração entre os sujeitos, na medida em que ambos dependem um do outro para alcançar a bom termo o adimplemento da obrigação tributária. São exemplos de lançamento por declaração, comumente citados, o Imposto de Transmissão de Bens Imóveis (ITBI) e o Imposto de Transmissão *Causa Mortis* e doação (ITCD). Estes dois tributos incidem sobre o patrimônio, de modo que a apuração do montante depende da estimação do valor dos bens a serem transmitidos. Inicialmente, o contribuinte apresenta documentos e fornece o valor estimativo. De posse destes dados, a autoridade administrativa pode tomá-los por corretos e proceder ao lançamento ou, caso não concorde com as informações, poderá proceder ao lançamento por arbitramento, conforme previsão contida no artigo 148 do Código Tributário Nacional. Note-se que a modalidade de arbitramento não se constitui em espécie autônoma, mas sim alternativa excepcional e subsidiária às outras modalidades, sendo utilizada nas estreitas hipóteses prescritas pelo artigo 148, a saber: quando as informações forem omissas ou não mereçam fé.[695] Verifica-se, portanto, que a má prestação de informações por parte do contribuinte tem por consequência a desconsideração dos dados apresentados e, em sequência, a instauração do procedimento de arbitramento por parte do Fisco.

Por se tratar de uma espécie de lançamento misto, onde as partes atuam em conjunto para a constituição do crédito tributário, não se pode admitir que apenas uma delas tenha compromisso de informar e ser sancionada, enquanto que a outra nenhum dever deva atender. A legislação estrangeira estabelece que a Administração Tributária tem o dever de informar o contribuinte sobre

---

[693] PAULSEN, Leandro. *Curso de Direito Tributário Completo*. 4 ed. Porto Alegre: Livraria do Advogado, 2012, p. 211.

[694] COSTA, Regina Helena. *Curso de Direito Tributário*. São Paulo: Saraiva, 2009, p. 227.

[695] Diverge-se da orientação que considera a modalidade de lançamento por arbitramento como uma espécie autônoma, pois a dicção do Código Tributário Nacional a posiciona como modalidade excepcional e subsidiária, como já reconheceu o Superior Tribunal de Justiça: "(...) 2. O art. 148 do CTN deve ser invocado para a determinação da base de cálculo do tributo quando certa a ocorrência do fato imponível, o valor ou preço de bens, direitos, serviços ou atos jurídicos registrados pelo contribuinte não mereçam fé, ficando a Fazenda Pública, nesse caso, autorizada a proceder ao arbitramento mediante processo administrativo-fiscal regular, assegurados o contraditório e a ampla defesa. 3. Ao final do procedimento previsto no art. 148 do CTN, nada impede que a administração fazendária conclua pela veracidade dos documentos fiscais do contribuinte e adote os valores ali consignados como base de cálculo para a incidência do tributo. 4. Caso se entenda pela inidoneidade dos documentos, a autoridade fiscal irá arbitrar, com base em parâmetros fixados na legislação tributária, o valor a ser considerado para efeito de tributação. (...)" (RMS 26964/GO, Rel. Ministro CASTRO MEIRA, Segunda Turma, julgado em 19/08/2008, DJe 11/09/2008). Nessa linha é a posição de Misabel Derzi em suas notas à obra de Baleeiro: BALEEIRO, Aliomar. *Direito Tributário Brasileiro*. 11 ed. Rio de Janeiro: Forense, 2003, p. 817 e 819. No mesmo sentido, PAULSEN, Leandro. *Curso de Direito Tributário Completo*. 4 ed. Porto Alegre: Livraria do Advogado, 2012, p. 214.

os critérios e os valores que serão atribuídos aos bens objeto de tributação[696] Poder-se-ia objetar esta proposição, dizendo que é facultado ao contribuinte apresentar impugnação ou contradição com o arbitramento efetuado pela Administração. Pois a proposta apresentada nesta tese consiste precisamente em diminuir o conflito e explorar melhor a colaboração e cooperação entre os sujeitos da relação jurídica tributária.[697] Desse modo, a informação prévia prestada pela Administração Pública poderia evitar equívocos ou mesmo informações imprecisas a serem repassadas pelos contribuintes. Economizar-se-ia tempo e evitar-se-ia alguns litígios. Atualmente, as relações entre Fisco e contribuinte no tocante aos tributos referidos (ITBI e ITCD) é praticamente nula. Limita-se o contribuinte a informar as avaliações e aguardar a resposta da Administração Pública, sendo muito corriqueira a divergência entre a informação prestada pelo contribuinte e a avaliação levada a efeito pela autoridade fazendária.[698]

3.7.2. Lançamento por homologação ou autolançamento

Na espécie de lançamento denominado "autolançamento" ou "por homologação", a participação da Administração é nula ou praticamente inexistente.[699] Trata-se da modalidade mais comum e cada vez mais utilizada por todos os entes da federação em praticamente todas as espécies de tributos. Na forma prevista pelo artigo 150 do Código Tributário Nacional, o contribuinte apura

---

[696] Pode-se citar, por exemplo, o artigo 34 da LGT espanhola, alínea "n": "n) Derecho a ser informado de los valores de los bienes inmuebles que vayan a ser objeto de adquisición o transmisión".

[697] GARCÍA, Ana Maria Delgado e CUELLO, Rafael Olivier. *El deber de información y asistencia a los obligados tributários*. Valencia: Tirant lo blanch, 2004, p. 109.

[698] O Tribunal de Justiça do Rio Grande do Sul apreciou a questão, reconhecendo o direito do contribuinte em ter seu bem corretamente avaliado: APELAÇÃO CÍVEL. DIREITO TRIBUTÁRIO. AÇÃO DE REVISÃO DO VALOR VENAL DO IMÓVEL PARA FINS DE IPTU. ITBI. BASE DE CÁLCULO. VALOR VENAL DO IMÓVEL. DISTINÇÃO ENTRE O MOMENTO DA EXAÇÃO. EXCESSO DEMASIADO ENTRE UMA AVALIAÇÃO E OUTRA. Trata-se de ação ordinária de revisão do valor venal do imóvel, relativamente a três imóveis cadastrados junto à Fazenda Municipal de Santa Cruz do Sul/RS, para cálculo de IPTU, julgada procedente na origem, para o fim de determinar que os valores venais dos imóveis de propriedade da empresa autora, respectivamente, sejam de R$ 225.000,00, R$ 268.800,00 e R$ 45.000,00, para os anos de 2004 e 2005 e anos subsequentes, ressalvadas as correções legais pertinentes, devendo o IPTU ser calculado com base em tais valores. Não se pode confundir o IPTU com o ITBI, porquanto, em que pese a base de cálculo seja a mesma (valor venal dos bens), há que se ter em conta que o momento da exação é distinto, além daquele depender de avaliação fiscal este último, de regra, configura o valor do negócio. A competência para apuração do valor venal dos imóveis é exclusiva do Município, cabendo à repartição competente a determinação do valor a fim de calcular o imposto, sendo, contudo, assegurado ao contribuinte, o direito à avaliação contraditória, conforme autoriza o artigo 148 do CTN. No caso dos autos, restou demonstrado o excesso dos valores cobrados a título de IPTU, e o contribuinte, assegurado pelo direito à avaliação contraditória, cumpriu a contento com a incumbência que lhe recaía. Outrossim, o panorama probatório, de forma insofismável, corroborou com o excesso demasiado entre uma avaliação e outra. Destarte, o caso concreto permite a revisão dos valores venais dos imóveis vergastados. Manutenção da sentença que julgou procedente a ação. As pessoas jurídicas de direito público são isentas do pagamento de custas processuais nos termos da Lei 13.471, de 23.06.2010, que alterou o art. 11 do Regimento das Custas (Lei 8.121/85). Excluídas as despesas judiciais, salvo as despesas com condução, por força da ADI n.º 70038755864. Sentença explicitada no ponto. APELAÇÃO DESPROVIDA. SENTENÇA EXPLICITADA. (Apelação Cível nº 70026205138, Vigésima Segunda Câmara Cível, Tribunal de Justiça do RS, Relator: Niwton Carpes da Silva, Julgado em 15/12/2011).

[699] SCHOUERI, Luís Eduardo. *Direito Tributário*. São Paulo, Saraiva, 2011, p. 236.

o montante devido e o recolhe aos cofres públicos, sujeitando-se a um controle posterior por parte da Administração que poderá ocorrer dentro de cinco anos (prazo decandecial para lançamento de ofício).[700] Este tipo de lançamento encerra inúmeras controvérsias, começando pela contradição entre o conceito de tributo que impõe uma atividade administrativa, que na hipótese não há, passando pela crítica do tributo sem lançamento,[701] chegando à tormentosa contagem dos prazos decadencial e prescricional.[702] No entanto, todos estes temas gravitam na periferia das hipóteses desta investigação, razão pela qual concentrar-se-á apenas nos reflexos que o dever de informação acarreta neste tipo de lançamento.

Para tanto, revele-se essencial compreender em que termos esta modalidade de lançamento alcançou tamanha aceitação na prática fiscal pátria.[703] Com efeito, o lançamento por homologação é representativo de um movimento chamado de "privatização da gestão tributária".[704] Cuida-se de um fenômeno de transferência de deveres que originalmente eram do Estado para os particulares, impondo maiores obrigações e responsabilidades aos contribuintes no intuito de tornar mais "praticável" a tributação.[705] Por tudo que já se falou acerca dos deveres fundamentais que recaem sobre os cidadãos,[706] desnecessário retomá-los para justificar que a colaboração dos contribuintes revela-se imprescindível para a manutenção do Estado Constitucional de Direito e notadamente para sustentação do sistema de arrecadação de tributos fundado na colaboração e cooperação.[707] Importa, aqui, é evidenciar que o dever de informar, de-

---

[700] PAULSEN, Leandro. *Curso de Direito Tributário Completo*. 4 ed. Porto Alegre: Livraria do Advogado, 2012, p. 212.

[701] SCHOUERI, Luís Eduardo. *Direito Tributário*. São Paulo, Saraiva, 2011, p. 537.

[702] Idem, p. 538-540. PAULSEN, Leandro. *Curso de Direito Tributário Completo*. 4 ed. Porto Alegre: Livraria do Advogado, 2012, p. 241. A polêmica ensejou inúmeras discussões na jurisprudência, sendo debatida em alguns acórdãos na sistemática dos recursos repetitivos: REsp 962379 RS, Rel. Ministro TEORI ALBINO ZAVASCKI, Primeira Seção, julgado em 22/10/2008, DJe 28/10/2008; REsp 886462 RS, Rel. Ministro TEORI ALBINO ZAVASCKI, Primeira Seção, julgado em 22/10/2008, DJe 28/10/2008; REsp 1149022 SP, Rel. Ministro LUIZ FUX, Primeira Seção, julgado em 09/06/2010, DJe 24/06/2010; REsp 973733 SC, Rel. Ministro LUIZ FUX, Primeira Seção, julgado em 12/08/2009, DJe 18/09/2009.

[703] Eurico de Santis refere-se à esta modalidade como "a maldição do lançamento por homologação". SANTI, Eurico Marcos Diniz de. *Kafka, alienação e deformindades da legalidade. Exercício do controle social rumo à cidadania fiscal*. São Paulo: RT, 2014, p. 205.

[704] Este termo foi cunhado por Jose Ferrero Lapatza: LAPATZA, José Juan Ferreiro. La privatización de la gestión tributaria y las nuevas competencias de los Tribunales Económico-Administrativos. In: *Civitas. Revista española de derecho financiero*, nº 37, 1983, p. 81-94. No mesmo sentido: NABAIS, José Casalta. *Direito Fiscal*. 6 ed. Coimbra: Almedina, 2011, p. 355-7.

[705] Regina Helena Costa saúda esta iniciativa, elencando este tipo de lançamento como instrumento da praticabilidade. COSTA, Regina Helena. *Praticabilidade e Justiça Tributária*. São Paulo: Malheiros, 2007, p. 194.

[706] Cf. Primeira Parte, Título II, capítulo 2, item 4.

[707] Sobre o tema, escreve Misabel Derzi, em suas notas à obra de Aliomar Baleeiro: "O sujeito passivo e mesmo terceiros, de alguma forma relacionados com a obrigação tributária, têm o dever de colaborar com a Administração. Esse dever que está estabelecido de forma difusa na Constituição, depende, não obstante, de expressa regulação legal, como estatui o artigo 5°, § 2°, da mesma Constituição". BALEEIRO, Aliomar. *Direito Tributário Brasileiro*. 11 ed. Rio de Janeiro: Forense, 2003, p. 831. Na mesma linha, escreveu recentemente Leandro Paulsen: PAULSEN, Leandro. *Curso de Direito Tributário completo*. 6 ed. Porto Alegre: Livraria do Advogado, 2014, p. 66-7.

rivado da colaboração que preside as relações de direito tributário, exige uma postura mais participativa do Fisco. Enquanto as obrigações acessórias foram crescendo e as responsabilidades dos contribuintes foram aumentando, não se observou evolução da colaboração do Fisco no seu viés informativo.[708] Significa dizer que o Estado repassou suas atribuições, impôs severas sanções ao contribuinte e não aparelhou-o da necessária informação para o cumprimento dos seus deveres. Nesta medida, avolumam-se casos banais de contribuintes incidindo em equívocos singelos, tais como digitação de equivocada de número, inserção de dados em campos incorretos e até mesmo esquecimento de informar dados que lhe beneficiariam. Em outras palavras, o contribuinte assumiu obrigações para as quais não estava preparado, cada dia recebe novos encargos e não se percebe uma postura da Administração Pública capaz de informar o contribuinte corretamente das suas obrigações.

3.7.3. Lançamento de ofício

Originalmente, o lançamento de ofício consistia na única forma de constituição do crédito tributário, estando impregnada tal noção no espírito do código, quando inseriu o lançamento dentre os elementos constitutivos do conceito de tributo (artigo 3° do CTN).[709] Este modelo é descrito pela doutrina como aquele "feito por iniciativa da autoridade administrativa, independentemente de qualquer colaboração do sujeito passivo".[710] Diz-se que nesta hipótese, a Administração dispõe de todos os dados para proceder ao lançamento do respectivo tributo, daí a se afirmar não existir "nenhuma colaboração do contribuinte na apuração e formalização do crédito tributário".[711]

Estas considerações chocam-se frontalmente com algumas posições aqui defendidas e precisam ser esclarecidas. No lançamento de ofício, pode-se dizer que a autoridade administrativa não depende da iniciativa do contribuinte, porém não se pode sustentar que a colaboração seja dispensável. No intuito de ilustração, pode-se tomar o IPTU, imposto de competência dos municípios, citado pelos autores como exemplo de tributo lançado de ofício.[712] É verdade que a Fazenda Municipal, a cada início de ano, lança o tributo sobre os imóveis localizados em sua respectiva área urbana. No entanto, esta medida foi antecedida pelo abastecimento de informações no cadastro do IPTU do respectivo município.[713] Em algum momento, o contribuinte precisou informar a averba-

---

[708] DI PIETRO, Adriano. Tutela del contribuyente y constitucion material en la aplicacion de la norma tributaria. In: *Garantias Constitucionales del contribuyente*. Antonio Agulló Agüero (org.). Valencia: Tirant lo blanch, 1998, p. 86-7.

[709] BALEEIRO, Aliomar. *Direito Tributário Brasileiro*. 11 ed. Rio de Janeiro: Forense, 2003, p. 782-9.

[710] MACHADO, Hugo de Brito. *Curso de Direito Tributário*. 30 ed. São Paulo: Malheiros, 2009, p. 177.

[711] COSTA, Regina Helena. *Curso de Direito Tributário*. São Paulo: Saraiva, 2009, p. 226.

[712] Idem, p. 226.

[713] Por exemplo, cita-se a obrigação estabelecida na Lei Complementar n° 07/73, municipal de Porto Alegre: Art. 12. A inscrição é promovida: I – pelo proprietário; II – pelo titular do domínio útil ou pelo possuidor a qualquer título; III – pelo promitente comprador; IV – de ofício, quando: a) se tratar de próprio federal, estadual e municipal; b) não for cumprido o previsto nos artigos 13 e 15; c) a inscrição for promovida com

ção da matrícula do imóvel e informou outros tantos dados exigidos pela municipalidade. Porém a colaboração não se esgota aí. As legislações municipais estabelecem, via de regra, deveres aos contribuintes de informação sobre alterações significativas em seus imóveis como forma de manter a Administração Pública informada.[714] Portanto, mesmo na modalidade de lançamento de ofício, a Administração precisa e até mesmo impõe a colaboração do contribuinte, sujeitando-o a sanções quando descumprido tais deveres.[715] Logo, o Fisco depende das informações prestadas pelo contribuinte, sendo que as legislações normalmente disciplinam sobre os dados que devem ser fornecidos, revestindo tais deveres em obrigações acessórias.

No entanto, sobre os deveres de informação que recaem sobre as autoridades administrativas, não se localiza qualquer imposição na legislação. Parece normal não existir ônus a ser imposto ao Fisco, pois ainda se convive com a compreensão de Administração Imperial, cujas relações são verticalizadas e toda a legislação é erigida a serviço do interesse público, entendido equivocadamente como interesse da Administração. No entanto, a compreensão de relação tributária aqui defendida exige um tratamento equilibrado entre os sujeitos. Este equilíbrio consiste em distribuir direitos e deveres, ônus e exceções de forma justa e adequada à consecução do fim último: sucesso da arrecadação em prol do bem de todos. Portanto, os axiomas da imperatividade ou autoexecutoriedade não se revelam satisfatórios neste perfil de relação propugnado.[716]

Este ensaio propõe que a Administração colabore e coopere com o contribuinte, do mesmo modo e no mesmo grau de exigência que impõe ao cidadão. Se ao contribuinte é exigido prestar uma série de informações a bem da tributação, por certo, a Administração informará sobre todos os elementos

---

informações incorretas, incompletas ou inexatas. Art. 13. A inscrição é efetivada mediante requerimento, no prazo de 30 (trinta) dias a partir da data da ocorrência do fato gerador.

[714] Novamente, ilustra-se com a Lei Complementar n° 07: Art. 15. Deverá ser comunicado à Secretaria Municipal da Fazenda (SMF), no prazo de sessenta dias, ou no decorrer do exercício em que ocorreu: I – alteração, com ocupação, resultante de construção, aumento, reforma, reconstrução; II – desdobramento e englobamento de áreas; III – transferência de propriedade ou de domínio.; IV – (REVOGADO) V – no caso de áreas loteadas bem como das construídas, em curso de venda: a) indicação de lotes ou de unidades prediais vendidas e seus adquirentes: b) as rescisões de contrato ou qualquer outra alteração. VI – demolição. Art. 15-A. 67 A aprovação de unificação ou parcelamento de terras e a liberação da Carta de Habitação para as edificações referentes a condomínios edilícios ficam condicionadas à quitação total de débitos relativos ao imóvel, ainda que esses débitos tenham sido anteriormente parcelados, caso em que as parcelas vincendas terão as datas de vencimento antecipadas, devendo o interessado apresentar a certidão negativa respectiva antes da decisão final do processo de aprovação ou liberação.

[715] Dentre as infrações previstas na Lei Complementar n° 07/73, pode-se apontar: art. 56. O infrator a dispositivo desta Lei fica sujeito em cada caso, às penalidades I – no que respeita ao Imposto Sobre a Propriedade Predial e Territorial Urbana: a) 81 igual a 1 UFM por m2 (uma Unidade Financeira Municipal por metro quadrado) ou a 20 UFMs (vinte Unidades Financeiras Municipais), o que for maior, no caso de construções e aumentos, sem projeto aprovado, não comunicados nos termos do inciso I do art. 15; b) 82 igual a 20 (vinte) UFMs, quando não comunicadas as demais ocorrências previstas no artigo 15.

[716] Misabel Derzi, em suas notas à obra de Baleeiro, assim escreve: "O credor, um ente estatal ou interposta pessoa, encontrando resistência do devedor ao pagamento, não pode executar o seu título de crédito sem recorrer à via judicial, único caminho adequado a percorrer no Estado Democrático de Direito". BALEEIRO, Aliomar. *Direito Tributário Brasileiro*. 11 ed. Rio de Janeiro: Forense, 2003, p. 788.

necessários para a correta colaboração do contribuinte, seja esclarecendo-o sobre os tributos em que ocorre o lançamento de ofício, seja nos procedimentos de revisão fiscal. Nestes últimos, a Administração deve manter o contribuinte informado constantemente, não se limitando simplesmente em notificá-lo do encerramento da ação fiscal ou da decisão definitiva do procedimento administrativo respectivo. A colaboração no seu viés informativo estabelece um relacionamento fundado no diálogo constante, não em manifestações oficiais e insípidas, veiculadas em formulários incompreensíveis para a maioria da população.

Cumpre referir que o comportamento leal e probo esperado do Fisco a partir da incidência da colaboração não convive com o expediente de criação de teses para autuar os contribuintes. Se a tributação deve ser previsível, segura e justa, não se pode admitir que a criação de teses por parte dos agentes públicos legitime a lavratura de auto de lançamento de ofício. A reunião de esforços para aumentar a arrecadação baseando-se em novas teses construídas após a ocorrência do fato gerado e sobre o qual o novo entendimento retroagirá revela toda a inadequação do comportamento.[717]

4. Sobre a colaboração no viés prestacional ou assistencial

O comportamento colaborativo e cooperativo exigido dos sujeitos integrantes da relação obrigacional tributária compreende também a adoção de algumas posturas no sentido de prestar assistência mútua.[718] Sabidamente, as atividades administrativas de apuração e recolhimento dos tributos foram paulatinamente repassadas ao contribuinte. Aquilo que era atividade eminentemente estatal foi sendo transmitida ao cidadão por razões de praticabilidade[719] e conveniência. De um lado, a Administração Pública já conta com a colaboração do contribuinte no seu viés prestacional, na medida em que lhe impõe uma série de obrigações acessórias.

De outro lado, a assistência prestada pela Administração Pública ao contribuinte é mínima, para não dizer inexistente. Pode-se dizer que a Administração Tributária repassou uma série de obrigações altamente complexas para o cidadão e espera dele o exato cumprimento. Porém, não lhe oferece nenhum auxílio. O contribuinte foi deixado a sua própria sorte, impondo-lhe pesadas sanções quando não cumpridas as obrigações acessórias com correção.

---

[717] Esta postura é denunciada por Eurico de Santi como "planejamento tributário ao contrário (praticado pelo fisco)". SANTI, Eurico Marcos Diniz de. *Kafka, alienação e deformindades da legalidade*. Exercício do controle social rumo à cidadania fiscal. São Paulo: RT, 2014, p. 209.

[718] No plano do direito privado, há muito se reconhece os deveres de cooperação e auxílio, entendendo-se que o fim somente pode ser obtido com a cooperação mútua. SILVA, Clóvis V. do Couto e. *A obrigação como processo*. 8 reimpressão. Rio de Janeiro: Editora FGV, 2013, p. 94-8. MARTINS-COSTA, Judith. *A Boa-fé no Direito Privado*. São Paulo: RT, 2000, p. 439. MARTINS-COSTA, Judith. *Comentários ao novo Código Civil*. v. 5. t. II. 2 ed. Rio de Janeiro: Forense, 2009, p. 84.; COSTA, Mário Júlio de Almeida. *Direito das obrigações*. 8 ed. Coimbra: Almedina, 2000, p. 66.

[719] COSTA, Regina Helena. *Praticabilidade e Justiça Tributária*. São Paulo: Malheiros, 2007, p. 194.

Assim, a colaboração no viés prestacional consiste em compartilhar responsabilidade com o contribuinte na execução das obrigações acessórias que lhe foram repassadas. Em outras palavras, o Estado, ao transmitir aos contribuintes inúmeras obrigações acessórias, assume, concomitantemente, o compromisso de assisti-lo e assessorá-lo no cumprimento destas obrigações.[720] Face ao significativo incremento de obrigações impostas pelo Estado ao contribuinte, pode-se defender que a colaboração na perspectiva assistencial tem uma importância maior quando aplicada em favor do cidadão. Daí sustentar que o Estado possui o dever de colaborar com o contribuinte ofertando-lhe assistência para o exato processamento da obrigação tributária (principal e acessória).[721]

Embora este dever não esteja positivado na legislação pátria, basta um olhar ao direito comparado para perceber que o reconhecimento do dever de assistência está presente na legislação estrangeira.[722] Em estudo pioneiro, a Organização para a Cooperação e Desenvolvimento Econômico (OCDE) por meio do Comitê de Assuntos Fiscais, publicou um documento chamado de "Direitos e Obrigações dos Contribuintes".[723] A pesquisa descobriu que a maioria dos países asseguravam o direito de ser informado, assistido e ouvido.[724]

Importante, aqui, distinguir o dever de informar do compromisso do Estado em assistir o contribuinte. O primeiro dever limita-se a alcançar a informação ao contribuinte. O dever esgota-se no momento em que foi franqueada

---

[720] GARCÍA, Ana Maria Delgado e CUELLO, Rafael Olivier. *El deber de información y asistencia a los obligados tributários*. Valencia: Tirant lo blanch, 2004, p. 54.

[721] GALÁN GALÁN, Alfredo. La comunicación pública, en "Comunicación pública. La información administrativa al ciudadano. Madri: Marcial Pons, 2000, p. 133. FERRER, Irene Rovira. Los deberes de información y asistencia de la Administración tributaria: Análisis jurídico y estudio del impacto de las Tecnologías de la Información y la Comunicación. Tese de Doutorado apresentada na Universitat Oberta de Catalunya, p. 261, disponível em: <http://www.tdx.cat/bitstream/handle/10803/9129/tesi_irene_rovira_diposit_tdx.pdf;jsessionid=98327AF67429C5A22AE2B771E02F5910.tdx2?sequence=1>, acessado em 6 de setembro de 2014.

[722] Vale citar, por exemplo, na Espanha, a Ley n° 58/2003: Artículo 34. Derechos y garantías de los obligados tributarios. 1. Constituyen derechos de los obligados tributarios, entre otros, los siguientes: a) Derecho a ser informado y asistido por la Administración tributaria sobre el ejercicio de sus derechos y el cumplimiento de sus obligaciones tributarias. Em Portugal, há expresso o dever de assistência no Decreto-Lei n° 398/98, em seu artigo Artigo 59, o Princípio da colaboração. 1 – Os órgãos da administração tributária e os contribuintes estão sujeitos a um dever de colaboração recíproco. 2 – Presume-se a boa fé da actuação dos contribuintes e da administração tributária. 3 – A colaboração da administração tributária com os contribuintes compreende, designadamente: (...) c) A assistência necessária ao cumprimento dos deveres acessórios;

[723] OECD's Committee of Fiscal Affairs Working Party Number 8 published a document entitled "Taxpayers' rights and obligations – A survey of the legal situation in OECD countries". Approved by OECD Council on 27 April 1990. Based on country replies to a questionnaire sent out in 1988.

[724] Consta no estudo: "a) The right to be informed, assisted and heard (Paragraph 2.16) 7. Taxpayers are entitled to have up-to-date information on the operation of the tax system and the way in which their tax is assessed. They are also entitled to be informed of their rights, including their rights of appeal. All taxpayers can expect that the information provided to them should reflect the complexity of the tax situation, thereby enabling them to understand better their tax affairs. The authorities may use a variety of means to fulfil this obligation: information pamphlets, taxpayers' charters, the telephone oral statements, video guides, etc.". General Administrative Principles – GAP002 Taxpayers' Rights and Obligations, disponível em: <http://www.oecd.org/tax/administration/Taxpayers'_Rights_and_Obligations-Practice_Note.pdf>, acessado em 14 de setembro de 2014.

a informação de qualidade ao contribuinte. Já o dever de assistência está associado com uma ação positiva, vale dizer, a autoridade administrativa precisa praticar uma conduta tendente a facilitar e auxiliar o contribuinte no cumprimento de suas obrigações acessórias.[725] Os deveres de assistência demandam uma participação muito mais ativa,[726] de modo que sua prestação está vinculada a prestar auxílio aos sujeitos passivos num nível de atenção superior.[727]

Os deveres de assistência distinguem-se dos deveres de informação também porque as assistências são sempre prestadas a requerimento da parte, enquanto que as informações podem ser prestadas de ofício pela Administração. Pode-se dizer que o dever de assistência é individual e personalizado, enquanto que o dever de informação muitas vezes é dirigido a uma coletividade, ampla e irrestritamente.[728] Distinguem-se ainda porque enquanto a informação pode versar sobre direitos e deveres (presentes ou futuros), de qualquer natureza, a justificação da assistência restringe sua prestação em relação aos direitos e deveres presentes e, sobretudo, com as obrigações acessórias.[729]

Em comum, pode-se dizer que tanto o dever de informação, quanto o dever de assistência vincula a Administração Pública, pois a informação prestada e o auxílio ofertado devem plasmar o entendimento da própria Administração, de modo que soaria contraditório (para dizer o mínimo) que o Fisco autuasse o contribuinte justamente em sentido contrário à informação prestada ou à ajuda alcançada.[730]

É preciso dizer que o dever assistencial da Administração Pública não pode ser tratado como sinônimo de "assessoramento". Este está vinculado à noção de prestar consultoria, oferecer conselhos, orientar, enquanto que o dever prestacional impõe uma posição mais ativa da Administração, coadjuvando com o contribuinte no cumprimento das obrigações.[731]

A legislação espanhola regulamentou o dever de assistência previsto no artigo 34 da LGT por meio do "Reglamento General de Las actuaciones y

---

[725] GARCÍA, Ana Maria Delgado e CUELLO, Rafael Olivier. *El deber de información y asistencia a los obligados tributários*. Valencia: Tirant lo blanch, 2004, p. 55.

[726] CALVO VÉRGUEZ, Juan. El contenido de las actuaciones de asistencia a los obligados tributarios: algunas consideraciones. In: *Revista de Información Fiscal*, n. 91, 2009, p. 45.

[727] FERRER, Irene Rovira. Los deberes de información y asistencia de la Administración tributaria: Análisis jurídico y estudio del impacto de las Tecnologías de la Información y la Comunicación. Tese de Doutorado apresentada na Universitat Oberta de Catalunya, p. 262, disponível em: <http://www.tdx.cat/bitstream/handle/10803/9129/tesi_irene_rovira_diposit_tdx.pdf;jsessionid=98327AF67429C5A22AE2B771E02F5910.tdx2?sequence=1>, acessado em 6 de setembro de 2014.

[728] GARCÍA, Ana Maria Delgado e CUELLO, Rafael Olivier. *El deber de información y asistencia a los obligados tributários*. Valencia: Tirant lo blanch, 2004, p. 55.

[729] FERRER, Irene Rovira. Los deberes de información y asistencia de la Administración tributaria: Análisis jurídico y estudio del impacto de las Tecnologías de la Información y la Comunicación. Tese de Doutorado apresentada na Universitat Oberta de Catalunya, p. 262, disponível em: <http://www.tdx.cat/bitstream/handle/10803/9129/tesi_irene_rovira_diposit_tdx.pdf;jsessionid=98327AF67429C5A22AE2B771E02F5910.tdx2?sequence=1>, acessado em 6 de setembro de 2014.

[730] GARCÍA, Ana Maria Delgado e CUELLO, Rafael Olivier. *El deber de información y asistencia a los obligados tributários*. Valencia: Tirant lo blanch, 2004, p. 56.

[731] Idem, p. 64.

los procedimientos de gestión e inspección tributaria y de desarrollo de las normas comunes de los procedimientos de aplicación de los tributos", RD n° 1065/2007. Consta no artigo 77 do RD a seguinte disposição:

> Artículo 77. Actuaciones de asistencia tributaria.
> 1. La asistencia tributaria consistirá en el conjunto de actuaciones que la Administración tributaria pone a disposición de los obligados para facilitar el ejercicio de sus derechos y el cumplimiento de sus obligaciones. Entre otras actuaciones, la asistencia tributaria podrá consistir en la confección de declaraciones, autoliquidaciones y comunicaciones de datos, así como en la confección de un borrador de declaración.
> 2. Cuando la asistencia se materialice en la confección de declaraciones, autoliquidaciones y comunicaciones de datos a solicitud del obligado tributario, la actuación de la Administración tributaria consistirá en la trascripción de los datos aportados por el solicitante y en la realización de los cálculos correspondientes. Ultimado el modelo se entregará para su revisión y para la verificación de la correcta trascripción de los datos y su firma por el obligado, si este lo estima oportuno.
> 3. En los casos y en los términos que establezca la normativa de cada tributo, la asistencia también podrá prestarse mediante la confección por la Administración tributaria de un borrador de declaración a solicitud del obligado tributario.
> A estos efectos, la Administración tributaria incorporará en el borrador los datos obrantes en su poder que sean necesarios para la declaración, con el importe y la calificación suministrada por el propio obligado o por un tercero que deba suministrar información con trascendencia tributaria.
> 4. Los datos, importes o calificaciones contenidos en las declaraciones, autoliquidaciones o comunicaciones de datos confeccionados por la Administración o en los borradores que hayan sido comunicados al obligado tributario no vincularán a la Administración en el ejercicio de las actuaciones de comprobación o investigación que puedan desarrollarse con posterioridad.

Como se pode observar da expressão do RD n° 1065/2007, pode-se definir o dever de assistência como aquele que pretende prestar a ajuda ou auxílio necessários aos contribuintes, de modo a facilitar-lhes o cumprimento das obrigações principal e acessórias. Resulta que enquanto o dever de informação esgota-se com a simples transmissão de dados ou conhecimento, o dever de assistência demanda uma participação da Administração muito mais ativa.[732]

Este comportamento aqui defendido é capaz de promover inúmeras vantagens na relação Estado – cidadão. A começar pela melhor simetria informacional, isto é, promovendo-se a transparência e a colaboração entre as partes, informações do contribuinte serão mais facilmente fornecidas à Administração e esta terá condições de melhor assistir o contribuinte. Isso porque a promessa de assistir o contribuinte e assegurar que a ajuda será vinculativa gera uma maior propensão ao intercâmbio de dados, diferentemente do que se observa atualmente. Por outro lado, e talvez ainda mais importante, é a redução do nível de litigiosidade das questões envolvendo a aplicação da norma

---

[732] FERRER, Irene Rovira. Los deberes de información y asistencia de la Administración tributaria: Análisis jurídico y estudio del impacto de las Tecnologías de la Información y la Comunicación. Tese de Doutorado apresentada na Universitat Oberta de Catalunya, p. 265, disponível em: <http://www.tdx.cat/bitstream/handle/10803/9129/tesi_irene_rovira_diposit_tdx.pdf;jsessionid=98327AF67429C5A22AE2B771E02F5910.tdx2?sequence=1>, acessado em 6 de setembro de 2014.

tributária. Verificando-se uma assistência efetiva e uma maior participação da Administração Tributária no desempenho dos deveres acessórios impostos ao contribuinte, pode-se afirmar, como base na experiência estrangeira, que será operada uma redução significativa do contencioso tributário[733] (administrativo e judicial).

4.1. Da colaboração na constituição do crédito tributário: dever de assistência da administração ao sujeito passivo

A dissociação temporal entre o nascimento da obrigação tributária e a constituição do crédito decorre do preceito legal que atribui ao ato formal chamado "lançamento".[734] Pois é justamente nesta fase da relação obrigacional que o dever de assistência revela-se fundamental.[735] Isso se deve ao fato de que a compreensão da legislação tributária é demasiadamente dificultosa, assim como a forma de apuração do tributo devido é cambiante.[736] A ilustrar a afirmação, basta recordar a atual insegurança sobre os critérios de apuração de crédito de PIS e COFINS na sistemática não cumulativa.[737] Dada a complexidade do sistema tributário e o elevado nível de inconsistência na aplicação da legislação tributária, pode-se dizer que o dever de assistência na etapa da constituição do crédito pode caracterizar uma das contribuições desta pesquisa.[738] Na medida em que reconhecido o dever de assistência e, por decorrência, a obrigação da Administração Tributária em ajudar o contribuinte, poder-se-ia dizer que os conflitos em matéria tributária seriam reduzidos drasticamente.[739]

As modalidades de lançamento previstas no Código Tributário Nacional classificam-se, segundo a doutrina, de forma tricotômica com base no nível de

---

[733] MARONGIU, Gianni. *Lo Statuto dei diritti del contribuente*. 2 ed. Turim: Giappichelli editore, 2010, p. 132.
[734] AMARO, Luciano. *Direito Tributário Brasileiro*. 14 ed. São Paulo: Saraiva, 2008, p. 334.
[735] GARCÍA, Ana Maria Delgado e CUELLO, Rafael Olivier. *El deber de información y asistencia a los obligados tributários*. Valencia: Tirant lo blanch, 2004, p. 125.
[736] BURGUBURU, Julie; LUBEK, David e GUILLEMAIN, Sylvie. Ameliorer la securité juridique des relations entre l'Administration fiscale et les contribuables: une nouvelle approche. Rapport au ministre du Budget, des comptes publics et de la fonction publique. Paris, 2008. Disponível em: <http://www.ladocumentationfrancaise.fr/var/storage/rapports-publics/084000360/0000.pdf>, acessado em 14 de setembro de 2014.
[737] Apenas a título ilustrativo, ora a jurisprudência administrativa sinaliza para o critério de aproveitamento equivalente ao IPI (Acórdão 203-12.469 da Terceira Câmara do Segundo Conselho de Contribuintes, Relator Cons. Odassi Guerzoni Filho), ora o contencioso administrativo federal aponta para o critério de aproveitamento do IRPJ (Acórdão n° 3202-00.226 da Terceira Seção de julgamento do CARF, Relator Cons. Gilberto de Castro Moreira Júnior).
[738] O relatório elaborado por membros do *Conseil d'État* e membros da Administração Tributária Francesa apontam a qualificação da relação entre Administração e contribuinte como caminho para a solução das dificuldades apontadas na pesquisa. BURGUBURU, Julie; LUBEK, David e GUILLEMAIN, Sylvie. Ameliorer la securité juridique des relations des relations entre l'Administration fiscale et les contribuables: une nouvelle approche. Rapport au ministre du Budget, des comptes publics et de la fonction publique. Paris, 2008, p. 29-41. Disponível em: <http://www.ladocumentationfrancaise.fr/var/storage/rapports-publics/084000360/0000.pdf>, acessado em 14 de setembro de 2014.
[739] MARONGIU, Gianni. *Lo Statuto dei diritti del contribuente*. 2 ed. Turim: Giappichelli editore, 2010, p. 132.

colaboração entre fisco e contribuinte.[740] Interessa, aos efeitos da investigação empreendida, analisar mais detidamente a espécie de lançamento por homologação. Neste tipo de lançamento, a participação da Administração é nula ou praticamente inexistente,[741] de modo que todas as operações prescritas pelo artigo 142 do CTN são realizadas exclusivamente pelo contribuinte, a saber: (a) verificar a ocorrência do fato gerador da obrigação correspondente, (b) determinar a matéria tributável, (c) calcular o montante do tributo devido, (d) identificar o sujeito passivo e, sendo o caso, (e) propor a aplicação da penalidade cabível. Todas estas operações são realizadas pelo próprio contribuinte sem qualquer participação da autoridade administrativa. Assim, o eventual equívoco apurado será totalmente atribuído ao contribuinte, impondo-lhe toda a sorte de consequências (dever de retificar, imposição de multa, inclusão em malha fina, etc.).

Parece óbvio que se ao contribuinte é imposto o ônus de apurar o tributo e constituir o crédito por meio do autolançamento, soa razoável defender que ele tenha o direito de ser assistido pela autoridade administrativa. Se de um lado, a "privatização da gestão tributária"[742] tornou praticável a tributação e facilitou a atividade da Administração, de outro, criou um pesado ônus sobre o contribuinte que não pode errar e deve resolver todas as suas dúvidas e receios sozinho e as suas próprias expensas.[743] As obrigações acessórias foram crescendo e as responsabilidades dos contribuintes foram aumentando, porém, não se constata uma evolução das responsabilidades do Fisco comparativamente.[744]

Definitivamente, não há como retroceder no movimento batizado de "privatização da gestão tributária". Verifica-se forte tendência de repassar, na medida do possível, todos os tributos para a modalidade de lançamento por

---

[740] A classificação foi acolhida pelo Superior Tribunal de Justiça: REsp 1086382/RS, Rel. Ministro LUIZ FUX, PRIMEIRA SEÇÃO, julgado em 14/04/2010, DJe 26/04/2010.

[741] SCHOUERI, Luís Eduardo. *Direito Tributário*. São Paulo, Saraiva, 2011, p. 236.

[742] Este termo foi cunhado por Jose Ferrero Lapatza: LAPATZA, José Juan Ferreiro. La privatización de la gestión tributaria y las nuevas competencias de los Tribunales Económico-Administrativos. In: Civitas. Revista española de derecho financiero, nº 37, 1983, p. 81-94. No mesmo sentido: NABAIS, José Casalta. *Direito Fiscal*. 6 ed. Coimbra: Almedina, 2011, p. 355-7.

[743] Ruy Barbosa Nogueira critica o excesso de responsabilidades atribuídas ao contribuinte, dizendo que, "ao invés de o fisco contentar-se com a já preciosa colaboração nos esclarecimentos dos fatos, ele vem se excedendo de tal forma, que está dia por dia, entre nós, transferindo os próprios serviços burocráticos e até os riscos da interpretação e aplicação das leis tributárias para os contribuintes que não são remunerados para a prestação desses serviços, mas muito pelo contrário, pagam tributos para remunerar aos funcionários que devem exercê-los, exatamente porque precisam do seu tempo para dedicá-los às suas atividades normais". E questiona: "Será, portanto, legítimo que a União, os Estados e os Municípios passem até os tributos que por sua natureza não deviam ser 'auto-lançados', para o sistema de auto-lançamento, para ir transferindo esses serviços e os seus riscos para os cidadãos, não só onerando-os cada vez mais, como também desviando suas atividades, criando-lhes maiores riscos e enfim tirando-lhes a tranquilidade ou restringindo-lhes a liberdade? Será essa a função do Estado de direito democrático?" Para, em seguida, concluir: "Essa orientação que há vários anos se vem dando à legislação fiscal de nosso país precisa ser revista e corrigida, não só no interesse da pessoa humana, mas também da Nação." NOGUEIRA, Ruy Barbosa.Teoria do lançamento tributário. São Paulo: Resenha Tributária, 1965, p. 229-231).

[744] DI PIETRO, Adriano. Tutela del contribuyente y constitucion material en la aplicacion de la norma tributaria. In: *Garantias Constitucionales del contribuyente*. Antonio Agulló Agüero (org.). Valencia: Tirant lo blanch, 1998, p. 86-7.

homologação.⁷⁴⁵ No entanto, a crítica deste trabalho não está na transferência de responsabilidades que vem se operando, quando o Estado transmite ao cidadão o dever de apurar e lançar o tributo. A preocupação desta investigação reside na inobservância dos deveres de colaboração e cooperação por parte da Administração Tributária no tocante ao lançamento dos tributos na espécie "autolançamento".⁷⁴⁶

Na perspectiva de relação jurídica colaborativa e cooperativa sustentada neste trabalho, exige-se que as partes atuem de forma proba, honesta e leal, no intuito de atingir o perfeito cumprimento da obrigação tributária. Não parece razoável que numa relação democrática e que aspira o equilíbrio sejam impostos deveres apenas ao devedor. Do sujeito passivo exige-se o dever de pagar o valor previsto em lei (obrigação principal), cobra-se o cumprimento de todas as obrigações acessórias e em relação ao credor da obrigação tributária atualmente nada se exige. Parece óbvio que o Estado, enquanto credor do crédito tributário, possui deveres anexos ou funcionais, consistentes na cooperação e no auxílio em favor do devedor⁷⁴⁷ e reside nesta proposição uma das teses sustentadas neste trabalho.

Como previsto na Carta do Contribuinte francesa,⁷⁴⁸ o sistema declarativo estabelecido pela legislação impõe o reconhecimento de certas garantias ao contribuinte. Como a obrigação tributária principal constitui uma limitação ao direito de propriedade e as obrigações acessórias são numerosas, complexas

---

⁷⁴⁵ COSTA, Regina Helena. *Praticabilidade e Justiça Tributária*. São Paulo: Malheiros, 2007, p. 276.

⁷⁴⁶ Em crônica publicada na internet, Heleno Taveira Torres afirma que: "Não se pode conceber como "democrática" a conduta frequente das administrações de atirar o contribuinte à própria sorte nos excessos de interpretação e aplicação da complexa legislação fiscal sem um adequado e eficiente sistema de atendimento ao contribuinte, para solucionar suas dúvidas, aprimorar legislações secundárias, evitar conflitos. Preferível, porém, o cômodo papel de rigoroso comando e controle a posteriori, com pesadas multas, fiscalizações tão longas quanto onerosas e as mais severas consequências, sem qualquer respeito ao exame da conduta dos contribuintes, onde a boa-fé, a ignorância justificada, a confiança legítima de nada valem". TORRES, Heleno Taveira. Administração Tributária dever resgatar democracia. Disponível em <http://www.conjur.com.br/2012-mar-28/consultor-tributario-urgente-resgatar-democracia-edicao-leis>, acessado em 14 de setembro de 2014.

⁷⁴⁷ Sobre o tema, Clóvis do Couto e Silva defende que: "A concepção atual de relação jurídica, em virtude da incidência do princípio da boa-fé, é a de uma ordem de cooperação, em que se aluem as posições tradicionais do devedor e credor. Com isso, não se pense que o credor deixará de estar nitidamente desenhado como aquele participe da relação jurídica que é titular de direitos e pretensões. Amenizou-se, é certo, a posição deste último, cometendo-se-lhe, também, deveres, em virtude da ordem de cooperação. Com isso, ele não deixou de ser o credor, sujeito ativo da relação, mas reconheceu-se que a ele cabiam certos deveres". SILVA, Clóvis V. do Couto e. *A obrigação como processo*. 8 reimpressão. Rio de Janeiro: Editora FGV, 2013, p. 97; MARTINS-COSTA, Judith. *A Boa-fé no Direito Privado*. São Paulo: RT, 2000, p. 439. MARTINS-COSTA, Judith. *Comentários ao novo Código Civil*. v. 5. t. II. 2 ed. Rio de Janeiro: Forense, 2009, p. 84.; COSTA, Mário Júlio de Almeida. *Direito das obrigações*. 8 ed. Coimbra: Almedina, 2000, p. 66.

⁷⁴⁸ Trecho do preâmbulo da Carta do Contribuinte: "Le contrôle des éléments déclarés est la nécessaire contrepartie du système déclaratif. La loi définit les modalités du contrôle et les garanties accordées au contribuable. L'administration est garante de la bonne application de la loi fiscale sous le contrôle du juge. Payer l'impôt est perçu comme une contrainte. Les mesures fiscales sont nombreuses, complexes, évolutives. Elles sont parfois difficiles à comprendre. L'administration s'efforce de rendre les obligations fiscales plus légères et l'impôt plus facile. Elle a pour souci constant d'apporter son appui au contribuable. Elle met tout en œuvre pour améliorer ses relations avec lui". Texto extraído do site: <http://www2.impots.gouv.fr/documentation/charte_contrib/index.htm>, acessado em 15 de setembro de 2014.

e em constante evolução, impõe-se que a Administração envide esforços para torná-las menos penosas e mais fáceis de compreender, devendo, sobretudo, fornecer apoio ao contribuinte. Como dito no texto francês, a Administração deve se empenhar por aprimorar a sua relação com o contribuinte.

Em suma, pode-se concluir que existe um dever de assistência do Fisco em relação ao contribuinte notadamente na modalidade de lançamento por homologação, haja vista que a constituição do crédito tributário ficou totalmente ao encargo do contribuinte. Nada mais razoável que se redistribua o peso do cumprimento das obrigações acessórias, estabelecendo ao Estado um compromisso de esclarecer e orientar o contribuinte, tornando mais confiável e menos penoso o processamento da obrigação.

A colaboração no viés assistencial pode eventualmente conflitar com o ideal de praticabilidade, pois o dever de colaborar com o contribuinte poderia representar em reestabelecer encargos que a praticabilidade almejava livrar o Fisco. Pregada pelos defensores do princípio, este consiste "no conjunto de técnicas que visam a viabilizar a adequada execução do ordenamento jurídico".[749] Este fenômeno tomou conta do Direito Tributário e legitimou a adoção de uma série de técnicas de arrecadação, de modo a tornar mais prática a fiscalização e arrecadação de tributos.[750] Ocorre que a aplicação da praticabilidade parece ser unidirecional, vale dizer, as manifestações a favor da praticabilidade socorrem apenas a Administração e não amparam os contribuintes. Neste particular, cumpre criticar a visão segmentada e que preconiza a aplicação de princípios em apenas um sentido. Refoge aos preceitos de igualdade e valorização da dignidade da pessoa humana defender a aplicação de determinada norma jurídica apenas em favor do Estado e jamais em prol do contribuinte.[751]

Em se admitindo a praticabilidade como princípio jurídico, este deve ser aplicado tanto em favor da Fazenda, quanto em favor do contribuinte. Inúmeros métodos de apuração de tributos valem-se da chamada "praticabiliade", cujas presunções facilitam apenas a Administração Tributária. Num exercício de alteridade, dever-se-ia buscar tornar prática a relação tributária para todos. Porém esta preocupação é cada vez menor, haja vista que as praticidades são voltadas apenas para a satisfação dos interesses da Fazenda Pública.

É nesta perspectiva que se afigura necessário realinhar a relação jurídico-tributária, tornando-a mais equilibrada. Se a praticabilidade visa tornar exe-

---

[749] COSTA, Regina Helena. *Praticabilidade e Justiça Tributária*. São Paulo: Malheiros, 2007, p. 53.

[750] Não se compactua com a ampla aplicação que a praticabilidade alcançou no ordenamento jurídico pátrio. A pretexto de tornar mais prática a aplicação da legislação tributária, criou-se uma série de ficções que impõe severas restrições a direitos fundamentais dos cidadãos.

[751] Humberto Ávila defende a revisão do axioma "supremacia do interesse público, dizendo que: "A ponderação deve, primeiro, determinar quais os bens jurídicos envolvidos e as normas a eles aplicáveis e, segundo, procurar preservar e proteger, ao máximo, esses mesmos bens. Caminho bem diverso, portanto, do que direcionar, de antemão, a interpretação das regras administrativas em favor do interesse público, o que quer que isso possa vir a significar". ÁVILA, Humberto Bergmann. "Repensando o Princípio da Supremacia do Interesse Público sobre o Particular". In: *O Direito Público em Tempos de Crise. Estudos em Homenagem a Ruy Ruben Ruschel*. Ingo Wolfgang Sarlet (org.). Porto Alegre: Livraria do Advogado, 1999, p. 119.

quível a legislação tributária, esta premissa deve inspirar a adoção de medidas facilitadoras não só em prol do Estado, mas também em favor do contribuinte, na medida em que este vem assumindo todo o encargo de aplicar a legislação e apurar os tributos devidos.

No que tange ao lançamento por homologação, faz-se necessário promover medidas idôneas e aptas a tornar mais praticável – na perspectiva do contribuinte – a apuração e cálculo do montante devido. Portanto, a praticabilidade deve orientar a aplicação da norma seja em favor do Estado, seja em favor do contribuinte, pois ambos possuem interesse em conhecer o correto valor do montante devido.

4.2. Apuração do tributo devido e restituição "ex officio" por parte da administração

Dentre os direitos e garantias básicas do contribuinte, avulta em importância aquela que limita o dever fundamental de pagar tributos ao montante efetivamente devido. Este preceito pode ser extraído da cláusula constitucional da capacidade contributiva (artigo 145, § 1°, da Constituição). Se todos devem contribuir com o Estado na medida das suas possibilidades, ninguém deve ser tributado além dos limites da capacidade contributiva revelada.[752] Como refere, Alfredo Augusto Becker, a tributação deve se limitar aos "fatos que sejam signos presuntivos de renda ou capital".[753]

Nesse sentido, o trabalho realizado pela Organização para a Cooperação e Desenvolvimento Econômico (OCDE),[754] chamado de "os direitos e obrigações dos contribuintes", em inglês, "General Administrative Principles – GAP002 Taxpayers' Rights and Obligations",[755] propôs incluir como direito básico do contribuinte a limitação da contribuição do cidadão apenas ao montante devido. Diz o estudo que os contribuintes devem pagar apenas a quantia prevista na legislação, levando em conta as características pessoais do contribuinte e sua renda. Assim, os contribuintes fazem jus a uma assistência mínima por parte

---

[752] Casalta Nabais estabelece: "diz-nos que as pessoas são tributadas em conformidade com a respectiva capacidade contributiva, o que significa, de um lado, que ficarão excluídos do campo da incidência dos impostos aquelas que não disponham dessa capacidade e, de outro lado, que face a detentores de capacidade contributiva, os contribuintes com a mesma capacidade pagarão o(s) mesmo(s) imposto(s) (igualdade horizontal) e os contribuintes com diferente capacidade pagarão diferentes impostos, seja em termos qualitativos, seja em termos quantitativos (igualdade vertical)". NABAIS, José Casalta. *O Dever Fundamental de Pagar Impostos. Contributo para a compreensão constitucional do estado fiscal contemporâneo*. 3 reimpressão. Coimbra: Almedina, 2012, p. 443. DIFINI, Luiz Felipe Silveira. *Proibição de Tributos com efeito de confisco*. Porto Alegre: Livraria do Advogado, 2007, p. 119. BUFFON, Marciano. *A tributação e a dignidade humana. Entre os direitos e deveres fundamentais*. Porto Alegre: Livraria do Advogado, 2009, p. 176-81.

[753] BECKER, Alfredo Augusto. *Teoria Geral do Direito Tributário*. 4 ed. São Paulo: Noeses, 2007, p. 528.

[754] A sigla vem do francês: Organisation de coopération et de développement économiques, OCDE.

[755] General Administrative Principles – GAP002 Taxpayers' Rights and Obligations, disponível em: <http://www.oecd.org/tax/administration/Taxpayers'_Rights_and_Obligations-Practice_Note.pdf>, acessado em 14 de setembro de 2014.

das autoridades de modo a permitir-lhes conhecer e efetivamente se apropriar de todas as deduções e abatimentos a que tem direito.[756]

É nesse sentido que deve ser compreendida a norma inscrita no artigo 145, § 1°, *in fine*, quando faculta à Administração Tributária, no intuito de promover o princípio da capacidade contributiva, identificar o patrimônio, os rendimentos e a atividade econômica do contribuinte. Como adverte Sacha Calmon, este preceito constitucional incorreria em desnecessária tautologia acaso fosse compreendido apenas como autorização à Administração para fiscalizar o contribuinte. Parece mais adequado, na linha do pensamento de Sacha Calmon, que a autorização volte-se para conferir poderes ao Fisco para investigar os cidadãos no sentido de buscar a verdade real e não a presuntiva, já que o sistema é inspirado pelos valores da justiça e da verdade.[757]

Portanto, a prerrogativa investigativa está associada mais com a missão imposta à Administração Tributária de proceder à tributação justa, do que na prerrogativa de devassar a esfera privada do contribuinte. De efeito, o poder de polícia atribuído às autoridades fiscalizatórias é inerente e indissociável ao poder de tributar assegurado pela Constituição, de modo que a referência no parágrafo primeiro do artigo 145 seria tautológica. No entanto, interpretando o parágrafo primeiro de forma associada com o *caput* verifica-se que o sentido da norma está mais associado ao dever que a Constituição impõe à Administração de observar a real capacidade contributiva, tributando apenas e tão somente a verdadeira expressão da riqueza.[758] No sentido de promover a capacidade contributiva e adequar a tributação à real manifestação riqueza é que a legislação estabelece um sistema de deduções, abatimentos e compensações. Caso não fossem descontados certos valores, estar-se-ia tributando uma base irreal, ofendendo, portanto, a Constituição. Assim, eventuais restrições ao direito de abatimento e deduções (restrições estas que estão deixando a eventualidade de lado e se tornando cada vez mais comuns no Sistema Tributário Nacional) caracterizam indevida limitação da eficácia do princípio da capacidade contributiva.[759]

---

[756] General Administrative Principles – GAP002 Taxpayers' Rights and Obligations, disponível em: <http://www.oecd.org/tax/administration/Taxpayers'_Rights_and_Obligations-Practice_Note.pdf>, acessado em 14 de setembro de 2014.

[757] Sacha Calmon sustenta que: "o constituinte desejou obrigar a Administração a cumprir, a realizar, o princípio da capacidade contributiva, autorizando-a a investigar a realidade e, consequentemente os contribuintes, sem intuito fiscalizatório, senão preparatório, com vistas a estabelecer um sistema efetivo e justo de tributação". COELHO, Sacha Calmon Navarro. *Comentários à Constituição de 1988*. 9 ed. Rio de Janeiro: Forense, 2005, p. 66.

[758] Nesse sentido, é a posição de Andrei Velloso: "Portanto, alem de condicionar de forma expressa toda a atividade de fiscalização tributária à preeminência e aos termos da lei, impõe que todos os direitos fundamentais do art. 5° sejam respeitados pela administração tributária". VELLOSO, Andrei Pitten. *Constituição Tributária Interpretada*. São Paulo: Atlas, 2007, p. 46.

[759] Nas palavras de Roque Carrazza: "Anda, portanto, em descompasso com o princípio da capacidade contributiva o Regulamento do Imposto de Renda (RIR), quando, a pretexto de 'simplificar' o tributo, impede, ou, mesmo, limita significativamente tais deduções". CARRAZZA, Roque Antonio. *Imposto sobre a Renda*. São Paulo: Malheiros, 2005, p. 110. BALEEIRO, Aliomar. *Limitações Constitucionais ao Poder de Tributar*. 8 ed. Rio de Janeiro: Forense, 2010, p. 1.102-3, com atualizações de Misabel Derzi.

Se o direito a deduções e abatimentos resulta da promoção da norma constitucional que impõe ao Estado tributar apenas a expressão da capacidade contributiva, nada mais coerente que o cidadão seja informado de todas as possibilidades admitidas em lei para a efetiva concretização do princípio. Não parece coerente com a ordem constitucional defender que as deduções e abatimentos sejam apuradas apenas por uma minoria de contribuintes capazes de contratar bons profissionais para assessorá-los.

Em verdade, como se pode perceber da norma inscrita no parágrafo primeiro do artigo 145 da Constituição, é autorizado à Administração Tributária adotar iniciativas para apurar a real capacidade contributiva e para tanto, impõe-se examinar e verificar se, por ocasião da ocorrência do fato gerador, não concorreriam situações que autorizariam ao contribuinte abater ou deduzir valores para efeito da apuração do tributo. Resulta que a apuração do tributo e a verificação da real capacidade contributiva é um dever do Estado, impondo-lhe assistir e auxiliar o contribuinte na concretização da norma constitucional.

Se o lançamento do tributo é uma atividade administrativa vinculada (artigo 3° do CTN) e faculta-se à Administração revisar o lançamento realizado pelo contribuinte para homologá-lo ou desconsiderá-lo e promover a glosa de valores incorretos, é igualmente verdadeiro que esta atividade deve observar a possibilidade de não terem sido consideradas deduções e abatimentos pelo contribuinte.

Significa dizer que a Administração Pública, no intuito de dar cumprimento ao princípio da capacidade contributiva, tem o dever de assistir e auxiliar o contribuinte, promovendo deduções, abatimentos e descontos de ofício, quando verificar que o contribuinte não observou tais concessões asseguradas na legislação. Este dever é assegurado pela legislação tributária estrangeira, como se pode observar na LGT espanhola,[760] na LGT portuguesa[761] e no Estatuto do Contribuinte Italiano.[762]

---

[760] Ley 58/2003 – LGT: "Artículo 34. Derechos y garantías de los obligados tributarios. 1. Constituyen derechos de los obligados tributarios, entre otros, los siguientes: a) Derecho a ser informado y asistido por la Administración tributaria sobre el ejercicio de sus derechos y el cumplimiento de sus obligaciones tributarias. b) Derecho a obtener, en los términos previstos en esta ley, las devoluciones derivadas de la normativa de cada tributo y las devoluciones de ingresos indebidos que procedan, con abono del interés de demora previsto en el artículo 26 de esta ley, sin necesidad de efectuar requerimiento al efecto". Especificamente, a LIRPF (Ley 35/2006), em seu artigo 103 estabelece o dever de proceder as apurações da dívida e efetuar devoluções: "Artículo 103. Devolución derivada de la normativa del tributo. 1. Cuando la suma de las retenciones, ingresos a cuenta y pagos fraccionados de este Impuesto, así como de las cuotas del Impuesto sobre la Renta de no Residentes a que se refiere el párrafo d) del artículo 79 de esta Ley y, en su caso, de la deducción prevista en el artículo 81 de esta Ley, sea superior al importe de la cuota resultante de la autoliquidación, la Administración tributaria practicará, si procede, liquidación provisional dentro de los seis meses siguientes al término del plazo establecido para la presentación de la declaración. Cuando la declaración hubiera sido presentada fuera de plazo, los seis meses a que se refiere el párrafo anterior se computarán desde la fecha de su presentación".

[761] Decreto-lei n° 398/98 – LGT: "Artigo 59.o Princípio da colaboração. 1 – Os órgãos da administração tributária e os contribuintes estão sujeitos a um dever de colaboração recíproco. (...) 3 – A colaboração da administração tributária com os contribuintes compreende, designadamente: (...) c) A assistência necessária ao cumprimento dos deveres acessórios; (...) n) A interpelação ao contribuinte para proceder à regularização da situação tributária e ao exercício do direito à redução da coima, quando a administração tributária detecte a prática de uma infracção de natureza não criminal".

Como adverte Francesco Santamaría, invocando o princípio do bom andamento da administração pública previsto no artigo 97, 1, da Constituição Italiana, a Administração Tributária tem a obrigação de adotar todos os instrumentos jurídicos necessários a assegurar a atuação capaz de promover os cânones constitucionais da legalidade, capacidade contributiva, equidade contributiva, e progressividade do sistema impositivo, de modo a não ser legítimo reter quantias indevidas.[763]

Nessa linha, interessante a posição sustentada por Marco Aurélio Greco, quando defende um dever de devolução do tributo de ofício, quando o tributo recolhido apoiava-se em norma posteriormente declarada inconstitucional pelo Supremo Tribunal Federal.[764] Como fundamentos da sua posição, defende que a retenção de valores recolhidos pelos contribuintes cuja inconstitucionalidade tenha sido reconhecida pelo Supremo importa em ilegalidade. Compartilhando com as ideias aqui defendidas, sustenta que a solidariedade fundamento da República Federativa do Brasil, não autoriza o subjugo do contribuinte e diz que: "não tomar iniciativa de devolver o indevido é caminhar na direção de subjugá-lo".[765]

Equivale a dizer que o Estado – ao contrário do que se observa na prática – não pode simplesmente adotar uma postura omissa, permanecendo com

---

[762] Legge 27 luglio n. 212: "Art. 8. (Tutela dell'integrità patrimoniale) 1. L'obbligazione tributaria può essere estinta anche per compensazione. 2. È ammesso l'accollo del debito d'imposta altrui senza liberazione del contribuente originario. 3. Le disposizioni tributarie non possono stabilire né prorogare termini di prescrizione oltre il limite ordinario stabilito dal codice civile. 4. L'amministrazione finanziaria è tenuta a rimborsare il costo delle fideiussioni che il contribuente ha dovuto richiedere per ottenere la sospensione del pagamento o la rateizzazione o il rimborso dei tributi. Il rimborso va effettuato quando sia stato definitivamente accertato che l'imposta non era dovuta o era dovuta in misura minore rispetto a quella accertata. 5. L'obbligo di conservazione di atti e documenti, stabilito a soli effetti tributari, non può eccedere il termine di dieci anni dalla loro emanazione o dalla loro formazione. 6. Con decreto del Ministro delle finanze, adottato ai sensi dell'articolo 17, comma 3, della legge 23 agosto 1988, n. 400, relativo ai poteri regolamentari dei Ministri nelle materie di loro competenza, sono emanate le disposizioni di attuazione del presente articolo. 7. La pubblicazione e ogni informazione relative ai redditi tassati, anche previste dall'articolo 15 della legge 5 luglio 1982, n. 441, sia nelle forme previste dalla stessa legge sia da parte di altri soggetti, deve sempre comprendere l'indicazione dei redditi anche al netto delle relative imposte. 8. Ferme restando, in via transitoria, le disposizioni vigenti in materia di compensazione, con regolamenti emanati ai sensi dell'articolo 17, comma 2, della legge 23 agosto 1988, n. 400, è disciplinata l'estinzione dell'obbligazione tributaria mediante compensazione, estendendo, a decorrere dall'anno d'imposta 2002, l'applicazione di tale istituto anche a tributi per i quali attualmente non è previsto".

[763] SANTAMARIA, Francesco. *Autonomia Privata e Statuto del contribuente*. Milão: Giuffrè, 2012, p. 105. No mesmo sentido, escreve Marco Aurélio Greco, examinando a legalidade tributária com o dever de restituir o contribuinte: "Assim, na medida em que constatada a ocorrência de um pagamento indevido, a manutenção dos respectivos montantes em mãos do Fisco configura hipótese de ilegalidade continuada. De fato, ilegal não é apenas cobrar algo sem fundamento jurídico suficiente (ilegalidade da cobrança) tendo objeto um ato pontualmente considerado; ilegal é também manter os respectivos valores consigo sabendo da sua falta de fundamento jurídico". GRECO, Marco Aurélio. Devolução ex officio de tributo indevido: dever de legalidade, moralidade e eficiência administrativas, no âmbito da função tributária. In: *Direito Processual Tributário*. Marcelo Campos (org.). São Paulo: RT, 2008, p. 180.

[764] GRECO, Marco Aurélio. Devolução ex officio de tributo indevido: dever de legalidade, moralidade e eficiência administrativas, no âmbito da função tributária. In: *Direito Processual Tributário*. Marcelo Campos (org.). São Paulo: RT, 2008, p. 177.

[765] Idem, p. 190.

valores sobre os quais não está legitimado a se apropriar apenas porque o contribuinte cometeu um equívoco ou simplesmente desconhecia a legislação profundamente a ponto de não ter se apropriado de certas deduções admitidas em lei.[766] Assim, iluminando-se a relação jurídica tributária pela incidência da boa-fé objetiva e pela tutela da confiança, não se pode admitir que a Administração não reconheça de ofício o excesso da exação e se prontifique espontaneamente a devolver os valores recolhidos a maior.[767]

4.3. Assistência aos contribuintes e os meios eletrônicos

Se a observância das normas tributárias já envolve elevada complexidade e exigem do contribuinte um nível extraordinário de conhecimento e informação, pode-se dizer que estes percalços são agudizados pela adoção de meios eletrônicos de arrecadação, controle e fiscalização por parte da Administração Tributária no Brasil.

Em verdade, esta não deveria ser a realidade. O uso da tecnologia é algo salutar e deveria ser prestigiado e cada vez mais aplicado pela Administração Pública, seja porque importa em economia do dinheiro público, redução do tempo e simplificação de atos, seja porque se trata de um movimento irreversível.[768] O uso da tecnologia da informação, via de regra, significa mais benefícios que prejuízos.

No entanto, o modo como os procedimentos vêm sendo implantados na legislação brasileira autoriza dizer que a burocracia dos meios tradicionais repete-se na via eletrônica. Em outras palavras, a complexidade e as dificuldades impostas pela legislação tributária apenas mudaram de formato.

Nessa linha, a Administração Pública Federal criou o Sistema Público de Escrituração Digital – SPED – instituído pelo Decreto nº 6.022, de 22 de janeiro de 2007, parte integrante do chamado "Programa de Aceleração do Crescimen-

---

[766] BERRO, Florían García. *Procedimientos tributários y derechos de los contribuyentes en la nueva LGT*. Madri: Marcial Pons, 2004, p. 67.

[767] SANTAMARIA, Francesco. *Autonomia Privata e Statuto del contribuente*. Milão: Giuffrè, 2012, p. 105. Na mesma linha, é a opinião de Heleno Taveira Torres: Em conclusão, e como dito no início, a administração tributária da realidade principiológica do Estado Democrático de Direito não pode abandonar o contribuinte à própria sorte na interpretação de leis obtusas, lacunosas e de terminologia sempre cada vez mais opaca, e, com isso, fomentar o litígio como fonte de arrecadação adicional, a título de multas e juros. Esclarecer as leis e procedimentos que institui é o mínimo que se espera de um Fisco democrático. E, de fato, este é o mínimo de boa fé do Estado fiscal: não induzir conflito, mas preveni-lo e garantir soluções rápidas, não dispendiosas e imparciais. TORRES, Heleno Taveira. *Administração Tributária deve resgatar democracia*. Disponível em <http://www.conjur.com.br/2012-mar-28/consultor-tributario-urgente-resgatar-democracia-edicao-leis>, acessado em 14 de setembro de 2014.

[768] Os autores elencam as vantagens: "a) disminución dela presión fiscal indirecta, pues para el cotnribuyente resulta un sistema más cômodo de tramitación de sus declaraciones; b) minorción de la carga de trabajo gestora de la Agencia, que evita tareas de grabación, tramitación y, en general, de movimiento de papel; c) reducción del tiempo necesario para procesar y detectar la evolución de variables económicas, lo que permite un mejor seguimiento dela recaudación global por sectores". GARCÍA, Ana Maria Delgado e CUELLO, Rafael Olivier. *El deber de información y asistencia a los obligados tributarios*. Valencia: Tirant lo blanch, 2004, p. 132.

to do Governo Federal" (PAC 2007-2010). Pode-se dizer que o SPED implementou a modernização da escrituração fiscal, transformando as obrigações tributárias acessórias pelo uso da certificação digital e recursos tecnológicos. A implantação do SPED estabelece, como refere a Receita Federal, "um novo tipo de relacionamento, baseado na transparência mútua, com reflexos positivos para toda a sociedade".[769]

A promessa de menos burocracia, menos cumulação de obrigações acessórias e menores custos aos contribuintes não se concretizou até o presente momento. Como se pode observar das orientações constantes da Instrução Normativa n° 1.420 da Receita Federal, a burocracia e a sobreposição de obrigações foi inclusive ampliada, impondo maior especialização para atendimento das obrigações criadas com a chamada Escritura Contábil Digital (ECD).[770]

Em pronunciamento oficial no respeitado Congresso de Direito Tributário em Questão organizado pela Fundação Escola Superior do Direito Tributário, o Secretário da Receita Federal defendia a Escrituração Fiscal Digital como o caminho para a diminuição das obrigações acessórias. Em sua apresentação, citou como benefício a extinção das declarações: DE (demonstrativo de exportação), DIF bebidas, DNF (demonstrativo de notas fiscais), DCP (declaração de crédito presumido de IPI), DASN – Declaração Anual do Simples Nacional, DIRT (declaração do Imposto Territorial Rural para imóveis imunes ou isentos), DACON (Demonstrativo Contribuições para PIS e COFINS), DIPJ (Declaração de Informações Econômico-Fiscais da Pessoa Jurídica). Curiosamente, anunciou a instituição de uma série de outras obrigações acessórias: e-DBA (Declaração de Bagagem acompanhada eletrônica), e-DAT (Declaração

---

[769] Dentre os benefícios, a Receita Federal identifica os seguintes: "Redução de custos com a dispensa de emissão e armazenamento de documentos em papel; Eliminação do papel; Redução de custos com a racionalização e simplificação das obrigações acessórias; Uniformização das informações que o contribuinte presta às diversas unidades federadas; Redução do envolvimento involuntário em práticas fraudulentas; Redução do tempo despendido com a presença de auditores fiscais nas instalações do contribuinte; Simplificação e agilização dos procedimentos sujeitos ao controle da administração tributária (comércio exterior, regimes especiais e trânsito entre unidades da federação); Fortalecimento do controle e da fiscalização por meio de intercâmbio de informações entre as administrações tributárias; Rapidez no acesso às informações; Aumento da produtividade do auditor através da eliminação dos passos para coleta dos arquivos; Possibilidade de troca de informações entre os próprios contribuintes a partir de um leiaute padrão; Redução de custos administrativos; Melhoria da qualidade da informação; Possibilidade de cruzamento entre os dados contábeis e os fiscais; Disponibilidade de cópias autênticas e válidas da escrituração para usos distintos e concomitantes; Redução do "Custo Brasil; Aperfeiçoamento do combate à sonegação; Preservação do meio ambiente pela redução do consumo de papel". Texto elaborado pela Receita Federal, disponível no site: <http://www1.receita.fazenda.gov.br/sobre-o-projeto/beneficios.htm>, acessado em 20 de setembro de 2014.

[770] No intuito de apenas ilustrar alguns problemas já identificados pelos contribuintes, pode-se citar, por exemplo: (a) A escrituração eletrônica poderia dispensar o contribuinte de manter por cinco anos os documentos como era exigido na escrituração em papel; (b) falta de assistência da Receita para a realização do download e instalação dos arquivos; (c) a exportação de dados para a declaração do PGDAS-D é feita informalmente. Deveria haver um pronunciamento oficial por meio de instrumento normativo próprio; (d) organização da Receita Federal para não promover alterações e mudanças de forma desordenada, gerando picos de trabalho pelo acúmulo de modificações implementadas de forma errática pelos diversos setores da instituição; (e) melhoria dos canais de comunicação com os contribuintes.

de Admissão Temporária eletrônica), EFD (escrituração fiscal digital para PIS e COFINS), REINTEGRA, Domicílio Tributário Eletrônico (DTE).[771]

Em síntese, critica-se o anúncio de simplificação, quando, na verdade, promove-se apenas a substituição das obrigações acessórias prestadas na forma convencional pela forma eletrônica. Promover-se-ia uma verdadeira revolução se o SPED contribuísse para unificação de todas as obrigações tributárias acessórias num único procedimento de alimentação de dados de forma digital, onde a escrituração contábil fosse integralmente acompanhada pela Administração Tributária.[772] No entanto, a pretexto de implementar um sistema de escrituração digital mais simples, a Administração Tributária brasileira apenas estruturou no meio eletrônico a forma mais conveniente para a realização da sua tarefa de fiscalização e controle da arrecadação, o que sem dúvida, não constou em nenhum pronunciamento oficial.

De toda forma, não obstante as críticas aqui expressadas, a implantação da Escrituração Contábil Digital já é uma realidade e, a longo prazo, poderá representar um verdadeiro avanço, se, e somente se, o dever de assistência do Fisco for observado. Com efeito, a assistência no cumprimento das obrigações tributárias acessórias, agora realizadas pelos meios digitais, exige ainda mais auxílio e ajuda de quem as concebeu e as conhece intestinamente.[773] Nada mais razoável que colocar-se à disposição do contribuinte para socorrer-lhe num momento de transição. A postura soberba e distanciamento do Fisco em relação aos contribuintes não se revela compatível com todos os preceitos constitucionais já referidos e não contribui em nada para o adimplemento da obrigação tributária. É preciso reconhecer que o Fisco precisa mudar a postura e repartir com os contribuintes os custos deste processo de transição para a escrita eletrônica.

4.4. Assistência aos contribuintes no âmbito do procedimento administrativo tributário. A figura do representante dos contribuintes ou "ombudsman"

No Brasil, os processos administrativos decorrem de disposições constitucionais que acolhem o Estado Democrático de Direito (artigo 1°), submetem a Administração Tributária à legalidade (artigo 37 e 150, I) e à moralidade (artigo 37), asseguram direito de petição (artigo 5°, XXXIV, *a*) e impõem a observância do devido processo (artigo 5°, LIV), da ampla defesa e do contraditório (artigo 5°, LV).[774]

Resulta que a garantia de um processo administrativo constitui em direito fundamental do cidadão, mas não só. Pode-se dizer, como defendeu David

---

[771] BARRETO, Carlos Alberto Freitas. *Meios digitais de fiscalização. Modernização da Administração Tributária e as garantias dos contribuintes*. In: XI Congresso de Direito Tributário em Questão, 2012, Gramado. Anais eletrônicos. Disponível em <www.fesdt.org.br>.

[772] GARCÍA, Ana Maria Delgado e CUELLO, Rafael Olivier. *El deber de información y asistencia a los obligados tributários*. Valencia: Tirant lo blanch, 2004, p. 136.

[773] Idem, p. 136.

[774] MACHADO SEGUNDO, Hugo de Brito. *Processo Tributário*. 6 ed. São Paulo: Atlas, 2012, p. 54.

Duarte, que o procedimento administrativo tem uma "função integratória de interesses", visando assegurar uma função garantística, assim como defender o procedimento como instrumento de correção do ato administrativo e, assim também, buscar a satisfação do interesse público.[775]

Nesta senda, se o processo administrativo assume uma condição de direito fundamental do cidadão, por coerência, deve-se assegurar que este direito fundamental seja prestigiado e assegurada a sua concretização.[776] Como a Administração Pública possui a prerrogativa de rever seus próprios atos, por meio do poder de autotutela, deve-se garantir que ao cidadão seja assegurada a possibilidade de também provocar a revisão do ato administrativo, assim como lhe seja garantido a oportunidade de apresentar defesa e ser ouvido quando o exercício do poder de autocontrole da Administração causar-lhe prejuízo.[777] Pois é da imbricação das garantias constitucionais do devido processo, ampla defesa e contraditório com a proteção da confiança que se passou a reconhecer no Supremo Tribunal Federal a direito à tutela jurídica integral.[778]

Ocorre que a compreensão da relação jurídica tributária e suas mais variadas nuances não é algo acessível ao cidadão comum. Aquele contribuinte capaz de cercar-se de bons profissionais e com suficiência de recursos para re-

---

[775] DUARTE, David. *Procedimentalização, participação e fundamentação: para uma concretização do princípio da imparcialidade administrativa como parâmetro decisório*. Coimbra: Almedina, 1996, p. 102.

[776] Alerta, Hugo de Brito Machado Segundo, que: "a existência de um processo administrativo de controle interno da legalidade dos atos da Administração Pública é decorrência inexorável dos princípios do Estado de Direito e do devido processo legal, e da regra que assegura o direito de petição. Não pode, portanto, ser afastada, ou amesquinhada, pelo legislador infraconstitucional". MACHADO SEGUNDO, Hugo de Brito Machado. *Processo Tributário*. 6 ed. São Paulo: Atlas, 2012, p. 108.

[777] Hugo de Brito Machado escreve que: "não podemos esquecer que o processo administrativo tributário é um instrumento de autocontrole da Administração Pública. Por meio dele é que se apura a vontade administrativa, que há de ser a vontade da lei, vale dizer, há de ser expressa em absoluta conformidade com a lei, porque o princípio da legalidade, além de ser uma garantia dos cidadãos em geral, é o princípio em primeiro lugar enunciado pelo art. 37 da Constituição Federal". MACHADO, Hugo de Brito. Processo Administrativa Tributário: eficiência e direitos fundamentais do contribuinte. In: *Direito Processual Tributário*. Marcelo Campos (org.). São Paulo: RT, 2008, p. 56.

[778] É a posição do Supremo Tribunal Federal: "Mandado de Segurança. 2. Cancelamento de pensão especial pelo Tribunal de Contas da União. Ausência de comprovação da adoção por instrumento jurídico adequado. Pensão concedida há vinte anos. 3. Direito de defesa ampliado com a Constituição de 1988. Âmbito de proteção que contempla todos os processos, judiciais ou administrativos, e não se resume a um simples direito de manifestação no processo. 4. Direito constitucional comparado. Pretensão à tutela jurídica que envolve não só o direito de manifestação e de informação, mas também o direito de ver seus argumentos contemplados pelo órgão julgador. 5. Os princípios do contraditório e da ampla defesa, assegurados pela Constituição, aplicam-se a todos os procedimentos administrativos. 6. O exercício pleno do contraditório não se limita à garantia de alegação oportuna e eficaz a respeito de fatos, mas implica a possibilidade de ser ouvido também em matéria jurídica. 7. Aplicação do princípio da segurança jurídica, enquanto subprincípio do Estado de Direito. Possibilidade de revogação de atos administrativos que não se pode estender indefinidamente. Poder anulatório sujeito a prazo razoável. Necessidade de estabilidade das situações criadas administrativamente. 8. Distinção entre atuação administrativa que independe da audiência do interessado e decisão que, unilateralmente, cancela decisão anterior. Incidência da garantia do contraditório, da ampla defesa e do devido processo legal ao processo administrativo. 9. Princípio da confiança como elemento do princípio da segurança jurídica. Presença de um componente de ética jurídica. Aplicação nas relações jurídicas de direito público. 10. Mandado de Segurança deferido para determinar observância do princípio do contraditório e da ampla defesa (CF art. 5º, LV)" (MS 24268, Rel. Min. ELLEN GRACIE, Rel. p/ Acórdão: Min. GILMAR MENDES, Tribunal Pleno, j. 05/02/2004, DJ 17/09/2004, p. 53, *RDDP* n. 23, 2005, p. 133-151).

munerar a prestação de serviço altamente especializada representa uma escassa minoria no país. Como regra, pode-se dizer que os cidadãos desconhecem a complexa legislação tributária e não possuem condições de exercer de forma adequada eventual defesa que lhe seja oportunizada. A oportunização de prazo para o exercício do direito de defesa sem que o cidadão tenha condições de fazê-lo equivale a dizer que o contribuinte não tem direito a defesa. Sabendo que a jurisdição administrativa tributária é extremamente técnica e formalista, não socorre ao cidadão apresentar razões de inconformidade sem ter condições de articular argumentos jurídicos de forma concatenada.

Estas observações conduzem o processo administrativo para uma encruzilhada: ou se assegura meios para que o contribuinte possa exercer seu direito de defesa; ou continua-se num simulacro de processo administrativo em que o Estado finge que cumpre os preceitos do Estado democrático de Direito e o contribuinte conforma-se com a frágil garantia de apresentar defesa, ainda que destituída de qualquer probabilidade de sucesso. A toda evidência que a ordem constitucional vigente só admite o primeiro caminho, na medida em que assegura o direito de petição, independentemente do pagamento de taxa (artigo 5°, XXXIV, *a*), assim como garante a assistência jurídica integral e gratuita aos que não disponham de recursos (artigo 5°, LXXIV). Infelizmente, o Poder Judiciário possui interpretação restritiva da tutela dos contribuintes por parte do Ministério Público,[779] assim como da Defensoria Pública.[780]

No plano do processo administrativo tributário sequer há previsão legal para atuação da Defensoria Pública, o que obstaculiza o pleno exercício das garantias asseguradas ao contribuinte. Oportuno citar o exemplo da Espanha, que dispõe do chamado Defensor do contribuinte. Sobre o tema, José Lapatza

---

[779] A Lei da Ação Civil Pública restringe a atuação do Ministério Público nos seguintes termos: artigo Art. 1° da Lei n° 7.347/85: Regem-se pelas disposições desta Lei, sem prejuízo da ação popular, as ações de responsabilidade por danos morais e patrimoniais causados: (Redação dada pela Lei n° 12.529, de 2011). Parágrafo único. Não será cabível ação civil pública para veicular pretensões que envolvam tributos, contribuições previdenciárias, o Fundo de Garantia do Tempo de Serviço – FGTS ou outros fundos de natureza institucional cujos beneficiários podem ser individualmente determinados. (Incluído pela Medida provisória n° 2.180-35, de 2001). Nesse sentido, é a jurisprudência do Superior Tribunal de Justiça: "PROCESSUAL CIVIL. AÇÃO CIVIL PÚBLICA. MATÉRIA TIPICAMENTE TRIBUTÁRIA. MINISTÉRIO PÚBLICO. ILEGITIMIDADE ATIVA. SÚMULA 83/STJ. ANÁLISE DE LEI LOCAL. SÚMULA 280/STF. 1. Cuida-se originalmente de ação civil pública manejada pelo ora recorrente contra o Município de Divinópolis na qual pleiteia-se o reconhecimento da ilegalidade da taxa de expediente para emissão de guia de pagamento do IPTU (TSA – Taxa de Serviços Administrativos). 2. O caso dos autos diz respeito à limitação imposta pelo art. 1°, parágrafo único, da Lei n. 7.347/85 no que se refere à legitimidade ministerial. 3. É firme a orientação no sentido da ilegitimidade do Ministério Público para propor ação civil pública com objetivo tipicamente tributário, visando impedir a cobrança de tributos, tendo em vista que o contribuinte não se confunde com o consumidor, cuja defesa está autorizada em lei, além de que funcionaria a referida ação como autêntica ação direta de inconstitucionalidade. (...)". (AgRg no AREsp 289.788/MG, Rel. Ministro HUMBERTO MARTINS, Segunda Turma, julgado em 07/11/2013, DJe 16/12/2013).

[780] "APELAÇÃO CÍVEL. DIREITO TRIBUTÁRIO. TAXAS. AÇÃO CIVIL PÚBLICA. NULIDADE DA SENTENÇA. LITISPENDÊNCIA. AFASTAMENTO. ILEGITIMIDADE ATIVA DA DEFENSORIA PÚBLICA. ACOLHIMENTO. DEFESA DE DIREITOS DE PESSOAS NÃO IDENTIFICÁVEIS E QUE NÃO PODEM SER, DESDE LOGO, ENQUADRADAS NA CLASSIFICAÇÃO DE ECONOMICAMENTE HIPOSSUFICIENTE. IMPOSSIBILIDADE. MANUTENÇÃO DA SENTENÇA DE EXTINÇÃO DO PRESENTE FEITO DIANTE DAS CIRCUNSTÂNCIAS DO CASO CONCRETO. PRELIMINAR REJEITADA, APELAÇÃO DESPROVIDA". (TJRS – AC: 70035102607 RS , Relator: Arno Werlang, Data de julgamento: 09/11/2011, Segunda Câmara Cível, Data de publicação: Diário da Justiça 07/12/2011).

conta que a criação do "Consejo de Defensa del Contribuyente" simbolizou um marco no relacionamento entre a Administração e os contribuintes.[781] Noticia que em seu primeiro ano, o Conselho recebeu 4.000 queixas, chegando à expressiva cifra de 7.000 queixas/ano, ao tempo da elaboração do artigo (2007).[782] A criação do Conselho, tal como expressada no preâmbulo do Decreto Real n° 208/1996, justificava-se pela constante e necessária melhoria da qualidade de serviços prestados pela Administração aos cidadãos, de modo a facilitar de maneira ágil e eficaz suas queixas, sugestões e reclamações, permitindo uma real aproximação do Fisco com os contribuintes.[783] A experiência espanhola demonstra a adoção de uma medida eficaz de aproximação e promoção do dever de assistência que incumbe ao Poder Público. Experiência que poderia ser seguida ou até mesmo aprimorada pela Administração Pública brasileira.

Como adverte Heleno Taveira Torres, no Brasil, não há resquício de participação do contribuinte.[784] A formulação das normas que regem o Direito Tributário restringem-se aos gabinetes da Administração Pública e legitimam-se apenas e tão somente pela aprovação pelo legislativo. Não existe a possibilidade de real interação do contribuinte com os formuladores das políticas fiscais.[785] Afirma, Heleno Torres, que, no plano federal, por exemplo, não obstante a existência da ouvidoria da Secretaria da Receita Federal,[786] não há qualquer previsão institucionalizada de interação dos contribuintes, o que enseja a proposta de criação do que chama de "Representação dos Contribuintes". Esta iniciativa tem por objetivo prover o contribuinte de meios de acesso e interação com a Administração na formulação de atos normativos, assim como competiria mediar a solução de controvérsias envolvendo Fisco e contribuinte.[787]

---

[781] LAPATZA, José Juan Ferreiro. La Justicia Tributaria en España desde la perspectiva del Consejo para la Defensa del Contribuyente del Estado. In: *La Justicia Tributaria y el Defensor del Contribuyente en España*. Fernando Serrano Antón (org). Madri: Thomson civitas, 2007, p. 41.

[782] Idem, 2007, p. 41.

[783] GARCÍA, Ana Maria Delgado e CUELLO, Rafael Olivier. *El deber de información y asistencia a los obligados tributários*. Valencia: Tirant lo blanch, 2004, p. 136.

[784] Fabiana Soares conta que a lei orgânica do Município de São José dos Campos prevê a figura do Defensor do Interesse Público. SOARES, Fabiana de Menezes. *Direito Administrativo de Participação*. Belo Horizonte: Del Rey, 1997, p. 93.

[785] TORRES, Heleno Taveira. *Administração Tributária dever resgatar democracia*. Disponível em <http://www.conjur.com.br/2012-mar-28/consultor-tributario-urgente-resgatar-democracia-edicao-leis>, acessado em 14 de setembro de 2014.

[786] O serviço da ouvidoria do Ministério da Fazenda foi regulamentado pela Portaria n° 81 de 2012.

[787] Heleno refere que: "Não há como negar que a interação transparente e democrática entre a Administração e contribuintes constitui-se hoje em uma das maiores demandas de nosso sistema tributário. A figura do Representante dos Contribuintes tem sido adotada, com sucesso, em outros países, como na Espanha, Itália, México e Estados Unidos. França, Portugal, Áustria, Holanda, Noruega, Finlândia, Dinamarca, Reino Unido, Nova Zelândia, Canadá e Austrália utilizam, com sucesso, a figura do Ombudsman, o que tem ainda como função a presença institucional nas discussões sobre inovações ou modificações de textos normativos. A inovação trazida pelo Representante dos Contribuintes, em comparação com o cargo de ombudsman ou ouvidor, é justamente a atribuição de consolidar e intermediar a defesa dos direitos dos contribuintes, ao propor alterações legislativas e procedimentais junto ao Fisco, agir em defesa de direitos homogêneos e individuais, tudo em prol da justiça fiscal, da legalidade e da eficiência do atendimento.". TORRES, Heleno Taveira. *Administração Tributária dever resgatar democracia*. Disponível em <http://www.conjur.com.br/2012-mar-28/consultor-tributario-urgente-resgatar-democracia-edicao-leis>, acessado em 14 de setembro de 2014.

5. Do dever de colaboração e a eficiência da Administração

O dever de colaboração entre os sujeitos da relação jurídico-tributária possui um vínculo de dependência com o princípio da eficiência da Administração. Como uma das partes da relação jurídica é o Estado, o nível de colaboração e cooperação entre Fisco e contribuinte será tanto maior quanto mais eficiente se revelar a autoridade administrativa. Se a colaboração pressupõe um comportamento cooperativo, de auxílio mútuo, não há como esperar tal conduta de uma Administração Tributária ineficiente.

Muito embora a Administração Tributária constitua carreira de Estado, possuindo precedência sobre os demais setores administrativos (artigo 37, inciso XVIII, da CRFB), a referida precedência não se verifica na realidade da Administração Pública.[788] Não obstante as lutas da categoria confundam-se com o aprimoramento da carreira e, por decorrência, deveriam resultar no aperfeiçoamento da Administração Fazendária, a situação atual evidencia um nível baixo de eficiência da Administração Tributária. A natureza da função pública por ela exercida deve ser considerada de Estado, merecendo, nas palavras de Sacha Calmon e Misabel Derzi, "impostergável priorização".[789]

A atividade desempenhada pela Administração Tributária, como enfatiza o próprio texto da Constituição (artigo 37, incisos XVIII e XXII), é considerada essencial ao funcionamento do Estado, justificando-se a precedência assegurada no texto constitucional. Resulta que quanto mais a Administração se distancia do modelo absolutista e mais se aproxima de práticas democráticas, tanto maior será a importância da função pública exercida. Nessa linha, a concretização dos deveres de colaboração passa pela qualificação e formação dos agentes públicos para que se possa estabelecer a "procedimentalização contraditória", fundada no diálogo argumentativo entre Fisco e contribuintes, práticas exigidas pelo Estado Constitucional de Direito.[790]

---

[788] As carreiras da Administração Fazendária denunciam frequentemente o déficit de pessoal, a falta de estrutura e a defasagem remuneratória como problemas a serem enfrentados para o aprimoramento das atividades desempenhadas. Vale citar apenas como referência os dados apurados pelo SINDIRECEITA (Sindicato Nacional dos Analistas-Tributários da Receita Federal do Brasil) que aponta uma ocupação de apenas 43,38% dos seus quadros, o que revela um déficit de servidores superior à metade. Notícia disponível em <http://sindireceita.org.br/blog/rfb-mantem-apenas-4338-dos-analistas-tributarios-que-necessita-e-situacao-pode-se-agravar-com-a-aposentadoria-de-mais-756-servidores/>, acessado em 07 de setembro de 2014.

[789] A valorização da Administração Fazendária é exaltada por Sacha Calmon e Misabel Derzi: "Portanto, a natureza da função pública relativa à Administração Tributária deve ser considerada de Estado, em sua essência, e sua priorização, impostergável. Impõe-se a regulação de uma carreira por lei, com cargos a serem preenchidos mediante concurso público, organizados de forma hierarquizada e de alta especialização. Impõem-se constante atualização e aperfeiçoamento, revisões, metas objetivas de desempenho, a exigir esforço considerável no exercício da função pública. Tal esforço deve merecer reflexos na organização dos cargos e remunerações respectivas". COELHO, Sacha Calmon Navarro e DERZI, Misabel Abreu Machado. *A importância da Administração Tributária no Estado Democrática do Direito. Análise da Emenda Constitucional n° 42/03*. Texto disponível em: <http://www.egov.ufsc.br/portal/sites/default/files/anexos/21072-21073-1-PB.pdf>, acessado em 14 de setembro de 2014.

[790] COELHO, Sacha Calmon Navarro e DERZI, Misabel Abreu Machado. *A importância da Administração Tributária no Estado Democrática do Direito. Análise da Emenda Constitucional n° 42/03*. Texto disponível

O imbricamento dos deveres de colaboração e cooperação aqui defendidos com a eficiência da Administração Pública é capaz de promover o "pleno sucesso da arrecadação", pois, como destacam Sacha Calmon e Misabel Derzi, "Do bom desempenho da Administração em garantir a renovação do consentimento ao imposto vai resultar o exercício efetivo dos direitos e garantias do contribuinte e, consequentemente, o pleno sucesso da arrecadação, tanto mais elevada quanto mais espontânea for. O cidadão de boa-fé certamente responderá com o pagamento tempestivo dos tributos. Por outro lado, o desestímulo à sonegação e à fraude dependem de controle repressivo mais eficaz, isonômico e uniforme".[791]

Fica evidente, portanto, a relação de dependência entre os deveres de colaboração e cooperação entre os sujeitos da relação tributária com o princípio da eficiência. O déficit de eficiência da Administração acarretará num círculo vicioso a ser evitado. Quanto mais ineficiente a Administração se revelar, menos colaborativa será a relação e, por consequência, mais litigioso será o vínculo entre Fisco e contribuinte, gerando dificuldades de arrecadação e aumento das práticas tributárias evasivas.

A proposta desta pesquisa consiste exatamente em substituir este círculo vicioso por um círculo virtuoso. A promoção do princípio da eficiência e dos deveres de colaboração e cooperação tende a aprimorar a relação jurídico-tributária. Quanto mais eficiente se revelar a Administração Tributária, mais cooperativa será a relação e, como resultado, menos conflituoso será o laço obrigacional que une Fisco e contribuinte.

Quando se analisa criteriosamente o texto da Constituição, percebe-se que há uma íntima relação da Administração Tributária com o princípio da eficiência previsto no artigo 37, *caput*. Principiando a análise pela leitura do artigo 37, inciso XXII, onde se verifica a exaltação da importância da Administração Fazendária e os preceitos para uma gestão eficiente; passando pelo artigo 52, inciso XV, onde se observa o compromisso delegado ao Senado de avaliar periodicamente a funcionalidade do Sistema Tributário Nacional; chega-se ao texto do artigo 74, inciso II, que impõe aos três poderes (legislativo, executivo e judiciário) a adoção de um sistema de controle interno capaz de avaliar a eficácia e eficiência da gestão da Administração. Este percurso evidencia uma clara exigência constitucional de atuação eficiente do Poder Público, notadamente, da Administração Tributária.[792]

Diz-se eficiente a Administração Pública que melhor promove os fins a que está incumbida, de modo que "quando a administração emprega um meio que, embora adequado à realização de um fim, não serve para atingi-lo mini-

---

em: <http://www.egov.ufsc.br/portal/sites/default/files/anexos/21072-21073-1-PB.pdf>, acessado em 14 de setembro de 2014.

[791] COELHO, Sacha Calmon Navarro e DERZI, Misabel Abreu Machado. *A importância da Administração Tributária no Estado Democrática do Direito. Análise da Emenda Constitucional n° 42/03*. Texto disponível em: <http://www.egov.ufsc.br/portal/sites/default/files/anexos/21072-21073-1-PB.pdf>, acessado em 14 de setembro de 2014.

[792] ÁVILA, Humberto. *Sistema Constitucional Tributário*. São Paulo: Saraiva, 2004, p. 424.

mamente em termos quantitativos, qualitativos e probabilísticos, o fim não é promovido satisfatoriamente".[793] Na lição de Paulo Modesto, extrai-se que a atuação eficiente impõe: "ação idônea (eficaz); ação econômica (otimizada) e ação satisfatória (dotada de qualidade)".[794]

Não se pode confundir eficiência da Administração Tributária com aumento de arrecadação. Indubitavelmente, a boa e eficiente gestão fazendária resultará em aumento de arrecadação em razão do uso racional dos recursos públicos e do material humano dos servidores. No entanto, o aumento da arrecadação não é causa, é consequência.[795] Não há como dissociar a gestão administrativa eficiente do ideal de simplicidade administrativa exigida pela doutrina.[796] Tal simplicidade consiste na busca pela redução do número de tributos, assim como a simplificação da legislação tributária, na ideia de que "ao contribuinte já é penoso arcar com os tributos, muito maior revolta lhe causam os custos administrativos relacionados à cobrança".[797]

Da imbricação dos deveres de colaboração, cooperação e eficiência vislumbra-se um padrão de comportamento leal, probo e colaborativo, visando a melhor alocação dos recursos públicos no desempenho da atividade de fiscalização e arrecadação dos tributos, de modo a melhorar qualitativamente a relação entre Fisco e contribuinte ao ponto de reduzir ou até mesmo eliminar as controvérsias e insatisfações. Portanto, não serve de justificativa para a Administração Tributária alegar que não pode atender o contribuinte por falta de pessoal ou escassez de tempo, pois esta conduta viola simultaneamente inúmeros preceitos constitucionais. Não assiste razão escusar a falta de diálogo e assistência ao contribuinte sob o argumento de limitação de recursos financeiros e humanos, quando a Constituição determina prioridade na Administração Fazendária e alocação eficiente e vinculada dos recursos, de modo a garantir a prioridade fixada no texto constitucional.[798]

---

[793] ÁVILA, Humberto. *Sistema Constitucional Tributário*. São Paulo: Saraiva, 2004, p. 430.

[794] MODESTO, Paulo. Notas para um debate sobre o princípio constitucional da eficiência. In: *Revista Interesse Público*, Ano 2, n° 7, julho/setembro de 2000, São Paulo: Notadez, 2000, p. 65-75.

[795] Esta distinção é estabelecida com precisão por Hugo de Brito Machado: "Equívoco que consiste em tomar o princípio da eficiência no sentido de princípio da máxima arrecadação. (...) A nosso ver, a adequada compreensão do princípio da eficiência em matéria tributária exige que se considere o objetivo da atividade de tributação sem perder de vista objetivo essencial do Estado, que é a realização do bem comum, porque na verdade a tributação é simplesmente uma atividade meio, instrumental, para viabilizar a atividade fim do Estado, que consiste na prestação de serviços à comunidade. MACHADO, Hugo de Brito. Processo Administrativa Tributário: eficiência e direitos fundamentais do contribuinte. In: *Direito Processual Tributário*. Marcelo Campos (org.). São Paulo: RT, 2008, p. 55.

[796] SCHOUERI, Luís Eduardo. *Direito Tributário*. São Paulo: Saraiva, 2011, p. 39.

[797] Schoueri afirma que "a ideia de pagar para pagar tributo, que resume os custos indiretos da tributação, é a antítese da simplicidade administrativa". SCHOEURI, Luís Eduardo. *Direito Tributário*. São Paulo: Saraiva, 2011, p. 39.

[798] GRECO, Marco Aurélio. Devolução ex officio de tributo indevido: dever de legalidade, moralidade e eficiência administrativas, no âmbito da função tributária. In: *Direito Processual Tributário*. Marcelo Campos (org.). São Paulo: RT, 2008, p. 189.

5.1. Do prazo para realização da fiscalização e da razoável duração do processo administrativo

A relação tributária qualificada impõe atitude colaborativa e eficiência da Administração Fazendária. Partindo-se de um modelo de relação jurídica ideal, tem-se o contribuinte colaborando com o Fisco (até mesmo por imposição legal), de um lado, e, de outro, o Fisco colaborando com o contribuinte, permitindo que a obrigação tributária principal chegue a um bom termo. A adoção de práticas eficientes e um maior diálogo com o administrado representa a eficiência da Administração e resultará em benefícios mútuos.

Todavia, quando este modelo ideal de conduta é desviado, o Estado possui eficazes instrumentos de coerção, iniciando por uma singela intimação, passando pela autuação do contribuinte e chegando até mesmo ao uso da força policial. Estes mecanismos decorrem do poder de polícia outorgado à Administração Tributária e detalhadamente disciplinado pelo Código Tributário Nacional (artigos 194 ao 200). Na medida em que o cidadão possui um dever fundamental de contribuir com o Estado, não há dúvida que compete ao próprio Estado cercar-se das cautelas para que este dever seja observado, sendo que a prerrogativa para tanto consta do texto da Constituição (artigo 37, inciso XXII, e artigo 145, § 1°).

Ocorre que o exercício do poder de polícia deve observar as balizas de atuação definidas em lei e sobretudo preservar direitos e garantias fundamentais do cidadão. Com efeito, dada a natureza invasiva e restritiva de direitos fundamentais, toda e qualquer fiscalização importa em mitigação destes direitos. Porém admitir a mitigação não significa vulneração por completo do preceito constitucional.

A experiência prática revela que a Administração Pública, por vezes, não observa o preceito de eficiência e desconsidera quaisquer limites para o exercício da atividade de fiscalização. O exercício da fiscalização é imperioso, porém não pode se protrair no tempo de forma indefinida, deixando o contribuinte em compasso de espera, perpetuando uma situação de suspeita e insegurança que contraria todos os preceitos defendidos neste ensaio.[799] No plano da Administração Tributária Federal, encontra-se norma regulamentadora que impõe um prazo máximo para o desenvolvimento das atividades de investigação e fiscalização.[800] No entanto, o mesmo ato normativo prevê a possibilidade de renovação ilimitada do procedimento de investigação instaurado.[801] Com arrimo

---

[799] MACHADO SEGUNDO, Hugo de Brito. *Processo Tributário*. 6 ed. São Paulo: Atlas, 2012, p. 74.

[800] Portaria n° 1.265/99 da Secretaria da Receita Federal: "Art. 12. Os MPF terão os seguintes prazos máximos de validade: (Redação dada pela Portaria SRF n° 407, de 17/04/2001) I – cento e vinte dias, nos casos de MPF-F e de MPF-E; II – trinta dias, no caso de MPF-D".

[801] Portaria n° 1.265/99 da Secretaria da Receita Federal: "Art. 13. A prorrogação do prazo de que trata o artigo anterior poderá ser efetuada pela autoridade outorgante, tantas vezes quantas necessárias, observado, a cada ato, o prazo máximo de trinta dias. Parágrafo único. A prorrogação do prazo de validade do MPF será formalizada mediante a emissão do MPF-C".

nestes atos normativos, a jurisprudência vem consolidando entendimento de que a prerrogativa de fiscalização por prazo indefinido restaria legitimada.[802]

Não obstante as fundadas razões apresentadas nos precedentes citados, não se pode concordar com a possibilidade de prorrogação indefinida de prazo, pois ao cidadão é assegurado um tratamento compatível com a dignidade da pessoa humana. Em precedente do Tribunal Regional Federal da 2ª Região, reconheceu-se que a demora da Administração em atender o contribuinte em prazo razoável representaria em violação aos preceitos da Lei nº 9.784/99 e os dispositivos insertos nos artigos 5º, inciso LXXVIII, e 37, *caput*, da Constituição.[803]

De efeito, a garantia constitucional da duração razoável do processo insculpida na Constituição no artigo 5º, inciso LXXVIII, em que pese dirija-se inicialmente ao processo judicial, não há dúvida que deva ser observado na esfera administrativa.[804] Isso porque o dever de eficiência da Administração

---

[802] "RECURSO ESPECIAL – PROCEDIMENTO ADMINISTRATIVO FISCAL – PRAZO PARA A FISCALIZAÇÃO – INTERPRETAÇÃO DO ART. 7º, § 2º, DO DECRETO 70.235/72 – SÚMULA 282/STF. 1. Aplica-se o teor da Súmula 282/STF quanto aos dispositivos não prequestionados. 2. Segundo o art. 7º, § 2º, do Decreto 70.235/72, o Fisco dispõe de 60 (sessenta) dias para concluir o procedimento administrativo fiscal, podendo ser prorrogado o prazo por igual período, sucessivamente, até que se concluam os trabalhos, desde justificada a necessidade de prorrogação por ato administrativo vinculado e motivado. 3. Interpretação literal no sentido de que a prorrogação somente pode se dar uma única vez, por igual período, que não encontra respaldo na técnica legislativa. 4. Recurso especial conhecido em parte e improvido". (RESP 200400975916, ELIANA CALMON, STJ – Segunda Turma, DJ DATA:21/11/2005 PG:00187. DTPB). No mesmo sentido: "DIREITO TRIBUTÁRIO. PROCEDIMENTO ADMINISTRATIVO FISCAL. MPF. PRORROGAÇÃO. POSSIBILIDADE. ARTIGOS 12 E 13 DO DECRETO 3.969/2001. – Os artigos 12 e 13 do Decreto 3.969/2001 expressamente permitem a prorrogação do prazo do Mandado de Procedimento Fiscal – MPF. O ordenamento legal previu tal possibilidade em virtude das dificuldades procedimentais e, em muitas circunstâncias, da impossibilidade de averiguação da documentação da empresa em pequeno lapso temporal, para fins de verificação dos recolhimentos previdenciários". (AMS 200371120077947, MARIA LÚCIA LUZ LEIRIA, TRF4 – Primeira Turma, DJ 29/06/2005, p. 478/479).

[803] "MANDADO DE SEGURANÇA. DESEMBARAÇO ADUANEIRO. LIBERAÇÃO DA MERCADORIA MEDIANTE CAUÇÃO. EXCESSO DE PRAZO PARA ANÁLISE DOS PEDIDOS FEITOS NA ESFERA ADMINISTRATIVA. (...) 5- Com efeito, compete à Administração Pública examinar e decidir os requerimentos que lhe sejam submetidos à apreciação, no mais razoável tempo possível, sob pena de violação aos princípios da eficiência, da moralidade e da razoável duração do processo, conforme preceitua a Lei nº 9.784/99 e os dispositivos insertos nos artigos 5º, inciso LXXVIII, e 37, *caput*, da Constituição Federal, que a todos assegura o direito à celeridade na tramitação dos procedimentos administrativos. 6- Na hipótese, não sendo possível que a Aduana decida no prazo de 180 (cento e oitenta) dias, considerando-se o prazo de prorrogação, a legislação permite a liberação da mercadoria mediante caução no valor arbitrado pela Alfândega, sem prejuízo do prosseguimento da investigação (art. 7º da IN SRF 228/02). 7- Os prazos fixados pelo juízo a quo (sete dias para a Autoridade Alfandegária determinar o quantum relativo à garantia a ser prestada pela impetrante, e de 30 (trinta) dias para que os Procedimentos Administrativos indicados nestes autos sejam examinados) são razoáveis e merecem ser mantidos, até porque há notícia nos autos de que a sentença foi devidamente cumprida pela autoridade impetrada. 8- Remessa necessária improvida". (REO 200950010062645, Desembargador Federal LUIZ ANTONIO SOARES, TRF2 – Quarta Turma Especializada, E-DJF2R – Data: 18/06/2012, p. 108).

[804] O Supremo Tribunal Federal afastou a existência de prazo para conclusão do procedimento administrativo no seguinte julgado: "CONSTITUCIONAL. TRIBUTÁRIO. NORMA DO ESTADO DE SANTA CATARINA QUE ESTABELECE HIPÓTESE DE EXTINÇÃO DO CRÉDITO TRIBUTÁRIO POR TRANSCURSO DE PRAZO PARA APRECIAÇÃO DE RECURSO ADMINISTRATIVO FISCAL. CONSTITUIÇÃO DO ESTADO, ART. 16. ATO DAS DISPOSIÇÕES CONSTITUCIONAIS TRANSITÓRIAS DA CONSTITUIÇÃO ESTADUAL, ART. 4º. ALEGADA VIOLAÇÃO DO ART. 146, III, *B*, DA CONSTITUIÇÃO. A determinação do

estabelece um padrão de interação entre Administração e Administrado baseado na relação entre o serviço prestado e o tempo despendido, de modo que a prestação estatal intempestiva acarreta afronta ao preceito constitucional referido.[805] Nesse sentido, é possível notar uma tendência da jurisprudência em reconhecer a violação da cláusula constitucional da duração razoável do processo, aplicando o previsto no artigo 24 da Lei nº 11.457/2007 para a conclusão do processo administrativo.[806]

---

arquivamento de processo administrativo tributário por decurso de prazo, sem a possibilidade de revisão do lançamento equivale à extinção do crédito tributário cuja validade está em discussão no campo administrativo. Em matéria tributária, a extinção do crédito tributário ou do direito de constituir o crédito tributário por decurso de prazo, combinado a qualquer outro critério, corresponde à decadência. Nos termos do Código Tributário Nacional (Lei 5.172/1996), a decadência do direito do Fisco ao crédito tributário, contudo, está vinculada ao lançamento extemporâneo (constituição), e não, propriamente, ao decurso de prazo e à inércia da autoridade fiscal na revisão do lançamento originário. Extingue-se um crédito que resultou de lançamento indevido, por ter sido realizado fora do prazo, e que goza de presunção de validade até a aplicação dessa regra específica de decadência. O lançamento tributário não pode durar indefinidamente, sob risco de violação da segurança jurídica, mas a Constituição de 1988 reserva à lei complementar federal aptidão para dispor sobre decadência em matéria tributária. Viola o art. 146, III, *b*, da Constituição federal norma que estabelece hipótese de decadência do crédito tributário não prevista em lei complementar federal. Ação direta de inconstitucionalidade conhecida e julgada procedente". (ADI 124, Rel. Min. JOAQUIM BARBOSA, Tribunal Pleno, j. 01/08/2008, DJe-071 16-04-2009, p. 11).

[805] CARRAZZA, Roque Antonio. *Reflexões sobre a obrigação tributária*. São Paulo: Noeses, 2010, p. 353-63.

[806] "PROCESSUAL CIVIL E ADMINISTRATIVO. RECURSO ESPECIAL. INEXISTÊNCIA DE VIOLAÇÃO DO ART. 535 DO CPC. PRESCRIÇÃO TRIENAL INTERCORRENTE NO PROCESSO ADMINISTRATIVO NÃO VERIFICADA. PARCIAL PROVIMENTO DO RECURSO ESPECIAL. (...) 4. Diante das supracitadas circunstâncias fáticas descritas pelo Tribunal de origem, o acórdão recorrido deve ser reformado, pois, ao contrário do que ali ficou consignado, o processo administrativo não ficou paralisado por mais de três anos, tendo em vista que o despacho de intimação do administrado para apresentar alegações finais é suficiente para descaracterizar a paralisação do processo administrativo. Convém acrescentar que, nos termos do inciso X do parágrafo único do art. 2º da Lei nº 9.784/99, é garantida a apresentação de alegações finais, nos processos administrativos de que possam resultar sanções e nas situações de litígio. 5. Recurso especial provido, em parte, para afastar a prescrição intercorrente no processo administrativo e determinar o prosseguimento da execução fiscal". (REsp 1431476/PE, Rel. Ministro MAURO CAMPBELL MARQUES, Segunda Turma, julgado em 18/02/2014, DJe 25/02/2014); "TRIBUTÁRIO. PROCEDIMENTO ADMINISTRATIVO. PRAZO PARA ANÁLISE DE IMPUGNAÇÃO DE DÉBITO FISCAL. VIOLAÇÃO AOS PRINCÍPIOS CONSTITUCIONAIS DA EFICIÊNCIA E DA RAZOÁVEL DURAÇÃO DO PROCEDIMENTO ADMINISTRATIVO (CF, art. 5º, LXXVIII). (...)3. Com efeito, na hipótese vertente, a omissão da Administração Fazendária já havia extrapolado mais de um ano. Merece, portanto, confirmação a sentença que, nas circunstâncias dos autos, fixou o prazo de 60 dias para que a autoridade coatora apreciasse e decidisse sobre a impugnação formulada, considerando o tempo de espera que o contribuinte já se sujeitara, bem como pelo fato de a Administração ter em seus arquivos os dados essenciais para a apreciação do referido pedido. 4. Ofensa aos princípios da eficiência (art. 37, caput, da CF) e da razoabilidade (art. 2º, caput, da Lei do Processo Administrativo Federal), bem como ao direito fundamental à razoável duração do processo e à celeridade de sua tramitação (art. 5º, LXXVIII, da CF), face ao transcurso de período superior a 360 dias sem análise da impugnação protocolizada na via administrativa(...)". (TRF 1ª Região, AC nº 1395306201340013300, Desembargador Federal REYNALDO FONSECA, TRF1 – Sétima Turma, e-DJF1 DATA:15/08/2014 PAGINA:1009.); PROCESSUAL CIVIL E TRIBUTÁRIO – PROCEDIMENTO ADMINISTRATIVO FISCAL – PRAZO PARA ANÁLISE: ART. 24 LEI N. 11.457/2007) – VIOLAÇÃO DOS PRINCÍPIOS CONSTITUCIONAIS DA EFICIÊNCIA E DA RAZOÁVEL DURAÇÃO DO PROCEDIMENTO ADMINISTRATIVO (CF, art. 5º, LXXVIII) – SENTENÇA MANTIDA. (...) 2. O transcurso do prazo sem apreciação do recurso administrativo viola os princípios da eficiência (art. 37, caput, da CF) e da razoabilidade (art. 2º, caput, da Lei do Processo Administrativo Federal), bem como o direito fundamental à razoável duração do processo e à celeridade de sua tramitação (art. 5º, LXXVIII, da CF). Precedentes. 3. O art. 24 da Lei n. 11.457, de 16 MAR 2007 determina o prazo de 360 dias para que a Administração Tributária aprecie os processos administrativos. Configurada mora da Administração, a

5.2. Da exigência de notificação ou intimação prévia

A comunicação oficial entre Fisco e contribuinte configura instrumento extremamente valioso para o desenvolvimento válido e regular da relação tributária. Com efeito, impõe-se dar ciência ao contribuinte sobre as medidas que serão adotadas pela Administração e que possam vir a afetar seus direitos e garantias fundamentais. Merece destaque, neste ponto, as garantias do direito constitucional à ampla defesa, com seus consectários, o contraditório (artigo 5º, inciso LV, CRFB) e o devido processo constitucional (artigo 5º, inciso LIV, CRFB). Equivale a dizer que a Constituição assegura ao contribuinte o direito de que lhe seja dada ciência de todo o procedimento instaurado, franqueando cópias e vistas dos atos que embasaram a autuação, garantindo-lhe, assim, o direito de intervir de forma eficaz no procedimento fiscalizatório.[807]

A comunicação oficial da Administração com o contribuinte constitui requisito de validade para constituição do crédito tributário, de modo que a violação das regras insculpidas no artigo 142 e 145 do Código Tributário Nacional, atrai o juízo de nulidade sobre o respectivo auto de lançamento.[808] Este marco é importante e estabelece um divisor de águas no relacionamento entre Fisco e contribuinte. A partir da regular notificação do contribuinte, o crédito tributário torna-se exigível. É neste momento que se apura a ocorrência de decadência e se inicia a contagem do prazo prescricional.[809] Resulta que as formalidades estabelecidas no artigo 142 do Código Tributário Nacional, acima de meros requisitos procedimentais, representam a garantia de "perfeita cognição dos fatos" apurados e interpretados pelo Fisco.[810] Se o documento de notificação e assim também o auto de lançamento forem capazes de comunicar adequadamente com o contribuinte, poder-se-á dizer que o dever de colaboração e cooperação do Fisco foi atendido, pois, em atenção do dever de eficiência, elaborou documento completo, com linguagem acessível ao cidadão comum, capaz de informar o contribuinte satisfatoriamente.

---

omissão fica sujeita ao controle judicial. 4. Ao Poder Executivo, nos seus diversos níveis e graus, compete precipuamente o exato cumprimento das leis. Refoge à lógica, bom senso e à razoabilidade o alongamento do prazo legal de 360 dias para mais de três anos (tempo decorrido entre o pedido administrativo e a data da sentença). (...) (AC 958220074013504, Desembargador Federal LUCIANO TOLENTINO AMARAL, TRF1 – Sétima Turma, e-DJF1 DATA:02/05/2014 PAGINA:398.); TRIBUTÁRIO. PROCESSO ADMINISTRATIVO. PRAZO PARA APRECIAÇÃO DE PROCESSOS NA VIA ADMINISTRATIVA. LEI 11.457/2007. O disposto no artigo 24 da Lei nº 11.457/2007 deve ser interpretado em consonância com os princípios constitucionais que norteiam a Administração Pública, notadamente a legalidade e a eficiência, insculpidos no artigo 37 da Constituição Federal, bem como o artigo 5º, inciso LXXVIII, segundo o qual "a todos, no âmbito judicial e administrativo, são assegurados a razoável duração do processo e os meios que garantam a celeridade de sua tramitação". (APELREEX 00149725120094047100, MARIA DE FÁTIMA FREITAS LABARRÈRE, TRF4 – Primeira Turma, D.E. 18/04/2011).

[807] CARRAZZA, Roque Antonio. *Reflexões sobre a obrigação tributária*. São Paulo: Noeses, 2010, p. 301.

[808] DIFINI, Luiz Felipe Silveira. *Manual de Direito Tributário*. 4 ed. São Paulo: Saraiva, 2008, p. 268. PAULSEN, Leandro. *Direito Processual Tributário*. 2 ed. Porto Alegre: Livraria do Advogado, 2005, p. 33.

[809] REsp 947206/RJ, Rel. Min. Luiz Fux, Primeira Seção, julgado em 13.10.2010, DJe 26.10.2010 (submetido ao rito dos recursos repetitivos: 543-C do CPC).

[810] CARRAZZA, Roque Antonio. *Reflexões sobre a obrigação tributária*. São Paulo: Noeses, 2010, p. 303.

Daí sustentar que a comunicação entre o Fisco e contribuinte precisa ser aprimorada e este procedimento em específico apresenta inúmeros problemas. A começar pela linguagem e pelo formato da exposição. As informações vertidas no auto de lançamento são codificadas em linguagem de difícil compreensão até mesmo para profissionais experientes. O que esperar do cidadão médio que não possui formação capaz de traduzir os termos e códigos utilizados? Dado o caráter essencial desta comunicação, a Administração Pública deveria buscar uma maior eficiência, visando a estabelecer uma qualificada comunicação com o contribuinte. Note-se que o aprimoramento da comunicação oficial não representa investimento público vultoso. Basta apenas utilizar-se das tecnologias já existentes e avançar na melhoria do diálogo, tornando o documento de comunicação oficial mais simples e compreensível para o nível de instrução médio da população brasileira.

Estas razões justificam a crítica ao entendimento consolidado no Superior Tribunal de Justiça que reconheceu como suficiente, para efeitos de notificação do contribuinte, o envio de carnê do IPTU.[811] É difícil compreender a resistência manifestada no citado acórdão em adotar prática singela e não onerosa de informar adequadamente o contribuinte. Dentre as razões para se consolidar o entendimento foi dito que (a) o proprietário do imóvel é ciente da obrigação tributária anual do IPTU, (b) o carnê contém informações suficientes e (c) a instauração de procedimento apto a viabilizar a participação do contribuinte tornaria inviável a cobrança do IPTU. Tais argumentos não se revelam satisfatórios para afastar garantia constitucional tão fundamental. Não é demasiado mencionar que os argumentos deixam de lado peculiaridades importantes da relação tributária. Em primeiro lugar, é comum a muitos Municípios manter cadastro de imóveis desatualizados, identificando como contribuinte pessoa que já tenha realizado a venda e averbação da escritura na matrícula do registro de imóveis. Assim como é bastante corriqueiro verificar que algumas administrações cadastram proprietário e promitente comprador. Logo, não é certo que o contribuinte está ciente da obrigação de recolher o IPTU. Na mesma linha, o argumento de que o carnê informa satisfatoriamente o cidadão está eivado de desconhecimento da realidade da maioria dos municípios brasileiros. Se as grandes cidades elaboram carnê com informações suficientes, não se pode dizer o mesmo de todos os municípios, que se limitam a imprimir boletos bancários de pagamento com informações indecifráveis. Por derradeiro, afigura-se desprovido de embasamento legal o argumento de que a notificação do

---

[811] Súmula 397: O contribuinte do IPTU é notificado do lançamento pelo envio do carnê ao seu endereço. O recurso examinado na sistemática do artigo 543-C do CPC: PROCESSUAL CIVIL E TRIBUTÁRIO. EXECUÇÃO FISCAL. IPTU. LANÇAMENTO. NOTIFICAÇÃO MEDIANTE ENTREGA DO CARNÊ. LEGITIMIDADE. NÃO OCORRÊNCIA. DEMORA NA CITAÇÃO NÃO IMPUTÁVEL AO EXEQUENTE. SÚMULA 106/STJ. 1. A jurisprudência assentada pelas Turmas integrantes da 1ª Seção é no sentido de que a remessa, ao endereço do contribuinte, do carnê de pagamento do IPTU é ato suficiente para a notificação do lançamento tributário. 2. Segundo a súmula 106/STJ, aplicável às execuções fiscais, "Proposta a ação no prazo fixado para o seu exercício, a demora na citação, por motivos inerentes ao mecanismo da Justiça, não justifica o acolhimento da arguição de prescrição ou decadência." 3. Recurso especial a que se nega provimento. Acórdão sujeito ao regime do art. 543-C do CPC e da Resolução STJ 08/08. (REsp 1111124/PR, Rel. Ministro TEORI ALBINO ZAVASCKI, Primeira Seção, julgado em 22/04/2009, DJe 04/05/2009).

contribuinte inviabilizaria a cobrança do IPTU. A geração de uma notificação poderia se aproveitar dos dados que a Administração Municipal já dispõe para elaboração do carnê. Com poucos recursos e boa vontade, as Administrações poderiam elaborar uma única vez o documento que seria replicado por meio de recursos informáticos. O custo seria rigorosamente o mesmo de enviar o carnê para a residência do contribuinte, não se sustentando a invocação da inviabilidade financeiro-orçamentária.

Quando não observadas as formalidades impostas por lei ou quando o instrumento de comunicação não se revelar claro suficiente, deve-se reconhecer o vício e decretar a nulidade do ato, uma vez que o dever de simplicidade é imposição legal e, por óbvio, obriga a Administração Pública (artigo 2º, caput e parágrafo único, incisos XIII e IX, da Lei 9.784/99).[812] Da mesma forma, não se pode utilizar de meios vexatórios ou capazes de gerar constrangimento ao contribuinte, pois este tipo de comportamento é diametralmente oposto aquele preconizado pelos deveres anexos ou funcionais defendidos nesta pesquisa.[813]

5.3. Da exigência de decisões claras e fundamentadas

A procedimentalização dos atos administrativos que interferem na esfera de direitos subjetivos do contribuinte exige um certo nível de dialeticidade. Reside na racionalidade aberta que impõe à Administração o dever de indicar em seus atos (vinculados ou discricionários), os fundamentos fáticos e jurídicos que o embasaram.[814] Assim, todos os atos administrativos, e com maior razão aqueles que imponham restrição a direitos, devem ser fundamentados, sendo razoável esperar que "ostentem uma explícita justificação, em analogia com o que sucede com os atos jurisdicionais" como enfatiza Juarez Freitas que compara a motivação ao "escudo do cidadão contra arbitrariedades e desvios invertebrados".[815]

Como já sustentado ao longo deste trabalho, é preciso virar a página da Administração Pública vertical e encastelada em suas próprias convicções para que se permita fazer incidir as normas constitucionais que estabelecem um modelo de Administração Pública Dialógica.[816] Neste modelo, o cidadão não é mero espectador ou destinatário de atos de império do Estado, senão participa

---

[812] TRIBUTÁRIO. COBRANÇA DE TAXA DE CONTROLE E FISCALIZAÇÃO AMBIENTAL. TCFA. ART. 11, II, DO DECRETO 70.235/72. AUSÊNCIA DE INDICAÇÃO DO PRAZO PARA IMPUGNAÇÃO. NOTIFICAÇÃO IRREGULAR. NULIDADE DO LANÇAMENTO TRIBUTÁRIO. 1. É nula a notificação fiscal que não indica o prazo para impugnação, acarretando a nulidade do lançamento do crédito tributário. Precedentes. 2. Recurso especial não provido. (REsp 1387623/SC, Rel. Ministra ELIANA CALMON, Segunda Turma, julgado em 03/10/2013, DJe 14/10/2013).

[813] SANÇÕES FISCAIS – PUBLICAÇÕES E OUTRAS MEDIDAS VEXATÓRIAS. SEGURANÇA CONCEDIDA EM PARTE. (MS 19562, Relator(a): Min. ALIOMAR BALEEIRO, Tribunal Pleno, julgado em 05/11/1969, DJ 08-05-1970 PP-01840 EMENT VOL-00799-01 PP-00111 RTJ VOL-53521).

[814] FREITAS, Juarez. *Discricionariedade Administrativa e o Direito Fundamental à Boa Administração Pública*. 2 ed. São Paulo: Malheiros, 2009, p. 49.

[815] Idem, p. 49-50.

[816] LIMA, Raimundo Márcio Ribeiro. *Administração Pública Dialógica*. Curitiba: Juruá, 2013, p. 100-2.

e dialoga com a Administração para formação do próprio ato.⁸¹⁷ Por diálogo, pressupõe-se uma conversa entre duas ou mais pessoas.⁸¹⁸ Este diálogo começa pela explicitação das razões da Administração que ensejaram a adoção da medida a ser comunicada ao cidadão. Explicitar de forma "completa, coerente e congruente"⁸¹⁹ os fundamentos da decisão decorre do preceito constitucional insculpido no artigo 93, inciso IX.

Este dever constitucional de fundamentar a decisão significa expor de forma enunciativa as razões ou motivos da decisão ou ainda em reconduzir o decidido a um parâmetro valorativo que o justifique: a primeira definição é chamada, por Vieira de Andrade, de aspecto formal da fundamentação e a segunda refere-se à "idoneidade substancial do acto praticado".⁸²⁰

Significa dizer que os atos administrativos que estabelecem restrições aos direitos subjetivos dos contribuintes (via auto de lançamento, auto de infração, auto de apreensão, deferimento ou indeferimento de pedidos formulados no âmbito administrativo, etc.) devem ser devidamente fundamentados. E por fundamentação entenda-se que o documento esteja vertido em vernáculo com linguagem apropriada e escorreita e, sobretudo, esteja acompanhado de critérios fundados e pertinentes com explícita e clara remissão à base legal que ampara a decisão exarada.⁸²¹

Este dever de fundamentação é exigido expressamente pelo artigo 2º, *caput* e parágrafo único, inciso XIII, e artigo 50 da Lei 9.784/99, assim como se pode extrair do disposto no artigo 10 do Decreto nº 70.235/72, de modo que a inobservância de tais preceitos conduz à nulidade do ato tanto na esfera administrativa,⁸²² quanto na via judicial.⁸²³ Quando a autoridade administrativa

---

⁸¹⁷ BAPTISTA, Patrícia. *Transformações do Direito Administrativo*. Rio de Janeiro: Renovar, 2003, p. 131.

⁸¹⁸ Carlos Ari Sundfeld: "o que há de fundamental no processo é obrigar quem decide a dialogar com as partes. Não para saber se elas estão de acordo com a decisão. É um diálogo com argumentos". SUNDFELD, Carlos Ari. *Processo Administrativo: um diálogo necessário entre Estado e cidadão. In:* Revista A&C n. 23, p. 46-47.

⁸¹⁹ CARRAZZA, Roque Antonio. *Reflexões sobre a obrigação tributária*. São Paulo: Noeses, 2010, p. 305.

⁸²⁰ ANDRADE, José Carlos Vieira de. *O dever de fundamentação expressa de actos administrativos*. Coimbra: Coimbra Ed., 1992, p. 11.

⁸²¹ Idem, p. 232.

⁸²² "PROCESSO FISCAL – NULIDADE. É nulo o Auto de Infração que não descreve os fatos que fundamentam a exigência fiscal (art. 10, item III, do Decreto No. 70.235/72); esse pressuposto à validade jurídica da denúncia fiscal não pode ser substituído pela expressão "omissão de receita apurada em Auto de Infração de IRPJ" ou semelhante. O Colegiado, entretanto, tem admitido qua a determinação contida no mencionado item III do art. 10 do Decreto No. 70.235/72 estará atendida quando a denúncia fiscal na descrição dos fatos faz menção ao Auto de Infração do IRPJ e anexa cópia do mesmo. A inexistência desta providência acarreta a nulidade do Auto de Infração, se na descrição dos fatos não estão atendidos os pressupostos do art. 10, item III, do Decreto 70.235/72. Anula "ab inítio"". (Conselho de Contribuintes, Processo nº 13709.002138/89-50, Relator Lino de Azevedo Mesquita, AC nº 201-67797, j. 26/02/1992).

⁸²³ "EXIGIBILIDADE DO TÍTULO. NULIDADE DA CDA. 1. É assente o entendimento de que a inscrição da dívida ativa gera a presunção de liquidez e certeza desde que contenha todas as exigências legais, inclusive a indicação da natureza da dívida, sua fundamentação legal, bem como a forma de cálculo de juros e de correção monetária, sendo, sob o aspecto formal, desnecessário que o processo administrativo seja exibido em juízo, bastando, para tanto, a menção do número. 2. Contudo, na hipótese vertente, não carreando para os autos o procedimento administrativo, quando determinado pelo juiz que julgou imprescindível a juntada para responder aos reclamos da parte, a CDA ressente-se de elementos para sustentar a presunção de liquidez e certeza, pois, além de impedir que o Judiciário confira a regular constituição do crédito, retira do

decide adotar a técnica do arbitramento, por exemplo, o dever de fundamentação revela-se ainda mais evidente, na medida em que a decisão importará em dissociação dos fatos para a adoção de certas presunções. Impõe-se que a autoridade justifique a adoção de medida extrema, apresentando o contexto fático em que tomada a decisão e os fundamentos jurídicos que a justificam, na linha da jurisprudência iterativa do Conselho Administrativo de Recursos Fiscais.[824]

6. Sobre a colaboração no viés participativo

Defendeu-se a ideia de uma Administração Pública Dialógica cujo traço marcante seria a abertura e predisposição para o diálogo com o administrado. Num Estado Constitucional de Direito, o regime democrático impõe um padrão de comportamento da Administração apto a articular a atuação estatal com a participação do cidadão. Essas observações não derivam de percepções subjetivas do autor, pois inúmeros dispositivos constitucionais apontam para a participação do cidadão na gestão pública.[825]

---

contribuinte a amplitude de defesa. Precedentes. 3. Agravo regimental a que se nega provimento". (AgRg no REsp 1240659/RS, Rel. Ministro OG FERNANDES, SEGUNDA TURMA, julgado em 20/05/2014, DJe 28/05/2014); No mesmo sentido: REsp 807030/RS, Rel. Ministro JOSÉ DELGADO, Primeira Turma, julgado em 21/02/2006, DJ 13/03/2006, p. 228.

[824] "Contribuições Sociais Previdenciárias Período de apuração: 01/07/2001 a 30/06/2005 ARBITRAMENTO. NECESSIDADE DE MOTIVAÇÃO EM CONSONÂNCIA COM A LEI. AUSÊNCIA DE ESPECIFICAÇÃO DOS MOTIVOS DO ARBITRAMENTO QUE CONDUZ À NULIDADE DO LANÇAMENTO. Em conformidade com o §6º do art. 33 da Lei 8.212/91, se, no exame da escrituração contábil e de qualquer outro documento da empresa, a fiscalização constatar que a contabilidade não registra o movimento real de remuneração dos segurados a seu serviço, do faturamento e do lucro, serão apuradas, por aferição indireta, as contribuições efetivamente devidas, cabendo à empresa o ônus da prova em contrário. A motivação fática para o arbitramento precisa ser claramente apontada para justificar a medida extrema, o que não foi feito no caso presente, ocasionando a anulação do lançamento por vício material. QUALIFICAÇÃO DO VÍCIO DA NULIDADE. VÍCIO MATERIAL QUE SE CARACTERIZA NA AUSÊNCIA OU INSUFICIÊNCIA DOS PRESSUPOSTOS DE FATO E DE DIREITO DO ATO ADMINISTRATIVO. Quando o ato administrativo do lançamento traz fundamentação legal equivocada (pressuposto de direito) e/ou quando a descrição dos fatos trazida pela fiscalização (pressuposto de fato) é omitida ou deficiente, temos configurado um vício de motivação ou vício material. Lançamento Anulado". (CARF, Processo nº 16682.720109/2012-17, AC nº 2301-004.104, Rel. Mauro José Silva, j. 12/08/2014). No mesmo sentido: "NULIDADE DO AUTO DE INFRAÇÃO VÍCIO MATERIAL A falta da adequada descrição da matéria tributária, com o consequente enquadramento legal das infrações apuradas, torna nulo o ato administrativo de lançamento e, em consequência, insubsistente a exigência do crédito tributário constituído. Preliminar acolhida". (CARF, Acórdão n. 10249047 do Processo 13709002025200110).

[825] A Administração Pública Dialógica se manifesta no texto constitucional, como por exemplo, no princípio democrático (preâmbulo e art. 1º, parágrafo único); no sobreprincípio do Estado Democrático de Direito que, por sua vez, tem como fundamentos o respeito à cidadania, à dignidade da pessoa humana e ao pluralismo político (art. 1º, caput, II, III e V); na busca pela justiça e bem de todos definidos como objetivos fundamentais da República (art. 3º); no postulado da igualdade (art. 5º, caput e I); no direito à informação (art. 5º, XIV e XXXIII, XXXIV, 'a' e 'b'); no princípio do acesso ao Poder Judiciário (art. 5º, XXXV); na concessão de habeas data (art. 5º, LXXII, LXXVII); no manejo da ação popular (art. 5º, LXXIII); nos direitos políticos assegurados pelo sufrágio, plebiscito, referendo e iniciativa legislativa popular; nos princípios da Administração Pública (art. 37), especialmente na publicidade (art. 37, caput e § 1º); na participação do usuário na gestão da Administração Pública (art. 37, § 3º); no acesso franqueado ao cidadão ao Tribunal de Contas (art. 74, § 2º); bem como na participação da comunidade na gestão dos serviços públicos de saúde e assistência social (art. 198, III e 204, II).

A Constituição prevê expressamente que as casas do Congresso Nacional constituam comissões parlamentares com atribuição de realizar audiências públicas (art. 58, § 2°, II, da CRFB).[826] Resulta que a audiência pública representa importante papel de participação do cidadão na política, quando oportuniza-se a colaboração da sociedade civil com o processo legislativo.

Pode-se dizer que a Constituição assegurou ao cidadão a participação do cidadão na fiscalização das Contas Públicas (art. 31, § 3°, da CRFB), assim como conferiu legitimidade para o cidadão denunciar irregularidades perante o Tribunal de Contas (art. 74, § 2°, da CRFB). No âmbito da Administração Pública, as agências reguladoras e diversas autarquias realizam audiências públicas para ouvir a população.[827] A participação popular é tão relevante que a ausência de audiência pública em licitações vultosas enseja a invalidação do certame, segundo prevê o artigo 39 da Lei n° 8.666/93.

No âmbito do Poder Judiciário, verifica-se igualmente um processo de abertura à sociedade, quando em determinados julgamentos do Supremo Tribunal Federal tem-se instaurado audiências públicas.[828]

Infelizmente, esse movimento de abertura e diálogo verificado no âmbito dos três poderes do Estado não é observado perante a Administração Tributária. Pode-se dizer que uma feliz, porém isolada iniciativa, foi recentemente tomada pela Receita Federal do Brasil. Por meio da edição da Portaria n° 35 de 07 de janeiro de 2015, a Receita passou a disponibilizar para consulta pública as minutas de Instruções Normativas, visando propiciar ao contribuinte intervir e propor aperfeiçoamento sobre a norma a ser editada.

A iniciativa da Receita Federal caminha na mesma direção proposta neste trabalho. Com efeito, a relação entre Fisco e contribuinte deve ser distencionada e dialógica, pautada pela lealdade, probidade e honestidade. A observância deste padrão comportamental indica um ambiente propício à colaboração, qualificando o relacionamento entre as partes. Nessa medida, a possibilidade do contribuinte participar da elaboração da norma que regulará a relação tributária vai ao encontro das proposições aqui defendidas e merece ser observada pelas Administrações Tributárias de todos os entes da federação.

---

[826] LIMA, Raimundo Márcio Ribeiro. *Administração Pública Dialógica*. Curitiba: Juruá, 2013, p. 392.

[827] Pode-se citar a Lei n° 9.748/99, Lei de Responsabilidade Fiscal (Lei Complementar n° 101/2000), Estatuto das Cidades (Lei n° 10.257/2001), Lei de Licitações (Lei n° 8.666/93) além das agências reguladoras de telecomunicações e de Energia Elétrica.

[828] As Leis n° 9.868/99 e 9.882/99, que disciplinam processo e julgamento das ações diretas de inconstitucionalidade, ações declaratórias de constitucionalidade e arguições de descumprimento de preceito fundamental, instituiram a possibilidade de instauração de audiências públicas no âmbito do Supremo Tribunal Federal. Posteriormente, a Corte regulamentou o procedimento pela Emenda Regimental 29/2009, que atribuiu competência ao Presidente ou ao Relator, nos termos dos arts. 13, XVII, e 21, XVII, do Regimento Interno, para "convocar audiência pública para ouvir o depoimento de pessoas com experiência e autoridade em determinada matéria, sempre que entender necessário o esclarecimento de questões ou circunstâncias de fato, com repercussão geral e de interesse público relevante". O procedimento a ser observado consta do art. 154, parágrafo único, do Regimento Interno. A primeira audiência pública realizada pelo Tribunal foi convocada pelo Min. Ayres Britto, Relator da ADI 3510, que impugnava dispositivos da Lei de Biossegurança (Lei n° 11.105/2005), e ocorreu no dia 20 de abril de 2007.

Capítulo 2 – Do dever de proteção

1. Do conteúdo do dever de proteção e da diligência devida

Pelas razões já explicitadas, pode-se afirmar que a relação jurídico-tributária cria deveres anexos ou funcionais, além daqueles deveres criados por lei que constituem a obrigação tributária principal e a obrigação tributária acessória. Como terceira categoria, os deveres anexos voltam-se a condicionar o padrão de comportamento esperado das partes envolvidas na relação tributária.

No plano do direito privado, não se controverte que as partes, ligadas por um vínculo obrigacional, possuem deveres de proteção mútua, verificando-se daí o surgimento de obrigações de abstenção de certos comportamentos considerados lesivos ou de adoção de certos cuidados com o propósito de reduzir a probabilidade de surgimento de prejuízo.[829] Discute-se entre os civilistas se a origem do dever de proteção estaria no acordo de vontades estabelecido entre as partes (contratualistas) ou se residiria em outra fonte.[830] Ora, admitindo-se que as relações obrigacionais fundadas na manifestação livre da vontade fazem surgir deveres de proteção entre os obrigados, com mais razão ainda se poderia defender que a relação obrigacional compulsória, como é a tributária, também exija dos sujeitos observância do dever de proteção.[831]

Defendeu-se que a relação obrigacional tributária existe para assegurar a manutenção do Estado Constitucional de Direito, sendo interesse do Estado em ver adimplida a obrigação principal, de um lado, e, de outro, dever fundamental do contribuinte em satisfazê-la.[832] Neste cenário, a busca pelo exato cumprimento da obrigação tributária rumo ao adimplemento é compromisso de ambos os sujeitos, de sorte que, no percurso até a satisfação do crédito, as partes devem evitar certos comportamentos que possam gerar prejuízo mútuo. Em outras palavras, os sujeitos da relação jurídica tributária possuem um dever especial que consiste na proteção mútua.

As partes envolvidas na relação obrigacional tributária possuem deveres de prevenção de perigo, sendo responsabilidade tanto do sujeito ativo, quanto do sujeito passivo, zelar pela incolumidade do patrimônio alheio. Como corolário do brocardo latino *neminem laedere*, o ordenamento jurídico pátrio impõe o dever de indenizar aquele que causar prejuízo a outrem (artigo 927 do

---

[829] CARNEIRA DA FRADA, Manuel Antonio de Castro Portugal. *Contrato e deveres de proteção*. Coimbra: Separata do volume XXXVIII do suplemento ao Boletim da Faculdade de Direito da Universidade de Coimbra, 1994, p. 57. MARTINS-COSTA, Judith. *A Boa-fé no Direito Privado*. São Paulo: RT, 2000, p. 438. MARTINS-COSTA, Judith. *Comentários ao novo Código Civil*. v. 5. t. II. 2 ed. Rio de Janeiro: Forense, 2009, p. 89. COSTA, Mário Júlio de Almeida. *Direito das obrigações*. 8 ed. Coimbra: Almedina, 2000, p. 67. VARELA, João de Matos Antunes. *Das obrigações em geral*. v. I. 10 ed. Coimbra: Almedina, 2000, p. 126.
[830] CARNEIRA DA FRADA, Manuel Antonio de Castro Portugal. *Contrato e deveres de proteção*. Coimbra: Separata do volume XXXVIII do suplemento ao Boletim da Faculdade de Direito da Universidade de Coimbra, 1994, p. 55-60.
[831] SANTAMARIA, Francesco. *Autonomia Privata e Statuto del contribuente*. Milão: Giuffrè, 2012, p. 29.
[832] Parte I, Título II, capítulo III.

Código Civil).[833] Parece lógico, portanto, sustentar que os sujeitos da relação tributária estão vinculados não só pela obrigação de satisfazer o tributo, como também pela "relação unitária de proteção".[834] Esta relação é independente da obrigação principal e prescindirá da presença desta, daí porque se defende que o dever de proteção se apresenta como "relação obrigacional legal sem deveres primários".[835]

Como o dever de proteção possui independência em relação à obrigação principal, pode-se defender que Estado e contribuinte devem zelar pela proteção mútua antes mesmo da ocorrência do fato gerador, incidindo durante o processamento da obrigação tributária e persistindo neste comportamento até mesmo após a extinção do crédito tributário. Com efeito, o compromisso de não causar prejuízo ao patrimônio e à pessoa dos obrigados (elemento nuclear do dever de proteção) constitui-se num dos mais importantes deveres a serem observados por Estado e contribuinte, integrando o status de cidadania fiscal antes defendido.[836]

Deve-se esclarecer que não constitui propósito desta pesquisa enveredar para o exame dos pressupostos da responsabilidade civil, o que, por certo, ampliaria os limites da investigação definidos na introdução do texto. O objetivo deste capítulo consiste em identificar os chamados deveres de proteção presentes na relação jurídica tributária e sinalizar para eventual possibilidade de responsabilização da parte faltante quando verificado descumprimento. É neste estreito limite que se invoca a regra do Código Civil que estabelece o dever de indenizar (artigo 927). Do dispositivo referido, extrai-se que "aquele que, por ato ilícito (artigos 186 e 187), causar dano a outrem, fica obrigado a repará-lo". A norma faz expressa referência aos dispositivos que tratam do conceito de ato ilícito (artigo 186 do Código Civil[837]) e abuso de direito (artigo 187 do Código Civil[838]).

Naquilo que interessa ao presente estudo, impõe-se analisar, ainda que sucintamente, a figura do abuso de direito. Segundo o artigo 187 do Código

---

[833] SANTAMARIA, Francesco. *Autonomia Privata e Statuto del contribuente*. Milão: Giuffrè, 2012, p. 29-30.

[834] Carneira da Frada utiliza a expressão "relação unitária de proteção" a partir da lição da doutrina alemã que se refere a *einheitliches Schutzpflichtverhältnis* extraída de Canaris, Thiele, Marina Frost, Lackum e Münchuener Kommentar/Kramer. CARNEIRA DA FRADA, Manuel Antonio de Castro Portugal. *Contrato e deveres de proteção*. Coimbra: Separata do volume XXXVIII do suplemento ao Boletim da Faculdade de Direito da Universidade de Coimbra, 1994, p. 101.

[835] CARNEIRA DA FRADA, Manuel Antonio de Castro Portugal. *Contrato e deveres de proteção*. Coimbra: Separata do volume XXXVIII do suplemento ao Boletim da Faculdade de Direito da Universidade de Coimbra, 1994, p. 101.

[836] A cidadania fiscal foi sustentada na Primeira Parte, título II, capítulo 2, item 3. Vasco Branco Guimarães defende a ideia a partir da identificação de um rol de garantias do contribuinte. GUIMARÃES, Vasco Branco. As garantias dos particulares na relação jurídica tributária: uma revisão necessária. In: *Garantia dos contribuintes no Sistema Tributário*. Daniel Freire e Almeida; Fabio Luiz Gomes e João Ricardo Catarino (orgs.). São Paulo: Saraiva, 2013, p. 690.

[837] Art. 186. Aquele que, por ação ou omissão voluntária, negligência ou imprudência, violar direito e causar dano a outrem, ainda que exclusivamente moral, comete ato ilícito.

[838] Art. 187. Também comete ato ilícito o titular de um direito que, ao exercê-lo, excede manifestamente os limites impostos pelo seu fim econômico ou social, pela boa-fé ou pelos bons costumes.

Civil, o exercício de direitos subjetivos derivados da autonomia privada não é ilimitado, devendo-se reconhecer certos limites ao seu exercício jurídico.[839] Pode-se dizer que será lícito o exercício de um direito subjetivo se adequado ao fim econômico ou social para o qual fora o direito subjetivo concedido; ou quando não desborde, manifestamente, da boa-fé e dos bons costumes. Por via de consequência, afigura-se inadmissível o exercício de um direito quando exercido de modo exagerado (excessivo) ou desviado do fim próprio ao direito, faculdade, permissão ou posição, ou do contexto em que deve ser exercido (disfuncionalidade).[840]

Desse modo, a ilicitude restará configurada quando identificado o uso excessivo de um direito subjetivo ou posição jurídica ("abuso", propriamente dito), ou quando reconhecido que o exercício foi disfuncional em relação ao fim previsto ao ato, assim como na hipótese de deslealdade ou contradição com a própria conduta.[841] A figura do abuso de direito impõe que os poderes do titular de um direito subjetivo estejam condicionados por sua respectiva função, daí falar-se em "funcionalização dos direitos de crédito.[842]

Parcela da doutrina de direito tributário considera imprópria a aplicação do instituto do abuso de direito nas relações jurídicas tributárias.[843] Com o devido respeito às posições diversas, não se considera apropriado isolar o Direito Tributário da incidência do instituto do abuso de direito que visa essencialmente conformar condutas e condenar o exercício exagerado ou disfuncional de certa posição jurídica.[844] Pois, como já se sustentou, as peculiaridades

---

[839] LUNA, Everardo da Cunha. *Abuso de Direito*. Rio de Janeiro: Forense, 1959, p. 35.

[840] MENEZES CORDEIRO, António. *Tratado de Direito Civil. Português*. I. Parte Geral. Tomo IV. Coimbra, Almedina, 2005, p. 9. Também em MARTINS-COSTA, Judith. O exercício disfuncional e os contratos interempresariais. In: *Revista do Advogado*, São Paulo, ano XXVII, n. 96, março de 2008, p. 48-59.

[841] MARTINS-COSTA, Judith. Os avatares do Abuso do direito e o rumo indicado pela Boa-Fé. In: DELGADO, Mario; ALVES, Jones Figueirêdo (coord.). *Questões Controvertidas do Novo Código Civil* – v. VI. São Paulo: Método, 2007; MARTINS-COSTA, Judith. A Ilicitude derivada do exercício contraditório de um Direito: o renascer do venire contra factum proprium. In: REALE, Miguel *et alii*. *Experiências do Direito*. São Paulo: Millenium, 2004 (idem em *Revista Forense*, vol. 376, Rio de Janeiro, 2004, pp. 109-129).

[842] COSTA, Mário Júlio de Almeida. *Direito das Obrigações*. 8 ed. Coimbra: Almedina, 2000, p. 69. É nesse sentido que o Superior Tribunal de Justiça considerou abusivo o exercício do direito de crédito quando empresa distribuidora de energia elétrica cortou o fornecimento de luz em razão de um débito de R$ 0,85: REsp 811690/RR, Rel. Ministra DENISE ARRUDA, Primeira Turma, julgado em 18/05/2006, DJ 19/06/2006, p. 123.

[843] GUIMARÃES, César. A Elisão tributária e a Lei Complementar n° 104/2001. In: *Planejamento Tributário e a Lei Complementar n. 104*. Valdir de Oliveira Rocha (org.). São Paulo: Dialética, 2001, p. 31. OLIVEIRA, Ricardo Mariz de. Reflexos do Novo Código Civil no Direito Tributário. In: *Revista de Estudos Tributário* n. 29. Porto Alegre: Síntese, 2003, p. 134; XAVIER, Alberto. *Tipicidade da tributação, simulação e norma antielisiva*. São Paulo: Dialética, 2001, p. 107. FOSSATI, Gustavo. *Planejamento tributário e interpretação econômica*. Porto Alegre: Livraria do Advogado, 2006, p. 99. Marcus Abraham, de seu turno, sustenta ser dispensável a existência da figura, na medida em que o exercício abusivo de um direito, independentemente da existência do instituto, já configuraria violação ao ordenamento jurídico. ABRAHAM, Marcus. *O planejamento tributário e o direito privado*. São Paulo: Quartier Latim, 2007, p. 205.

[844] Defendendo a aplicação da figura, escreve Ricardo Lobo Torres: "a jurisprudência dos valores e o pós-positivismo aceitam o planejamento fiscal como forma de economizar imposto, desde que não haja abuso de direito". TORRES, Ricardo Lobo. O abuso de direito no Código Tributário Nacional e no Novo Código Civil. In: *Direito Tributário e o Novo Código Civil*. Betina Treiger Grupenmacher (coord.). São Paulo: Quartier Latim, 2004, p. 57-8.

inerentes a cada seara (Civil e Tributária) não constituem razão suficiente para afastar a aplicação de institutos de elevada utilidade à conformação justa de certas condutas. Equivale a dizer que nem o Fisco, tampouco os contribuintes podem olvidar o dever de proteção que lhes incumbe o Sistema Tributário Nacional, de modo que o exercício abusivo de certas posições jurídicas deve ser combatido por ambos.[845] Desse modo a figura do "abuso de direito" tem utilidade para inibir práticas que, embora possam estar localizadas no âmbito da licitude, implicam em distorção do equilíbrio no relacionamento entre as partes.[846]

2. Do dever de proteção por parte do Estado

Quando examinado o dever de proteção sob a perspectiva do contribuinte, exige-se que o Estado, no exercício do poder de tributar, não lhe cause dano, não prejudicando o seu patrimônio, nem causando prejuízo à sua pessoa e à sua família. A tributação constitui-se num excepcional ato de intervenção no direito de propriedade, na medida em que impõe que o cidadão disponha de seu patrimônio em prol do Estado. No entanto, como medida excepcional que é, não pode ofender o patrimônio do contribuinte para além do que a sua capacidade contributiva autoriza.

O limite da tributação está, pois, na capacidade contributiva ostentada pelo contribuinte, não se admitindo que o poder de tributar avance para além deste limite, sob pena de ofender a cláusula constitucional da proibição de confisco (artigo 150, inciso IV, da CRFB).[847] Ora, se a tributação deve respeitar parâmetros constitucionais (capacidade contributiva) e se a violação destes parâmetros configura ato confiscatório, vedado pela Constituição, qualquer comportamento contrário a estas balizas importa em desrespeito ao dever de proteção que se impõe ao Estado. Em outras palavras, sendo vedado o confisco, pode-se extrair que constitui elemento do "dever de proteção" do Estado zelar pelo patrimônio do contribuinte e respeitar o direito de propriedade. Por este

---

[845] MARTINEZ, Jean-Claude e CABALLERO, Norma. 1215-2015: 800 ans aprés la Magna Carta... une charte europeenne des garanties du contribuable. In: *Garantia dos contribuintes no Sistema Tributário*. Daniel Freire e Almeida; Fabio Luiz Gomes e João Ricardo Catarino (orgs.). São Paulo: Saraiva, 2013, p. 219.

[846] Marco Aurélio Greco defende a aplicação da figura do abuso de direito, dizendo que: "é importante sublinhar que a figura do abuso pode se apresentar não apenas ao se exercer um direito, mas também quando se trata de uma faculdade e, até mesmo no chamado 'direito de resistência' passiva (recusa de obediência) ou ativa (reação positiva à ação do Estado), figura de legitimidade duvidosa mas que, por vezes, surge como argumento numa tentativa de justificar certas práticas realizadas pelo contribuinte". GRECO, Marco Aurélio. *Planejamento Tributário*. 2 ed. São Paulo: Dialética, 2008, p. 195.

[847] Diz o Ministro Celso de Mello: "A proibição constitucional do confisco em matéria tributária nada mais representa senão a interdição, pela Carta Política, de qualquer pretensão governamental que possa conduzir, no campo da fiscalidade – trate-se de tributos não vinculados ou cuide-se de tributos vinculados (ou respectivas multas) –, à injusta apropriação estatal, no todo ou em parte, do patrimônio ou dos rendimentos dos contribuintes, comprometendo-lhes, pela insuportabilidade da carga tributária, o exercício do direito a uma existência digna, a prática de atividade profissional lícita e a regular satisfação de suas necessidades vitais (educação, saúde e habitação, por exemplo)". (RE 754554 AgR, Rel. Min. CELSO DE MELLO, Segunda Turma, j. 22/10/2013, DJe-234 27/11/2013).

motivo é que o Supremo Tribunal Federal reconheceu exagerada a cominação de multa em valor superior àquele representado pelo crédito tributário.[848] Note-se que o caso apreciado pelo Supremo cuidava de exigência de multa no percentual de 25% a incidir sobre a mercadoria. Não se pode dizer que o percentual é elevado em comparação com outras multas previstas na legislação tributária, assim como se poderia invocar a inaplicabilidade da proibição de confisco às multas.[849] Para o Ministro Celso de Mello, o ordenamento jurídico brasileiro, "ao definir o estatuto constitucional dos contribuintes, proclamou, em favor dos sujeitos passivos que sofrem a ação tributante do Estado, uma importante garantia fundamental que impõe, "ope constitutionis", aos entes públicos dotados de competência impositiva, expressiva limitação ao seu poder de tributar".[850]

Colocado em outros termos, o contribuinte tem o direito de não ser tributado de forma diversa daquela preconizada pela Constituição e regulamentada pela lei instituidora do respectivo tributo.[851] Dessa forma, pode-se dizer que se constitui em dever do Estado zelar pela incolumidade do contribuinte, não lhe causando prejuízo e não ofendendo seu patrimônio material e moral. Esta responsabilidade está insculpida no texto da Constituição, impondo ao Estado o dever de indenizar o dano causado ao particular.[852]

Como a tributação constitui-se em atividade administrativa plenamente vinculada, qualquer desvio no curso da lei inquina de vício o ato administrativo de ilícito, caracterizando violação ao dever de proteção e diligência que o Estado deve observar em relação ao contribuinte. No plano do Direito Admi-

---

[848] "Recurso Extraordinário – Alegada violação ao preceito inscrito no art. 150, Inciso IV, da Constituição Federal – Caráter supostamente confiscatório da multa tributária cominada em lei – Considerações em torno da proibição constitucional de confiscatoriedade do tributo – Cláusula vedatória que traduz limitação material ao exercício da competência tributária e que também se estende às multas de natureza fiscal – Precedentes – Indeterminação conceitual da noção de efeito confiscatório – Doutrina – Percentual de 25% sobre o valor da operação – "quantum" da multa tributária que ultrapassa, no caso, o valor do débito principal – Efeito confiscatório configurado – Ofensa às cláusulas constitucionais que impõem ao poder público o dever de proteção à propriedade privada, de respeito à liberdade econômica e profissional e de observância do critério da razoabilidade – Agravo improvido". (RE 754554 AgR, Rel. Min. CELSO DE MELLO, Segunda Turma, j. 22/10/2013, DJe-234 27/11/2013).

[849] Sobre esta divergência, o Ministro Celso de Mello destaca que: "Observo, por relevante, que a orientação que resulta da decisão ora agravada constitui diretriz prevalecente na jurisprudência desta Corte, na linha de sucessivos julgados, monocráticos e colegiados, proferidos a respeito do tema em causa, os quais reconhecem a plena legitimidade da incidência do postulado constitucional da não confiscatoriedade sobre as próprias multas tributárias (RTJ 200/647-648, Rel. Min. CELSO DE MELLO – AI 539.833/MG, Rel. Min. JOAQUIM BARBOSA – AI 767.482/PE, Rel. Min. GILMAR MENDES – AI 824.924/RS, Rel. Min. GILMAR MENDES – RE 455.017/RR, Rel. Min. CÁRMEN LÚCIA – RE 472.012-AgR/MG, Rel. Min. CEZAR PELUSO – RE 657.372-AgR/RS, Rel. Min. RICARDO LEWANDOWSKI, v.g.) (RE n° 754554 AgR, Rel. Min. CELSO DE MELLO, 2ª T., j. 22/10/2013, DJe-234, 28/11/2013).

[850] Excerto do voto do Ministro Celso de Mello. RE 754554 AgR, Rel. Min. CELSO DE MELLO, Segunda Turma, j. 22/10/2013, DJe-234, 28/11/2013.

[851] NABAIS, José Casalta. *Por um estado fiscal suportável. Estudos de Direito Fiscal.* v. III. Coimbra: Almedina, 2010, p. 155.

[852] Art. 37. (...) § 6° – As pessoas jurídicas de direito público e as de direito privado prestadoras de serviços públicos responderão pelos danos que seus agentes, nessa qualidade, causarem a terceiros, assegurado o direito de regresso contra o responsável nos casos de dolo ou culpa.

nistrativo, o ato administrativo que desborda os limites legais é considerado nulo, de modo que a controvérsia é resolvida com o desfazimento do ato.[853]

No entanto, a proposta aqui defendida busca demonstrar a existência do dever de indenizar, quando o Fisco exercita exageradamente uma faculdade que lhe assiste. Vale, a título de exemplo, examinar alguns precedentes do Superior Tribunal de Justiça que confirmaram condenações impostas ao Fisco por ajuizamento de execução fiscal indevida. Nos casos paradigmas, reconheceu-se que o ajuizamento da ação de execução fiscal, ainda que se constitua em prerrogativa do Estado credor, não pode ser manejada de forma abusiva, pois assim agindo estaria violando o preceito do *neminem laedere*. Nos casos colacionados, o Superior Tribunal de Justiça reconheceu que o direcionamento da execução fiscal contra quem não é devedor é considerado exercício abusivo de um direito, impondo o dever de indenizar.[854] Dessa forma, pode-se dizer que o

---

[853] MELLO, Celso Antônio Bandeira de. *Curso de Direito Administrativo*. 19 ed. São Paulo: Malheiros, 2005, p. 94; MEDAUAR, Odete. O Direito Administrativo em Evolução. 2 ed. São Paulo: RT, 2003, p. 148; FREITAS, Juarez. Repensando a natureza da relação jurídico-administrativa e os limites principiológicos a anulação do ato administrativo. In: *Estudos de Direito Administrativo*. São Paulo: Malheiros, 2001, p. 14; USTARROZ, Daniel. Breves notas sobre a boa-fé no Direito Administrativo. In: *Lições de Direito Administrativo*. Luiz Paulo Rosek Germano (org.). Porto Alegre: Livraria do Advogado, p. 124.

[854] "AGRAVO REGIMENTAL NO AGRAVO DE INSTRUMENTO. RESPONSABILIDADE CIVIL. AJUIZAMENTO DE EXECUTIVO FISCAL EM FACE DO EX-PROPRIETÁRIO DO VEÍCULO. DANOS MORAIS. FIXAÇÃO NOS LIMITES DO PEDIDO. JUROS MORATÓRIOS. INCIDÊNCIA DA SÚMULA 54 DO STJ. 1. Tratando de inscrição indevida em bancos de dados desabonadores, o STJ entende ser possível a fixação de indenização por danos morais em até 50 (cinquenta) salários mínimos. Mutatis mutandis, tal entendimento deve ser aplicado no caso dos autos, em que houve execução fiscal decorrente de inscrição indevida na dívida ativa. 2. No caso, a situação se mostra significativamente grave, porquanto o autor, além dos constrangimentos ordinários decorrentes da inscrição do seu nome na dívida ativa, sofreu execução fiscal posteriormente extinta por ilegitimidade passiva, com bens penhorados para a segurança do juízo. 3. Em havendo pedido certo de condenação em danos morais, o magistrado, ao julgar a causa, deve se limitar ao que foi requerido (atendendo ao princípio da congruência), sob pena de julgamento ultra petita. Precedentes. 4. Na hipótese, em não se tratando de responsabilidade civil contratual – porquanto não se pretende o cumprimento de nenhuma obrigação contratualmente estabelecida –, mas de obrigação decorrente de condenação por ato ilícito puro, deve incidir a Súmula n.º 54/STJ, no que concerne aos juros moratórios. 5. Agravo regimental a que se nega provimento". (AgRg no AgRg no Ag 1389717/RS, Rel. Ministro LUIS FELIPE SALOMÃO, Quarta Turma, julgado em 05/02/2013, DJe 14/02/2013); "PROCESSUAL CIVIL. ADMINISTRATIVO. RESPONSABILIDADE CIVIL DO ESTADO. DANOS MORAIS. ARTIGO 37, § 6º, DA CONSTITUIÇÃO FEDERAL. SÚMULA 83/STJ. INDENIZAÇÃO. SÚMULA 7/STJ. 1. Ação de Reparação de Danos Materiais e Morais ajuizada em desfavor da União, com fulcro nos artigos 37, § 6º, da CF, em face da indevida inscrição do nome do autor na dívida ativa, em cujo bojo restou reconhecida a conduta indevida da Administração Tributária, insindicável nesta Corte (Súmula 07/STJ). 2. O ajuizamento indevido de execução fiscal poderá justificar o pedido de ressarcimento de danos morais, quando ficar provado ter ocorrido abalo moral. Precedentes: REsp 773.470/PR, DJ 02.03.2007; REsp 974.719/SC, DJ 05.11.2007; REsp 1034434/MA, DJ 04.06.2008. 3. É inadmissível o recurso especial manejado pela alínea 'c' do permissivo constitucional quando a orientação do tribunal se firmou no mesmo sentido da decisão recorrida. (Súmula 83/STJ). 4. Inequívoca a responsabilidade estatal, consoante a legislação infraconstitucional e à luz do art. 37 § 6º, da CF/1988, bem como escorreita a imputação dos danos morais, nos termos assentados pela Corte de origem, *verbis*: "(...) Verificado que contra o autor foi movida ação de execução fiscal para a cobrança do crédito tributário correspondente, em razão da indevida inscrição do seu nome em Dívida ativa, não há como desconsiderar a participação da União no dano causado ao demandante. No caso presente, o autor sofreu não só constrangimento, mas indignação e revolta ante o fato de ter sido processado por inscrição indevida de débito na Dívida ativa. Entendendo-se que ficou caracterizada a responsabilidade civil da União pelos danos morais causados ao autor, há de se verificar como pode ser compensado pelo fato.(...)Assim, fixo, a título de indenização por danos morais, o valor de R$ 2.500,00, reconhecendo como indevida a indenização

dever de proteção constitui-se em compromisso do Estado em zelar pela integridade do patrimônio material e moral do contribuinte, não lhe ofendendo os direitos patrimoniais e morais dignos de proteção.

Em precedente do Supremo Tribunal Federal,[855] reconheceu-se o dever de indenizar do Estado em relação ao contribuinte quando verificado que a consulta que lhe foi prestada pela Administração Tributária havia lhe causado prejuízo. No caso, a contribuinte, confiando na solução da consulta apresentada pelo fisco, passou a antecipar o recolhimento do tributo, enquanto que suas concorrentes continuaram a recolher em momento posterior. Inconformada com a situação, a contribuinte voltou a consultar a Administração Tributária e, revendo a posição pretérita, reconheceu que o procedimento das empresas concorrentes estava correto e, por decorrência, a solução de consulta apresentada estava errada. O Supremo Tribunal Federal reconheceu que a Administração Tributária deve zelar pela confiança despertada no contribuinte quando este, de boa-fé, passa a acreditar em seus atos. Quando a Administração não zela adequadamente pelo contribuinte, causando-lhe prejuízo, deve responder no sentido de tornar indene o cidadão que confiou na consulta exarada.

Cabe, ainda, defender a responsabilização do Estado pela quebra do dever de proteção, quando utiliza-se de sanções políticas,[856] reconhecidamente inconstitucionais.[857] Não se controverte que a Administração Tributária possui

---

por danos materiais, na forma em que estabelecido na sentença, porquanto requereu o autor o ressarcimento decorrente dos prejuízos psíquicos sofridos. (...)" 5. A análise acerca da extensão do prejuízo moral causado ao autor, devidamente analisada pela instância a quo para a fixação do quantum indenizatório, resta obstada pelo verbete sumular n° 7/STJ. 6. Recurso especial não conhecido". (REsp 904.330/PB, Rel. Ministro LUIZ FUX, Primeira Turma, julgado em 16/10/2008, DJe 03/11/2008).

[855] "TRIBUTÁRIO – CONSULTA – INDENIZAÇÃO POR DANOS CAUSADOS. Ocorrendo resposta a consulta feita pelo contribuinte e vindo a administração pública, via o Fisco, a evoluir, impõe-se-lhe a responsabilidade por danos provocados pela observância do primitivo enfoque". (RE 131741, Rel. Min. MARCO AURÉLIO, Segunda Turma, j. 09/04/1996, DJ 24-05-1996, p. 17415).

[856] BIM, Eduardo Fortunato. A Inconstitucionalidade das Sanções Políticas Tributárias no Estado de Direito: Violação ao *Substantive Due Process of Law* (Princípios da Rozoabilidade e da Proporcionalidade). In: Grandes Questões Atuais do Direito Tributário. Dialética, 2004. v. 8. p. 67-92, 83; COÊLHO, Sacha Calmon Navarro. Infração Tributária e Sanção. In: *Sanções Administrativas Tributárias*. Dialética/ICET, 2004. p. 420/444; MACHADO, Hugo de Brito. Sanções Políticas no Direito Tributário. In: *Revista Dialética de Direito Tributário* n° 30. p. 46/47; PINTO, Bilac. Os Limites do Poder Fiscal do Estado. In: *RF*. v. 82. p. 547-562, 552; NOGUEIRA, Alberto. *Os limites da legalidade tributária no Estado Democrático de Direito: fisco x contribuinte na arena jurídica: ataque e defesa*. Rio de Janeiro: Renovar. 1996. p. 136; SOUZA, Maria Luiza Jansen Sá Freire de. Sanções políticas no direito tributário: precedentes e atualidades. In: *Revista SJRJ*, v. 17, n. 28, p. 117-126, jun. 2010. p. 117; FONTENELE, Alysson Maia. As sanções políticas no direito tributário e os direitos fundamentais do contribuinte. In: *Coleção Jornada de Estudos ESMAF*. Distrito Federal. v. dez,2009. p. 57; LIMA, Liana Maria Taborda. Sanções Políticas Impeditivas do Comércio Internacional. In: *Revista de Direito Internacional Econômico*, n. 12, jul. – set. 2005, p. 35.

[857] "DÉBITO FISCAL – IMPRESSÃO DE NOTAS FISCAIS – PROIBIÇÃO – INSUBSISTÊNCIA. Surge conflitante com a Carta da República legislação estadual que proíbe a impressão de notas fiscais em bloco, subordinando o contribuinte, quando este se encontra em débito para com o fisco, ao requerimento de expedição, negócio a negócio, de nota fiscal avulsa". (RE 413782, Rel. Min. MARCO AURÉLIO, Tribunal Pleno, j. 17/03/2005, DJ 03/06/2005, p. 4); "CONSTITUCIONAL. TRIBUTÁRIO. SANÇÃO POLÍTICA. NÃO-PAGAMENTO DE TRIBUTO. INDÚSTRIA DO CIGARRO. REGISTRO ESPECIAL DE FUNCIONAMENTO. CASSAÇÃO. DECRETO-LEI 1.593/1977, ART. 2°, II. 1. Recurso extraordinário interposto de acórdão prolatado pelo Tribunal Regional Federal da 2ª Região, que reputou constitucional a exigência de

certas prerrogativas, garantias e privilégios assegurados pelo Código Tributário Nacional. Porém o exercício do poder de polícia que lhe é conferido não pode ser utilizado ao arrepio das balizas estabelecidas pelo Sistema Tributário Nacional. Quando o Estado exerce a fiscalização ou a cobrança de tributos de forma diversa da autorizada pela ordem jurídica,[858] incorre em sanção política e, portanto, pode caracterizar violação ao dever de proteção que preside a relação obrigacional tributária. De efeito, o constrangimento e o abalo ocasionados pela aplicação de sanções políticas sujeita o ente federado que as praticou ao dever de indenizar pelo exercício de posição jurídica de forma desfuncionalizada, quebrando, pois, o preceito *neminem laedere*.

3. Do dever de proteção do contribuinte em relação ao Estado

O comportamento protetivo exigido por parte do Estado em relação ao contribuinte, dada a bilateralidade da relação jurídica,[859] é igualmente exigido

---

rigorosa regularidade fiscal para manutenção do registro especial para fabricação e comercialização de cigarros (DL 1.593/1977, art. 2º, II). 2. Alegada contrariedade à proibição de sanções políticas em matéria tributária, entendidas como qualquer restrição ao direito fundamental de exercício de atividade econômica ou profissional lícita. Violação do art. 170 da Constituição, bem como dos princípios da proporcionalidade e da razoabilidade. 3. A orientação firmada pelo Supremo Tribunal Federal rechaça a aplicação de sanção política em matéria tributária. Contudo, para se caracterizar como sanção política, a norma extraída da interpretação do art. 2º, II, do Decreto-lei 1.593/1977 deve atentar contra os seguintes parâmetros: (1) relevância do valor dos créditos tributários em aberto, cujo não pagamento implica a restrição ao funcionamento da empresa; (2) manutenção proporcional e razoável do devido processo legal de controle do ato de aplicação da penalidade; e (3) manutenção proporcional e razoável do devido processo legal de controle da validade dos créditos tributários cujo não-pagamento implica a cassação do registro especial. 4. Circunstâncias que não foram demonstradas no caso em exame. 5. Recurso extraordinário conhecido, mas ao qual se nega provimento". (RE 550769, Rel. Min. JOAQUIM BARBOSA, Tribunal Pleno, j. 22/05/2013, DJe-066, 02/04/2014).

[858] O Supremo Tribunal Federal, por considerar a execução fiscal o único meio legítimo para a cobrança de tributos, resolveu a repercussão geral estabelecida sobre as execuções fiscais de baixo valor no sentido de considerar inconstitucional as sentenças extintivas exaradas pelo Judiciário. "TRIBUTÁRIO. PROCESSO CIVIL. EXECUÇÃO FISCAL. MUNICÍPIO. VALOR DIMINUTO. INTERESSE DE AGIR. SENTENÇA DE EXTINÇÃO ANULADA. APLICAÇÃO DA ORIENTAÇÃO AOS DEMAIS RECURSOS FUNDADOS EM IDÊNTICA CONTROVÉRSIA. 1. O Município é ente federado detentor de autonomia tributária, com competência legislativa plena tanto para a instituição do tributo, observado o art. 150, I, da Constituição, como para eventuais desonerações, nos termos do art. 150, § 6º, da Constituição. 2. As normas comuns a todas as esferas restringem-se aos princípios constitucionais tributários, às limitações ao poder de tributar e às normas gerais de direito tributário estabelecidas por lei complementar. 3. A Lei nº 4.468/84 do Estado de São Paulo – que autoriza a não-inscrição em dívida ativa e o não-ajuizamento de débitos de pequeno valor – não pode ser aplicada a Município, não servindo de fundamento para a extinção das execuções fiscais que promova, sob pena de violação à sua competência tributária. 4. Não é dado aos entes políticos valerem-se de sanções políticas contra os contribuintes inadimplentes, cabendo-lhes, isto sim, proceder ao lançamento, inscrição e cobrança judicial de seus créditos, de modo que o interesse processual para o ajuizamento de execução está presente. 5. Negar ao Município a possibilidade de executar seus créditos de pequeno valor sob o fundamento da falta de interesse econômico viola o direito de acesso à justiça. 6. Sentença de extinção anulada. 7. Orientação a ser aplicada aos recursos idênticos, conforme o disposto no art. 543-B, § 3º, do CPC". (RE 591033, Rel. Min. ELLEN GRACIE, Tribunal Pleno, j. 17/11/2010, DJe-038 24/02/2011).

[859] Com precisão, Vasco Branco Guimarães distingue bilateralidade de sinalagma, na medida em que neste tipo de relação não há correspectividade entre as prestações. GUIMARÃES, Vasco Branco. As garantias dos particulares na relação jurídica tributária: uma revisão necessária. In: *Garantia dos contribuintes no Sistema Tributário*. Daniel Freire e Almeida; Fabio Luiz Gomes e João Ricardo Catarino (org.). São Paulo: Saraiva, 2013, p. 692.

no sentido inverso. Com efeito, defendeu-se que o cidadão possui o dever fundamental de contribuir com o Estado, sinalando para a direta relação entre o pagamento dos tributos e a promoção dos direitos fundamentais.[860] Dada a relevância deste relacionamento para desenvolvimento do Estado, espera-se um contribuinte cioso de seu compromisso com a manutenção e o sustento do Estado Constitucional de Direito. Impõe-se, portanto, que o contribuinte atue de forma proba e leal para o adimplemento da obrigação tributária principal, competindo-lhe, dentre outros deveres anexos ou funcionais, zelar pela incolumidade do Estado, não causando-lhe prejuízo.

Em que pese a independência do dever de proteção, não se pode descontextualizá-lo da obrigação principal que lhe deu origem. Em outras palavras, pode existir dever de proteção sem que exista obrigação de pagar um tributo específico, porém não pode existir dever de proteção que não mantenham um mínimo vínculo com os tributos exigidos. Não por outro motivo que o descumprimento da obrigação tributária principal acarreta a aplicação de pesadas sanções pecuniárias (multas), além de poder caracterizar conduta típica passível de sanção penal, segundo previsto na Lei n° 8.137/90.

Pode-se dizer que a obrigação tributária principal possui eficiente mecanismo de desestímulo ao inadimplemento, quando impõe a aplicação de multas de mora e multas isoladas, além de sujeitar o contribuinte inadimplente à persecução penal caso sua conduta caracterize alguns dos tipos previstos pela Lei. Todavia, quando a conduta resulta questionável, a despeito do recolhimento do tributo, pode estar caracterizada a violação ao dever de proteção. No intuito de controlar o abuso de direito praticado por certos contribuintes, foi editada a norma geral antielisiva (artigo 116, parágrafo único, do Código Tributário Nacional). Por meio deste dispositivo, o Fisco poderá desconsiderar os atos praticados pelos contribuintes que configurem exercício abusivo de algum direito subjetivo. Este tema já foi sobejamente tratado pela doutrina[861] e decantado nas Cortes Administrativas.[862]Todavia, não é preocupação desta

---

[860] Parte I, Título II, capítulo III.

[861] GUIMARÃES, César. A Elisão tributária e a Lei Complementar n° 104/2001. In: *Planejamento Tributário e a Lei Complementar n. 104*. Valdir de Oliveira Rocha (org.). São Paulo: Dialética, 2001, p. 31. OLIVEIRA, Ricardo Mariz de. Reflexos do Novo Código Civil no Direito Tributário. in: *Revista de Estudos Tributário* n. 29. Porto Alegre: Síntese, 2003, p. 134; XAVIER, Alberto. *Tipicidade da tributação, simulação e norma antielisiva*. São Paulo: Dialética, 2001, p. 107. FOSSATI, Gustavo. *Planejamento tributário e interpretação econômica*. Porto Alegre: Livraria do Advogado, 2006, p. 99. ABRAHAM, Marcus. *O planejamento tributário e o direito privado*. São Paulo: Quartier Latim, 2007, p. 205. TORRES, Ricardo Lobo. O abuso de direito no Código Tributário Nacional e no Novo Código Civil. In: *Direito Tributário e o Novo Código Civil*. Betina Treiger Grupenmacher (coord.). São Paulo: Quartier Latim, 2004, p. 57-8. GRECO, Marco Aurélio. *Planejamento Tributário*. 2 ed. São Paulo: Dialética, 2008, p. 195.

[862] IRPJ E CSLL – TRANSFERÊNCIA DE ESTOQUE DE IMÓVEIS NO INTUITO EXCLUSIVO DE EVITAR A CORREÇÃO MONETÁRIA DE BALANÇO – EVASÃO TRIBUTÁRIA COM ABUSO DE DIREITO – É abusiva, e não produz efeitos perante o Fisco, a formalização de contrato particular, em 28 de dezembro, para transferência do estoque de imóveis à empresa ligada, com subsequente rescisão do contrato no mês de janeiro do ano seguinte, com o intuito exclusivo de afastar a correção monetária das demonstrações financeiras que incide sobre os custos dos imóveis do Ativo Circulante. (...) Recurso parcialmente provido. (1º CC, Recurso Voluntário 114164, OITAVA CÂMARA, Processo: 10950.000482/95-10, Relator: José Antônio Minatel, Acórdão 108-05748); IRPJ – SIMULAÇÃO NA INCORPORAÇÃO.- Para que se possa materializar,

pesquisa reexaminar o tormentoso tema do "planejamento tributário" e suas figuras correlatas. Nos estreitos limites desta investigação, a defesa do "dever de proteção" do cidadão em relação ao fisco tem o único propósito de demonstrar que a relação jurídica tributária aqui propugnada não comporta exercício de direito subjetivo ardiloso ou fraudulento, pois estes comportamentos são expressamente vedados pela legislação tributária.

Em verdade, o perfil de relação ora apresentada exige que as partes comportem-se de modo a zelar pela integridade do álter, abstendo-se de praticar condutas que possam produzir dano ou gerar prejuízo. Assim, não há dúvida que em relação à obrigação principal, caberá ao fisco a aplicação do artigo 116, parágrafo único, do Código Tributário Nacional, quando verificado exercício abusivo do direito por parte do contribuinte. Neste caso, o contribuinte seria autuado, sujeitar-se-ia à sanção prevista em lei. De toda forma, restaria a indagação sobre os comportamentos que geraram prejuízo ao fisco e que poderiam ser evitados caso fosse observado o dever de proteção aqui defendido. Portanto, a proposta deste ensaio é justamente construir um novo modelo de relacionamento entre Fisco e contribuinte, pautado na lealdade e probidade, de modo que as situações anômalas passem a ser tratadas como exceções. Deve prevalecer o comportamento idôneo e cioso dos deveres que a relação jurídica tributária impõe, dentre eles: o dever de proteção.

4. Do dever de proteção em relação a terceiros

Os deveres de proteção não se limitam apenas ao fisco e ao contribuinte. Tomada a relação jurídica tributária como um vínculo qualificado, de status constitucional, responsável pelo sustento do Estado Constitucional de Direito, percebe-se que a sociedade possui um compromisso com o exato cumprimento das obrigações tributárias, zelando para que todos contribuam nas medidas das suas respectivas capacidades contributivas.[863] Nesta senda, pode-se estabelecer que as partes devem guardar entre si um compromisso de não causar prejuízos mútuos e este compromisso estende-se a terceiros vinculados à relação tributária. Assim, os sujeitos da relação tributária (sujeito ativo, sujeito passivo, contribuinte, responsável e substituto) devem respeitar o dever de proteção, atentando-se para que nenhum dos envolvidos cause prejuízo aos demais.

é indispensável que o ato praticado não pudesse ser realizado, fosse por vedação legal ou por qualquer outra razão. Se não existia impedimento para a realização da incorporação tal como realizada, e o ato praticado não é de natureza diversa daquela que de fato aparenta, não há como qualificar-se a operação de simulada. Os objetivos visados com a prática do ato não interferem na qualificação do ato praticado. Portanto, se o ato praticado era lícito, as eventuais consequências contrárias ao fisco devem ser qualificadas como casos de elisão fiscal e não de "evasão ilícita." (Ac. CSRF/01-01.874/94).

[863] PAULSEN, Leandro. Do dever fundamental de colaboração com a Administração Tributária. In: *Revista Tributária das Américas*, v. 5, p. 31-42, 2012; PAULSEN, Leandro. *Capacidade colaborativa. Princípio de Direito Tributário para obrigações acessórias e de terceiros*. Porto Alegre: Livraria do Advogado, 2014, p. 25.

Por inúmeros fatores contingentes, a Administração Tributária vem, cada vez mais, utilizando-se da figura do responsável tributário, assim como do substituto. No intuito de promover a praticabilidade tributária, tornando a arrecadação mais eficiente e menos onerosa é que terceiros são chamados para colaborar na tributação.[864] Para alguns estas obrigações impostas a terceiros encontram fundamento no "estado de necessidade da administração",[865] para outros estas imposições decorrem do próprio poder de tributar conferido ao ente federado pela Constituição e há, ainda, quem sustente que o fundamento destas obrigações está no princípio da capacidade colaborativa.[866]

No âmbito do Supremo Tribunal Federal, reconheceu-se que o terceiro só pode responder por descumprimento dos deveres de colaboração quando se verifique o prejuízo da Fazenda Pública.[867] Na visão da Ministra Ellen Gracie, estes deveres constam de modo implícito nas regras que atribuem responsabilidade: "É que, ao atribuir a determinada conduta a consequência de implicar responsabilidade, o legislador, *a contrario sensu*, determina que não seja ela praticada, nos moldes, aliás, das normas penais que atribui à conduta proibida a pena, de maneira em que as pessoas ajam de modo diverso, evitando a sanção".[868]

Em que pese não se controverta sobre a existência das obrigações acessórias impostas a terceiros,[869] assim como não se discuta acerca da necessidade de instituí-las, inúmeros são os debates em torno dos limites destas obrigações.[870] É evidente que o cumprimento das obrigações tributárias acessórias possui um custo para o contribuinte e para o terceiro. Por este motivo é que não se pode

---

[864] COSTA, Regina Helena. *Praticabilidade e Justiça Tributária*. São Paulo: Malheiros, 2007, p. 54-66.

[865] DERZI, Misabel. *Legalidade material, modo de pensar tipificante e praticidade no direito tributário*. Justiça Tributária – 1° Congresso Internacional de Direito Tributário – IBET, 1988, p. 644.

[866] PAULSEN, Leandro. *Capacidade colaborativa. Princípio de Direito Tributário para obrigações acessórias e de terceiros*. Porto Alegre: Livraria do Advogado, 2014, p. 31.

[867] No julgamento do RE 562.276, a Min. Ellen Gracie cita Lago Montero: "no es posible la responsabilidad cuando la conducta del hipotético responsable no produce un daño a los intereses de la Hacienda Pública, que sea imputable al mismo". RE 562276, Rel. Min. ELLEN GRACIE, Tribunal Pleno, j. 03/11/2010, DJe-027 10/02/2011, *RDDT* n. 187, 2011, p. 186-193 RT v. 100, n. 907, 2011, p. 428-442.

[868] RE 562276, Rel. Min. ELLEN GRACIE, Tribunal Pleno, j. 03/11/2010, DJe-027 10/02/2011, RDDT n. 187, 2011, p. 186-193 RT v. 100, n. 907, 2011, p. 428-442.

[869] Interessante análise da obrigação imposta aos terceiros é realizada no precedente do Superior Tribunal de Justiça: "Embargos de Declaração no Recurso Especial representativo de controvérsia (Processo Civil. Recurso Especial Representativo de Controvérsia. Artigo 543-C, do CPC. Tributário. ICMS. Substituição tributária para frente. Montadora/fabricante (substituta) e concessionária/revendedora (substituída). Veículos automotores. Valor do frete. Inclusão na base de cálculo quando o transporte é efetuado pela montadora ou por sua ordem. Exclusão na hipótese excepcional em que o transporte é contratado pela própria concessionária. Artigos 8°, II, "b", c/c 13, § 1°, II, "b", da LC 87/96. Artigo 128, do CTN. Aplicação. Violação do artigo 535 do CPC. Inocorrência.). Manifesto intuito infringente. Multa por embargos de declaração procrastinatórios (artigo 538 do CPC). Aplicação (...)". (EDcl no REsp 931.727/RS, Rel. Ministro LUIZ FUX, Primeira Seção, julgado em 23/06/2010, DJe 01/07/2010).

[870] GOLDSCHMIDT, Fabio Brun. *O princípio do não confisco no Direito Tributário*. São Paulo: RT, 2003, p. 149. FERRAZZO, Cristiano José. *Os limites de imposição de obrigações acessórias no direito tributário brasileiro*. Dissertação de Mestrado: UFRGS, 2006, . Disponível em <http://www.lume.ufrgs.br/bitstream/handle/10183/8044/000566064.pdf?sequence=1>, acessado em 16 de agosto de 2014.

descurar do tamanho do ônus imposto, sob pena de se promover um sacrifício demasiado para determinado contribuinte ou responsável.[871]

É neste ponto que os deveres de proteção encontram aplicação. A doutrina civilista defende que, nas relações obrigacionais, os deveres de proteção alcançam terceiros que de algum modo possam estar relacionados com as partes.[872] Pois se nas relações contratuais de direito privado, reconhece-se que os contratantes possuem responsabilidade frente a terceiros, devendo estender os deveres de proteção a estes, parece lógico que na relação jurídica tributária os terceiros sejam igualmente objeto de tutela. Com efeito, a inserção de terceiros na obrigação tributária é justificada pelo interesse da sociedade em manter o Estado Constitucional de Direito, autorizando que terceiros sejam chamados para atender obrigações acessórias em nome do dever fundamental de contribuir com o Estado. Se este terceiro está cumprindo com seu dever de cidadania fiscal, participando de forma solidária com a tributação, afigura-se razoável que se exija cuidado e diligência na imposição de obrigações ao terceiro. Não se pode, a pretexto de facilitar a tributação, estipular compromissos que possam causar tamanho prejuízo ao terceiro que o benefício gerado com a arrecadação se perca no peso do ônus imposto.

Impõe-se que sujeito ativo e sujeito passivo zelem pela integridade do terceiro, não lhe causando prejuízo e não lhe onerando de forma a exigir compromissos que não lhe são atribuíveis. A exemplificar os limites da ação de fiscalização estatal frente aos direitos e garantias individuais, pode-se invocar precedente do Supremo Tribunal Federal que considerou abusiva a invasão em escritório de contabilidade sem autorização judicial para colheita de provas.[873]

---

[871] Em julgamento no Superior Tribunal de Justiça, avaliando-se a sanção imposta pela IN SRF n° 304/03, concluí-se pela adequação da penalidade imposta: REsp 1035853/PR, Rel. Ministro MAURO CAMPBELL MARQUES, Segunda Turma, julgado em 01/06/2010, DJe 16/06/2010.

[872] CARNEIRA DA FRADA, Manuel Antonio de Castro Portugal. *Contrato e deveres de proteção*. Coimbra: Separata do volume XXXVIII do suplemento ao Boletim da Faculdade de Direito da Universidade de Coimbra, 1994, p. 103-7.

[873] "FISCALIZAÇÃO TRIBUTÁRIA – APREENSÃO DE LIVROS CONTÁBEIS E DOCUMENTOS FISCAIS REALIZADA, EM ESCRITÓRIO DE CONTABILIDADE, POR AGENTES FAZENDÁRIOS E POLICIAIS FEDERAIS, SEM MANDADO JUDICIAL – INADMISSIBILIDADE – ESPAÇO PRIVADO, NÃO ABERTO AO PÚBLICO, SUJEITO À PROTEÇÃO CONSTITUCIONAL DA INVIOLABILIDADE DOMICILIAR (CF, ART. 5°, XI) – SUBSUNÇÃO AO CONCEITO NORMATIVO DE "CASA" – NECESSIDADE DE ORDEM JUDICIAL – ADMINISTRAÇÃO PÚBLICA E FISCALIZAÇÃO TRIBUTÁRIA – DEVER DE OBSERVÂNCIA, POR PARTE DE SEUS ÓRGÃOS E AGENTES, DOS LIMITES JURÍDICOS IMPOSTOS PELA CONSTITUIÇÃO E PELAS LEIS DA REPÚBLICA – IMPOSSIBILIDADE DE UTILIZAÇÃO, PELO MINISTÉRIO PÚBLICO, DE PROVA OBTIDA EM TRANSGRESSÃO À GARANTIA DA INVIOLABILIDADE DOMICILIAR – PROVA ILÍCITA – INIDONEIDADE JURÍDICA – "HABEAS CORPUS" DEFERIDO. ADMINISTRAÇÃO TRIBUTÁRIA – FISCALIZAÇÃO – PODERES – NECESSÁRIO RESPEITO AOS DIREITOS E GARANTIAS INDIVIDUAIS DOS CONTRIBUINTES E DE TERCEIROS. – Não são absolutos os poderes de que se acham investidos os órgãos e agentes da administração tributária, pois o Estado, em tema de tributação, inclusive em matéria de fiscalização tributária, está sujeito à observância de um complexo de direitos e prerrogativas que assistem, constitucionalmente, aos contribuintes e aos cidadãos em geral. Na realidade, os poderes do Estado encontram, nos direitos e garantias individuais, limites intransponíveis, cujo desrespeito pode caracterizar ilícito constitucional. – A administração tributária, por isso mesmo, embora podendo muito, não pode tudo. É que, ao Estado, é somente lícito atuar, "respeitados os direitos individuais e nos termos da lei" (CF, art. 145, § 1°), consideradas, sobretudo, e para esse específico efeito, as limitações jurídicas decorrentes do próprio sistema instituído pela Lei Fundamental, cuja eficácia – que prepondera sobre todos

Não se questiona o poder de polícia conferido à Administração Tributária, facultando-lhe, para o pleno exercício deste poder, a requisição de documentos a particulares e entidades públicas (artigo 194 do Código Tributário Nacional). Todavia, no caso examinado pelo Supremo, houve invasão do escritório de contabilidade com o uso da força policial para exigir a apresentação dos documentos sem qualquer mandado expedido pelo juízo competente. Esta ação foi considerada abusiva pelo Supremo, determinando-se que toda a prova coletada não pudesse ser utilizada no processo penal. Sem prejuízo das consequências passíveis de serem extraídas no juízo criminal, interessa reconhecer que se negligenciou, no caso, o dever de proteção de terceiros, na medida em que o escritório de contabilidade apenas prestava assessoria contábil aos contribuintes investigados. Deveria ter o Estado zelado pela proteção da integridade deste escritório, adotando as cautelas exigidas pela legislação.

A ideia que se pretende sustentar aqui consiste em estabelecer um compromisso dos sujeitos da relação tributária em relação aos terceiros que, por algum motivo, vierem a integrar esta complexa relação jurídica. Significa dizer, de um lado, que o Estado deverá visar à proteção do terceiro, não podendo onerar mais o responsável que o próprio contribuinte. Assim como não se pode exigir do terceiro obrigações e compromissos que possam lhe gerar prejuízo. De outro lado, compete também ao contribuinte zelar pela incolumidade do patrimônio do terceiro, não assumindo comportamentos que lhe possam gerar dano. Este dever de proteção inclusive projeta-se para um grupo indeterminá-

---

os órgãos e agentes fazendários – restringe-lhes o alcance do poder de que se acham investidos, especialmente quando exercido em face do contribuinte e dos cidadãos da República, que são titulares de garantias impregnadas de estatura constitucional e que, por tal razão, não podem ser transgredidas por aqueles que exercem a autoridade em nome do Estado. A GARANTIA DA INVIOLABILIDADE DOMICILIAR COMO LIMITAÇÃO CONSTITUCIONAL AO PODER DO ESTADO EM TEMA DE FISCALIZAÇÃO TRIBUTÁRIA – CONCEITO DE "CASA" PARA EFEITO DE PROTEÇÃO CONSTITUCIONAL – AMPLITUDE DESSA NOÇÃO CONCEITUAL, QUE TAMBÉM COMPREENDE OS ESPAÇOS PRIVADOS NÃO ABERTOS AO PÚBLICO, ONDE ALGUÉM EXERCE ATIVIDADE PROFISSIONAL: NECESSIDADE, EM TAL HIPÓTESE, DE MANDADO JUDICIAL (CF, ART. 5º, XI). – Para os fins da proteção jurídica a que se refere o art. 5º, XI, da Constituição da República, o conceito normativo de "casa" revela-se abrangente e, por estender-se a qualquer compartimento privado não aberto ao público, onde alguém exerce profissão ou atividade (CP, art. 150, § 4º, III), compreende, observada essa específica limitação espacial (área interna não acessível ao público), os escritórios profissionais, inclusive os de contabilidade, "embora sem conexão com a casa de moradia propriamente dita" (NELSON HUNGRIA). Doutrina. Precedentes. – Sem que ocorra qualquer das situações excepcionais taxativamente previstas no texto constitucional (art. 5º, XI), nenhum agente público, ainda que vinculado à administração tributária do Estado, poderá, contra a vontade de quem de direito ("invito domino"), ingressar, durante o dia, sem mandado judicial, em espaço privado não aberto ao público, onde alguém exerce sua atividade profissional, sob pena de a prova resultante da diligência de busca e apreensão assim executada reputar-se inadmissível, porque impregnada de ilicitude material. Doutrina. Precedentes específicos, em tema de fiscalização tributária, a propósito de escritórios de contabilidade (STF). – O atributo da auto-executoriedade dos atos administrativos, que traduz expressão concretizadora do "privilège du préálable", não prevalece sobre a garantia constitucional da inviolabilidade domiciliar, ainda que se cuide de atividade exercida pelo Poder Público em sede de fiscalização tributária. Doutrina. Precedentes. ILICITUDE DA PROVA – INADMISSIBILIDADE DE SUA PRODUÇÃO EM JUÍZO (OU PERANTE QUALQUER INSTÂNCIA DE PODER) – INIDONEIDADE JURÍDICA DA PROVA RESULTANTE DE TRANSGRESSÃO ESTATAL AO REGIME CONSTITUCIONAL DOS DIREITOS E GARANTIAS INDIVIDUAIS. – (...) (HC 82788, Relator(a): Min. CELSO DE MELLO, Segunda Turma, julgado em 12/04/2005, DJ 02-06-2006 PP-00043 EMENT VOL-02235-01 PP-00179 RTJ VOL-00201-01 PP-00170).

vel de pessoas, quando se tutela, por meio de instrumentos como a inscrição no CADIN, terceiros de boa-fé.[874]

Título II – Eficácia dos deveres de colaboração, cooperação e proteção

Esse último título da pesquisa será dedicado ao exame da eficácia jurídica dos deveres de colaboração, cooperação e proteção. É importante destacar que a palavra "eficácia" pode significar a capacidade de produzir efeitos, assim como pode se referir ao nível de observância da norma por seus destinatários (efetividade).[875]

A abordagem que será dedicada nas próximas páginas está focada no primeiro significado. Vale dizer, analisar-se-á a aplicação dos deveres aqui estudados e seus efeitos. A segunda abordagem revela-se improdutiva por duas singelas razões: em primeiro lugar, dada a novidade da proposta aqui apresentada não se pode examinar de forma adequada a observância das normas ora debatidas porque ninguém ainda as defendeu em sede de doutrina nacional. Em segundo lugar, pelos motivos históricos já declinados, há uma baixa aceitação do modelo comportamental colaborativo e cooperativo, o que se pretende superar a partir da disseminação das ideias aqui defendidas.

Logo, a análise desta última parte do estudo estará focada na eficácia, assim entendida como "a qualidade do ato enquanto gerador de efeitos".[876] A eficácia é algo que se localiza no exterior do ato, não podendo ser confundida com o conteúdo de determinado objeto que se está a examinar.[877]

---

[874] "PROCESSUAL CIVIL. RECURSO ESPECIAL. TRIBUTÁRIO. INSCRIÇÃO NO CADIN. PODER DE CAUTELA. PROTEÇÃO DE TERCEIRO DE BOA-FÉ. 1. A suspensão da exigibilidade do crédito tributário é tema de norma específica e reclama obediência ao princípio da legalidade. 2. A execução fiscal em curso não autoriza a retirada do nome do executado do Cadin, mesmo que suspensa, porquanto a hipótese não se encaixa em nenhuma daquelas enumeradas na Lei n.º 10.522, de 19 de julho de 2002, o que conjura o *fumus boni juris* da medida adotada em sede cautelar. 3. A inscrição no Cadin e a expedição de certidão negativa (artigo 206 do CTN) guardam afinidade no que concerne à proteção de terceiros, por isso da exigência da garantia prevista naquele dispositivo legal. 4. O Poder Geral de Cautela reclama os mesmos requisitos do Poder Cautelar Específico, razão pela qual ausente o *fumus boni juris*, posto ilegal a pretensão da parte, impõe-se cassar a medida deferida. (...) 7. Deveras, a restauração da inscrição é potencialmente lesiva, porquanto a sua demora prejudica o dever de informação dos terceiros de boa-fé. 8. Recurso especial da Fazenda Nacional conhecido e provido". (REsp 980732/SP, Rel. Ministro TEORI ALBINO ZAVASCKI, Rel. p/ Acórdão Ministro LUIZ FUX, Primeira Turma, julgado em 02/12/2008, DJe 17/12/2008).

[875] ÁVILA, Humberto. *Segurança Jurídica*. 2 ed. São Paulo: Malheiros, 2012, p. 637.

[876] A discussão em torno da polêmica travada entre José Carlos Barbosa Moreira e Ovídio Baptista da Silva é muito bem enfrentada por Jonathan Doering Darcie: DARCIE, Jonathan Doering. Revistando o o debate sobre a eficácia declaratória da sentença e coisa julgada. In: *Cadernos de Pós-Graduação em Direito da UFRGS*. v. VII, n. 1, 2012. MOREIRA, Barbosa. Conteúdo e efeitos da sentença: variações sobre o tema. In: *Revista Brasileira de Direito Processual*. Vol. XXXXVI. Uberaba: Forense, p. 94.

[877] MOREIRA, Barbosa. Conteúdo e efeitos da sentença: variações sobre o tema. In: *Revista Brasileira de Direito Processual*. Vol. XXXXVI. Uberaba: Forense, p. 94.

Portanto, após ter sido examinado o conteúdo dos deveres de colaboração, cooperação e proteção (Título I da 2° parte do trabalho), impõe-se, agora, examinar a eficácia ou efeitos que tais deveres são capazes de gerar quando da sua aplicação. O exame da eficácia dos deveres será subdividida em dois capítulos. O primeiro será dedicado ao estudo da função normativa dos deveres, enquanto que o segundo se ocupará da força normativa destes mesmos deveres.

Capítulo 1 – Função normativa

1. As noções de princípios e regras adotadas neste trabalho

Desde a definição dos deveres de colaboração, cooperação e proteção, passando pelos fundamentos e chegando ao conteúdo, tratou-se de tais deveres como normas propositadamente. Não se definiu, nem se adotou nenhuma classificação normativa porque seria necessário analisar a estrutura de aplicação dos mencionados deveres, o que se pretende realizar agora.

Antes é preciso dizer que a polêmica sobre a classificação das normas é antiga e tem rendido intensos debates.[878] Pode-se resumir a discussão em duas grandes correntes sobre a distinção entre princípios e regras. A primeira corrente capitaneada por Ronald Dworkin estabelece que a distinção é de natureza lógica. As regras são aplicáveis segundo a lógica do "tudo ou nada", de modo que num determinado caso concreto ou a resposta oferecida pela regra é válida, devendo ser aceita, ou, caso contrário, não é válida e não deve ser aplicada.[879] Já os princípios, segundo a posição de Dworkin, enunciam razões que conduzem o argumento em certa direção, porém não desencadeiam consequências jurídicas.[880] De outro lado, encontra-se a corrente liderada por Robert Alexy que propõe definir princípios como "normas que ordenam que algo seja realizado na maior medida possível dentro das possibilidades jurídicas e fáticas existentes".[881] As regras, de seu turno, são normas que "são sempre satisfeitas ou não satisfeitas". Se uma regra vale, como afirma Alexy, deve ser observada integralmente, não se extrapolando sua disposição, nem subaproveitando o seu comando.[882]

Cotejando as principais posições doutrinárias, Humberto Ávila propõe um conceito de regra, que pode ser aqui reproduzido: "As regras são normas imediatamente descritivas, primariamente retrospectivas e com pretensão

---

[878] A evolução do debate é bem tratada por Humberto Ávila: ÁVILA, Humberto Bergmann. *Teoria dos Princípios. Da definição à aplicação dos princípios jurídicos*. 15 ed. São Paulo: Malheiros, 2014, p. 26-31. De forma didática, o debate é explicado por Miguel Sousa: SOUSA, Miguel Teixeira de. *Introdução ao Direito*. Coimbra: Almedina, 2012, p. 246-50.
[879] DWORKIN, Ronald. *Levando os direitos a sério*. Trad. Nelson Boeira. São Paulo: Martins Fontes, 2002, p. 39.
[880] Idem, p. 40-1.
[881] ALEXY, Robert. *Teoria dos Direitos Fundamentais*. Trad. Virgílio Afonso da Silva. São Paulo: Malheiros, 2008, p. 90.
[882] Idem, p. 91.

de decidibilidade e abrangência, para cuja aplicação se exige a avaliação da correspondência, sempre centrada na finalidade que lhes dá suporte ou nos princípios que lhes são axiologicamente sobrejacentes, entre a construção conceitual da descrição normativa e a construção conceitual dos fatos".[883]

De outro lado, a proposta conceitual de princípios é assim definida por Humberto Ávila: "Os princípios são normas imediatamente finalísticas, primariamente prospectivas e com pretensão de complementariedade e de parcialidade, para cuja aplicação se demanda uma avaliação da correlação entre o estado de coisas a ser promovido e os efeitos decorrentes da conduta havida como necessária à sua promoção".[884]

Esta singela compilação da polêmica distinção entre princípios e regras tem como propósito demonstrar que as normas podem, de acordo com a forma prevista no ordenamento jurídico, assumir ora feição de regra, ora feição de princípio. No entanto, o mais importante da discussão não está na classificação em si. O aspecto mais relevante do debate está em admitir que a aplicação destas diferentes espécies normativas se dá de forma distinta e, sobretudo, a colisão entre princípios e o conflito de regras, deve ser solucionado, cada qual, ao seu modo.

Assim, pode-se dizer que as regras são aplicadas na sua inteireza, quando perfeitamente identificadas com o caso concreto, ou, não se lhes aplicam porque a moldura da regra não se adapta às vicissitudes do caso concreto. As regras estabelecem prescrições acerca do comportamento do destinatário e acaso desrespeitadas desencadeiam consequências.[885] De outro lado, os princípios são mandados de otimização que podem ser satisfeitos em graus variados.[886] Diversamente das regras, os princípios não apresentam consequências jurídicas,[887] pois em verdade são vocacionados a promover um estado ideal de coisas na sua maior extensão possível.[888]

Por fim, a distinção entre princípios e regras se revela útil para a solução de antinomias. Quando se instaura um conflito de regras, a solução só pode ser encontrada mediante a utilização de uma cláusula de exceção que seja capaz de eliminar o conflito ou por meio do reconhecimento de invalidade de uma das regras em conflito.[889] De outra banda, os princípios podem eventualmente colidir quando, diante do caso concreto, dois princípios apontarem para direções distintas. Neste caso, um deles deverá ceder com base na avaliação do peso de cada princípio perante o caso concreto. Na colisão de princípios não há

---

[883] ÁVILA, Humberto Bergmann. *Teoria dos Princípios. Da definição à aplicação dos princípios jurídicos*. 15 ed. São Paulo: Malheiros, 2014, p. 102.
[884] Idem, p. 102.
[885] SOUSA, Miguel Teixeira de. *Introdução ao Direito*. Coimbra:Almedina, 2012, p. 246-7.
[886] ALEXY, Robert. *Teoria dos Direitos Fundamentais*. Trad. Virgílio Afonso da Silva. São Paulo: Malheiros, 2008, p. 91.
[887] DWORKIN, Ronald. *Levando os direitos a sério*. Trad. Nelson Boeira. São Paulo: Martins Fontes, 2002, p. 42.
[888] ALEXY, Robert. *Teoria dos Direitos Fundamentais*. Trad. Virgílio Afonso da Silva. São Paulo: Malheiros, 2008, p. 91.
[889] Idem, p. 92.

declaração de invalidade de um ou aplicação de uma cláusula de exceção, pois o juízo que se realiza é de ponderação entre os princípios.[890]

Portanto, a distinção aqui estabelecida de forma sintética tem por propósito estabelecer formas de aplicação e critérios de solução de antinomias em relação aos deveres de colaboração, cooperação e proteção. Assim, pode-se admitir que os deveres de colaboração, cooperação e proteção podem assumir, ora função de princípio, ora função de regra, a depender das peculiaridades do caso concreto.

2. Dos deveres de colaboração, cooperação e proteção extraídos de princípios

Os deveres de colaboração, cooperação e proteção encontram fundamentos em outras cláusulas constitucionais, como referido no título II da Primeira Parte deste trabalho. Percebe-se que os comportamentos estabelecidos pelos deveres de colaboração, cooperação e proteção são obtidos de forma dedutiva, quando se parte da premissa maior (princípios constitucionais da dignidade da pessoa humana, republicano, solidariedade, moralidade, boa-fé objetiva e cidadania tributária) para a premissa menor: as partes devem guardar lealdade, probidade e consideração recíproca.

Seguindo o processo dedutivo, encontram-se um núcleo, um estado ideal de coisas a ser promovido por meio da colaboração, cooperação e proteção. Partindo dos princípios constitucionais da dignidade da pessoa humana (artigo 1°, inciso III, da CRFB), da cidadania (artigo 1°, II e parágrafo único, da CRFB), princípio republicano (artigo 1°, *caput*, da CRFB), da promoção do bem de todos (artigo 3°, inciso IV, da CRFB), da moralidade (artigo 37 da CRFB) e da solidariedade e fraternidade (preâmbulo e artigo 3°, inciso I, combinado com o artigo 195 da CRFB), extrai-se um sentido mínimo para a colaboração (assim também para cooperação e proteção) que consiste no estabelecimento de relações simétricas, republicanas, tendentes a promover o bem de todos, respeitando o ser humano como fim em si mesmo e não como meio para obtenção de outros fins. Este princípio tem o condão de promover um padrão ideal de comportamento, interditando atitudes desleais, contraditórias ou ímprobas.

Nessa perspectiva, a colaboração, a cooperação e proteção desempenham um papel principiológico, na medida em que apontam para um estado ideal de coisas a serem perseguidos pelo intérprete e pelo aplicador das normas que regem o Sistema Tributário Nacional, a saber: os valores lealdade, probidade, segurança, estabilidade, incolumidade devem ser promovidos. Por meio da dedução dos princípios constitucionais que lhes são sobrejacentes, a colaboração, a cooperação e a proteção surgem como mandados de otimização ordenando que os valores tutelados por eles sejam realizados na maior medida possível dentro das possibilidades jurídicas e fáticas existentes.[891] Assim, a colaboração,

---

[890] ALEXY, Robert. *Teoria dos Direitos Fundamentais*. Trad. Virgílio Afonso da Silva. São Paulo: Malheiros, 2008, p. 94.
[891] Idem, p. 90.

a cooperação e a proteção desempenham as funções eficaciais definitórias, interpretativa e integrativa.[892]

2.1. Função eficacial integrativa

A função eficacial integrativa desempenha o papel de justificação para agregação de elementos não previstos em outros princípios ou em regras.[893] É a função eficacial integrativa que é responsável pelo surgimento dos deveres de conduta anexos ou laterais à relação obrigacional tributária. Como cerne da função integrativa está a proteção da integridade dos sujeitos da relação jurídica tributária, exigindo-se diretamente, sem a intermediação de regras, o cumprimento do dever de informação, de guarda diligente de documento ou dado, além de observar um comportamento leal.[894]

A função eficicial integrativa explicita certos deveres anexos ou laterais que já encontram aplicação no Direito Tributário estrangeiro, como por exemplo o Direito Italiano,[895] Espanhol[896] e Português.[897] O exame do direito comparado oferece o conforto para um leitor menos informado que possa levantar óbices a proposta aqui apresentada, uma vez que as ideias ora sustentadas já são largamente debatidas e aplicadas em outros países.

Portanto, a função eficacial integrativa é capaz de direcionar a ação do Estado de modo a promover de forma mais intensa os bens jurídicos tutelados pela colaboração, cooperação e proteção, como já reconhecido pelo Supremo Tribunal Federal.[898]

2.2. Função eficacial definitória

Como a colaboração, a cooperação e a proteção são extraídas através de um processo dedutivo, derivando de outros princípios constitucionais,[899]

---

[892] ÁVILA, Humberto. *Sistema Constitucional Tributário*. São Paulo: Saraiva, 2004, p. 45-6.
[893] Idem, p. 45.
[894] CARNEIRA DA FRADA, Manuel Antonio de Castro Portugal. *Contrato e deveres de proteção*. Coimbra: Separata do volume XXXVIII do suplemento ao Boletim da Faculdade de Direito da Universidade de Coimbra, 1994, p. 42. LARENZ, Karl. *Derecho de obligaciones*. t. I. Trad. Jaime Santos Briz. Madrid: Revista de Derecho Privado, 1958, p. 37.
[895] SANTAMARIA, Francesco. *Autonomia Privata e statuto del contribuente*. Milão: Giuffrè, 2012, p. 37. MARONGIU, Gianni. *Lo Statuto dei diritti del contribuente*. 2 ed. Turim: Giappichelli editore, 2010, p. 125-6.
[896] MENDÉZ, Amelia González. *Buena fe y Derecho Tributário*. Madri: Marcial Pons, 2001, p. 53-65.
[897] CAMPOS, Diogo Leite de e LEITE, Mônica Horta Neves. *Direito Tributário*. 2 ed. Coimbra: Almedina, 2000, p. 41. PIRES, Manuel e PIRES, Rita Calçada. *Direito Fiscal*. 5 ed. Coimbra: Almedina, 2012, p. 124 e 326.
[898] "A tributação, em sociedades cada vez mais complexas como a nossa, exige não apenas a imposição de tributos a serem pagos pelo contribuinte, como a adoção de medidas que têm por finalidade facilitar e assegurar a arrecadação, simplificando procedimentos, diminuindo os riscos de evasão, reduzindo custos e aumentando as garantias do fisco". RE 603191, Rel. Min. ELLEN GRACIE, Tribunal Pleno, j. 01/08/2011, DJe-170 05/09/2011.
[899] GUASTINI, Riccardo. *Il diritto come linguaggio*. Turim: Giappichelli ed., 2001, p. 27-30. GUASTINI, Riccardo. *Distinguendo. Estudios de teoría y metateoría del derecho*. Trad. Jordi Ferrer i Beltrán. Barcelona: Gedisa, 1999,

pode-se dizer que estas normas exercem uma função eficacial definitória, concretizando princípios mais amplos.[900] Assim, a colaboração, a cooperação e a proteção são capazes de especificar e delimitar de forma mais concreta aquilo que a segurança jurídica, a boa-fé objetiva e a dignidade da pessoa humana estabelecem numa perspectiva muito mais ampla.

Dizer que se deve velar pela aplicação da boa-fé objetiva no âmbito do Direito Tributário pode significar muito pouco. No entanto, quando se estabelece que os sujeitos da relação jurídica tributária devem observar a colaboração, cooperação e proteção, pode-se reconhecer um ganho em concretização, tornando a tarefa do intérprete menos árdua.

Portanto, quando se observa a aplicação da colaboração, cooperação e proteção em sua função eficacial definitória, observar-se-á a delimitação de comportamentos e interdição de certas condutas, justamente porque atua como concretizadora dos princípios mais amplos da moralidade e boa-fé objetiva. Invoca-se como exemplo a interdição de comportamentos contraditórios por parte dos sujeitos da relação tributária. Significa dizer que é vedado exercitar uma posição jurídica em flagrante contradição com o comportamento manifestado anteriormente pela exercente.[901] Trata-se da aplicação da tutela da confiança quando certos comportamentos geram expectativas legítimas na parte contrária.[902]

2.3. Função eficacial intepretativa

A função eficacial interpretativa é aquela que orienta a interpretação das regras já expressamente insculpidas no ordenamento jurídico, por vezes restringindo, outras ampliando e até mesmo criando significados.[903] Se a colaboração e a proteção sinalizam para um estado ideal de coisas a ser preservado, tem-se que a aplicação de certas regras deve ser feita de modo a preservar e promover este estado ideal de coisas apontado pelos princípios da colaboração e da proteção. Se a norma prevista no artigo 150 do Código Tributário Nacional estabelece que o contribuinte tem a responsabilidade de apurar o tributo e

---

p. 94-104. LARENZ, Karl. *Metodologia da Ciência do Direito*. 3 ed. Trad. José Lamego. Lisboa: Fundação Calouste Gulbenkian, 1997, p. 372-9.

[900] ÁVILA, Humberto. *Sistema Constitucional Tributário*. São Paulo: Saraiva, 2004, p. 46.

[901] MARTINS-COSTA, Judith. A Boa-fé no Direito Privado. São Paulo: RT, 2000, p. 470. MENEZES CORDEIRO, Antonio Manual. Da boa-fé no direito civil. Coimbra: Almedina, 1989, t. 2, p. 742. KUGLER, Herbert Morgenstern e NAKAYAMA, Taryta. Da aplicação do princípio da boa-fé objetiva em questões tributárias: teoria e jurisprudência. In: Revista tributária e de finanças públicas, v. 20, n. 105, jul./ago. 2012, p. 349.

[902] WEDY, Gabriel de J. Tedesco. *O princípio da Boa-Fé objetiva no direito tributário. In:* Interesse público, v. 9, n. 43, maio/jun. 2007, p. 320-4. COUTO E SILVA, Almiro do. O princípio da legalidade da Administração Pública e da segurança jurídica no Estado de Direito Contemporâneo. In: Revista de Direito Público, v. 84, p. 46-63, 1987. PEREZ, Jesus Gonzalez. *El Princípio General de la Buena Fé en el Derecho Administrativo*. Madri: Civitas, 1989, p. 89.

[903] GUASTINI, Riccardo. *Interpretare e argomentare*. Milão: Giufrè, 2011, p. 407. ÁVILA, Humberto. *Sistema Constitucional Tributário*. São Paulo: Saraiva, 2004, p. 46.

antecipar o pagamento,[904] a incidência do princípio da colaboração estabelece que entre a ocorrência do fato gerador e a homologação do lançamento pelo fisco há um período em que os sujeitos deverão cooperar mutuamente no sentido da correta aplicação da referida norma. Uma interpretação que estabelece uma responsabilidade "solitária" ao contribuinte na apuração do tributo e deixa-o jogado a sua própria sorte, à toda evidência, colidiria com a função eficacial interpretativa dos princípios da colaboração e proteção.

Significa, em outras palavras, que os princípios atuam como decisões valorativas objetivas com função explicativa (*objektive Wertentscheidung mit erläuternder Funktion*).[905]

3. Dos deveres de colaboração, cooperação e proteção concretizados em regras

Ao lado da dimensão principiológica da colaboração, cooperação e proteção, pode-se identificar que estas normas possuem dimensão preponderantemente regulatória. Quando se estabelece que os sujeitos da relação tributária devem observar certos comportamentos durante o seu vínculo obrigacional, está se impondo certos deveres no intuito de condicionar condutas,[906] daí o caráter regulatório defendido. Este é sem dúvida o papel mais importante desempenhado por parte das normas defendidas neste ensaio. A colaboração, a cooperação e a proteção estabelecem regras de conduta aos sujeitos da relação tributária, prescrevendo certos comportamentos esperados.[907]

Assim, a partir de certas prescrições normativas, é possível extrair que ao lado dos direitos assegurados pela ordem jurídica ao Fisco, exsurgem certos deveres que a doutrina aglutina sob o rótulo de "consequências jurídicas".[908] Assim, resume Karl Engisch que as chamadas "consequências jurídicas" previstas nas regras de Direito são constituídas por "deveres"[909] a serem observados pelo destinatário da norma.[910]

---

[904] Art. 150. O lançamento por homologação, que ocorre quanto aos tributos cuja legislação atribua ao sujeito passivo o dever de antecipar o pagamento sem prévio exame da autoridade administrativa, opera-se pelo ato em que a referida autoridade, tomando conhecimento da atividade assim exercida pelo obrigado, expressamente a homologa.

[905] ÁVILA, Humberto. *Sistema Constitucional Tributário*. São Paulo: Saraiva, 2004, p. 47.

[906] LARENZ, Karl. *Metodologia da Ciência do Direito*. 3 ed. Trad. José Lamego. Lisboa: Fundação Calouste Gulbenkian, 1997, p. 349.

[907] BOBBIO, Norberto. *Teoria da Norma Jurídica*. 2 ed. Trad. Ferando Pavan Baptista e Ariani Bueno Sudatti. Bauru: Edipro, 2003, p. 22-3. LARENZ, Karl. *Metodologia da Ciência do Direito*. 3 ed. Trad. José Lamego. Lisboa: Fundação Calouste Gulbenkian, 1997, p. 349.

[908] LARENZ, Karl. *Metodologia da Ciência do Direito*. 3 ed. Trad. José Lamego. Lisboa: Fundação Calouste Gulbenkian, 1997, p. 349. Nas palavras de Karl Engisch, "o centro gravitacional do Direito reside nisto: em ele positivamente conferir direitos e impor deveres". ENGISCH, Karl. *Introdução ao pensamento jurídico*. 8 ed. Trad. João Baptista Machado. Lisboa: Fundação Calouste Gulbenkian, 2001, p. 33.

[909] GUASTINI, Riccardo. *Il diritto come linguaggio*. Turim: Giappichelli ed., 2001, p. 15. ENGISCH, Karl. *Introdução ao pensamento jurídico*. 8 ed. Trad. João Baptista Machado. Lisboa: Fundação Calouste Gulbenkian, 2001, p. 35.

[910] GUASTINI, Riccardo. *Distinguendo. Estudios de teoría y metateoría del derecho*. Trad. Jordi Ferrer i Beltrán. Barcelona: Gedisa, 1999, p. 110-111.

Portanto, pode-se dizer que os deveres de colaboração, cooperação e proteção assumem feição de regra no sentido clássico da expressão, na medida em que as normas que prescrevem as condutas esperadas ou são observadas ou não são.[911] Ou se verificou que as partes satisfizeram os deveres de colaboração e proteção esperados ou não satisfizeram,[912] na lógica do "tudo ou nada" preconizado por Dworkin.[913]

Assim, as normas aqui defendidas são chamadas de "deveres" por duas razões. A primeira é que as normas se destinam primordialmente a prescrever condutas e nesse sentido, assumem a feição de regras que impõem deveres. A segunda razão consiste em valorizar a importância das normas estudadas, reconhecendo sua verdadeira função que é prescrever o modelo comportamental desejado pelos sujeitos da relação tributária, fazendo com isso que se elimine ou reduza os problemas de coordenação, conhecimento, custos e controle de poder.[914] A antecipação de certos comportamentos desejáveis com a descrição daquilo que "é permitido, proibido ou obrigatório diminui a arbitrariedade e a incerteza, gerando ganhos em previsibilidade e justiça para a maior parte dos casos".[915]

Resulta que os deveres de colaboração, cooperação e proteção são, como refere Larenz, consequências jurídicas[916] das normas integrantes do ordenamento jurídico seja por meio de derivação de outras normas, seja por meio da conjugação de mais de uma norma.[917]

É por meio do imbricamento das regras constitucionais que se afigura possível construir os deveres de colaboração, cooperação e proteção. Conjugando-se o devido processo constitucional (art. 5°, LIV e LV, CRFB e artigo 2° e 3° da Lei n° 9.784/99) com o direito à informação (arts. 5°, XIV, XXXIII e XXXIV, "a" e "b"); a cláusula de acesso ao Poder Judiciário (art. 5°, XXXV); na concessão

---

[911] DWORKIN, Ronald. *Levando os direitos a sério*. Trad. Nelson Boeira. São Paulo: Martins Fontes, 2002, p. 76-9.
[912] ALEXY, Robert. *Teoria dos Direitos Fundamentais*. Trad. Virgílio Afonso da Silva. São Paulo: Malheiros, 2008, p. 91.
[913] DWORKIN, Ronald. *Levando os direitos a sério*. Trad. Nelson Boeira. São Paulo: Martins Fontes, 2002, p. 43.
[914] ALEXANDER, Larry e SHERWIN, Emily. *The rules of rules – Morality, Rules and the Dilemmas of law*. Londres: Duke University Press, 2001, p. 30-1. ÁVILA, Humberto. *"Neoconstitucionalismo": entre a "ciência do direito" e o "direito da ciência"*. In: Revista Eletrônica de Direito do Estado (REDE), Salvador, Instituto Brasileiro de Direito Público n° 17, janeiro, fevereiro e março de 2009. Disponível na internet: <http://www.direitodoestado.com/revista/rede-17-janeiro-2009-humberto%20avila.pdf>, acessado em 16 de fevereiro de 2015.
[915] É irrepreensível a crítica construída por Humberto Ávila ao senso comum disseminado na cultura jurídica pátria que estabelece uma precedência dos princípios sobre as regras. ÁVILA, Humberto. "Neoconstitucionalismo": entre a "ciência do direito" e o "direito da ciência". In: *Revista Eletrônica de Direito do Estado (REDE)*, Salvador, Instituto Brasileiro de Direito Público n° 17, janeiro, fevereiro e março de 2009. Disponível na internet: <http://www.direitodoestado.com/revista/rede-17-janeiro-2009-humberto%20avila.pdf>, acessado em 16 de fevereiro de 2015.
[916] LARENZ, Karl. *Metodologia da Ciência do Direito*. 3 ed. Trad. José Lamego. Lisboa: Fundação Calouste Gulbenkian, 1997, p. 352.
[917] GUASTINI, Riccardo. *Il diritto come linguaggio*. Turim: Giappichelli ed., 2001, p. 27-30. GUASTINI, Riccardo. *Distinguendo. Estudios de teoría y metateoría del derecho*. Trad. Jordi Ferrer i Beltrán. Barcelona: Gedisa, 1999, p. 94-104. LARENZ, Karl. *Metodologia da Ciência do Direito*. 3 ed. Trad. José Lamego. Lisboa: Fundação Calouste Gulbenkian, 1997, p. 372-9.

de habeas data (art. 5°, LXXII, LXXVII); no manejo da ação popular (art. 5°, LXXIII); nos direitos políticos assegurados pelo sufrágio, plebiscito, referendo e iniciativa legislativa popular (artigo 14); combinando com a publicidade na Administração Pública (art. 37, *caput* e § 1°); participação do usuário na gestão da Administração Pública (art. 37, § 3°); acesso franqueado ao cidadão ao Tribunal de Contas (art. 74, § 2°); bem como por meio da participação da comunidade na gestão dos serviços públicos de saúde e assistência social (arts. 198, III, e 204, II). A conjugação de todas estas regras constitucionais acrescida das normas previstas no artigos 145, § 1°, e 150, § 5°, conduz ao reconhecimento de certos deveres na relação tributária, especialmente impondo à Administração certos comportamentos desejáveis a partir da leitura do texto constitucional.

Não obstante, os deveres de colaboração, cooperação e proteção podem ser melhor inferidos a partir do exame da Lei n° 9.784 de 1999 que regula do processo administrativo no âmbito federal. Consta no artigo 2°, parágrafo único, alguns critérios orientadores a serem observados cuja transcrição tem o propósito de explicitar a origem dos deveres aqui preconizados:

I – atuação conforme a lei e o Direito;

II – atendimento a fins de interesse geral, vedada a renúncia total ou parcial de poderes ou competências, salvo autorização em lei;

III – objetividade no atendimento do interesse público, vedada a promoção pessoal de agentes ou autoridades;

IV – atuação segundo padrões éticos de probidade, decoro e boa-fé;

V – divulgação oficial dos atos administrativos, ressalvadas as hipóteses de sigilo previstas na Constituição;

VI – adequação entre meios e fins, vedada a imposição de obrigações, restrições e sanções em medida superior àquelas estritamente necessárias ao atendimento do interesse público;

VII – indicação dos pressupostos de fato e de direito que determinarem a decisão;

VIII – observância das formalidades essenciais à garantia dos direitos dos administrados;

IX – adoção de formas simples, suficientes para propiciar adequado grau de certeza, segurança e respeito aos direitos dos administrados;

X – garantia dos direitos à comunicação, à apresentação de alegações finais, à produção de provas e à interposição de recursos, nos processos de que possam resultar sanções e nas situações de litígio;

XI – proibição de cobrança de despesas processuais, ressalvadas as previstas em lei;

XII – impulsão, de ofício, do processo administrativo, sem prejuízo da atuação dos interessados;

XIII – interpretação da norma administrativa da forma que melhor garanta o atendimento do fim público a que se dirige, vedada aplicação retroativa de nova interpretação.

A Lei n° 9.784 estabelece ainda um rol de direitos a serem assegurados ao administrado, cujo rol merece ser transcrito:

Art. 3º O administrado tem os seguintes direitos perante a Administração, sem prejuízo de outros que lhe sejam assegurados:

I – ser tratado com respeito pelas autoridades e servidores, que deverão facilitar o exercício de seus direitos e o cumprimento de suas obrigações;

II – ter ciência da tramitação dos processos administrativos em que tenha a condição de interessado, ter vista dos autos, obter cópias de documentos neles contidos e conhecer as decisões proferidas;

III – formular alegações e apresentar documentos antes da decisão, os quais serão objeto de consideração pelo órgão competente;

IV – fazer-se assistir, facultativamente, por advogado, salvo quando obrigatória a representação, por força de lei.

Estes direitos assegurados ao cidadão representam, ao revés, deveres à Administração Pública, consubstanciando nas regras expressas que permitem construir os contornos dos deveres de colaboração, cooperação e proteção.

Como já assentado, os deveres ora propugnados são multidirecionais, vale dizer, aplicam-se em direção ao credor, como em direção do devedor. Todos os sujeitos integrantes da relação tributária devem observá-los, não se esquecendo que a própria Lei n° 9.784/99 dispõe também sobre o padrão de comportamento esperado do administrado:

Art. 4º São deveres do administrado perante a Administração, sem prejuízo de outros previstos em ato normativo:

I – expor os fatos conforme a verdade;

II – proceder com lealdade, urbanidade e boa-fé;

III – não agir de modo temerário;

IV – prestar as informações que lhe forem solicitadas e colaborar para o esclarecimento dos fatos.

Recentemente, a Lei n° 12.527 de 2011 regulamentou acesso à informação previsto no artigo 5°, inciso XXXIII, no inciso II do § 3° do art. 37 e no § 2° do art. 216 da Constituição. A lei tornou-se conhecida como "Lei de Acesso à Informação" na medida em que assegura como direito a informações e documentos que estejam sob o controle ou guarda do Poder Público (artigo 1°), estabelecendo o dever do Estado em assegurar o acesso a informações (artigo 5°).

A colação dos dispositivos constitucionais e legais tem o propósito de apontar cada regra jurídica que participa da formação dos deveres de colaboração, cooperação e proteção ora sustentados. Este processo conduz a afirmação de que os deveres de colaboração, cooperação e proteção são regras não escritas, implícitas e derivadas de outras regras positivadas no ordenamento jurídico e como tais possuem as funções eficaciais que se passa a examinar.

3.1. Função eficacial decisória

Como função preponderante, as regras servem como solução pré-estabelecida para um eventual conflito de interesses antecipado pelo Poder Legislativo.[918] A utilização da regra tem a função de solucionar o conflito entre

---

[918] ÁVILA, Humberto. *Sistema Constitucional Tributário*. São Paulo: Saraiva, 2004, p. 51.

razões, funcionando sua estatuição como decisão prévia sobre as razões preponderantes.[919]

Quando se diz, por exemplo, que a Administração Pública deve facilitar e assistir ao contribuinte no exercício dos seus direitos e no cumprimento de suas obrigações (artigo 3°, inciso I, da Lei n° 9.784/99), estabelece-se um comportamento a ser observado pela Administração Pública, indicando a decisão que deve ser tomada quando se instaurar um conflito entre os sujeitos da relação jurídica. No caso, o legislador antecipou-se ao conflito, ponderou as razões e decidiu previamente que é melhor atender e assistir ao cidadão do que lhe negar apoio e posteriormente enfrentar os prejuízos com tal decisão. Num juízo de "all things considered" referido por Schauer,[920] o legislador ponderou as razões conflitantes e tomou a decisão para que futuramente não fosse necessário deliberar novamente sobre este conflito. Daí falar que a função eficacial decisória das regras tem o condão de eliminar conflitos de coordenação, conhecimento, custos e controle de poder.[921]

3.2. Função eficacial definitória

Como regra, os deveres de colaboração, cooperação e proteção desempenham uma função de definição ou concretização de outras normas mais amplas (princípios), delimitando o comportamento esperado para que seja concretizado o estado ideal de coisas preconizado pelos princípios sobrejacentes.[922]

Assim, quando se sustentou que os princípios da boa-fé objetiva e da cidadania tributária servem de fundamento para os deveres de colaboração, cooperação e proteção, estabeleceu-se uma vinculação entre as normas e se apontou as decisões valorativas que a aplicação destes princípios enseja. No entanto, diante do caso concreto, quando instaurado um conflito entre Fisco e cidadão, dizer-se que deverá incidir a boa-fé objetiva pode significar muito pouco para efeito de solução do conflito. Tome-se, por exemplo, um caso hipotético em que o Fisco nega o acesso a certo documento fiscal considerado importante pelo contribuinte (*v.g*, Registro de Procedimento Fiscal – RPF). Parece óbvio afirmar que incidem uma série de princípios constitucionais que asseguram ao cidadão acesso à informação e a documentos, porém é muito mais simples invocar o direito previsto no artigo 3°, inciso II, da Lei n° 9.784/99 combinado com os artigos 7° e 21 da Lei n° 12.527/2011 que estabelecem, de seu turno,

---

[919] SCHAUER, Frederick. *Playing by the Rules*. Nova York: Oxford University Press, 2002, p. 113. ÁVILA, Humberto. "Neoconstitucionalismo": entre a "ciência do direito" e o "direito da ciência". In: *Revista Eletrônica de Direito do Estado (REDE)*, Salvador, Instituto Brasileiro de Direito Público n° 17, janeiro, fevereiro e março de 2009. Disponível na internet: <http://www.direitodoestado.com/revista/rede-17-janeiro-2009-humberto%20avila.pdf>, acessado em 16 de fevereiro de 2015.

[920] SCHAUER, Frederick. *Playing by the Rules*. Nova York: Oxford University Press, 2002, p. 113.

[921] ÁVILA, Humberto. "Neoconstitucionalismo": entre a "ciência do direito" e o "direito da ciência". In: *Revista Eletrônica de Direito do Estado (REDE)*, Salvador, Instituto Brasileiro de Direito Público n° 17, janeiro, fevereiro e março de 2009. Disponível na internet: <http://www.direitodoestado.com/revista/rede-17-janeiro-2009-humberto%20avila.pdf>, acessado em 16 de fevereiro de 2015.

[922] ÁVILA, Humberto. *Sistema Constitucional Tributário*. São Paulo: Saraiva, 2004, p. 51.

o dever de fornecer informações e documentos de interesse do cidadão. Eis, portanto, a função definitória desempenhada pelos deveres de colaboração, cooperação e proteção que consiste em concretizar os valores de transparência, publicidade, lealdade e probidade que os inspiram.

3.3. Função eficacial de trincheira

Na parte em que foram apreciadas as distinções entre princípios e regras, estabeleceu-se que as regras possuem como característica a lógica do "tudo ou nada".[923] Ou a regra é válida e deve ser aplicada, ou a regra não é válida e deve ser afastada. Sendo assim, quando verificados os pressupostos de incidência de uma regra no caso concreto, revela-se inarredável a sua aplicação. No entanto, pode-se cogitar a não aplicação da regra se houver uma regra prescrevendo uma exceção.[924] Trata-se daquilo que Hart cunhou como *legal defeasibility* ou "derrotabilidade" das regras.[925]

Em outras palavras, pode-se dizer que a função eficacial de trincheira tem o condão de erigir verdadeira proteção aos bens jurídicos tutelados, na medida em que os deveres de colaboração, cooperação e proteção deverão ser observados, exceto se se verificar no caso concreto que há a incidência de uma regra excepcionando a incidência dos referidos deveres. Assim, pode-se dizer que a superação de uma regra é restrita e exige um ônus argumentativo muito maior para aquele que deseja afastar a sua aplicação invocando razões contrárias.[926]

4. Dos deveres de colaboração, cooperação e proteção como direitos subjetivos

Se é certo dizer que a colaboração, a cooperação e a proteção fazem surgir deveres para os sujeitos da relação tributária, é igualmente correto dizer que surge para a parte contrária um direito subjetivo à informação, assistência, tutela, colaboração e cooperação. É, como afirma Karl Engish, que as chamadas consequências jurídicas "consistem em direitos (poderes jurídicos) e deveres, de modo que "o centro gravitacional do Direito reside nisto: em ele positivamente conferir direitos e impor deveres".[927]

Este direito (poder) conferido mesmo que indiretamente pelas normas examinadas gera a expectativa e a pretensão de vê-lo tutelado judicialmente

---

[923] DWORKIN, Ronald. *Levando os direitos a sério*. Trad. Nelson Boeira. São Paulo: Martins Fontes, 2002, p. 76-9.
[924] ALEXY, Robert. *Teoria dos Direitos Fundamentais*. Trad. Virgílio Afonso da Silva. São Paulo: Malheiros, 2008, p. 92.
[925] SOUSA, Miguel Teixeira de. *Introdução ao Direito*. Coimbra:Almedina, 2012, p. 219.
[926] ÁVILA, Humberto. *Sistema Constitucional Tributário*. São Paulo: Saraiva, 2004, p. 54.
[927] ENGISCH, Karl. *Introdução ao pensamento jurídico*. 8 ed. Trad. João Baptista Machado. Lisboa: Fundação Calouste Gulbenkian, 2001, p. 33.

pelo titular.⁹²⁸ A reprodução das regras insculpidas no artigo 3º da Lei nº 9.784/99 e no artigo 1º da Lei nº 12.527/11 demonstrou que o cidadão possui certos direitos frente à Administração e que acaso se verifique o descumprimento dos deveres de colaboração, cooperação e proteção aqui defendidos exsurgirá para o interessado a pretensão de ver esses direitos assegurados seja na via administrativa, seja no Poder Judiciário.

Capítulo 2 – Força normativa

1. Força normativa dos deveres de colaboração, cooperação e proteção

A análise da função normativa desempenhada pela colaboração, cooperação e proteção foi capaz de demonstrar como essas normas se apresentam no ordenamento jurídico, assumindo, por vezes, a função de princípio, ora a função de regra. Do exame foi possível observar como estas normas se relacionam com os dispositivos que lhe dão suporte, assim como foi possível diagnosticar as funções eficaciais desempenhadas.

No intuito de concluir o percurso de exame das normas aqui defendidas, é preciso enfrentar a questão relativa à força que tais normas possuem perante a ordem jurídica brasileira. O enfrentamento proposto exige a definição da posição que tais normas ocupam dentro do ordenamento jurídico para que se possa estabelecer adiante a precedência de uma norma sobre outra em eventual conflito normativo concreto.

As normas jurídicas compreendidas como regras de conduta notabilizam-se por conferir direitos e impor deveres.⁹²⁹ Assim como determinada norma é capaz de assegurar um direito a um sujeito da relação jurídica, pode-se afirmar que surge ao outro "deveres".⁹³⁰ Como afirma Karl Engish, as "relações jurídicas apresentam-se a mais das vezes como poderes (direitos), aos quais se contrapõem os correspondentes deveres".⁹³¹ Se esta é nota fundamental do Direito, qual seria a justificativa para afastar esta concepção apenas para a relação Estado e cidadão? Bobbio, ao invocar Kant, elenca certas relações, comparando-as com os direitos e deveres: "1) a relação entre um sujeito que tem direito e deveres com outro que tem apenas direitos e não deveres (Deus); 2) a relação de um sujeito que tem direitos e deveres com outro que tem apenas deveres e não direitos (o escravo); 3) a relação de um sujeito que tem direitos e deveres com outro que não tem nem direitos nem deveres (os animais, as coisas inani-

---

⁹²⁸ ENGISCH, Karl. *Introdução ao pensamento jurídico*. 8 ed. Trad. João Baptista Machado. Lisboa: Fundação Calouste Gulbenkian, 2001, p. 30.

⁹²⁹ Idem, p. 33.

⁹³⁰ GUASTINI, Riccardo. *Il diritto come linguaggio*. Turim: Giappichelli ed., 2001, p. 15. ENGISCH, Karl. *Introdução ao pensamento jurídico*. 8 ed. Trad. João Baptista Machado. Lisboa: Fundação Calouste Gulbenkian, 2001, p. 35.

⁹³¹ ENGISCH, Karl. *Introdução ao pensamento jurídico*. 8 ed. Trad. João Baptista Machado. Lisboa: Fundação Calouste Gulbenkian, 2001, p. 33.

madas); 4) a relação de um sujeito que tem direitos e deveres com outro que tem direitos e deveres (o homem)".[932] Parece que a relação mais consentânea à ordem jurídica vigente é a última, dado os primados da igualdade e dignidade da pessoa humana que inspiram o direito pátrio.

Nessa linha, sustenta-se a existência de deveres fundamentais, uma vez que fundados em normas constitucionais, cujo destinatário pode ser tanto o Estado, quanto o cidadão. Assim, quando se invoca o direito à informação, previsto no artigo 5º, inciso XXXIII, da Constituição, é coerente afirmar que compete ao Estado o dever de informar. Quando se invoca o direito do cidadão à incolumidade física, patrimonial e moral, assegurada pelo artigo 5º, incisos III e X, da Constituição, impõe-se um dever de zelar por essa incolumidade, incumbindo especificamente ao Estado a obrigação de indenizar o ofendido (artigo 37, § 6º, da CRFB). Essa abordagem acaba por se afastar da concepção de dever fundamental defendida por Casalta Nabais[933] e, via reflexa, aproximar-se da visão da ideia de "deveres correlativos ou relacionais de direitos fundamentais" ou "deveres de direitos fundamentais".[934]

Assim, pode-se dizer que os deveres fundamentais constituem-se em normas de assento constitucional com eficácia jurídica bem específica, distinguindo-se portanto, das normas constitucionais de caráter programático ou meramente proclamatória.[935] Estas normas jurídico-constitucionais reconhecem posições jurídicas subjetivas do cidadão e do Estado em condição passiva, impondo-lhe certos comportamentos. Os deveres direcionam exatamente ao destinatário o conteúdo dos mandamentos expressos na exigência de um determinado comportamento constitucionalmente definido.[936]

A eficácia destas normas é plena dada a fundamentalidade[937] da sua constituição, uma vez que associadas a direitos fundamentais plasmados na Constituição brasileira. Não se quer dizer que sejam ilimitados e absolutos. Por certo, assim como os direitos fundamentais sofrem certas limitações, os deveres fundamentais estão sujeitos à disciplina própria.[938] Esta regulamentação pode ser mediada pelo Poder Legislativo, como se pode invocar o exemplo da Lei nº 12.527 de 2011 que regulamentou o direito à informação e disciplinou o dever do Estado em prestá-la.

---

[932] BOBBIO, Norberto. *Teoria da Norma Jurídica*. 2 ed. Trad. Ferando Pavan Baptista e Ariani Bueno Sudatti. Bauru: Edipro, 2003, p. 39.

[933] NABAIS, José Casalta. *O Dever Fundamental de Pagar Impostos. Contributo para a compreensão constitucional do estado fiscal contemporâneo*. 3 reimpressão. Coimbra: Almedina, 2012, p. 78.

[934] HÄBERLE, Peter. *Grundplifchten im Leistungsstaat*. VVDStRL, 30(1972), p. 13 e 112. O. LUCHTERHANDT. *Grundplifchten als Verfassungsproblem in Deutschland*. p. 56 e ss.

[935] NABAIS, José Casalta. *O Dever Fundamental de Pagar Impostos. Contributo para a compreensão constitucional do estado fiscal contemporâneo*. 3 reimpressão. Coimbra: Almedina, 2012, p. 158.

[936] Idem, 2012, p. 159.

[937] Ingo Sarlet explica que: "direitos fundamentais são posições jurídicas reconhecidas e protegidas na perspectiva do direito constitucional interno dos Estados". SARLET, Ingo Wolfgang; MARINONI, Luiz Guilherme e MITIDIERO, Daniel. *Curso de Direito Constitucional*. São Paulo: RT, 2012, p. 266.

[938] MENDES, Gilmar Ferreira e BRANCO, Paulo Gustavo Gonet. *Curso de Direito Constitucional*. 7 ed. São Paulo: Saraiva, 2012, p. 220 e ss. ADAMY, Pedro Augustin. *Renúncia a direito fundamental*. São Paulo: Malheiros, 2011.

Como parcela expressiva destes deveres não se encontra expressamente plasmada no texto da Constituição e assim como não há, até o momento, um estatuto do contribuinte em solo brasileiro, a mediação dos conflitos passará necessariamente pelo Poder Judiciário que se utilizará dos instrumentos normativos oferecidos pela ordem vigente. Nesse particular, merece especial atenção os postulados da razoabilidade e proporcionalidade.[939]

2. Eficácia Multidirecional dos deveres de colaboração, cooperação e proteção

Os deveres de colaboração, cooperação e proteção destinam-se tanto ao cidadão, quanto ao Estado. Defendeu-se como fundamento de tais deveres a noção de cidadania fiscal, colocando o contribuinte no seu devido lugar no plano normativo constitucional. Significa dizer que o contribuinte possui certos deveres associados a sua própria condição de cidadão integrante de uma comunidade, assim como o Estado possui certos deveres frente ao ser humano dotado de dignidade em si mesmo.

Dessa forma, a eficácia que os deveres de colaboração, cooperação e proteção apresentam pode ser chamada de multidirecional porque se aplica a todos os sujeitos da relação tributária. Como tais deveres prescrevem comportamentos que visam melhor estruturar e assegurar o exato cumprimento da obrigação tributária principal, espera-se que todos os integrantes da relação observem estes comportamentos.

Os deveres anexos são impostos ao Fisco, assim como obrigam o contribuinte. Há correspectividade, sinalagma neste liame obrigacional. Se é exigido que o Estado se comporte de forma colaborativa, não se revela justo sustentar que o contribuinte não possua igual dever. Se é exigido que o Contribuinte informe suas atividades e preste informações, não se admite que o Estado não possua igual compromisso. Logo, pode-se sustentar a existência de bilateralidade no que diz respeito aos deveres anexos ou funcionais, de forma que o comportamento de um dos sujeitos da relação obrigacional é capaz de estabelecer o nível e a qualidade do comportamento a ser reproduzido pela contraparte. Não se deve esperar uma atitude colaborativa do contribuinte, se, de seu turno, o Estado nega-se a colaborar para o atingimento do fim último da relação obrigacional tributária. De igual sorte, não se pode esperar que o Estado seja claro e transparente, se, de sua parte, o contribuinte reluta em proceder da mesma forma.

Propugna-se, portanto, uma relação tributária equilibrada porque assim é o desejo da Constituição que elenca dentre seus valores supremos a igualdade. Dentro desta perspectiva, assumindo que as partes integrantes da relação jurídica tributária encontram-se em posição de equivalência,[940] reitera-se que este

---

[939] ÁVILA, Humberto. *Sistema Constitucional Tributário*. São Paulo: Saraiva, 2004, p. 44. ADAMY, Pedro Augustin. *Renúncia a direito fundamental*. São Paulo: Malheiros, 2011.

[940] Pedro Parrilla recorda que a *Ley de Derechos y Garantias de los Contribuyentes* buscava reforçar o equilíbrio entre as posições da Administração e do Contribuinte. Desse modo, critica a posição do Tribunal Constitu-

vínculo deve ser colaborativo.[941] Por esta perspectiva, não se pode defender a cominação de deveres apenas ao contribuinte, nem se pode alegar que os deveres devem ser observados apenas pelo Fisco. Os sujeitos da relação devem se comportar de forma a promover os valores tutelados pela colaboração, cooperação e proteção. No entanto, não se pode descurar que o Estado tem a prerrogativa de editar leis via Poder Legislativo e regulamentar tais leis por meio de atos do Poder Executivo. Esta prerrogativa inerente ao modelo estatal vigente estabelece uma posição extremamente vantajosa, pois detém competência para condicionar as condutas que desejar por meio do seu poder normativo. E refira-se que tem exercitado com bastante frequência, dada a proliferação de obrigações tributárias acessórias nos últimos anos. Sendo assim, revela-se difícil examinar algum comportamento que seja esperado do contribuinte e não esteja regulamento por alguma instrução normativa.

Logo, conclui-se que os deveres de colaboração, cooperação e proteção, não obstante se destinem a todos os sujeitos da relação tributária, poderá revelar maior utilidade quando invocados em favor do contribuinte. A função eficacial de criação de deveres anexos de conduta será muito mais útil ao contribuinte, pois este não possui competência para criar obrigações tributárias acessórias para o Fisco. Por outro lado, a colaboração terá maior serventia à Administração Tributária no sentido de limitar o exercício de direitos subjetivos quando contraditórios com o comportamento leal e honesto esperado.

3. Conflitos internos

As normas propostas tutelam uma série de bens jurídicos e valores como destacado na análise da função normativa acima.[942] Em síntese, o dever de colaboração estabelece um compromisso de agir concertado na busca de um fim. A colaboração promove uma passagem da relação repressiva (paradigma an-

---

cional da Espanha que reconhecia a Administração Tributária a condição de *potentior persona* "que no está en un plano de igualdad con el contribuyente, sino en un plano de superioridad (STC 76/1990)". PARRILLA, Pedro José Carrasco. Derechos y garantías de los contribuyentes en España. In: Daniel Freire e Almeida; Fabio Luiz Gomes e João Ricardo Catarino (org). Garantia dos contribuintes no Sistema Tributário. São Paulo: Saraiva, 2013, p. 538. Seguindo a mesma crítica, Jaime Añoveros comenta a sentença do Tribunal Constitucional que reconheceu a posição da Administração como *potentior persona*. AÑOVEROS, Jaime García. *Una nueva ley general tributaria. Problemas constitucionales. In:* Antonio Agulló Agüero (org). Garantias Constitucionales del contribuyente. Valencia: Tirant lo blanch, 1998, p. 103.

[941] SANTAMARIA, Francesco. *Autonomia Privata e Statuto del contribuente*. Milão: Giuffrè, 2012, p. 3. MARONGIU, Gianni. *Lo Statuto dei diritti del contribuente*. 2 ed. Turim: Giappichelli editore, 2010, p. 125-6. PIETRO, Adriano di. Tutela del contribuente y constitucion material en la aplicacion de la norma tributaria. In: *Garantias Constitucionales del contribuyente*. Antonio Agulló Agüero (org). Valencia: Tirant lo blanch, 1998, p. 86. SANTOS, António Carlos dos. O crescente desequilíbrio entre as prerrogativas do fisco português e os direitos e garantias do contribuintes. In: *Garantia dos contribuintes no Sistema Tributário*. Daniel Freire e Almeida; Fabio Luiz Gomes e João Ricardo Catarino (orgs.). São Paulo: Saraiva, 2013, p. 35. GUIMARÃES, Vasco Branco. As garantias dos particulares na relação jurídica tributária: uma revisão necessária. In: *Garantia dos contribuintes no Sistema Tributário*. Daniel Freire e Almeida; Fabio Luiz Gomes e João Ricardo Catarino (orgs.). São Paulo: Saraiva, 2013, p. 692.

[942] Segunda parte, título II, capítulo 1.

tigo) para uma relação do diálogo.⁹⁴³ Nessa relação dialógica, espera-se que as partes comportem-se de modo coerente, isto é, não contraditório ou descompassado no tempo.⁹⁴⁴ Alude-se, portanto, a um dever de correção, evitando-se um comportamento que gere insegurança ou instabilidade nas manifestações do Estado, assim como coibindo-se ações capciosas ou ardilosas por parte do contribuinte.⁹⁴⁵

Desse estado ideal de coisas sinalizado pela colaboração, poder-se-á eventualmente verificar um conflito entre o dever de colaborar com as próprias projeções que a boa-fé objetiva emana. Tome-se, por exemplo, a concessão de um benefício fiscal inválido. Se a colaboração e a cooperação projetam um comportamento de correção e lealdade entre os sujeitos da relação tributária, poder-se-ia argumentar que o aproveitamento do referido benefício inválido por parte do contribuinte caracterizaria evidente violação ao comportamento pregado pela cooperação. Dito de outro modo por Humberto Ávila, "quem confia em um ato normativo – para seguir usando a frase tradicional – saberia ou deveria saber que o ato não merece confiança e, sendo assim, não pode futuramente alegar frustração de confiança caso seja aquele considerado ilegal".⁹⁴⁶ De outro lado, sustenta o contribuinte, em seu favor, que confiou no comportamento do Estado que lhe concedeu o referido benefício, sendo-lhe vedado voltar atrás de seus próprios passos.

A jurisprudência do Supremo Tribunal Federal indica que os benefícios fiscais concedidos sem a observância da Constituição são considerados inválidos. No entanto, o ponto central reside em saber se o contribuinte que confiou nos atos estatais que concediam o benefício estará protegido em relação ao comportamento adotado baseado em ato normativo inválido ou não. Em julgado da relatoria do Min. Carlos Velloso, assentou-se que o benefício concedido por prazo certo e em função de determinadas condições deve ser preservado, ainda que contrário ao preceito constitucional vigente.⁹⁴⁷

O tema ganha ainda mais dramaticidade se analisado sob o ângulo da incidência do ICMS sobre operações interestaduais quando um dos Estados envolvidos na operação concede incentivo ao arrepio da Constituição.⁹⁴⁸ A jurisprudência do Supremo Tribunal Federal é remansosa no sentido de reconhecer a invalidade de benefícios fiscais concedidos sem a observância dos requisitos estabelecidos na Constituição.⁹⁴⁹ Porém, o Superior Tribunal de Justiça possui precedente reconhecendo que o contribuinte que se utilizou das normas

---

⁹⁴³ MARONGIU, Gianni. *Lo Statuto dei diritti del contribuente*. 2 ed. Turim: Giappichelli editore, 2010, p. 125-6.

⁹⁴⁴ Idem, p. 144.

⁹⁴⁵ Idem, p. 145.

⁹⁴⁶ ÁVILA, Humberto. *Segurança Jurídica. Entre permanência, mudança e realização no Direito Tributário*. 2 ed. São Paulo: Malheiros, 2012, p. 455.

⁹⁴⁷ RE 169880, Rel. Min. CARLOS VELLOSO, Segunda Turma, j. 29/10/1996, DJ 19/12/1996, p. 51790.

⁹⁴⁸ ADI 3312, Rel. Min. EROS GRAU, Pleno, j. 16/11/2006, DJ 09/03/2007, p. 25, LEXSTF v. 29, n. 341, 2007, p. 43-50 RDDT n. 140, 2007, p. 215; ADI 3389, Rel. Min. JOAQUIM BARBOSA, Pleno, j. 06/09/2007, DJe-018 01/02/2008.

⁹⁴⁹ ADI 3936 MC, Relator Min. Gilmar Mendes, Tribunal Pleno, DJe de 09.11.2007; ADI 2439, Relator Min. Ilmar Galvão, Tribunal Pleno, DJ 21.02.2003.

vigentes deve ter assegurado o direito ao creditamento de tributo até que a norma seja revogada ou tenha sido declarada inconstitucional pelo Supremo Tribunal Federal. Como refere o Min. Castro Meira: "Se o Estado de destino da mercadoria entende que o Fisco da origem concedeu um benefício indevido, deve procurar a via judicial, por meio de ação direta, para obter declaração de inconstitucionalidade do preceito legal que entende violador do pacto federativo, e não adotar o caminho "mais fácil", que é o de autuar o contribuinte situado em seu território, que não mantém relação tributária com o Estado de origem nem se beneficia do crédito lá concedido".[950]

Os casos trazidos à baila envolvem uma série de preceitos normativos e, por certo, transbordam a mera análise da cooperação no âmbito da relação tributária. Todavia, é importante ressaltar a linha de raciocínio utilizada para que se concedesse tutela ao contribuinte que teria sido autuado por valer-se de um benefício sabidamente inválido segundo posição remansosa do Supremo Tribunal Federal. Os precedentes prestigiam a confiança depositada nos atos emanados pelo Poder Público, publicados e dirigidos à sociedade com pretensão de vinculação. É evidente que compete ao próprio Estado revisar invalidades e corrigir defeitos, porém não se pode impor sanção ao cidadão que respeita e segue a disciplina dos atos normativos em vigor. Como refere Humberto Ávila, "embora o Estado tenha a liberdade de concretizar políticas públicas, uma vez tendo feito isso, passa a vincular-se à sua atuação anterior, da qual não pode simplesmente afastar-se".[951]

Portanto, em se tratando de conflito interno entre bens jurídicos tutelados pela colaboração, cooperação e proteção aparentemente em conflito, a solução passa pelo exame da solução que melhor e mais eficazmente promova o estado ideal de coisas preconizados pela colaboração. Tomando novamente o exemplo acima, pode-se dizer que age com mais correção o contribuinte que cumpre a lei em vigor (ainda que possa ser declarada inconstitucional futuramente), do que o Estado que podendo adotar outras soluções mais adequadas ao ordenamento jurídico (ajuizamento de ADI, como refere o Min. Castro Meira), toma o caminho mais fácil e autua o contribuinte.

4. Conflitos externos

A defesa de uma postura colaborativa e cooperativa por parte dos sujeitos integrantes da relação tributária invoca imediatamente alguns dilemas que são tratados neste tópico como conflitos externos entre os deveres propugnados por este trabalho e outras normas vigentes no ordenamento jurídico.

---

[950] RMS 31.714/MT, Rel. Ministro CASTRO MEIRA, SEGUNDA TURMA, julgado em 03/05/2011, DJe 19/09/2011.
[951] ÁVILA, Humberto. *Segurança Jurídica. Entre permanência, mudança e realização no Direito Tributário.* 2 ed. São Paulo: Malheiros, 2012, p. 467.

O cotejo das normas com apoio em casos concretos tem a pretensão de elucidar que alguns conflitos são meramente aparentes e não justificam a reação contrária a proposta aqui apresentada.

4.1. Conflito entre o dever de colaboração e direito ao silêncio ("nemo tenetur se detegere")

Ao se defender um comportamento colaborativo, cooperativo por parte dos sujeitos da relação tributária, ouve-se a ponderação de que a colaboração por parte do contribuinte encontraria óbice na garantia constitucional assegurada ao cidadão de não se autoincriminar (artigo 5°, inciso LXIII, da CRFB).[952]

A expressão latina "nemo tenetur se detegere" ou "nemo tenetur se ipsum procedere" expressam, em síntese, que ninguém é obrigado a agir contra si mesmo. Este brocardo latino tem origens remotas, mas pode-se dizer que ganhou força no período iluminista como uma reprovação ao período inquisitório que lhe antecedeu. Como repressão às ordálias e torturas corriqueiras no período medieval, construiu-se, ao longo da história, uma garantia em favor do cidadão de não se autoincriminar, não se confessar culpado, nem produzir provas contra si mesmo, chegando a noção de direito ao silêncio.[953]

---

[952] Duas obras merecem atenção: KREBS, Pedro. *Autoincriminação e obrigação tributária. Aplicações no Direito Tributário do direito a não se autoincriminar.* Porto Alegre: Livraria do Advogado, 2010; CAVALCANTI, Eduardo Munis Machado. *Dever de colaboração dos contribuintes versus direito ao silêncio no âmbito tributário sancionador.* Porto Alegre: SaFe, 2009.

[953] CAVALCANTI, Eduardo Munis Machado. *Dever de colaboração dos contribuintes versus direito ao silêncio no âmbito tributário sancionador.* Porto Alegre: SaFe, 2009, p. 51-3. O Supremo Tribunal Federal possui farta jurisprudência sobre o tema, valendo referir julgado que compila o entendimento da Corte: "ABRANGÊNCIA DA CLÁUSULA CONSTITUCIONAL DO "DUE PROCESS OF LAW", QUE COMPREENDE, DENTRE AS DIVERSAS PRERROGATIVAS DE ORDEM JURÍDICA QUE A COMPÕEM, O DIREITO CONTRA A AUTOINCRIMINAÇÃO. – A garantia constitucional do "due process of law" abrange, em seu conteúdo material, elementos essenciais à sua própria configuração, dentre os quais avultam, por sua inquestionável importância, as seguintes prerrogativas: (a) direito ao processo (garantia de acesso ao Poder Judiciário); (b) direito à citação e ao conhecimento prévio do teor da acusação; (c) direito a um julgamento público e célere, sem dilações indevidas; (d) direito ao contraditório e à plenitude de defesa (direito à autodefesa e à defesa técnica); (e) direito de não ser processado e julgado com base em leis "ex post facto"; (f) direito à igualdade entre as partes (paridade de armas e de tratamento processual); (g) direito de não ser investigado, acusado processado ou condenado com fundamento exclusivo em provas revestidas de ilicitude, quer se trate de ilicitude originária, quer se cuide de ilicitude derivada (RHC 90.376/RJ, Rel. Min. CELSO DE MELLO – HC 93.050/RJ, Rel. Min. CELSO DE MELLO); (h) direito ao benefício da gratuidade; (i) direito à observância do princípio do juiz natural; (j) direito à prova; (l) direito de ser presumido inocente (ADPF 144/DF, Rel. Min. CELSO DE MELLO e, em consequência, de não ser tratado, pelos agentes do Estado, como se culpado fosse, antes do trânsito em julgado de eventual sentença penal condenatória (RTJ 176/805-806, Rel. Min. CELSO DE MELLO); e (m) direito de não se autoincriminar nem de ser constrangido a produzir provas contra si próprio (HC 69.026/DF, Rel. Min. CELSO DE MELLO – HC 77.135/SP, Rel. Min. ILMAR GALVÃO – HC 83.096/RJ, Rel. Min. ELLEN GRACIE – HC 94.016/SP, Rel. Min. CELSO DE MELLO, v.g.). ALCANCE E CONTEÚDO DA PRERROGATIVA CONSTITUCIONAL CONTRA A AUTOINCRIMINAÇÃO. – A recusa em responder ao interrogatório policial e/ou judicial e a falta de cooperação do indiciado ou do réu com as autoridades que o investigam ou que o processam traduzem comportamentos que são inteiramente legitimados pelo princípio constitucional que protege qualquer pessoa contra a autoincriminação, especialmente quando se tratar de pessoa exposta a atos de persecução penal. O Estado – que não tem o direito de tratar suspeitos, indiciados ou réus, como se culpados fossem, antes do trânsito em julgado de eventual senten-

A questão, portanto, reside em saber se a imposição de um dever de colaboração ao contribuinte resultaria em violação à garantia constitucional ao silêncio. De imediato, impõe-se reconhecer que o conflito é, em verdade, aparente. Neste momento da pesquisa, é possível notar que não se tratou em momento algum sobre inquérito policial, persecução penal ou procedimento investigativo. A tônica do trabalho está centrada na adoção de uma postura colaborativa no processamento da obrigação tributária, de forma a evitar o conflito. A colaboração tem uma perspectiva prospectiva, visando condicionar certos comportamentos para o exato cumprimento da obrigação principal. Neste limite, não se pode admitir que o Estado atue de forma indiferente às dificuldades enfrentadas pelo contribuinte no atendimento de suas obrigações (principal e acessórias). Da mesma forma, não se pode concordar que o contribuinte tenha o direito de não apresentar documento ou dado exigido por lei, pois além de violar os preceitos da colaboração, o contribuinte incorreria em infração à legislação tributária vigente.

Colocado nestes termos, a colaboração defendida neste trabalho não chega a entrar em colisão com o direito ao silêncio protegido pela Constituição. O âmbito da investigação concentra-se na expressiva maioria das obrigações tributárias que nascem e extinguem-se naturalmente, mas que geram uma série de incertezas nos sujeitos que integram a relação tributária. Em momento algum foram enfrentadas as situações patológicas de descumprimento da obrigação tributária, sonegação, fraude, simulação ou dissimulação. Quando verificadas situações de fraude ou cometimento de ilícito, por certo, as autoridades competentes adotarão os procedimentos cabíveis e, neste momento, poder-se-á falar em direito ao silêncio, uma vez instaurada investigação contra determinado contribuinte com capacidade de lhe gerar sanções penais.[954]

O Direito Espanhol eliminou as incertezas ao cindir o procedimento administrativo de apuração do tributo (liquidação) e o procedimento administrativo sancionador. Segundo Carlos Taboada, o problema de aplicação do direito

---

ça penal condenatória (RTJ 176/805-806) – também não pode constrangê-los a produzir provas contra si próprios (RTJ 141/512), em face da cláusula que lhes garante, constitucionalmente, a prerrogativa contra a autoincriminação. Aquele que sofre persecução penal instaurada pelo Estado tem, dentre outras prerrogativas básicas, (a) o direito de permanecer em silêncio, (b) o direito de não ser compelido a produzir elementos de incriminação contra si próprio nem de ser constrangido a apresentar provas que lhe comprometam a defesa e (c) o direito de se recusar a participar, ativa ou passivamente, de procedimentos probatórios que lhe possam afetar a esfera jurídica, tais como a reprodução simulada (reconstituição) do evento delituoso e o fornecimento de padrões gráficos ou de padrões vocais para efeito de perícia criminal (HC 96.219-MC/SP, Rel. Min. CELSO DE MELLO, *v.g.*). Precedentes. – A invocação da prerrogativa contra a autoincriminação, além de inteiramente oponível a qualquer autoridade ou agente do Estado, não legitima, por efeito de sua natureza eminentemente constitucional, a adoção de medidas que afetem ou que restrinjam a esfera jurídica daquele contra quem se instaurou a "persecutio criminis" nem justifica, por igual motivo, a decretação de sua prisão cautelar. – O exercício do direito ao silêncio, que se revela insuscetível de qualquer censura policial e/ou judicial, não pode ser desrespeitado nem desconsiderado pelos órgãos e agentes da persecução penal, porque a prática concreta dessa prerrogativa constitucional – além de não importar em confissão – jamais poderá ser interpretada em prejuízo da defesa. Precedentes. (...) (HC 99289, Rel. Min. CELSO DE MELLO, Segunda Turma, j. 23/06/2009, DJe-149 03/08/2011, p. 75).
[954] CAVALCANTI, Eduardo Munis Machado. *Dever de colaboração dos contribuintes versus direito ao silêncio no âmbito tributário sancionador*. Porto Alegre: SaFe, 2009, p. 54.

ao silêncio só se estabelece quando se verificar a falta de separação do procedimento de liquidação e de inspeção.[955] Porém, a legislação brasileira em vigor não prevê este procedimento de cisão, o que reestabelece a questão sobre a aplicação do direito ao silêncio ao procedimento administrativo tributário com capacidade de cominar sanções e desencadear a persecução penal. A questão fica ainda mais complexa quando acrescentado a previsão contida no artigo 1º, inciso I, da Lei nº 8.137/90 que define como crime a omissão ou falsificação de informação à autoridade fazendária.

Parece que a solução mais acertada seja a adaptação da experiência espanhola em conjugação com a orientação do Supremo Tribunal Federal. A Corte assegura o direito ao silêncio não só ao investigado como também à testemunha em comissão parlamentar de inquérito.[956] Nessa linha, a posição de Hugo de Brito Machado parece conjugar adequadamente as duas vertentes, quando delimita que as informações cuja apresentação se revele obrigatória (e cuja negativa se configure o crime do artigo 1º, I, da Lei nº 8.137/90) seriam aquelas necessárias tão somente ao lançamento regular do tributo, não alcançando outras informações ou documentos que possam interessar à fiscalização tributária, mas que não estejam diretamente relacionadas com o lançamento do tributo. Afirma Hugo de Brito que: "o dever de informar precede a configuração do crime contra a ordem tributária. Cometido este, seu autor não tem o dever de prestar informação alguma, útil para a comprovação daquele cometimento, que configuraria autoincriminação".[957] Logo, a questão é resolvida pela perspectiva em que as normas são aplicadas. Analisando-se prospectivamente, incide o dever de colaboração que estabelece dentro outros comportamentos o dever de informar. No entanto, fazendo-se uma abordagem retrospectiva, quando verificada a infração contra a ordem tributária, impõe-se que as autoridades instaurem os expedientes competentes de investigação para elucidação

---

[955] TABOADA, Carlos Palao. El derecho a no autoinculparse en el ámbito tributário. In: *Cuardernos Civitas*. Pamplona: Editorial Aranzadi, 2008, p. 26.

[956] "COMISSÃO PARLAMENTAR DE INQUÉRITO – PRIVILÉGIO CONTRA A AUTO-INCRIMINAÇÃO – DIREITO QUE ASSISTE A QUALQUER INDICIADO OU TESTEMUNHA – IMPOSSIBILIDADE DE O PODER PÚBLICO IMPOR MEDIDAS RESTRITIVAS A QUEM EXERCE, REGULARMENTE, ESSA PRERROGATIVA – PEDIDO DE HABEAS CORPUS DEFERIDO. – O privilégio contra a auto-incriminação – que é plenamente invocável perante as Comissões Parlamentares de Inquérito – traduz direito público subjetivo assegurado a qualquer pessoa, que, na condição de testemunha, de indiciado ou de réu, deva prestar depoimento perante órgãos do Poder Legislativo, do Poder Executivo ou do Poder Judiciário. – O exercício do direito de permanecer em silêncio não autoriza os órgãos estatais a dispensarem qualquer tratamento que implique restrição à esfera jurídica daquele que regularmente invocou essa prerrogativa fundamental. Precedentes. O direito ao silêncio – enquanto poder jurídico reconhecido a qualquer pessoa relativamente a perguntas cujas respostas possam incriminá-la (nemo tenetur se detegere) – impede, quando concretamente exercido, que aquele que o invocou venha, por tal específica razão, a ser preso, ou ameaçado de prisão, pelos agentes ou pelas autoridades do Estado. – Ninguém pode ser tratado como culpado, qualquer que seja a natureza do ilícito penal cuja prática lhe tenha sido atribuída, sem que exista, a esse respeito, decisão judicial condenatória transitada em julgado. O princípio constitucional da não-culpabilidade, em nosso sistema jurídico, consagra uma regra de tratamento que impede o Poder Público de agir e de se comportar, em relação ao suspeito, ao indiciado, ao denunciado ou ao réu, como se estes já houvessem sido condenados definitivamente por sentença do Poder Judiciário. Precedentes". (HC 79812, Relator(a): Min. CELSO DE MELLO, Tribunal Pleno, julgado em 08/11/2000, DJ 16-02-2001 PP-00021 EMENT VOL-02019-01 PP-00196).

[957] MACHADO, Hugo de Brito. *Crimes Contra a Ordem Tributária*, São Paulo: RT, 2002, p. 129.

de eventual ilícito e nesta condição o contribuinte poderá invocar em seu favor o direito ao silêncio.

4.2. Conflito entre o dever de colaboração e o sigilo fiscal

Verifica-se conflito entre o dever de colaboração do Fisco com o contribuinte com as normas que estabelecem o sigilo fiscal. Por vezes, o contribuinte não tem autorizado o acesso a informações que estão sob a guarda da Autoridade Administrativa-tributária sob a alegação de que estariam protegidas pelas normas que zelam pelo sigilo fiscal.

É emblemático, para se ilustrar a discussão, o julgado do Superior Tribunal de Justiça relatado pelo Min. Humberto Martins.[958] Este precedente relata a pretensão de um contribuinte em ter acesso a informações do seu interesse que estavam em poder da Receita Federal do Brasil. A Administração Tributária federal havia lavrado Mandado de Procedimento Fiscal (MPF) e Registro de Procedimento Fiscal (RPF) em relação ao contribuinte e não lhe concedia acesso aos mencionados documentos. No intuito de obter acesso a estas informações, impetrou *habeas data* contra o Superintendente para que pudesse ter ciência das razões de estar sendo investigado pela Receita Federal. A pretensão foi denegada na origem e confirmada no Superior Tribunal de Justiça sob o frágil argumento da inadequação da via eleita.[959] Ao examinar a pretensão da parte, o Ministro concorda com as razões apresentadas pela autoridade administrativa para negar o acesso a informação, dizendo que segundo a Portaria Coana nº 33, de 16 de novembro de 2003, o Registro de Procedimento Fiscal – RPF é "documento, de caráter interno, que registra todas as atividades fiscais desenvolvidas pelos AFRF junto ao contribuinte"; enquanto que o Mandado de Procedimento Fiscal – MPF é o "documento, de caráter externo, que instaura e informa os procedimentos de fiscalização e de diligência junto ao contribuinte".

---

[958] "ADMINISTRATIVO E PROCESSUAL CIVIL. HABEAS DATA. PRETENSÃO DE ACESSO AO REGISTRO DE PROCEDIMENTO FISCAL – RPF. INADEQUAÇÃO DA VIA ELEITA. DOCUMENTO INTERNO DE USO PRIVATIVO DA RECEITA FEDERAL, QUE CONTÉM O REGISTRO DAS ATIVIDADES DOS AUDITORES FISCAIS. 1. Recurso especial no qual se discute se o Habeas Data é o meio adequado à obtenção do Registro de Procedimento Fiscal – RPF, que foi recusado ao impetrante. 2. Conquanto seja possível, nos termos da superveniente Lei n. 12.527/2011, o acesso às informações constantes do Registro de Procedimento Fiscal – RPF, o Habeas Data não é a via adequada para que impetrante tenha acesso às informações que dele constam. 3. É que o Registro de Procedimento Fiscal – RPF, por definição, é documento de uso privativo da Receita Federal, não tem caráter público nem pode ser transmitido a terceiros; e, de outro lado, não contém somente informações relativas à pessoa do impetrante, mas, principalmente, informações sobre as atividades desenvolvidas pelos auditores fiscais no desempenho de suas funções. Nessa linha, o acesso a esse documento pode, em tese, obstar o regular desempenho do poder de polícia da Receita Federal. Recurso especial improvido". (REsp 1411585/PE, Rel. Ministro HUMBERTO MARTINS, Segunda Turma, julgado em 05/08/2014, DJe 15/08/2014).

[959] Infelizmente, a jurisprudência brasileira sedimentou-se no sentido de restringir e apequenar o instituto do *habeas data*, caminhando na contra-mão dos movimentos de transparência, publicidade e acesso à informação verificados nos últimos anos. Apenas para registrar, alguns precedentes do Supremo Tribunal Federal nesse sentido: HD 82 AgR, Rel. Min. RICARDO LEWANDOWSKI, Pleno, j. 09/12/2010, DJe-026 09/02/2011, p. 1, RT v. 100, n. 907, 2011, p. 357-363, LEXSTF v. 33, n. 386, 2011, p. 123-129; RHD 22, Rel. Min. MARCO AURÉLIO, Rel. p/ Acórdão: Min. CELSO DE MELLO, Pleno, j. 19/09/1991, DJ 01/09/1995, p. 27378.

Assim, conclui o Ministro que não há violação aos artigos 1°, parágrafo único, e 7° da Lei n. 9.507/1997, pois o Registro de Procedimento Fiscal – RPF, por definição, "é documento de uso privativo da Receita Federal, não tem caráter público nem pode ser transmitido a terceiros; e, de outro lado, não contém somente informações relativas à pessoa do impetrante, mas, principalmente, informações sobre as atividades fiscais desenvolvidas pelos auditores no desempenho de suas funções".[960]

Com o devido respeito à posição da Corte, não parece ter sido oferecida a melhor solução jurídica às partes. A interpretação vertida no voto antes reproduzido não se revela a mais adequada harmonização das normas orientadoras da Administração Pública, tal como defendido neste trabalho. No entanto, interessa o prosseguimento do voto do Ministro que foi recebido pela comunidade jurídica como um sopro de esperança na modificação da relação entre Fisco e contribuinte. Em que pese o Ministro refira-se aos argumentos como *obiter dictum*, vale examinar os fundamentos invocados. Dessa forma, muito embora tenha negado provimento ao Recurso Especial, o Ministro defende que o contribuinte tem direito à informação, mas não pela via do *habeas data*. Diz que a Lei n° 12.527 de 2011 assegura o direito de pleitear aos órgãos públicos informações, tornando ilícita a recusa por parte do agente público. O Ministro Humberto Martins, embora considere o caminho do *habeas data* inadequado, afirma: "Nada obstante, o fato de ser documento de caráter interno e que, em tese, pode até colocar a atividade fiscalizatória da Receita Federal em risco não significa que a parte interessada não possa ter acesso ao registro das atividades fiscais desenvolvidas pelos auditores fiscais junto ao contribuinte, as quais constam do RPF. Essa a conclusão a que se chega ao se verificar o teor do art. 24 da Lei n. 12.527/2011".[961]

Por tudo quanto já foi defendido neste ensaio, a posição da jurisprudência que restringe o manejo do remédio constitucional do *habeas data* colide frontalmente com os princípios e regras que orientam a relação entre Administração e Administrado. Revela-se ainda mais anacrônica a posição renitente das Administrações Tributárias federal, estaduais e municipais em fornecer informações ao cidadão e sobretudo ao contribuinte sob o argumento da proteção conferida por meio de portaria ou instrução normativa.[962] Não parece adequado invocar a proteção ao sigilo fiscal que milita em favor do contribuinte para justamente lhe obstar o acesso a informações de seu interesse. Nesse sentido, serve de alento os fundamentos apresentados no precedente antes mencionado do Superior Tribunal de Justiça, ainda que não tenha sido dado provimento ao recurso por questões meramente formais.

---

[960] REsp 1411585/PE, Rel. Ministro HUMBERTO MARTINS, Segunda Turma, julgado em 05/08/2014, DJe 15/08/2014.

[961] Idem.

[962] Notícia publicada no site "Consultor Jurídico", informa que a Receita Federal negou acesso às consultas tributárias formuladas pelos contribuintes em pedido formulado pelo Núcleo de Estudos Fiscais (NEF) da Fundação Getúlio Vargas. Disponível em: <http://www.conjur.com.br/2013-jun-27/basile-christopoulos-fisco-federal-nega-acesso-publico-consultas-tributarias>, acessado em 18 de fevereiro de 2015.

4.3. Conflito entre o dever de proteção e o interesse público nas execuções fiscais

Verifica-se conflito entre o dever de proteção aqui defendido quando colocado frente ao interesse público manifestado pelo Estado em promover a execução fiscal e exigir o crédito tributário do contribuinte inadimplente. Este dilema fica visível quando se observa que algumas execuções fiscais são manejadas equivocadamente e redundam em extinção do processo sem julgamento de mérito, isto é, as execuções são extintas por defeitos no seu ajuizamento.[963] O dever de proteção impõe que as partes envolvidas por um vínculo obrigacional, devam preservar a incolumidade da outra, velando pela integridade física, psíquica e patrimonial. Assim, um sujeito da relação jurídica não pode adotar medida que imponha prejuízo a sua contraparte, abusando no exercício de algum direito que lhe é assegurado.

Se é certo que assiste direito à Fazenda Pública em ajuizar execução fiscal contra o contribuinte inadimplente, é igualmente correto dizer que este exercício não pode se revelar abusivo. Pois, este é o dilema que coloca em conflito o dever de proteção e o interesse público em ver satisfeito o crédito tributário. De um lado, há precedentes que invocam o exercício regular de um direito, afastando a pretensão à indenização para hipótese de ajuizamento indevido de execução fiscal.[964] De outro lado, encontra-se precedentes que reconhecem o exercício abusivo do direito de ajuizar execução fiscal e concedem indenização para os cidadãos que foram cobrados indevidamente.[965]

Parece que a solução do conflito passa pela conhecida regra inscrita no artigo 187 do Código Civil Brasileiro e que define o chamado "abuso de direi-

---

[963] A Instituto de Pesquisa Econômicas Aplicadas (IPEA) e o Conselho Nacional de Justiça (CNJ) realizaram pesquisa aplicada em todo o país para apurar o custo da execução fiscal da União. O estudo apurou que 27,7% das execuções são extintas por prescrição, 17% por cancelamento da inscrição do crédito e 11,5% por extinção sem julgamento de mérito. Somados estes percentuais, percebe-se que 56,2% das execuções fiscais sofrem baixa por falhas na cobrança. BRASIL. *Custo unitário do processo de execução fiscal na Justiça Federal: relatório de pesquisa*. Brasília: Instituto de Pesquisas Econômicas Aplicadas (IPEA), 2011, p. 20-1.

[964] "EMBARGOS INFRINGENTES – RESPONSABILIDADE CIVIL DO MUNICÍPIO – AÇÃO DE INDENIZAÇÃO DE DANOS MORAIS – INSCRIÇÃO EM DÍVIDA ATIVA E AJUIZAMENTO DE EXECUÇÃO FISCAL PARA COBRANÇA DE IPTU – EXERCÍCIO REGULAR DO DIREITO AUTÔNOMO E ABSTRATO DE AÇÃO – ART. 5º, XXXV, DA CF/88 – INEXISTÊNCIA DE ABUSO DE DIREITO OU MÁ-FÉ – DANO MORAL INEXISTENTE. Não cabe indenização de dano moral em face do ajuizamento de ação de execução fiscal se o ente público agiu no exercício regular do direito autônomo e abstrato de ação (art. 5º, XXXV, da CF/88), sem dolo nem malícia ou abuso de direito, ainda que o executado não seja proprietário do imóvel". (TJ-SC – EI: 617174 SC 2010.061717-4, Relator: Jaime Ramos, j. 17/12/2010, Grupo de Câmaras de Direito Público).

[965] "AÇÃO DE INDENIZAÇÃO – EXECUÇÃO FISCAL PARA COBRANÇA DE IPTU AJUIZADA INDEVIDAMENTE CONTRA QUEM NÃO TINHA NENHUM TIPO DE RELAÇÃO COM O IMÓVEL – INDENIZAÇÃO POR DANOS MORAIS DEVIDA VERBA INDENIZATÓRIA BEM SOPESADA – MONTANTE QUE DEVE ATENUAR OS DANOS CAUSADOS AO OFENDIDO, BEM COMO EXERCER A SUA FUNÇÃO EDUCATIVA AO OFENSOR RECURSO DESPROVIDO. O escopo da indenização por danos morais é abrandar os danos sofridos pelo ofendido, bem como punir o ofensor como meio de educar". (TJ-PR 9259629 PR 925962-9, Relator: Rubens Oliveira Fontoura, Data de Julgamento: 14/08/2012, 1ª Câmara Cível); "APELAÇÃO Ação de Indenização por danos morais. Ajuizamento indevido de execução fiscal para a cobrança de IPTU. Dano moral não caracterizado. Recurso provido". (TJ-SP – APL: 9163814362003826 SP 9163814-36.2003.8.26.0000, Relator: João Alberto Pezarini, Data de Julgamento: 01/12/2011, 14ª Câmara de Direito Público, Data de Publicação: 02/12/2011).

to".⁹⁶⁶ O dispositivo trata do exercício de direitos subjetivos que transbordam os limites do seu fim econômico e social para o qual fora destinado. Revela-se, pois, inadmissível o exercício de um direito quando é exercido de modo exorbitante ou excessivo ou desviado do fim que deva ser exercido (disfuncionalidade).⁹⁶⁷ Logo, poderá ser considerado abusivo o manejo de execução fiscal quando verificado o uso excessivo do direito subjetivo que assiste ao Fisco ou no exercício disfuncional da execução fiscal, ou, ainda, quando manifestamente desleal ou contraditório com a sua própria conduta (reunindo as figuras da proibição do *venire contra factum proprium*; pela vedação à invocação da própria torpeza; pela fraude a legítimas expectativas criadas na contraparte, dita *suppressio*).⁹⁶⁸ Caracterizado no exame do caso concreto o exercício abusivo do direito de propor a execução fiscal, restará caracterizada a ofensa ao dever de proteção e, por decorrência, imporá ao Estado o dever de indenizar o contribuinte ofendido.

4.4. Conflito entre o dever de colaboração e a responsabilidade funcional do servidor público

Paira no inconsciente dos servidores públicos uma preocupação constante relativa aos limites de sua atuação, notadamente, aqueles servidores lotados em cargos de atendimento ao contribuinte e responsáveis pela atividade fiscalizatória. Por diversos fatores, tais como problemas gerenciais, falta de treinamento, ausência de acompanhamento das atividades por parte das chefias, passando pelas dificuldades remuneratórias e incluindo também fatores históricos, pode-se afirmar que a atividade do servidor público enseja inúmeras discussões sobre a correção do exercício do *munus* público. Gravitam em torno da atuação dos servidores uma série de tipos penais,⁹⁶⁹ além da possibilidade de instauração de procedimento administrativo disciplinar (os temidos PAD's).

---

⁹⁶⁶ MENEZES CORDEIRO, Antonio. *Tratado de Direito Civil Português*. I. Parte Geral – Tomo IV. Coimbra, Almedina, 2005, p. 13.

⁹⁶⁷ CARNEIRA DA FRADA, Manuel Antonio de Castro Portugal. Teoria da confiança e responsabilidade civil. Coimbra: Almedina, 2007, p. 216. MENEZES CORDEIRO, António. *Tratado de Direito Civil. Português*. I. Parte Geral. Tomo IV. Coimbra, Almedina, 2005, p. 9. MARTINS-COSTA, Judith. O exercício disfuncional e os contratos interempresariais. In: *Revista do Advogado*, São Paulo, ano XXVII, n. 96, março de 2008, p. 48-59.

⁹⁶⁸ REsp 1096639/DF, Rel. Ministra NANCY ANDRIGHI, Terceira Turma, julgado em 09/12/2008, DJe 12/02/2009.

⁹⁶⁹ O Código Penal comina como crime as seguintes condutas praticadas por funcionário público: Peculato: Art. 312 – Apropriar-se o funcionário público de dinheiro, valor ou qualquer outro bem móvel, público ou particular, de que tem a posse em razão do cargo, ou desviá-lo, em proveito próprio ou alheio: (...) Peculato culposo § 2º – Se o funcionário concorre culposamente para o crime de outrem: (...) Peculato mediante erro de outrem: Art. 313 – Apropriar-se de dinheiro ou qualquer utilidade que, no exercício do cargo, recebeu por erro de outrem: (...); Inserção de dados falsos em sistema de informações. Art. 313-A. Inserir ou facilitar, o funcionário autorizado, a inserção de dados falsos, alterar ou excluir indevidamente dados corretos nos sistemas informatizados ou bancos de dados da Administração Pública com o fim de obter vantagem indevida para si ou para outrem ou para causar dano: (...) Art. 313-B. Modificar ou alterar, o funcionário, sistema de informações ou programa de informática sem autorização ou solicitação de autoridade competente: (...); Extravio, sonegação ou inutilização de livro ou documento: Art. 314 – Extraviar livro oficial ou qualquer documento, de que tem a guarda em razão do cargo; sonegá-lo ou inutilizá-lo, total ou parcialmente: (...);

Se se exige da Administração Pública um comportamento colaborativo, cooperativo, como pregado neste trabalho, a concretização desta postura passa necessariamente pela atuação dos servidores públicos. Por outro lado, se o servidor é largado à própria sorte e não há uma estrutura apropriada para lhe dar suporte e assisti-lo, seguramente não se verificará nenhum resultado prático no atendimento à população.

Este conflito parece residir muito mais no plano psíquico e anímico dos servidores públicos do que um claro e evidente conflito normativo. Da análise dos tipos penais e deveres funcionais dos servidores públicos, não se localiza uma única norma que impeça a adoção de um comportamento colaborativo e cooperativo por parte da Administração Pública. Há uma larga distância entre a adoção de um comportamento colaborativo e os tipos penais que coíbem condutas incompatíveis com os preceitos da Administração Pública. Portanto, este conflito é meramente aparente, não se revelando em problema a ser solvido por qualquer critério normativo de resolução de antinomias. Em verdade, é preciso que a Administração Pública efetivamente reconheça as deficiências na prestação do serviço público à sociedade e adote medidas concretas de aparelhamento e assistência aos servidores, sepultando de uma vez por todas as lendas urbanas de criminalização dos servidores que auxiliam e orientam o contribuinte.

Emprego irregular de verbas ou rendas públicas: Art. 315 – Dar às verbas ou rendas públicas aplicação diversa da estabelecida em lei: (...); Concussão: Art. 316 – Exigir, para si ou para outrem, direta ou indiretamente, ainda que fora da função ou antes de assumi-la, mas em razão dela, vantagem indevida: (...) Excesso de exação § 1º – Se o funcionário exige tributo ou contribuição social que sabe ou deveria saber indevido, ou, quando devido, emprega na cobrança meio vexatório ou gravoso, que a lei não autoriza: (...) § 2º – Se o funcionário desvia, em proveito próprio ou de outrem, o que recebeu indevidamente para recolher aos cofres públicos: (...) Corrupção passiva (...) Art. 317 – Solicitar ou receber, para si ou para outrem, direta ou indiretamente, ainda que fora da função ou antes de assumi-la, mas em razão dela, vantagem indevida, ou aceitar promessa de tal vantagem: (...) Facilitação de contrabando ou descaminho: Art. 318 – Facilitar, com infração de dever funcional, a prática de contrabando ou descaminho (art. 334): Prevaricação: Art. 319 – Retardar ou deixar de praticar, indevidamente, ato de ofício, ou praticá-lo contra disposição expressa de lei, para satisfazer interesse ou sentimento pessoal: (...) Condescendência criminosa: Art. 320 – Deixar o funcionário, por indulgência, de responsabilizar subordinado que cometeu infração no exercício do cargo ou, quando lhe falte competência, não levar o fato ao conhecimento da autoridade competente: (...); Advocacia administrativa: Art. 321 – Patrocinar, direta ou indiretamente, interesse privado perante a administração pública, valendo-se da qualidade de funcionário: (...); Violência arbitrária: Art. 322 – Praticar violência, no exercício de função ou a pretexto de exercê-la: (...); Abandono de função: Art. 323 – Abandonar cargo público, fora dos casos permitidos em lei: (...); Exercício funcional ilegalmente antecipado ou prolongado: Art. 324 – Entrar no exercício de função pública antes de satisfeitas as exigências legais, ou continuar a exercê-la, sem autorização, depois de saber oficialmente que foi exonerado, removido, substituído ou suspenso: (...); Violação de sigilo funcional: Art. 325 – Revelar fato de que tem ciência em razão do cargo e que deva permanecer em segredo, ou facilitar-lhe a revelação: (...); Violação do sigilo de proposta de concorrência: Art. 326 – Devassar o sigilo de proposta de concorrência pública, ou proporcionar a terceiro o ensejo de devassá-lo: (...);

Conclusões e teses

Desde a promulgação da Constituição de 1988, não se revela compatível com as normas constitucionais a manutenção de certos dogmas hauridos do Direito Administrativo francês. São verdadeiros axiomas que, de tão anacrônicos, ninguém mais na Europa os reconhece. Como dito por Paulo Otero, o protagonismo decisório do Poder Executivo nubla as luzes emanadas do princípio da separação de poderes,[970] contrastando com a harmonia pregada pelo artigo 2º da Constituição.

Este movimento de sobreposição do Poder Executivo em relação ao Poder Legislativo, subverte os princípios estruturantes do modelo constitucional brasileiro. A preponderância do Poder Executivo ofende a legalidade administrativa (art. 37 da CRFB) e legalidade tributária (art. 150, I, da CRFB) que conferem ao parlamento a prerrogativa de conformar o poder da tributação e a própria Administração Tributária. Este movimento faz surgir um "Direito Administrativo subterrâneo" que se hospeda no submundo normativo inacessível ao cidadão e ao Poder Judiciário, onde se verificam regras e princípios próprios e diametralmente opostos ao "Direito Administrativo oficial".[971] Este descompasso está na origem de inúmeros problemas apurados no cotidiano das relações jurídicas de Direito Tributário, justificando certas primazias e axiomas utilizados pela Administração Pública em desfavor daquele que detém a soberania do poder, vale dizer, o cidadão.

O modelo de Estado liberal francês deixou marcas indeléveis na consciência jurídica pátria, contaminando diversas instituições e práticas até hoje. É bem verdade que o modelo constitucional inspirado em valores e orientado por princípios já foi assimilado pelo Direito Administrativo, porém custa a ser absorvido pelo Direito Tributário. A relação "Fisco e contribuinte" ainda é pautada pela desconfiança, pelo isolamento e, sobretudo, por um maniqueísmo que em nada contribui para o desenvolvimento das instituições. Este trabalho pretendeu demonstrar os equívocos desta visão e propor uma concepção de relação jurídica inspirada pela dignidade da pessoa humana.

Nessa linha, a Administração Pública precisa observar o chamado Direito Fundamental à Boa Administração. Este, de seu turno, apresenta as seguintes características: a) Direito à administração pública transparente; b) Direito à ad-

---

[970] OTERO, Paulo. *Legalidade e Administração Pública*. Coimbra: Almedina, 2003, p. 110.
[971] Este fenômeno é brilhantemente apresentado por Santamaría Pastor. PASTOR, Juan Alfonso Santamaría. *Fundamentos de Derecho Administrativo*. I. Madrid: 1991, p. 172.

ministração pública dialógica; c) Direito à administração pública imparcial; d) Direito à administração pública proba; e) direito à administração pública respeitadora da legalidade temperada; f) direito à administração pública preventiva, precavida e eficaz. Dessa conjugação entre valorização da pessoa humana e Direito fundamental à Boa Administração resulta que o poder de tributar deve ser funcionalizado, de modo a atender ao seu destinatário (o cidadão). Resulta que a inversão de visão aqui propugnada coloca o cidadão na posição correta, ou seja, como detentor do poder do Estado e titular do direito subjetivo à informação, assistência e participação.

Examinando-se o modelo clássico de relação jurídica e aquele próprio do Direito Administrativo, identificou-se que não há distinção estrutural importante entre as duas modalidades. Logo, se é verdade que os institutos criados pelo direito privado foram alçados à condição de institutos gerais do Direito, sendo posteriormente hauridos pelo Direito Administrativo, percebe-se que o velho aforisma atribuído a este ramo como sendo derrogatório do direito comum, somente se justificava para que se pudesse conferir maior liberdade ao Poder Executivo. Pode-se concluir que o modelo estrutural de relação jurídica do direito privado é rigorosamente idêntico àquele aproveitado pelo Direito Administrativo. Da mesma forma, partindo da premissa de que a relação de administração própria do direito privado é útil ao Direito Administrativo, pode-se estatuir que a Administração Pública desempenha papel de gestão de bens e interesses alheios (bens e interesses do povo). Esta atividade não se confunde com a atividade desempenhada pelo proprietário. A atividade da Administração é própria de quem não é dono e, portanto, aquele que estiver incumbido de exercê-la deverá observar as funções e finalidades que a coisa administrada exige. Assim como ocorre com o direito privado, aquele que administra ou representa interesses de outrem, deve exercer sua atividade com diligência (artigo 667 do CCB) e observar o interesse e a vontade presumível do dono (artigo 861 do CCB). Como dito, se as relações jurídicas (de direito privado e de direito administrativo) podem ser comparadas e, sobretudo, possuem a mesma estrutura, não se pode admitir que o tratamento dos vínculos seja diferente. Em outras palavras, a relação jurídica mantida entre Administração Pública e cidadão, assim como o mandatário em relação ao mandante, assim como o gestor de negócios em relação ao dono do negócio, deve observar os limites, funções e finalidades, tal como ocorre no direito privado.

Por óbvio que os referidos limites, funções e finalidades são ditados pelo estatuto jurídico ao qual Administração Pública e os cidadãos estão jungidos. O sistema normativo estabelece a orientação às finalidades que devem ser perseguidas pelos sujeitos da relação jurídica e, como dito, servirão de baliza comportamental a serem observadas pelos integrantes da relação. Assim, o padrão de comportamento e as condutas devem observar as escolhas e as soluções estabelecidas pelo ordenamento jurídico e não pelo agente político, detentor momentâneo da chefia do Poder Executivo. Voltando à comparação com o direito privado, o gestor de negócios deve pautar sua atuação segundo o interesse e a vontade do dono do negócio, logo, a Administração Pública deve igualmente pautar sua atuação segundo o interesse e a vontade do administrado, na medida que este é o fim último da Administração. Esta vontade está expressa na Constituição e nas demais normas que regem a relação tributária.

É importante destacar que a promoção do interesse e vontade do administrado não deve se constituir em algo abstrato e permeado de subjetivismo. A vontade popular é a tônica do ordenamento constitucional e está expressada em vários mecanismos de manifestação, que começam pelo sufrágio (forma indireta) e perpassam toda a atividade administrativa (forma direta), consoante prevê o artigo 1°, parágrafo único, e artigo 14 da Constituição. A definição de escolhas e soluções que mais promovam o bem de todos, tendo em vista tal promoção se constituir em objetivo fundamental da República Federativa do Brasil (art. 3°, IV, da CRFB), é tarefa reservada ao Poder Legislativo (artigos 5°, II, 22, 24, 30 e 37, entre outros da CRFB). Esta atribuição de poder é resultado da promoção do princípio democrático que assegura ao cidadão a participação na escolha de seus representantes, assim como no exercício efetivo do poder (art. 1° da CRFB).

Nessa perspectiva de Estado de Direito Democrático, não se pode conceber renúncia a certas prerrogativas conferidas pelo poder constituinte originário na perseguição do bem de todos (artigo 3°, IV, da CRFB), assim como não se pode vislumbrar autorização ao Estado para não se sujeitar às vinculações a que está submetido (artigo 37 da CRFB). Daí poder-se sustentar que a relação estabelecida entre a Administração Pública e o cidadão, composta de direitos e deveres recíprocos, está submetida à regra da juridicidade, e a adequação dos comportamentos deve ser orientada pela persecução das finalidades que a ordem constitucional estabelece.

Logo, partindo da noção de relação jurídica entendida como vínculo entre dois sujeitos que está submetida à incidência de regras jurídicas, que, por sua vez, passa a criar direitos e deveres,[972] pode-se afirmar que a "relação obrigacional tributária" observa o mesmo modelo estrutural.[973] Como sustenta Hugo de Brito Machado "relação tributária é, portanto, relação jurídica",[974] de modo que o liame estabelecido entre os sujeitos da relação faz surgir direitos e deveres para ambas as partes. Daí porque afirmar que a relação tributária é uma relação jurídica complexa, uma vez que abrange um conjunto de direitos e deveres do Fisco e do contribuinte.[975] Por ser considerada mais atual, desponta a posição que erige a relação jurídica tributária ao status constitucional, partindo-se da perspectiva do Estado de Direito.[976] É por considerar a vinculação constitucional que a relação jurídico-tributária possui que Klaus Tipke e Joachim Lang

---

[972] Becker, de forma mais sofisticada, apresenta a seguinte definição "Pela palavra relação se expressa a ideia de um IR e de um VIR do "eu" ao "tu". Este IR percorre o intervalo ou a speração entre duas pessoas, com a finalidade da união entre estas pessoas. Portanto, a relação é um IR e um VIR entre dus pessoas (ou seres), ou melhor, entre dois pólos". BECKER, Alfredo Augusto. *Teoria Geral do Direito Tributário*. 4 ed. São Paulo: Noeses, 2007, p. 175.

[973] TORRES, Ricardo Lobo. *Curso de Direito Financeiro e Tributário*. 18 ed. Rio de Janeiro: Renovar, 2011, p. 233.

[974] MACHADO, Hugo de Brito. *Curso de Direito Tributário*. 30 ed. São Paulo: Malheiros, 2009, p. 49.

[975] TORRES, Ricardo Lobo. *Curso de Direito Financeiro e Tributário*. 18 ed. Rio de Janeiro: Renovar, 2011, p. 234.

[976] Ricardo Lobo Torres sustenta que esta é a doutrina mais atual, sendo defendida por Klaus Tipke, Birk e F. Escribano. Idem, p. 237.

advertem que a aproximação com o Direito Civil não pode perder de vista o forte papel da legalidade e, sobretudo, o que chama de jusestatalidade.[977]

O valor fraternidade foi expressamente recepcionado no ordenamento jurídico brasileiro, quando a Constituição qualifica a sociedade brasileira como fraterna em seu preâmbulo, assim como estipula como objetivo fundamental da República Federativa do Brasil a construção de uma sociedade livre, justa e solidária (artigo 3º, I, da CRFB). Esta noção de fraternidade solidária conjuga-se com as ideias sustentadas até aqui, uma vez que a razão de existir do Estado está fortemente associada à promoção do bem de todos, e as relações entre o Estado e os cidadãos devem ser qualificadas a ponto de promoverem a dignidade da pessoa humana e os fins constitucionais a que o Estado está jungido. Desse modo, a relação entre o Estado e o cidadão não pode pressupor primazia ou prevalência, na medida em que ambos devem rumar na mesma direção, dada a inspiração fraternal e solidária que deve balizar este relacionamento.

Não se pode conceber uma visão compartimentada ou dicotomizada entre o interesse público e o interesse privado. Se é certo que a Constituição proclama a sociedade brasileira como fraterna e solidária, seria incoerente com o texto constitucional sustentar que Estado e Cidadão devem ser tratados como inimigos ou concorrentes. Como defende Carlos Ayres Britto: "a Fraternidade é o ponto de unidade a que se chega pela conciliação possível entre os extremos da Liberdade, de um lado, e, de outro, da Igualdade". Nessa linha, uma das ideias aqui propugnadas está em reconhecer na fraternidade o fundamento axiológico do novo modelo de relação jurídico-tributária, igualando os sujeitos da relação, assegurando suas respectivas liberdades e sobretudo defendendo uma relação justa e solidária.

Sendo assim, o pensamento aqui defendido está ligado com a visão holística de obrigação sustentada há muito pela doutrina civilista, a qual compreende o vínculo obrigacional como uma totalidade, como um processo no qual se conectam deveres e obrigações tendentes a uma finalidade. Logo, se as partes vinculam-se no objetivo de alcançar uma finalidade, pode-se sustentar que deste vínculo irradiam deveres anexos capazes de conduzir os sujeitos à consecução deste fim. Como restou demonstrado, a obrigação tributária não somente outorga o direito de crédito ao Estado e impõe o dever de adimplir a obrigação por parte do contribuinte. Exsurgem desta relação deveres anexos, tais como a proteção, a colaboração e a cooperação.

Em sede de doutrina civilista, não há dúvida que a relação obrigacional apresenta deveres principais (relacionados com o núcleo da relação obrigacional), deveres secundários ou acessórios da obrigação principal (destinados a preparar o cumprimento ou assegurar a obrigação principal) e os deveres anexos ou laterais, também chamados de deveres acessórios de conduta, ex-

---

[977] Os autores sustentam que consiste na especialidade do Direito Obrigacional Tributário "precisamente em que suas normas devem ser talhadas pela *jusestatalidade da ação administrativa* (Rechtsstaatilichkeit des Verwaltungshandeln). Se portanto a autoridade, no interessse da paz jurídica, não deve mais demandar por pretensões tributárias, é oportuno também ordenar sua extinção". TIPKE, Klaus e LANG, Joachim. *Direito Tributário*. 18 ed. Porto Alegre: SaFe, 2008, p. 95.

pressões direta ou indiretamente associadas às denominações alemãs de "deveres laterais" *Nebenpflichten* (Esser), "deveres de proteção" *Schutzpflichten* (Stoll) e "outros deveres de conduta" *weitere Verhaltenspflichten* (Larenz). Estes deveres não se confundem com as obrigações secundárias ou acessórias que preparam o adimplemento da obrigação principal, distinguindo-se daquelas por focarem-se no exato processamento da relação obrigacional, vale dizer, concentram-se à exata satisfação dos interesses globais envolvidos na relação obrigacional complexa. Portanto, a proposta desta pesquisa foi justamente examinar estes chamados deveres laterais, anexos ou funcionais que não devem ser igualados ou tratados como sinônimos das chamadas obrigações acessórias.

Como a pretensão da investigação foi propor um novo modelo de relação jurídica para o Direito Tributário, tornou-se imperioso identificar as normas que poderiam orientar este novo perfil de relacionamento.

Percorrendo a trilha para identificação dos deveres de colaboração, cooperação e proteção, chegou-se ao ponto de examinar uma noção de cidadania fiscal. Esta noção pressupõe a consciência do cidadão do seu dever fundamental de contribuir com o Estado como forma de custear os direitos fundamentais. Por outro lado, é preciso desenvolver uma consciência de elevação do ser humano para o centro do ordenamento jurídico, colocando-o como o fim último da existência do Estado e, sobretudo, como vértice da ordem jurídica.

É preciso mudar o foco do Direito Tributário, retirando o tributo do núcleo de importância e colocando o ser humano nesta posição. Esta posição humanista desloca o centro da disciplina do tributo para o homem que recolhe o tributo. A proposta ora defendida consiste, portanto, em humanizar a relação tributária, estabelecendo que a arrecadação não é o fim último do Direito Tributário. A finalidade do Direito Tributário é transformar a arrecadação num ato de justiça social, observando-se os limites estabelecidos pela ordem jurídica e, ao mesmo tempo, conscientizando o cidadão sobre o dever fundamental que possui.

Este limite à tributação pode operar basicamente de duas formas: (a) ora como justificativa para dosar a tributação, visando proteger a dignidade humana; e ora (b) como cláusula de proteção ou resguardo do mínimo necessário à manutenção da dignidade da pessoa, quando da incidência do tributo. No entanto, há uma perspectiva pouco explorada sobre a aplicação da dignidade da pessoa humana no âmbito do Direito Tributário. Refere-se ao padrão de tratamento que deve ser dispensado ao contribuinte enquanto pessoa humana dotada de dignidade. É evidente que a proteção ao mínimo vital é a maior projeção da dignidade da pessoa humana no âmbito tributário, porém há que se voltar os olhos para o modo de relacionamento havido entre a Administração Tributária e o contribuinte e questionar se há promoção da dignidade nesta relação.

Quando se faz referência ao ser humano como centro de preocupação do Direito Tributário, defende-se uma visão antropocêntrica da tributação que começa pela forma de relacionamento entre os sujeitos da obrigação tributária.

Ao longo dos anos, a tributação tornou-se tão complexa que o contribuinte não tem mais condições de compreendê-la por seus próprios meios. Viu-se obrigado a contratar contador, advogado, consultor, despachante, dentre outros tantos prestadores de serviços apenas para atender as exigências do Fisco. Este, de seu turno, foi paulatinamente repassando obrigações ao contribuinte sem qualquer contrapartida ou assistência. Ao passo que o Fisco se desonerava de certas incumbências repassando o lançamento do tributo para o contribuinte, mais descompromissado tornou-se em relação ao processamento da obrigação tributária. Pois é chegada a hora de repensar a forma de relacionamento que se construiu ao longo do tempo e cotejá-la com a ordem jurídica vigente. A dignidade da pessoa humana não serve, portanto, apenas para proteger o mínimo vital, como se fosse uma norma de proteção da miséria. Trata-se de um importante princípio estruturante do Estado Constitucional de Direito, relevante demais para ficar confinado a tão mesquinha interpretação.

O cidadão, dotado de dignidade racional, deve participar ativamente da relação tributária, desde o começo. A participação deve ser observada nos estudos para instituição ou modificação de um tributo, até as formas de extinção e cumprimento da obrigação tributária, sendo ouvido, cordialmente atendido e, sobretudo, respeitado. Não se pode esperar que o contribuinte seja mero espectador das ações da Administração Tributária, sujeitando-se às normas por ela exaradas. Para legitimação do agir da Administração deve-se verificar a presença do contribuinte no processo de tomada de decisão, seja opinando, seja referendando as medidas, seja até mesmo opondo-se a medidas inconstitucionais.

Em síntese, a dignidade da pessoa humana impõe um nível de relacionamento entre os sujeitos da obrigação tributária de forma tão qualificada quanto for necessária para promover e respeitar a dignidade do cidadão, não se podendo admitir ou tolerar desrespeito, deslealdade, ou indignidade na relação obrigacional tributária. Quando verificado tratamento indigno, desrespeitoso ou desleal, estar-se-ia frente à violação de um dos fundamentos da relação jurídica qualificada que se propõe neste estudo.

Buscando inspiração no direito privado, deparou-se com a boa-fé objetiva. Esta tarefa paremetrizadora, segundo proposta aqui defendida, é desempenhada pelo princípio da boa-fé objetiva bastante debatido e depurado pelos civilistas e tão pouco utilizado no âmbito do Direito Tributário. Assim, resulta que a boa-fé objetiva atua como norma balizadora das condutas a serem observadas pelos sujeitos integrantes da relação complexa como é a de Direito Tributário. Sendo um mandamento de consideração para com o "alter", a boa-fé impõe que sejam adotadas condutas probas de parte a parte, assim como as manifestações das partes que despertam confiança na outra devam ser honradas. Tal como concebido no âmbito privado, a norma ingressa no âmbito do Direito Tributário como padrão de conduta a ser observado tanto pelo Fisco, quanto pelo contribuinte. Este padrão de conduta importa numa atuação conforme o comportamento normal adotado pelas demais pessoas se postas em situação semelhante. Com efeito, a boa-fé está estreitamente ligada com noções éticas, expedindo diretrizes comportamentais pautadas em valores reinantes na moral e bons costumes que orientam o agir da Administração Pública e que balizam o comportamento do contribuinte. Como disseram Geraldo Ataliba e Aires Barreto, a boa-fé implica "regra de comportamento normal, reta, honesta, em consonância com a conduta corrente da média das pessoas".

Em poucas palavras, a boa-fé objetiva estabelece um modelo de conduta que: (a) numa perspectiva negativa, interdite comportamentos contraditórios, caracterizando violação aos preceitos da boa-fé objetiva condutas que impeçam, perturbem, menoscabem ou atrasem o exercício de um direito ou que pretendam impedir ou tornar impossível o cumprimento de uma obrigação ou dever da outra parte; e (b) numa formulação positiva, oriente e estimule a adoção de certos comportamentos que promovam a fidelidade, honestidade, a veracidade, a coerência, ponderação, respeito, o que se pode concentrar na ideia de comportamento leal em relação ao alter.

Em pesquisa pioneira, em 1990, a Organização para Cooperação e Desenvolvimento Econômico (a sigla vem do francês, Organisation de coopération et de développement économiques, OCDE) elaborou estudo denominado "Direitos e Obrigações do contribuinte – Uma pesquisa da situação jurídica nos países da OCDE)". A pesquisa apontou que, embora muitos países não dediquem um capítulo explícito aos direitos dos contribuintes, alguns direitos podem ser identificados em todos os sistemas pesquisados, a saber: (a) Direito de ser informado, assistido e ouvido; (b) Direito de recurso; (c) Direito de não pagar além do valor correto do respectivo tributo; (d) Direito de certeza, segurança (estabilidade ou exatidão); (e) Direito a privacidade; (f) Direito a confidencialidade e ao sigilo. De outro lado, a pesquisa identificou que os ordenamentos jurídicos estudados impõem certas obrigações. Pode-se constatar que existe um padrão de comportamento esperado dos contribuintes pelas Administrações. Estes comportamentos esperados são igualmente fundamentais para o sucesso da tributação, a saber: (a) O dever de ser honesto; (b) O dever de ser cooperativo; (c) O dever de prover informações e documentos precisos tempestivamente; (d) O dever de manter os livros e registros fiscais; (e) O dever de pagar os tributos tempestivamente.

A identificação destes comportamentos pela pesquisa patrocinada pela OCDE corrobora a defesa de uma relação pautada pela colaboração, cooperação e pela proteção. O dever de colaboração estabelece um compromisso de agir concertado na busca de um fim. Este fim pode ser sintetizado no preceito constitucional do concurso com o custeio do Estado segundo a capacidade contributiva. A colaboração promove uma passagem da relação repressiva (paradigma antigo) para uma relação do diálogo. Nessa relação dialógica, espera-se que as partes comportem-se de modo coerente, isto é, não contraditório ou descompassado no tempo. Alude-se, portanto, a um dever de correção, evitando-se um comportamento que gere insegurança ou instabilidade nas manifestações do Estado, assim como coibindo-se ações capciosas ou ardilosas por parte do contribuinte.

Nesta senda, foi possível identificar que o dever de cooperação é sinônimo de colaboração. Estes deveres, comumente chamados de "deveres de cooperação e proteção dos recíprocos interesses", são vocacionados a proteger as partes envolvidas na relação jurídica de certos prejuízos ou percalços comumente apurados na aproximação entre credor e devedor. Desse modo, estes deveres não servem apenas para facilitar a obtenção do crédito e realização da prestação. A tarefa dos deveres de cooperação é muito mais nobre, pois voltada à manutenção da integridade da esfera jurídica das partes. Assim, deve-se conceber a relação tributária para além do mero vínculo creditício, limitada apenas ao dualismo de crédito e débito. Como relação complexa que é, a relação jurídica tributária congrega, finalisticamente coligados, outros deveres (proteção, colaboração e cooperação) que são orientados à consecução do bem de todos, demandando, portanto, uma conduta de cooperação entre as partes. Trata-se de uma conduta cooperativa devida por um sujeito no interesse típico de outro sujeito da relação jurídica, pois nas relações obrigacionais o interesse de uma parte é realizado pela atividade da outra parte. Logo, pode-se dizer que o dever de cooperação é nuclear nas relações obrigacionais, marcadas, como referido, na realização de uma conduta de um sujeito em função do interesse do outro. Esta consideração estabelece que a colaboração dos sujeitos integrantes da relação está intrinsicamente vinculada com o próprio cumprimento das obrigações principal e acessória, integrando o núcleo da obrigação, servindo para possibilitar, mensurar e qualificar o adimplemento.

Os deveres de colaboração e cooperação se subdividem em dever de informação e assistência. O dever de informar pode ser sintetizado no compromisso da Administração em orientar os contribuintes sobre seus direitos e deveres previstos na legislação tributária, assim como explicitar o alcance que tais normas possuem segundo a interpretação da própria Administração, de um lado, e, por outro, no compromisso de orientar os contribuintes sobre o cumprimento das obrigações tributárias acessórias. A prestação de informação é realizada pela Administração Pública, de ofício ou a requerimento da parte interessada. Em segundo lugar, o objeto da atuação de informação consiste em dar notícia aos contribuintes dos seus direitos e obrigações, notadamente na extensão que foram reconhecidos pela jurisprudência administrativa do próprio fisco.

Importante, aqui, distinguir o dever de informar do compromisso do Estado em assistir o contribuinte. O primeiro dever limita-se a alcançar a informação ao contribuinte. Este dever esgota-se no momento em que foi franqueada a informação de qualidade ao contribuinte. Já o dever de assistência está associado com uma ação positiva, vale dizer, a autoridade administrativa precisa praticar uma conduta tendente a facilitar e auxiliar o contribuinte no cumprimento de suas obrigações acessórias. Os deveres de assistência demandam uma participação muito mais ativa, de modo que sua prestação está vinculada a prestar auxílio aos sujeitos passivos num nível de atenção superior.

Pode-se dizer que o dever de assistência é individual e personalizado, enquanto que o dever de informação muitas vezes é dirigido a uma coletividade, ampla e irrestritamente. Distinguem-se ainda porque enquanto a informação pode versar sobre direitos e deveres (presentes ou futuros), de qualquer natureza, a justificação da assistência restringe sua prestação em relação aos direitos e deveres presentes e, sobretudo, com as obrigações acessórias. Em comum, pode-se dizer que tanto o dever de informação, quanto o dever de assistência vincula a Administração Pública, pois a informação prestada e o auxílio ofertado devem plasmar o entendimento da própria Administração, de modo que soaria contraditório (para dizer o mínimo) que o Fisco autuasse o contribuinte justamente em sentido contrário à informação prestada ou a ajuda alcançada.

Por derradeiro, identificou-se que as partes envolvidas na relação obrigacional tributária possuem deveres de prevenção de perigo, sendo responsabilidade tanto do sujeito ativo, quanto do sujeito passivo, zelar pela incolumidade do patrimônio alheio. Como corolário do brocardo latino *neminem laedere*, o ordenamento jurídico pátrio impõe o dever de indenizar aquele que causar prejuízo a outrem (artigo 927 do Código Civil).[978] Parece lógico, portanto, sustentar que os sujeitos da relação tributária estão vinculados não só pela obrigação de satisfazer o tributo, como também pela "relação unitária de proteção".[979] Esta relação é independente da obrigação principal e prescindirá da presença desta, daí porque se defende que o dever de proteção se apresenta como "relação obrigacional legal sem deveres primários".[980]

Como o dever de proteção possui independência em relação à obrigação principal, pode-se defender que Estado e contribuinte devem zelar pela proteção mútua antes mesmo da ocorrência do fato gerador, incidindo durante o processamento da obrigação tributária e persistindo neste comportamento até mesmo após a extinção do crédito tributário. Com efeito, o compromisso de não causar prejuízo ao patrimônio e à pessoa dos obrigados que anima o dever de proteção constitui-se num dos mais importantes deveres a ser observado por Estado e contribuinte, integrando o status de cidadania fiscal antes defendido.[981]

A pesquisa se encerra com o exame da eficácia dos deveres de colaboração, cooperação e proteção. Pode-se verificar do exame dos referidos deveres que possuem dupla dimensão: ora assumindo a feição de princípio, ora assumindo a feição de regra. Na perspectiva principiológica, identificou-se que a colaboração desempenha funções eficaciais integrativa, definitória e interpretativa. De outra banda, a função regulatória dos deveres desempenha as funções eficaciais decisória, definitória e trincheira. Por fim, examinou-se a força normativa dos deveres de colaboração, cooperação e proteção para concluir que estes deveres possuem assento constitucional e representam projeções so-

---

[978] SANTAMARIA, Francesco. *Autonomia Privata e Statuto del contribuente*. Milão: Giuffrè, 2012, p. 29-30.

[979] Carneira da Frada utiliza a expressão "relação unitária de proteção" a partir da lição da doutrina alemã que se refere a *einheitliches Schutzplifchtverhältnis* extraída de Canaris, Thiele, Marina Frost, Lackum e Münchuener Kommentar/Kramer. CARNEIRA DA FRADA, Manuel Antonio de Castro Portugal. *Contrato e deveres de proteção*. Coimbra: Separata do volume XXXVIII do suplemento ao Boletim da Faculdade de Direito da Universidade de Coimbra, 1994, p. 101.

[980] CARNEIRA DA FRADA, Manuel Antonio de Castro Portugal. *Contrato e deveres de proteção*. Coimbra: Separata do volume XXXVIII do suplemento ao Boletim da Faculdade de Direito da Universidade de Coimbra, 1994, p. 101.

[981] Vasco Branco Guimarães defende a idéia a partir da identificação de um rol de garantias do contribuinte. GUIMARÃES, Vasco Branco. *As garantias dos particulares na relação jurídica tributária: uma revisão necessária*. In: Daniel Freire e Almeida; Fabio Luiz Gomes e João Ricardo Catarino (org.). Garantia dos contribuintes no Sistema Tributário. São Paulo: Saraiva, 2013, p. 690.

bre direitos fundamentais. A investigação foi capaz de apontar que os deveres são multidirecionais, porém representam maior utilidade quando manejados em favor do contribuinte. Na última abordagem do texto, verificou-se supostos conflitos normativos entre os deveres de colaboração e outras normas do ordenamento jurídico. O enfrentamento dos dilemas com apoio nos acórdãos paradigmas colacionados teve a pretensão de contextualizá-los, tornar mais singelo o conflito e, por decorrência, apontar saídas para as grandes questões.

Identificadas as conclusões gerais, é chegado o momento de apresentar as teses construídas ao longo da pesquisa e que neste momento serão sumariadas de forma objetiva:

1. A relação tributária estabelecida na prática não se coaduna com os preceitos constitucionais que regem o Direito Tributário. Faz-se necessário reconhecer o descompasso e propor uma atualização do modelo de relação jurídica a ser observado entre Fisco e contribuinte.

2. A Administração Tributária subordinativa deve dar lugar à Administração Tributária dialógica que se notabiliza pelo: (a) zelo à transparência; (b) disposição para o diálogo; (c) imparcialidade; (d) probidade; (e) respeito à juridicidade ou jusestatalidade; (f) administração com prevenção, precaução e efetividade.

3. A relação jurídica tributária é essencialmente idêntica, no que diz respeito à estrutura, à relação jurídica de direito privado. Em que pese os estatutos jurídicos estabeleçam peculiaridades para cada um dos tipos, estas regras particulares não infirmam a tese de que os modelos são estruturalmente idênticos.

4. A fraternidade e a solidariedade são princípios que inspiram a proposta de novo perfil de relação tributária, promovendo a superação do modelo de relacionamento fundado na rivalidade para um perfil de relação jurídica colaborativa e cooperativa.

5. Uma vez superado o modelo de relação jurídica de rivalidade, o novo perfil envolve a compreensão da obrigação em sua totalidade e no seu aspecto dinâmico, fazendo surgir outros deveres além daqueles previstos na lei.

6. Propõe-se a criação de uma terceira categoria no âmbito da obrigação tributária, denominada de deveres anexos. Assim, além da obrigação principal e da obrigação acessória, propõe-se o reconhecimento de um terceiro vínculo denominado de deveres de colaboração, cooperação e proteção.

7. Os deveres denominados de anexo podem ser sintetizados, como já fizeram os civilistas, da seguinte forma: (a) os deveres de aviso e esclarecimento; (b) deveres de cuidado, previdência e segurança; (c) deveres de informação; (d) deveres de prestar contas; (e) deveres de colaboração e cooperação; (f) deveres de proteção e cuidado com a pessoa e o patrimônio da contraparte; (g) deveres de omissão e segredo.

8. O princípio da solidariedade propugna um comportamento fraternal e solidário entre os sujeitos da relação tributária, sendo contrário aos valores tutelados por este princípio a manutenção de um comportamento de duelo ou

disputa. Se a relação solidária, colaborativa e cooperativa é observada no relacionamento dos seres vivos mais singelos e primitivos até os mais complexos e modernos, não há razão para se defender comportamento de rivalidade entre Fisco e contribuinte.

9. A dignidade da pessoa humana sugere a valorização do ser humana como fim em si mesmo, de modo que no plano do Direito Tributário é preciso erigir o cidadão ao centro das preocupações da disciplina, retirando-o da posição de sujeição defendida ainda por parcela da doutrina. O princípio da dignidade da pessoa humana desempenha um papel importante em sede de controle da tributação, mas é preciso extrair dele uma função reguladora das obrigações acessórias atribuídas ao contribuinte, coibindo comportamentos indignos ao cidadão por parte do Estado.

10. Enquanto a obrigação tributária principal é fundamentada e medida pelo princípio da capacidade contributiva, propõe-se que os deveres anexos sejam regulados pelo princípio da capacidade colaborativa.

11. A ideia de cidadania fiscal possui uma dúplice dimensão: de um lado, resgata a importância da colaboração do contribuinte com a promoção dos direitos fundamentais por meio da arrecadação tributária e, de outro lado, outorga ao contribuinte um status de cidadão apto a participar das decisões envolvendo a tributação, não se limitando o exercício da cidadania apenas ao sufrágio.

12. A boa-fé objetiva exerce uma função parametrizadora das condutas dos sujeitos da relação tributária, prescrevendo comportamentos esperados e coibindo posturas inidôneas, desonestas ou desleais.

13. O status de cidadania fiscal assegura o direito de ser informado, de recurso, de não pagar além do valor correto, de certeza e segurança, de privacidade e confidencialidade ou sigilo.

14. O status de cidadão fiscal impõe a observância de certos comportamentos: dever de honestidade, de cooperação, de prover documentos e informações tempestivas, de manter livros e registros fiscais e de pagar os tributos pontualmente.

15. O dever de colaboração consiste em estabelecer uma relação de confiança, criando um compromisso de ação concertada entre os sujeitos em busca do fim último da tributação que é a promoção do bem de todos.

16. O dever de colaboração exige um comportamento coerente do Fisco e do contribuinte, interditando atitudes contraditórias, desleais, descompassadas ou que gerem instabilidade na relação.

17. O dever de proteção tem a preocupação em resguardar as partes de certos prejuízos ou percalços cotidianamente verificados no vínculo entre credor e devedor, protegendo a integridade da esfera jurídica das partes.

18. O dever de colaboração assegura ao contribuinte o direito de ser informado sobre todas as etapas do processo de formação e extinção da obrigação tributária.

19. Dada a complexidade do sistema tributário e o elevado nível de inconsistência da legislação tributária, pode-se sustentar que o dever de colaboração garante ao contribuinte o direito de ser assistido e auxiliado em todas as etapas do processo obrigacional tributário.

20. Na perspectiva de relação jurídica colaborativa e cooperativa, exige-se que as partes atuem de forma proba, honesta e leal, buscando atingir o perfeito cumprimento das obrigações principal e acessória.

21. Se a capacidade contributiva estabelece um critério de justiça fiscal, impondo ao Estado uma limitação ao poder de tributar apenas à revelada capacidade econômica do contribuinte, pode-se defender que os deveres de colaboração e cooperação impõem ao Fisco reconhecer e apurar de ofício as deduções e abatimentos autorizados por lei na apuração do montante do tributo devido.

22. Deve-se romper o círculo vicioso verificado no cotidiano das relações tributárias, que estabelece um relacionamento tenso e competitivo entre Fisco e contribuinte porque a Administração não colabora com o cidadão e este, de seu turno, não colabora com a autoridade. Assim, verifica-se dificuldades da Administração Tributária em fiscalizar e arrecadar e o contribuinte queixa-se de dificuldades em recolher o tributo.

23. A adoção de uma gestão eficiente, colaborativa e cooperativa tem o papel indutor de condutas, gerando no cidadão uma atmosfera de confiança que será capaz de romper o vínculo de incertezas e desconfianças que preside o modelo atual de relacionamento.

24. O Estado, enquanto detentor do poder de tributar, possui o dever de proteger a integridade patrimonial e moral do cidadão, pautando sua atuação nos estritos limites definidos pelo Direito (art. 2°, § 1°, I, da Lei n° 9.784), de modo que o exercício abusivo ou disfuncional deste poder acarreta no dever de indenizar o contribuinte prejudicado pela quebra do dever de proteção.

Bibliografia

AARNIO, Aulis. *Lo racional como razonable*. Trad. Ernesto Garzón Valdés. Madri: Centro de Estudios Constitucionales, 1991.

ABRAHAM, Marcus. Coisa julgada em matéria tributária: relativização ou limitação? Estudo de caso da cofins de sociedade civis. In: *Revista da PGFN*, p. 63-82.

——. *O planejamento tributário e o direito privado*. São Paulo: Quartier Latim, 2007.

ADAMS, Charles. *For good and evil. The impact of taxes on the course of civilization*. 2 ed. Nova York: Madison, 1999.

AMARO, Luciano. *Direito Tributário Brasileiro*. 14 ed. São Paulo: Saraiva, 2008.

ANDRADE, José Carlos Vieira de. *O dever de fundamentação expressa de actos administrativos*. Coimbra: Coimbra Ed., 1992.

AÑOVEROS, Jaime García. Una nueva ley general tributaria. Problemas constitucionales. In: *Garantias Constitucionales del contribuyente*. Antonio Agulló Agüero (org.). Valencia: Tirant lo blanch, 1998, p. 103.

ARISTÓTELES. *A Política*. Trad. Roberto Leal Ferreira. 2 ed. São Paulo: Martins Fontes, 1998.

ATALIBA, Geraldo e BARRETO, Aires F. ICM – utilização de crédito transferido – boa-fé do favorecido – exigência do imposto descabida. In: *Revista de Direito Tributário* n 43, jan./mar. 1988.

ATALIBA, Geraldo. *Hipótese de incidência tributária*. 6 ed. São Paulo: Malheiros, 2004.

——. *República e Constituição*. 2 ed. São Paulo: Malheiros, 2004.

——. *Sistema Constitucional Tributário*. São Paulo: RT, 1968.

ÁVILA, Humberto Bergmann. "Repensando o Princípio da Supremacia do Interesse Público sobre o Particular". In: *O Direito Público em Tempos de Crise. Estudos em Homenagem a Ruy Ruben Ruschel*. Ingo Wolfgang Sarlet (org.). Porto Alegre: Livraria do Advogado, 1999, p. 119.

——. *Função da ciência do Direito Tributário: do formalismo epistemológico ao estruturalismo argumentativo*. In: *Revista Direito Tributário Atual*, n. 29, p. 192.

——. *Segurança Jurídica. Entre permanência, mudança e realização no Direito Tributário*. 2 ed. São Paulo: Malheiros, 2012.

——. *Sistema Constitucional Tributário*. São Paulo: Saraiva, 2004.

BALEEIRO, Aliomar. *Direito Tributário Brasileiro*. 11 ed. Rio de Janeiro: Forense, 2003.

——. *Limitações Constitucionais ao Poder de Tributar*. 8 ed. Rio de Janeiro: Forense, 2010.

——. *Uma introdução à Ciência das Finanças*. 17 ed. Rio de Janeiro: Forense, 2010.

BAPTISTA, Patrícia. A Tutela da Confiança Legítima como Limite ao Exercício do Poder Normativo da Administração Pública. A Proteção das Expectativas Legítimas dos Cidadãos como Limite à Retroatividade Normativa. In: *Revista Eletrônica de Direito do Estado (REDE)*, Salvador, Instituto Brasileiro de Direito Público, n. 11, julho/agosto/setembro, 2007. Disponível na Internet: <http://www.direitodoestado.com.br/rede.asp>. Acesso em: 20 de julho de 2014.

——. *Transformações do Direito Administrativo*. Rio de Janeiro: Renovar, 2003.

BAQUER, Sebastian Martín-Retortillo. *El Derecho Civil en la Genesis del derecho Administrativo y de sus instituciones*. 1996.

BARRETO, Carlos Alberto Freitas. Meios digitais de fiscalização. Modernização da Administração Tributária e as garantias dos contribuintes. In: *XI Congresso de Direito Tributário em Questão*, 2012, Gramado. Anais eletrônicos. Disponível em <www.fesdt.org.br>.

BARZOTTO, Luis Fernando. *A democracia na Constituição*. São Leopoldo. Ed. Unisinos, 2003.

BASTERRA, Marcela I. *El Derecho Fundamental de acceso a la información Pública*. Buenos Aires: Abeledo Perrot, 2006.

BASTOS, Celso Ribeiro. O Princípio da moralidade no Direito Tributário. In: *O princípio da moralidade no Direito Tributário*. Ives Gandra da Silva Martins (org.). São Paulo: CEU – RT, 1996, p. 83.

BECHO, Renato Lopes. *Filosofia do Direito Tributário*. São Paulo: Saraiva, 2009.

——. *Sujeição passiva e responsabilidade tributária*. São Paulo: Dialética, 2000.

BECKER, Alfredo Augusto Becker. *Carnaval tributário*. São Paulo: Saraiva, 1989.

——. *Teoria Geral do Direito Tributário*. 4 ed. São Paulo: Noeses, 2007.

BENJAMIN, Antonio Hermann V.; MARQUES, Claudia Lima e BESSA, Leonardo Roscoe. *Manual de Direito do Consumidor*. 5 ed. São Paulo: RT, 2013.

BERRO, Florían García. *Procedimientos tributários y derechos de los contribuyentes en la nueva LGT*. Madri: Marcial Pons, 2004.

BETTI, Emilio. *Teoria Geral do Negócio Jurídico*. Trad. Fernando de Miranda. t. I. Coimbra: Coimbra editores, 1969.

BIM, Eduardo Fortunato. A Inconstitucionalidade das Sanções Políticas Tributárias no Estado de Direito: Violação ao *Substantive Due Process of Law* (Princípios da Rozoabilidade e da Proporcionalidade). In: *Grandes Questões Atuais do Direito Tributário*. Dialética, 2004. v. 8. p. 67-92, 83.

BINENBOJM, Gustavo. *Uma Teoria do Direito Administrativo. Direitos Fundamentais, Democracia e Constitucionalização*. 2 ed. Rio de Janeiro: Renovar, 2008.

——. Da supremacia do interesse público ao dever de proporcionalidade: um novo paradigma para o direito administrativo. In: *Interesses públicos versus interesses privados: desconstruindo o princípio da supremacia do interesse público*. SARMENTO, Daniel (org.). Rio de Janeiro: Lumen Juris, 2005.

BIZIOLI, Gianluigi. Prevalenza e diretta efficacia delle decisioni in tema di aiuti di Stato nell'ordinamento tributario interno fra questioni nuove (art. 117, comma 1, cost.) e questioni teoriche ancora irrisolte (la rilevanza della riserva in materia di prestazioni patrimoniali imposte ex art. 23 cost. In: *Rivista di diritto finanziario e scienza delle finanze*, v. 63, n. 1, pt 2, mar./2004, p. 16-35.

BLANCO, Federico A. Castillo. *La protección de confianza en el derecho administrativo*. Madri: Marcial Pons, 1998.

BOBBIO, Norberto; MATTEUCCI, Nicola; PASQUINO, Gianfranco. *Dicionário de Política*. 11 ed. Brasília: UnB, 1998.

BONAVIDES, Paulo: *Do Estado Liberal ao Estado Social*. Fortaleza: Imprensa Universitária do Ceará, 1958, p. 167-8.

BORDA, Alejandro. *La teoria de los actos próprios*. 2 ed. Buenos Aires: Abeledo-Perrot, 1993.

BORGES, José Souto Maior. Limites constitucionais e infraconstitucionais da coisa julgada tributária (contribuição social sobre o lucro). In: *Cadernos de Direito Tributário e Finanças Públicas* n. 27, p. 191.

——. *Obrigação tributária. Uma introdução metodologia*. 2 ed. São Paulo: Saraiva, 1999.

——. Relações entre tributos e direitos fundamentais. In: *Tributos e direitos fundamentais*. São Paulo: Dialética, 2004. p. 217-226.

BORGETTO, M. *La notion de fraternité en Droit Public Français. Le passé, le Présent et l'Avenir de la Solidarieté*. Paris: LGDJ, 1993.

BRITO, Carlos Ayres. *Teoria da Constituição*. Rio de Janeiro: Forense, 2003.

——. BRITO, Carlos Ayres. *O Humanismo como categoria constitucional*. Belo Horizonte: Forum, 2007.

BUFFON, Marciano. *A tributação e a dignidade humana. Entre os direitos e deveres fundamentais*. Porto Alegre: Livraria do Advogado, 2009.

CAETANO, Marcelo. *Manual de Direito Administrativo*. 10 ed. Coimbra: Almedina, Tomo I, 1973.

CALIENDO, Paulo. Da justiça fiscal: conceito e aplicação. In: *Tratado de Direito Constitucional Tributário*. Heleno Taveira Tôrres (org.). São Paulo: Saraiva, 2055, p 371-406.

CALMES, Sylvia. *Du príncipe de protection de la confiance legitime en droits allemand, communautaire et français*. Paris: Dalloz, 2001.

CALVO VÉRGUEZ, Juan. El contenido de las actuaciones de asistencia a los obligados tributarios: algunas consideraciones. In: *Revista de Información Fiscal*, n. 91, 2009, p. 45.

CAMPOS, Diogo Leite de; LEITE, Mônica Horta Neves. *Direito Tributário*. 2 ed. Coimbra: Almedina, 2000.

CAMPOS, Diogo Leite de. *O Sistema Tributário no Estado dos Cidadãos*. Coimbra: Almedina, 2006.

CANARIS, Claus-Wilhem. *Pensamento sistemático e conceito de sistema na ciência do Direito.* 3 ed. Trad. Menezes Cordeiro. Lisboa: Fundação Calouste Gulbenkian, 2002.

CANOTILHO, José Joaquim Gomes. *Direito Constitucional e Teoria da Constituição.* 7 ed. Coimbra: Almedina, 2003.

CAPRA, Fritjof. *The turning point. Science, society and the rising culture.* Toronto, New York: Bantan Books, 1983.

CARNEIRA DA FRADA, Manuel Antonio de Castro Portugal. *Contrato e deveres de proteção.* Coimbra: Separata do volume XXXVIII do suplemento ao Boletim da Faculdade de Direito da Universidade de Coimbra, 1994.

_____. *Teoria da confiança e responsabilidade civil.* Coimbra: Almedina, 2007.

CARRAZA, Roque Antonio. *Curso de Direito Constitucional Tributário.* 24 ed. São Paulo: Malheiros, 2008.

——. *Imposto sobre a Renda.* São Paulo: Malheiros, 2005.

——. *Reflexões sobre a obrigação tributária.* São Paulo: Noeses, 2010.

CARVALHO FILHO, José dos Santos. *Manual de Direito Administrativo.* 16 ed. Curitiba: Lumen Juris, 2006.

CARVALHO, Paulo de Barros. *Curso de Direito Tributário.* 19 ed. São Paulo: Saraiva, 2007.

——. Estatuto do Contribuinte, direitos, garantias individuais em matéria tributária e limitações constitucionais nas relações entre fisco e contribuinte. In: *Revista de Direito Tributário* (7/8):138, 1979.

CASSESE, Sabino. Tendenze e Problemi del Diritto Amministrativo. In: *Rivista Trimestrale di Diritto Pubblico,* n. 4 (2004), p. 901-912.

CATARINO, João Ricardo. Consentimento e garantias dos contribuintes: da crise à necessidade de (re)afirmação. In: Daniel Freire e Almeida; Fabio Luiz Gomes e João Ricardo Catarino (org). *Garantia dos contribuintes no Sistema Tributário.* São Paulo: Saraiva, 2013, p. 268.

CAVALCANTE, Denise Lucena. *Crédito Tributário. A função do cidadão-contribuinte na relação tributária.* São Paulo: Malheiros, 2004.

CHANEL, Emmanuel De Crouy. La citoyenneté fiscale. In: *Archives de philosophie du droit,* n°. 46, 2002, p. 39-77.

CHEVALLIER, Jacques. *L'État de droit.* 3 ed. Paris: Montchrestien, 1999.

COELHO, Sacha Calmon Navarro; DERZI, Misabel Abreu Machado. *A importância da Administração Tributária no Estado Democrática do Direito. Análise da Emenda Constitucional n° 42/03.* Texto disponível em: <http://www.egov.ufsc.br/portal/sites/default/files/anexos/21072-21073-1-PB.pdf>, acessado em 14 de setembro de 2014.

COELHO, Sacha Calmon Navarro. *Comentários à Constituição de 1988.* 9 ed. Rio de Janeiro: Forense, 2005.

——. *Curso de Direito Tributário Brasileiro.* 9 ed. Rio de Janeiro: Forense, 2006.

——. Infração Tributária e Sanção. In: *Sanções Administrativas Tributárias.* Dialética/ICET, 2004. p. 420/444.

——. Norma jurídica e obrigação tributária. In: *Revista de Direito Tributário* n. 13/14, jul.-dez. 1980.

CONSOLO, Claudio. Processo e accertamento fra responsabilità contributiva e debito tributario. In: *Rivista di Diritto Processuale* n. 4, ano LV, série 2, out/dez 2000, p. 1035-1067.

CORREIA, José Manuel Sérvulo. *Legalidade e autonomia contratual nos contratos administrativos.* Coimbra: Almedina, 2003.

——. O direito à informação e os direitos de participação dos particulares no procedimento e, em especial, na formação da decisão administrativa. In: *Estudos sobre o Código do Procedimento Administrativo.* Instituto Nacional de Administração n° 9/10, jan./jun. 1994, p. 136.

COSTA, Mário Júlio de Almeida. *Direito das obrigações.* 8 ed. Coimbra: Almedina, 2000.

COSTA, Regina Helena. *Curso de Direito Tributário.* São Paulo: Saraiva, 2009.

COSTA, Regina Helena. *Praticabilidade e Justiça Tributária. Exeqüibilidade de lei tributária e direitos do contribuinte.* São Paulo: Malheiros, 2007.

COUTO E SILVA, Almiro do. O princípio da legalidade da Administração Pública e da segurança jurídica no Estado de Direito Contemporâneo. In: *Revista de Direito Público,* v. 84, p. 46-63, 1987.

D'AMATI, Nicola. *Accertamento tributário. Teoria generali.* v. I. Turim, 1980.

DELALLANDE, Nicolas. *Les Batailles de L'impôt: consentement et résistances de 1789 à nous jours.* Paris: Éditions du Seuil, 2011.

DELGADO, José Augusto. O princípio da Moralidade Administrativa e a Constituição Federal de 1988. In: *Revista Trimestral de Jurisprudência dos Estados* v. 100, p. 21-20.

DENARI, Zelmo. Cidadania e Tributação. In: *Revista Dialética de Direito Tributário* n° 10, jul. 1996.

DERZI, Misabel Abreu Machado. Boa-fé objetiva no Direito Tributário. Princípio ou cláusula geral. In: *Revista da Faculdade de Direito Milton Campos*, v. 12, 2005, p. 348.

———. Mutações, complexidade, tipo e conceito, sob o signo da segurança e proteção da confiança. In: Heleno Taveira Tôrres (org.). *Tratado de Direito Constitucional Tributário: estudos em homenagem a Paulo de Barros Carvalho*. São Paulo: Saraiva, 2005, p. 277.

———. Legalidade material, modo de pensar tipificante e praticidade no direito tributário. *Justiça Tributária – 1° Congresso Internacional de Direito Tributário – IBET*, 1988, p. 644.

———. Princípio da praticabilidade no Direito Tributário – segurança jurídica e tributação. In: *Revista de Direito Tributário* n. 47, p. 166-179, jan./mar. 1989.

———. Tratado de Direito Tributário contemporâneo – dos princípios gerais do Direito Tributário. In: *Revista de Direito Tributário* n. 83, p. 67.

DI PIETRO, Maria Sylvia Zanella. *Parcerias na Administração Pública. Concessão, permissão, franquia, terceirização e outras formas*. 3 ed. São Paulo: Atlas, 1999.

DIFINI, Luiz Felipe Silveira. *Manual de Direito Tributário*. 4 ed. São Paulo: Saraiva, 2008.

———. Princípio do Estado Constitucional Democrático de Direito. In: *Revista da Ajuris* n. 102, p. 161-9.

———. *Proibição de Tributos com efeito de confisco*. Porto Alegre: Livraria do Advogado, 2007.

DORIA, Antonio Roberto Sampaio. *Direito Constitucional Tributário e "due process of law"*. 2 ed. Rio de Janeiro: Forense, 1986.

DUARTE, David. *Procedimentalização, participação e fundamentação: para uma concretização do princípio da imparcialidade administrativa como parâmetro decisório*. Coimbra: Almedina, 1996.

DWORKIN, Ronald. *Levando os direitos a sério*. Trad. Nelson Boeira. São Paulo: Martins Fontes, 2002.

ENGISH, Karl. *Introdução ao pensamento jurídico*. 8 ed. Lisboa: Fundação Calouste Gulbenkian, 2001.

ENTERRÍA, Eduardo García de; TOMÁS-RAMÓN, Fernández. *Curso de Derecho Administrativo*. V. II. 4 ed. Madrid: Civitas, 1995, p. 85 e ss.

ENTERRÍA, Eduardo García de. *Las transformaciones de la Justicia Administrativa: de excepción singular a la plenitud jurisdicional. Un cambio de paradigma?* Madrid: Civitas, 2007.

FARIAS, José Fernando de Castro. *A origem do direito de solidariedade*. Rio de Janeiro: Renovar, 1998.

FERNÁNDEZ DOCTOR, Soledad. *La información y la asistencia al contribuyente*. HPE-CA n° 3, 1994, p. 91.

FERRAZ Jr., Tércio Sampaio. Coisa julgada em matéria tributária e as alterações sofridas pela legislação da contribuição social sobre o lucro (Lei n. 7.689/88). In: *Revista Dialética de Direito Tributário* n. 125, p. 74.

FERRAZZO, Cristiano José. *Os limites de imposição de obrigações acessórias no direito tributário brasileiro*. Dissertação de Mestrado: UFRGS, 2006. Disponível em <http://www.lume.ufrgs.br/bitstream/handle/10183/8044/000566064.pdf?sequence=1>, acessado em 16 de agosto de 2014.

FERREIRA FILHO, Manoel Gonçalves. *Curso de Direito Constitucional*. 25 ed. São Paulo: Saraiva, 1999, p. 141-2.

FERRER, Irene Rovira. *Los deberes de información y asistencia de la Administración tributaria: Análisis jurídico y estudio del impacto de las Tecnologías de la Información y la Comunicación*. Tese de Doutorado apresentada na Universitat Oberta de Catalunya, disponível em: <http://www.tdx.cat/bitstream/handle/10803/9129/tesi_irene_rovira_diposit_tdx.pdf;jsessionid=98327AF67429C5A22AE2B771E02F5910.tdx2?sequence=1>, acessado em 6 de setembro de 2014.

CARVALHO FILHO, José dos Santos. Agências Reguladoras e Poder Normativo. In: *Revista Eletrônica de Direito Administrativo Econômico (REDAE)*, Salvador, Instituto Brasileiro de Direito Público, no. 9, fevereiro/março/abril, 2007. Disponível na Internet: <http://www.direitodoestado.com.br/redae.asp>. Acesso em: 11 de janeiro de 2014.

FONTENELE, Alysson Maia. As sanções políticas no direito tributário e os direitos fundamentais do contribuinte. In: *Coleção Jornada de Estudos ESMAF*. Distrito Federal. v. dez., 2009.

FORSTHOFF, Ernst. *Tratado de Derecho Administrativo*. Trad. Legaz Lacambra, Garrido Falla, Gomez Ortega y Junge. Madri: Instituto de Estudios Políticos, 1958.

FOSSATI, Gustavo. *Planejamento tributário e interpretação econômica*. Porto Alegre: Livraria do Advogado, 2006.

FREITAS, Juarez. *Discricionariedade Administrativa e o Direito Fundamental à Boa Administração Pública*. 2 ed. São Paulo: Malheiros, 2009.

FULLER, Lon F. *The morality of Law*. New Haven: Yale University Press, 1969.

GALÁN GALÁN, Alfredo. La comunicación pública. In: *Comunicación pública. La información administrativa al ciudadano*. Madri: Marcial Pons, 2000.

GARBARINO, Carlo. Situazioni soggettive e rapporti fondamentali nel diritto tributario e tipo di tutela giurisdizionale. In: *Rivista di diritto finanziario e scienza delle finanze,* LX, 3, I, set/2001, p. 368-411.

GARCÍA, José Ramon Ruiz. El deber de colaboración con la Administración Tributaria de los Juzgados y Tribunales: el artículo 112.3 de la Ley General Tributaria y la sentencia del Tribunal Supremo de 16 de abril de 1998. In: *Revista de información fiscal* n° 30, 1998, p. 11-23.

GARCÍA, Ana Maria Delgado e CUELLO, Rafael Olivier. *El deber de información y asistencia a los obligados tributários.* Valencia: Tirant lo blanch, 2004.

GIANNINI, Achile Donato. *Il rapporto giuridico d'imposta.* Milão: Giuffrè, 1937.

———. *Istituzioni di Diritto tributario.* 9 ed. Milão: Giuffrè, 1965.

GLENDI, Cesare. *L'oggetto del proceso tributário.* Padova: Cedam, 1984.

GODOY, Arnaldo Sampaio de Moraes. *Direito Tributário Comparado e Tratados Internacionais Fiscais.* Porto Alegre: SaFe, 2005.

GODOY, Norberto. Diferencias entre las obrigaciones juridcas tributarias sustantivas y las obligaciones jurídicas civiles. In: *Revista de Direito Tributário* n. 43, jan./mar. 1988.

GOLDSCHMIDT, Fabio Brun. *O princípio do não confisco no Direito Tributário.* São Paulo: RT, 2003.

GOMES, Orlando. *Introdução ao Direito Civil.* 20 ed. Rio de Janeiro: Forense, 2010.

GONÇALVES, J. A. Lima. Princípios informadores do "critério pessoal da regra matriz de incidência tributária". In: *Revista de Direito Tributário* n. 23/24, jan.-jun./1983, p. 252-265.

GONZÁLEZ PÉREZ, Jesús. *El principio general de la buena fe en el Derecho Administrativo.* Madri: Civitas, 1983.

GRASSO, Eduardo. La collaborazione nel processo civile. In: *Rivista di Diritto Processuale* v. XXI, serie II, 1966, p. 587.

GRAU, Eros Roberto. *A Ordem Econômica na Constituição de 1988 (interpretação e crítica).* 3.ed. São Paulo: Malheiros, 1997.

GRECO, Marco Aurélio. Devolução ex officio de tributo indevido: dever de legalidade, moralidade e eficiência administrativas, no âmbito da função tributária. In: *Direito Processual Tributário.* Marcelo Campos (org.). São Paulo: RT, 2008.

———. *Planejamento Tributário.* 2 ed. São Paulo: Dialética, 2008.

GRUPENMACHER, Betina Treiger (coord.). *Tributação: Democracia e libertade.* São Paulo: Noeses, 2014.

GUIMARÃES, César. A Elisão tributária e a Lei Complementar n° 104/2001. In: *Planejamento Tributário e a Lei Complementar n. 104.* Valdir de Oliveira Rocha (org.). São Paulo: Dialética, 2001, p. 31.

GUIMARÃES, Vasco Branco. As garantias dos particulares na relação jurídica tributária: uma revisão necessária. In: *Garantia dos contribuintes no Sistema Tributário.* Daniel Freire e Almeida; Fabio Luiz Gomes e João Ricardo Catarino (orgs.). São Paulo: Saraiva, 2013, p. 692.

HÄBERLE, Peter. *El Estado Constitucional.* Trad. Hector Fix-Fierro. Cidade do México: Universidade Autônoma de México, 2003.

HÄBERLE, Peter. *Liberta, igualdad y fraternidad. 1789 como historia, actualidad y futuro del Estado constitucional.* Trad. Ignácio Gutiérrez Gutiérrez. Madri: Trotta, 1998.

HABERMAS, Jürgen. *Um ensaio sobre a Constituição da Europa.* Trad. Marian Toldy e Teresa Toldy. Lisboa: Edições 70, 2012.

HARIOU, Maurice. *Précis Elementaire de Droit Administratif.* 4 ed. Paris: Recueil Sirey, 1938.

HERRERA MOLINA, P. M.; CHICHO DE LA CAMARA, P. El principio de buena fe en Derecho Tributario. In: *XIX Jornadas Latino-Americanas de Direito Tributário.* Livro 2. Lisboa: Associação fiscal portuguesa, 1998, p. 321.

HESSE, Konrad. *Elementos de Direito Constitucional da República Federal da Alemanha.* Trad. Luís Afonso Heck. Porto Alegre: SaFe, 1998.

HEUSCHLING, Luc. *État de droit, Rechtsstaat, Rule of Law.* Paris: Dalloz, 2002.

HOLMES, Stephen e SUNSTEIN, Cass R. *El costo de los derechos. Por qué la libertad depende de los impuestos.* Buenos Aires: Siglo Veintiuno Editores, 2011.

IHERING, Rudolf Von. *A finalidade do Direito.* Trad. José Antonio Faria Correa. Rio de Janeiro: Editora Rio, 1979.

JARACH, Dino. *Finanzas Públicas e Derecho Tributário.* 4 ed. Buenos Aires: Abeledo Perrot, 2013.

JUSTEN FILHO, Marçal. O Princípio da Moralidade Pública e o Direito Tributário. In: *Revista Trimestral de Direito Público* n. 11, p. 44.

KELSEN, Hans. *Teoria Pura do Direito*. Trad. João Baptista Machado. São Paulo: Martins Fontes, 2012.

KIRCHHOF, Paul. La inflencia de la Constitución alemana en su legislación tributaria. In: *Garantias Constitucionales del contribuyente*. Antonio Agulló Agüero (org.). Valencia: Tirant lo blanch, 1998.

KORNPROBST, Emmanuel. *La notion de bonne foi. Application au Droit Fiscal français*. Paris: Librairie Generale de Droit et de Jurisprudence, 1980.

KUGLER, Herbert Morgenstern; NAKAYAMA, Taryta. Da aplicação do princípio da boa-fé objetiva em questões tributárias: teoria e jurisprudência. In: *Revista tributária e de finanças públicas*, v. 20, n. 105, jul./ago. 2012.

LAPATZA, José Juan Ferreiro. *Direito Tributário. Teoria geral do tributo*. São Paulo: Manole, 2007.

——. La Justicia Tributaria en España desde la perspectiva del Consejo para la Defensa del Contribuyente del Estado. In: *La Justicia Tributaria y el Defensor del Contribuyente en España*. Fernando Serrano Antón (org.). Madri: Thomson civitas, 2007.

LARENZ, Karl. Derecho de obligaciones. In: *Revista de Derecho Privado*. Madrid: Editorial, 1956, p. 148.

——. *Derecho de obligaciones*. t. I. Trad. Jaime Santos Briz. Madrid: Editorial Revista de Derecho Privado, 1958.

——. *Derecho justo. Fundamentos de ética jurídica*. Trad. L. Díez-Picazo. Madri: Civitas, 1985.

LEAL, Rogério Gesta. *Teoria do Estado. Cidadania e poder político na modernidade*. 2 ed. Porto Alegre: Livraria do Advogado, 2001.

LISBOA, Roberto Senise. *Obrigação de Informar*. Coimbra: Almedina, 2012.

LIMA, Liana Maria Taborda. Sanções Políticas Impeditivas do Comércio Internacional. In: *Revista de Direito Internacional Econômico*, n. 12, jul. – set. 2005, p. 35.

LIMA, Raimundo Márcio Ribeiro. *Administração Pública Dialógica*. Curitiba: Juruá, 2013.

LIMA, Ruy Cirne. *Princípios de Direito Administrativo Brasileiro*. Porto Alegre: Livraria do Globo, 1937.

——. *Sistema de Direito Administrativo Brasileiro*. Porto Alegre: Editora Santa Maria, 1953.

LOBATO, Valter de Souza. O princípio da confiança retratado no Código Tributário Nacional. A aplicação dos arts. 100 e 146 do CTN. A análise de casos concretos. In: *Segurança jurídica. Irretroatividade das decisões judiciais prejudiciais ao contribuinte*. Sacha Calmon Navarro Coelho (org.). Rio de Janeiro: Forense, 2013, p. 425-9.

LUHMANN, Niklas. *Legitimação pelo procedimento*. Trad. Maria da Conceição Côrte-Real. Brasília: UNB, 1980.

——. *El derecho de la sociedad*. Trad. Javier Torres Nafarrate. Cidade do México: Herder, 2005.

——. *Confianza*. Trad. Amada Flores. Santiago: Anthropos, 1996.

LUNA, Everardo da Cunha. *Abuso de Direito*. Rio de Janeiro: Forense, 1959.

LUÑO, Antonio E. Pérez. *Derechos Humanos, Estado de Derecho e Constitucion*. 5 ed. Madri: Tecnos, 1995.

MACHADO SEGUNDO, Hugo de Brito. *Processo Tributário*. 6 ed. São Paulo: Atlas, 2012.

MACHADO, Hugo de Brito. *Curso de Direito Tributário*. 30 ed. São Paulo: Malheiros, 2009.

——. *Os princípios jurídicos da tributação na Constituição de 1988*. 4 ed. São Paulo: Dialética, 2001.

——. Processo Administrativo Tributário: eficiência e direitos fundamentais do contribuinte. In: *Direito Processual Tributário*. Marcelo Campos (org.). São Paulo: RT, 2008.

——. Sanções Políticas no Direito Tributário. In: *Revista Dialética de Direito Tributário* nº 30. p. 46/47.

——. *Teoria Geral do Direito Tributário*. São Paulo: Malheiros, 2015.

MAFFINI, Rafael. *Princípio da Proteção Substancial da Confiança no Direito Administrativo Brasileiro*. Porto Alegre: Verbo Jurídico, 2006.

MARGULIS, Lynn. *Symbiotic planet: a new look at evolution*. New York: Basic Books, 1998.

MARINONI, Luiz Guilherme. *Código de Processo Civil Comentado Artigo por Artigo*. São Paulo: RT, 2008.

MARONGIU, Gianni. *Lo Statuto dei diritti del contribuente*. 2 ed. Turim: Giappichelli editore, 2010.

MARTA, Basile. *Il principio di collaborazione tra fisco e contribuente*. Bari: Cacucci, 2010.

MARTINEZ, Jean-Claude; CABALLERO, Norma. 1215-2015: 800 ans aprés la Magna Carta...une charte europeenne des garanties du contribuable. In: *Garantia dos contribuintes no Sistema Tributário*. Daniel Freire e Almeida; Fabio Luiz Gomes e João Ricardo Catarino (orgs.). São Paulo: Saraiva, 2013.

MARTINS JUNIOR, Wallace Paiva. *Transparência Administrativa. Publicidade, motivação e participação popular*. São Paulo: Saraiva, 2004.

MARTINS-COSTA, Judith. *A Boa-fé no Direito Privado*. São Paulo: RT, 2000.

———. A Ilicitude derivada do exercício contraditório de um Direito: o renascer do venire contra factum proprium. In: REALE, Miguel et alii. Experiências do Direito. São Paulo: Millenium, 2004.

———. Comentários ao novo Código Civil. v. V. t. II. 2 ed. Rio de Janeiro: Forense, 2009.

———. O exercício disfuncional e os contratos interempresariais. In: Revista do Advogado, São Paulo, ano XXVII, n. 96, março de 2008, p. 48-59.

———. Os avatares do Abuso do direito e o rumo indicado pela Boa-Fé. In: Questões Controvertidas do Novo Código Civil v. VI. DELGADO, Mario; ALVES, Jones Figueirêdo (coord.). São Paulo: Método, 2007.

MARTINS, Ives Gandra da Silva. Teoria da Imposição Tributária. 2 ed. São Paulo: LTr, 1998.

MASHAW, J. Due Process in the Administrative State. New Haven: Yale University Press, 1985.

MATTARELLA, Bernardo Giorgio. Informazione e comunicazione amministrativa. In: Rivista Trimestrale di diritto pubblico n. 1, 2005, p. 1.

MAURER, Hartmut. Direito Administrativo Geral. 14 ed. Trad. Luis Afonso Heck. Barueri: Manole, 2006.

———. Elementos de Direito Administrativo Alemão. Trad. Luís Afonso Heck. Porto Alegre: SaFe, 2001.

MAYER, Otto. Derecho Administrativo alemán. t. I. Buenos Aires: Depalma, 1949.

———. Le Droit Administratifi Allemand. t. I, Paris, 1903.

MEDAUAR, Odete. O Direito Administrativo em Evolução. 2 ed. São Paulo: RT, 2003.

MEIRELLES, Hely Lopes. Direito Administrativo Brasileiro. 25 ed. São Paulo: Malheiros, 2000.

MELLO, Celso Antônio Bandeira de. Curso de Direito Administrativo. 19 ed. São Paulo: Malheiros, 2005.

———. Declaração falsa – responsabilidade – deveres acessórios – suspeita e prova – boa-fé e relação jurídica. In: Revista de Direito Tributário n. 7-8, jan./jun. 1979, p. 60-70.

———. Discricionariedade e controle jurisdicional. 2 ed. São Paulo: Malheiros, 2010.

MELLO, Elizabete Rosa de. Direito fundamental a uma tributação justa. São Paulo: Atlas, 2013.

MENDES, Gilmar Ferreira; COELHO, Inocêncio Mártires; BRANCO, Paulo Gustavo Gonet. Curso de Direito Constitucional. 2 ed. São Paulo: Saraiva, 2008.

MENDÉZ, Amelia González. Buena fe y Derecho Tributário. Madri: Marcial Pons, 2001.

MENEZES CORDEIRO, Antonio Manual. Da boa-fé no direito civil. Coimbra: Almedina, 1989.

———. Tratado de Direito Civil Português. v. II. t. II. Coimbra: Almedina, 2010.

———. Tratado de Direito Civil. Português. v. I. Parte Geral. t. IV. Coimbra, Almedina, 2005.

MIRANDA, Jorge; MEDEIROS, Rui. Constituição Portuguesa anotada. t. I. Coimbra: Coimbra, 2005.

MIRANDA, Jorge. Teoria do Estado e da Constituição. 2 ed. Rio de Janeiro: 2009.

MITIDIERO, Daniel. Colaboração no processo civil. pressupostos sociais, lógicos e éticos. 2 ed. São Paulo: Saraiva, 2011.

MODESTO, Paulo. Notas para um debate sobre o princípio constitucional da eficiência. In: Revista Interesse Público, Ano 2, n° 7, julho/setembro de 2000, São Paulo: Notadez, 2000, p. 65-75.

MONTORO, André Franco. Introdução à Ciência do Direito. 30 ed. São Paulo: RT, 2013.

MORAES, Maria Celina Bodin de. O princípio da solidariedade. Rio de Janeiro: Instituto de Direito Civil, disponível em: <http://www.idcivil.com.br/pdf/biblioteca9.pdf>, acessado em 27 de julho de 2014.

MOREIRA NETO, Diogo de Figueiredo. Juridicidade, pluralidade normativa, democracia e controle social. Reflexões sobre alguns rumos do Direito público neste século. In: Fundamentos do Estado de Direito. Humberto Ávila (org.). São Paulo: Malheiros, 2005.

———. Mutações do direito administrativo. 2 ed. Rio de Janeiro: Renovar, 2001.

———. Políticas Públicas e Parcerias: Juridicidade, Flexibilidade e Tipicidade na Administração Consensual. In: Revista de Direito do Estado, n. 1 (jan./mar. 2006).

MOREIRA, José Carlos Barbosa. Os Limites Objetivos da Coisa Julgada no Sistema do Novo Código de Processo Civil. In: Temas de Direito Processual Civil. São Paulo: Saraiva, 1977.

MORIN, Ariane. La Responsabilité fondée sur la confiance. Étude critique des fondements d'une innovation controversée. Helbing & Lichtehahn: Faculté de Droi de Geneve, 2002.

MOTA PINTO, Carlos Alberto da. Cessão de contrato. São Paulo: Saraiva, 1985.

MURPHY, Liam e NAGEL, Thomas. O mito da propriedade. Os impostos e a justiça. Trad. Marcelo Brandão Cipolla. São Paulo: Martins Fontes, 2005.

NABAIS, José Casalta. O Dever Fundamental de Pagar Impostos. Contributo para a compreensão constitucional do estado fiscal contemporâneo. 3 reimpressão. Coimbra: Almedina, 2012.

———. *Por um Estado Fiscal suportável. Estudos de Direito.* Coimbra: Almedina, 1998.

———. *Por um Estado Fiscal suportável. Estudos de Direito Fiscal.* Coimbra: Almedina, 2005.

———. *Por um estado fiscal suportável. Estudos de Direito Fiscal.* v. III. Coimbra: Almedina, 2010.

NIGRO, Mario. Il procedimento Amministrativo fra Inerzia Legislativa e Trasformazioni dell'Amministrazione (aproposito di un recente disegno di legge). In: *DPA*, 1989.

NOGUEIRA, Alberto. *Os limites da legalidade tributária no Estado Democrático de Direito: fisco x contribuinte na arena jurídica: ataque e defesa.* Rio de Janeiro: Renovar. 1996.

NOGUEIRA, Alberto. *Teoria dos Princípios Constitucionais Tributários.* Rio de Janeiro: Renovar, 2008.

NOGUEIRA, Ruy Barbosa. *Direito Tributário aplicado e comparado.* v. I. Rio de Janeiro: Forense, 1977.

NOGUEIRA, Ruy Barbosa. *Teoria do lançamento tributário.* São Paulo: Resenha Tributária, 1965.

NORONHA, Fernando. *O Direito dos contratos e os seus princípios fundamentais.* São Paulo: Saraiva, 1994.

NOVAIS, Jorge Reis. *Contributo para uma Teoria do Estado de Direito.* Coimbra: Almedina, 2006.

OLIVEIRA, Ricardo Mariz de. Reflexos do Novo Código Civil no Direito Tributário. In: *Revista de Estudos Tributário* n. 29. Porto Alegre: Síntese, 2003.

ORRUTEA, Rogério Moreira. Obrigação tributária. In: *Revista de Direito Tributário* n. 37, jul./set. 1986, p. 89-98.

ORTEGA, Rafael Calvo. *Las actividades de colaboración de los privados con la administración tributaria: en torno a un nuevo ordenamiento.* Madri: Dykinson, 2006.

—— ORTEGA, Rafael Calvo. Hacia un nuevo derecho tributario. In: *Revista Foro nova época* n. 0, p. 49-74.

OSÓRIO, Fábio Medina. Existe uma supremacia do interesse público sobre o privado no direito administrativo brasileiro? *Revista de Direito Administrativo*, Rio de Janeiro, n. 220, p. 69-107, abr./jun. 2000.

OTERO, Paulo. *Legalidade e Administração Pública – o sentido da vinculação administrativa à juridicidade.* Coimbra: Almedina, 2003.

PARRILLA, Pedro José Carrasco. Derechos y garantías de los contribuyentes en España. In: *Garantia dos contribuintes no Sistema Tributário.* Daniel Freire e Almeida; Fabio Luiz Gomes e João Ricardo Catarino (orgs.). São Paulo: Saraiva, 2013.

PASTOR, Juan Alfonso Santamaría. *Fundamentos de Derecho Administrativo.* I. Madrid: 1991.

PAULSEN, Leandro; ÁVILA, René. *Direito Processual Tributário.* 2 ed. Porto Alegre: Livraria do Advogado, 2005.

PAULSEN, Leandro. *Capacidade colaborativa: princípio de Direito Tributário para obrigações acessórias e de terceiros.* Porto Alegre: Livraria do Advogado, 2014.

———. *Curso de Direito Tributário Completo.* 6 ed. Porto Alegre: Livraria do Advogado, 2014.

———. Do dever fundamental de colaboração com a Administração Tributária. In: *Revista Tributária das Américas*, v. 5, p. 31-42, 2012.

———. *Responsabilidade e Substituições Tributárias.* Porto Alegre: Livraria do Advogado, 2012.

PEREZ, Jesus Gonzalez. *El Princípio General de la Buena Fé en el Derecho Administrativo.* Madri: Civitas, 1989.

PIETRO, Adriano di. Tutela del contribuyente y constitucion material en la aplicacion de la norma tributaria. In: *Garantias Constitucionales del contribuyente.* Antonio Agulló Agüero (org.). Valencia: Tirant lo blanch, 1998.

PINTO, Bilac. Os Limites do Poder Fiscal do Estado. In: *RF.* v. 82. p. 547-562, 552;

PINTO, Carlos Alberto da Mota; PINTO, Paulo Mota. *Teoria Geral do Direito Civil.* 4 ed. Coimbra: Coimbra editora, 2005.

PINTO, Carlos Alberto da Mota. *Cessão de contrato: contendo parte tratando a matéria conforme o direito brasileiro.* São Paulo: Saraiva, 1985.

PIRES, Manuel e PIRES, Rita Calçada. *Direito Fiscal.* 5 ed. Coimbra: Almedina, 2012.

POLLOCK, Frederick; MAITLAND, Frederic William. *The history of English Law before the time of Edward I.* v. I. Ed. Indianápolis: Liberty Fund.

PONTES DE MIRANDA, Francisco Cavalcanti. *Tratado de Direito Privado.* t. I. Rio de Janeiro: Borsoi, 1958.

PORTO, Éderson Garin et alli. Investigações sobre o dever de esclarecer satisfatoriamente o contribuinte: pesquisa de campo nos municípios da região leste do Estado do Rio Grande do Sul. In: *Direito e Democracia: Revista do Centro de Ciências Jurídicas*, v. 12 – n. 2 – Jul./Dez. 2011, p. 117-129.

PORTO, Éderson Garin. A proteção da confiança e a boa-fé objetiva no Direito Público. In: *Revista da Ajuris*, v. 33, n. 102, p. 33.

_____. Ainda sobre legalidade tributária: uma exame de suas funções eficaciais como instrumento de controle do poder de tributar. In: *Revista Brasileira de Direito Público*, v. 44, p. 195-218, 2014.

_____. *Estado de Direito e Direito Tributário: norma limitadora ao poder de tributar*. Porto Alegre: Livraria do Advogado, 2009.

_____. Fundamentos Teóricos para uma crítica a jurisprudência das Cortes Superiores. In: *Revista do Instituto de Direito* n. 14, ano 2, p. 17431-17473.

_____. *Manual da Execução Fiscal*. 2 ed. Porto Alegre: Livraria do Advogado, 2010.

PORTO, Sérgio Gilberto. *Coisa julgada*. 3 ed. São Paulo: RT, 2006.

QUEIROZ, Mary Elbe. *Imposto sobre a Renda e Proventos de Qualquer Natureza*. São Paulo: Manole, 2004.

RABELO NETO, Luiz Octavio. Direito Tributário como Instrumento de Inclusão social: ação afirmativa fiscal. In: *Revista da PGFN*, ano I, n. 1, jan./jun. 2011, p. 262.

RAZ, Joseph. On the authority and Interpretation of Constitutions: Some Preliminaries. In: *Constitutionalism. Philosophical foundations*. Larry Alexander (org.). Cambridge: University Press.

ROCHA, Valdir Oliveira. *A Consulta Fiscal*. São Paulo: Dialética, 1996.

SANCHES, José Luís Saldanha. *A quantificação da obrigação tributária. Deveres de cooperação, autoavaliação e avaliação administrativa*. 2 ed. Lisboa: Lex, 2000.

SANCHES, José Luis Saldanha. *Justiça Fiscal*. Lisboa: Fundação Francisco Manuel dos Santos, 2010.

SANSEVERINO, Paulo de Tarso Vieira. Estrutura clássica e moderna da obrigação. In: *Direito e Justiça: o ensino jurídico no limiar do novo século*. Antonio Paulo Cachapuz Medeiros (org.). Porto Alegre: Edipucrs, 1997, p. 300.

SANTAMARIA, Francesco. *Autonomia Privata e Statuto del contribuente*. Milão: Giuffrè, 2012.

SANTI, Eurico Marcos Diniz de. *Kafka, alienação e deformindades da legalidade. Exercício do controle social rumo à cidadania fiscal*. São Paulo: RT, 2014.

_____ (coord.). *Curso de Especialização em Direito Tributário*. Rio de Janeiro: Forense, 2005.

SANTOS, António Carlos dos. O crescente desequilíbrio entre as prerrogativas do fisco português e os direitos e garantias do contribuintes. In: *Garantia dos contribuintes no Sistema Tributário*. Daniel Freire e Almeida; Fabio Luiz Gomes e João Ricardo Catarino (orgs.). São Paulo: Saraiva, 2013, p. 35.

SARLET, Ingo Wolfgang; MARINONI, Luiz Guilherme; MITIDIERO, Daniel. *Curso de Direito Constitucional*. São Paulo: RT, 2012.

SARLET, Ingo Wolfgang. *Dignidade da Pessoa Humana e Direitos Fundamentais na Constituição de 1988*. Porto Alegre: Livraria do Advogado, 2001.

SARMENTO, Daniel. *Direitos Fundamentais e Relações Privadas*. Rio de Janeiro: Lumen Juris, 2006.

_____. Interesses públicos vs. interesses privados na perspectiva da teoria e da filosofia constitucional. In: _____. *Interesses públicos versus interesses privados: desconstruindo o princípio da supremacia do interesse público*. Rio de Janeiro: Lumen Juris, 2005. p. 23-116.

SAVIGNY, Friedrich Carl von. *Sistema del Derecho Romano Atual*. t. I. Trad. Jacinto Mesía e Manuel Poley. Madri: F. Gongora y Compañia Ed., 1878.

SCHOUERI, Luís Eduardo. *Direito Tributário*. São Paulo, Saraiva, 2011.

SHARMA, Deven. Um novo relacionamento: simbiose. In: *HSM Management*, v. 6, n. 35, p. 102-110, nov./dez. 2002.

SILVA, Clóvis V. do Couto e. *A obrigação como processo*. 8 reimpressão. Rio de Janeiro: Editora FGV, 2013.

SILVA, Luis Renato Ferreira da. *Reciprocidade e Contrato*. Porto Alegre: Livraria do Advogado, 2013.

SCHONBERG, Soren. *Legitimate expectations in Administrative Law*. Nova York: Oxford University Press, 2000.

SOARES, Fabiana de Menezes. *Direito Administrativo de Participação. Cidadania, Direito, Estado e Município*. Belo Horizonte: Del Rey, 1997.

SOUSA, Miguel Teixeira de. *Introdução ao Direito*. Coimbra: Almedina, 2012.

SOUZA JUNIOR, Cezar Saldanha. *A supremacia do direito no estado democrático e seus modelos básicos*. Tese para concurso a professor titular, junto ao Departamento de Direito do Estado – Área de Teoria Geral do Estado da Faculdade de Direito da Universidade de São Paulo. Porto Alegre [s. ed.], 2002.

SOUZA, Maria Luiza Jansen Sá Freire de. Sanções políticas no direito tributário: precedentes e atualidades. In: *Revista SJRJ*, v. 17, n. 28, p. 117-126, jun. 2010.

SOUZA, Rubens Gomes de. *Compêndio de legislação tributária*. 2 ed. Rio de Janeiro: Edições Financeiras, 1954.

STEICHEN, Alain. La justice fiscale entre la justice commutative et la justice distributive. In: *Archives du Philosofie de Droit* n 46, p. 266, 2000.

SUNDFELD, Carlos Ari. Processo Administrativo: um diálogo necessário entre Estado e cidadão. In: *Revista A&C* n. 23, p. 46-47.

TEIXEIRA, Zaneir Gonçalves. Ética, direito e simbiose. In: *A expansão do direito: estudos de direito constitucional e filosofia do direito em homenagem a Willis Santiago Guerra Filho: por duas décadas de docência e pesquisas.* Rio de Janeiro: Lumen Juris, 2004. p. 329-340.

THEODORO JÚNIOR, Humberto. A execução fiscal e alguns problemas gerados pela aplicação prática da Lei n° 6.830. In: *Revista Brasileira de Direito Processual* n° 41, p. 19.

TIPKE, Klaus, LANG, Joachim. *Direito Tributário.* 18 ed. Porto Alegre: SaFe, 2008.

TIPKE, Klaus, YAMASHITA, Douglas. *Justiça Fiscal e Princípio da capacidade contributiva.* São Paulo: Malheiros, 2002.

TIPKE, Klaus. *Moral Tributaria del Estado y de los contribuyentes.* Trad. Pedro M. Herrera Molina. Madri: Marcial Pons, 2002.

TÔRRES, Heleno Taveira. A boa-fé objetiva no direito tributário. Efeitos e aspectos polêmicos sobre as consultas e práticas reiteradas da administração. In: *Revista internacional de direito tributário,* v. 6, p. 23-32, jul./dez. 2006.

——. *Administração Tributária dever resgatar democracia.* Disponível em <http://www.conjur.com.br/2012-mar-28/consultor-tributario-urgente-resgatar-democracia-edicao-leis>, acessado em 14 de setembro de 2014.

——. (org.). *Teoria Geral da Obrigação Tributária.* São Paulo: Malheiros, 2005.

TORRES, Ricardo Lobo. A cidadania multidimensional. In: *20 anos da constituição brasileira.* São Paulo: Saraiva, 2009, p. 39-57.

——. *Curso de Direito Financeiro e Tributário.* 18 ed. Rio de Janerio: Renovar, 2011.

——. O abuso de direito no Código Tributário Nacional e no Novo Código Civil. In: *Direito Tributário e o Novo Código Civil.* Betina Treiger Grupenmacher (coord). São Paulo: Quartier Latim, 2004, p. 57-8.

——. Os Direitos Humanos e a Tributação. In: *Tratado de Direito Constitucional Financeiro e Tributário,* v. 3 Rio de Janeiro: Renovar, 1998.

——. *Tratado de Direito Constitucional Financeiro e Tributário.* v. III. Rio de Janeiro: Renovar, 2005.

TRIMARCHI, Pietro. *Istituzioni di Direitto Privato.* 17 ed. Milão: Giuffrè, 2007.

VALLE, Vanice Regina Lírio do. *Direito Fundamental à Boa Administração e Governança.* Belo Horizonte: Fórum, 2011, p. 60.

VARELA, João de Matos Antunes. *Das obrigações em geral.* v. I. 10 ed. Coimbra: Almedina, 2000.

VASCONCELLOS, Roberto; RIBEIRO, Ricardo. *Estudos Avançados de Direito Tributário.* Rio de Janeiro: Elsevier, 2012.

VASQUES, Sérgio. *Eça e os impostos.* Coimbra: Almedina, 2000.

VEGA, Mauricio Plazas. Il concetto di tributo alla luce del rapporto tra il diritto finanziario pubblico ed il diritto tributario e tra il diritto comunitario ed il diritto nazionale. In: *Rivista di diritto finanziario e scienza delle finanze,* LXII, 1, I, mar/2003, p. 104-164.

VELLOSO, Andrei Pitten. *Constituição Tributária Interpretada.* São Paulo: Atlas, 2007.

VIGNUDELLI, Aljs. Genesi fenomenologica della comunicazione pubblica dallo stato autoritario "secretante" alla "transparenza" dello stato democratico. In: *Il Diritto dell'informazione e dell'informatica,* 2005, p. 237.

VILLEGAS, Hector. *Destinatário legal tributário. In:* RDP n° 30, 1974, p. 294.

WAMBIER, Teresa Arruda Alvim; MEDINA, José Miguel Garcia. *O Dogma da Coisa Julgada: Hipóteses de Relativização.* São Paulo: RT, 2003.

WEDY, Gabriel de J. Tedesco. *O princípio da Boa-Fé objetiva no direito tributário. In:* Interesse público, v. 9, n. 43, p. 319-350, maio/jun. 2007.

WIEACKER, Franz. *El principio general de la buena fe.* Trad. Jose Luis de los Mozoz. Madri: Civitas, 1976.

——. *História do Direito Privado.* 2 ed. Lisboa: Fundação Calouste Gulbenkian, 1980.

WINDSCHEID, Bernardo. *Diritto delle Pandette.* v. I. Trad. Carlo Fadda e Paolo Emilio Bensa. Turim: Unione Tipografico Torinense, 1930.

XAVIER, Alberto. *Conceito e Natureza do acto tributário.* Manual de Direito Fiscal, 1974.

——. *Tipicidade da tributação, simulação e norma antielisiva.* São Paulo: Dialética, 2001.

ZANOBINI, Guido. *Corso di Direitto Amministrativo*. v. I. 8 ed. Milão: Giufrè, 1958.

ZAVASCKI, Teori Albino. *Eficácia das Sentenças na Jurisdição Constitucional*. São Paulo: RT, 2001.

ZENO-ZENCOVICH, Vincenzo. Il "diritto ad essere informati" quale elemento del rapporto di cittadinanza. In: *Il Diritto dell'informazione e dell'informatica*, 2006.

Impressão:
Evangraf
Rua Waldomiro Schapke, 77 - POA/RS
Fone: (51) 3336.2466 - (51) 3336.0422
E-mail: evangraf.adm@terra.com.br